周蓓 主編

專題史叢書

張家驤 著

河南人民出版社

中華幣制史

本書收録上起先秦，下迄民國（成書前）各個歷史時期的貨幣制度及其管理情况。較全面總結了中國歷代貨幣制度的發展史和利弊得失，是一部承前啓後的金融專著

圖書在版編目(CIP)數據

中華幣制史／張家驤著. —鄭州 ：河南人民出版社, 2017. 3(2017.7 重印)
(專題史叢書／周蓓主編)
ISBN978－7－215－10871－4

Ⅰ. ①中… Ⅱ. ①張… Ⅲ. ①貨幣史－中國 Ⅳ. ①F822.9

中國版本圖書館 CIP 數據核字(2017)第 048256 號

河南人民出版社出版發行
(地址：鄭州市經五路 66 號　郵政編碼：450002　電話：65788063)
新華書店經銷　河南新華印刷集團有限公司印刷
開本 710 毫米×1000 毫米　1／16　印張 44.5
字數 340 千字
2017 年 3 月第 1 版　2017 年 7 月第 2 次印刷

定價：290.00 圓

出版前言

中國現代學術體系是在晚清西學東漸的大潮中逐步形成的。至民國初建，中央政治權威進一步分散和削弱，加之新文化運動帶給國人思想上的空前解放，新學的啓蒙，新知識分子的産生，民國學術如草長鶯飛，進入一個自由而蓬勃的時代。中國傳統學科乃中國學術之根基與菁華所在，民國學人采用『取今復古，别立新宗』之方法，引入西方的學術觀念，積極改造，使史學、文學等學科向現代學術方向轉型。此外，大力推介西方社會科學的新學科和自然科學，在學習、借鑒乃至移植西方現代學術話語和研究範式的過程中，逐漸建立中國現代學科，使中國的學科門類迅速擴展。一時間，新舊更迭，中西交流，百花齊放，萬壑争流，開創了中國現代學術的源頭。

伴隨知識轉型和研究範式轉换而來的，還有學術著作撰寫方式的創新。中國古代的著作向來以單篇流傳，經後人整理匯編後，方以成册成集的面目出現并持續傳播。直到十九世紀末，東西方的歷史編撰體裁不外乎多卷本的編年體、紀傳體和紀事本末體等，章節體的出現標志着近代西方學術規範的産生和新史學的興起。章節體具有依時間順序，按章節編排；因事立題，分篇綜論；既分門别類，又綜合通貫的特點。以章、節搭建起論述之框架，結構分明，邏輯清晰，較傳統的撰寫體裁容量大、系統性强。它的傳入，使中國現代學術體系從内容到形式被納入了全球化的軌道。民國時期專題史的研究、譯介、編纂、出版恰恰是在這樣的背景下欣欣而發，是學術的實驗場，也是歷史的記録儀。編選『民國專題史』叢書的初衷正是爲了從一個側面展示中國學術從傳統向現代過渡的歷史進程。

專題史是對一個學科歷史的總結，是學科入門的必備和學科研究的基礎，也是對一個時代艱深新鋭問題的解答，是學術研究的高點。民國專題史著作中，既包含通論某一學科全部或一時代（區域、國别）的變化過程的，又囊括對一時代或一問題作特殊研究的，還有少部分是對某一專題的史料進行收集的。原創與翻譯并重，翻譯的底本大多選擇該學科的代表著作或歐美大學普及教本，兼顧權威性和流行性，其中日本學者的論著占據了相當比重。日本與中國同屬東亞儒家文化圈，他們在接納西方學術思想和研究模式時，已作了某種消化與調適，從思維轉換的角度看，更便于中國借鑒和利用，他們的著作因而被時人廣泛引進。

與當代學術研究日趨專業化、專門化、專家化的『窄化』道路迥乎不同的是，中國傳統學術崇尚『學問主通不主專，貫通人不尚專家』的通識型治學門徑，處于過渡轉型期的民國學術在不同程度上保留了這種特徵。民國學術大師諸學科貫通一脉、上千年縱横捭闔之功力自不待冗言，外交家著倫理政治史、文學家著哲學史、化學家著戰争史等亦不乏其人，民國專題史研究呈現出開放、融通、跨界撰述的特點。與此同時必須看到，自晚清以來，中國的命運就在外侮屢犯、内亂頻仍的窘境中跌宕彷徨，民族存亡仿若命懸一綫。這股以創建學科、總結經驗、解决問題爲指歸的專題史出版風潮背後，包裹着民國學人企望以西學爲工具拯民族于衰微的探索精神，及以學術救亡的愛國之心。梁任公曾言：『史學者，學問之最博大而最切要者也，國民之明鏡也，愛國心之源泉也。』這種位卑未敢忘憂國的歷史使命感和國民意識是今人無法漠視和遺忘的。

『民國專題史』叢書收録的範圍包括現代各個學科，不僅限于人文社會科學，學科分類以《民國總書目》的分科爲標準，計有哲學、宗教、社會、政治、法律、軍事、經濟、文化、藝術、教育、語言文字、中國文學、外國文學、中國歷史、西方史、自然科學、醫學、工業、交通共19個學科門類。本叢書分輯整理出版，内不分科，單本發行，方便讀者按需索驥。既可作爲大專院校圖書館、學術研究機構館藏之必備資源，也可滿足個人研讀或興趣之收藏。

與目前市場已有的一些專題史叢書相比，『民國專題史』叢書具有規模大、學科全、選本精、原版影印的特點。本叢書選目首重作者的首創、權威和著作影響力，尤其注重選本的稀見性。所謂稀見，即建國後没有再版，且多數圖書館没有收藏，或即便有收藏，也是歸于非公開的珍本之列予以保存，普通讀者難以借閲。部分圖書雖有電子版，但作爲學術研究的經典原著讀本，紙質版本更利于記憶和研究之用。本叢書精揀版本最早、品相最佳的原版圖書作爲底本，因而還具有很高的版本收藏價值。

『民國專題史』的著作是民國學者對于那個時代諸問題之探究，往往有獨到之處，無論其資料、觀點短長得失如何，要之在中國現代學術史的構建與發展進程中，自有其開宗立論之地位。

好一則博

奉題

中國幣制史

梁啓超

中華幣制史序

目次以收到先後爲定

序一

中國貨幣之無統系由來舊矣曩者僅有銅幣無銀幣更無論金質矣近二十年始創銀本位制而各省鼓鑄自爲風氣於是昔年平色惡習仍隱然握商市之樞紐所謂平色各各不同有名無實而商貨交易銀款匯兌必以是計數焉其故何哉爲其貨幣無統系幣與生銀等也欲有良貨幣必先有良制度欲定制度必先知各地之情狀而古書近籍徵集綦難是以近人撰述大率詳於域外略於本國欲求博通今古原原本本可以徵信而爲幣制之前導者實罕其書張季良君家驤留學東瀛頗有心得歸國以來廢寢忘餐著幣制史一書搜求資料窮日編纂一地不能周則走四方以求之公家圖書館有未備則假私家藏書以補之苦心鑽研三年而成可爲勤矣其書分六編編有章節繪圖列表井然秩然凡夫近代已行未行之法規議案中央地方官私中外銀行官錢局造幣局廠之章程條例鈔幣數目營業概況以及平色差量今昔異同莫不搜羅完備包舉靡遺不可謂非傑作雖其中數字或有因時而異者要爲事勢使然終不失爲翔實倘使國家閒暇

有意規畫幣制則是書者殆迷津之寶筏歟余甚多張君用力之專而益望當世之操計政者無負張君之苦心也因撮其大凡以當喤引乙丑秋日泉唐汪大燮

序二

貨幣之制尚矣自日中爲市人事日繁惟金三品以前民用歷代因革損益因時制宜往往與國家之理亂民生之休戚相聯海通以來歐人商業既盛以金貨爲本位於是用銀之國受其操縱此近數十年來中國言財政者所爲有整頓幣制之說也貨幣學理甚深其施之於事也影響於政治經濟至鉅爲斯學者固當深明於現代之潮流而於我國從來貨幣制度與夫商業習慣及通商以後金銀比價盈虧之度皆宜有精密之觀察庶乎鑒往知來因勢利導此張君家驤所以有中華幣制史之輯也張君博學多通覃精國故爲民國大學講師以講授之餘輯爲此編搜羅宏富足資參考而體例秩然雅有斷制秦權漢量粲然畢陳班書鄭略謝其詳覈乃不棄弇陋徵序於余余謂中國歷代幣制遷移因襲之舊備見於正史食貨志及三通會要會典諸書而政治之家文學之士於幣制諸學撰爲專書者尚不數見欲究變通之要損益之宜蓋戛戛乎難之清代晚季學者始多

注意於此自君之書出於以知後之國人考究是學者必將浸趨於盛而措中國幣制於適時之用蘄至於美善者必有日矣爰書以歸之顏惠慶叙

序三

夫人類以茹毛食果之俗進而至於漁獵耕織分功治事之秋求其漁不餘貝獵不餘皮耕織不餘穀帛各本一業莫不遂其衣食居室日用之欲者舍以物易物外無他道也然物之不齊物之情也或相倍蓰或相什佰或相千萬比而同之可亂天下於是假貝皮穀帛之屬以爲易中之品及見貝皮穀帛之不適於保存不利於分割不便於運握於是適者利者便者之代品以興而經天然甄汰之餘其惟一合宜之選無能過於堅潔之五金迨夫交易既盛五金生硬之貨不能盡適所用則又笵金以形通乎全國而所謂幣者出焉蓋此乃人智之所同趨物理之所必至五洲垠隔瀛海亘古不通而事勢所趨大致相同我中華亦國於地球自必不能外是粵稽往古黃帝始作金刀太公望立九府圜法黃金寸重一斤永爲定制雖三尺之童適五都之市莫敢低昂其值交易之道得不費時失事周景王鑄大錢民益稱便秦循周制黃金以鎰爲名銅錢文曰半兩時五金之幣尙只

金銅二種漢患秦錢之重改鑄楡莢復患莢錢之輕製爲五銖至武帝而金銅之外輔以銀幣三品大者重八兩形圓文龍次者重六兩形方文馬小者重四兩形橢文龜是爲我國以銀作幣之始王莽師法姬周權其母子黃金幣重一斤值萬錢銀分二品以重八兩爲一流而別之以朱提與它銀銅錢自值一至值五十析爲六品並以銖名其他龜貝布之屬凡貨五十二種繁亂不適社稷以傾厥後至魏晉六朝反以銅錢爲主而助以穀帛金銀僅爲器飾爲寶藏不以爲幣坐是因循退化致歷唐宋元而無所進展惟開元之錢世所艷稱宋金元之交會交鈔寶鈔等類亦皆與今之紙幣同其性質二千年間之幣制變遷未始無光輝可見迄乎明之宣德復以銀塊行世但仍不以之鑄爲定形之幣有清一代內承晚明餘緒外迫新世潮流生銀銀幣制錢銅元雜然並用而成色比價以及衡量輕重之法因地而異莫尋端緒至民國而叢脞龐雜益極其變綜觀我國幣制往史自黃帝創制而後歷周秦至漢即已大備魏晉六朝棄金銀而採及銅錢穀帛其影響直及於唐宋元數世明清迄今可稱爲紊亂時期舊法未革新制踵行繁複之狀不可究詰然雖已往之史跡如是其攸久未來之關係如是其深切而環顧國內凡關幣制之著述皆

只如一鱗一爪漏略不詳其能上追遠古下及現代一貫相承成爲有系統之作者尙不經見有之殆自張君之中華幣制史始張君此書搜羅宏博條理井然歷朝幣制沿革可以一覽無遺其於民國以來一切現行章制所誌尤爲詳備予願世之讀者跡其所由理亂之因熟籌夫何以改善之方果幸而數年之間因此書之浸潤人人悟現狀之可危已覆之前車得其龜鑑方來之新制知所師資則張君此作爲不虛矣是爲序民國十四年十月黃郛

序四

論幣制於閉關自守之時與論幣制於瀛海交通之時時不同而隨其時以爲應付之方亦自不能强同刻舟而求劍膠柱而鼓瑟吾知其未有合也是故時而周秦不能廢珠玉龜貝而仍如神農之世以粟帛相交易時而漢魏不能廢五銖半兩而仍如三代以上以泉刀相流通降及後世代有變更莫不因其時以爲轉移其弊極於宋之交會元明之鈔法馴致民窮財匱幾幾乎無幣制之可言然此猶海禁未開時也有淸自互市以來各國以其國幣乘間攙入而日斯巴尼亞墨西哥兩種流布獨廣當軸者就其時尙之所趨仿

鑄銀元權輿於粵踵行於鄂漸且推於各行省嗣是而銅元而鈔券不爲徒薪曲突之謀徒受剜肉醫瘡之苦而於國際貿易世界大勢之肯綮瞢焉如瞽者之無相迷惘而莫知所從雖經中外人士賡續討論卒以築室道謀未能實行而止民國建立迺折衷諸說定新幣制爲銀本位果能將主幣漸歸劃一十進之制亦能確定持之不懈未嘗不可於一簣收爲山之功登高自卑行遠自邇古之人不我欺也不佞承乏度支垂二十餘年矣默察其癥結之所在當此瀛海交通之時萬不可以閉關自守之習慣尋條而失枝得寸而遺尺願以銀本位爲始基不以銀本位爲止境豈非合乎因時損益之義而爲將來中國幣制開闢一新紀元耶張君季良有心人也集有中華幣制史一册略於往古詳於近今俾讀是史者知近數十年時局之變遷而不迷於改革之途正與余因時損益之說相合爰樂而爲之序李思浩

序五

所繫乎國計民生者裏因在乎政治表因斯在乎財用罔有政治隆勃而財用不週贍者至於財用弗克週贍亦未有不民生凋頽國計凌靡者蹈其極往往邦家命脉即隨政治

以俱替焉劉宋季葉鵞眼綖環見諸永光之世爾時宋祚已不絕如縷可以深長思矣即俄德帝國所以傾覆之故觀其樹敵黷武不惜悉索財用至濫發印鈔以爲繼而盧比馬克自其政革以還乃視鵞眼綖環所謂入水不沉隨手破碎者均爲無足重輕又可以深長思矣夫政權苟劫持於上財用惟其所擅總總之衆胥末由審此在專制政期率無不然若駸駸乎求演入於民治政期者則異是吾國至今日財用滯竭極矣環顧民生如何凋瘵國計又如何舉國佖佖皇皇莫恤朝夕咸若有所局促焉者非急謀財用之克週贍不可然必先瀏知幣制之沿革變遷參究乎古今中外利病得失何在探其演互括其奧徵而後乃得計補捄期策善於其間則幣制史尙焉張君季良出此書徵序於予受而讀之篇章節目羅舉靡遺賅備明確瞭而不紊洵蔚然大觀得此貲爲所以週贍財用之梯階雖左右政治不難何疑乎振國計而淑民生其道莫從也耶予始於商聯會識張君曾與予弟誠齋共代表會鬨殫救護臨城劫案之力弗憚煩勞宜其博考旁搜亦弗憚煩勞成此偉著以餉國人也因樂爲之序中華民國十四年十月王文典識於京師西安旅邸

貨幣之於民生猶血之於身體未有血滋腐毒而四肢百體能壯碩者吾國幣制紊雜久而未理理而畫一整齊之誠輔國長民之本務余二十年來盱衡策度意中粗有成規而時事艱阻輒違夙願張君著中華幣制史考據宏博其足資研究吾國幣制至深也國事應黽勉以赴者何止一端而勢或尼之披覽此書曠然而思已增余無涯之感矣三水梁士詒序

序七

史無論中外無閒大小自國家社會至於一人一事一物皆各有其過去之跡象苟明其因果關係皆可以資當前之考鏡而樹進化之階梯此中智以上所能共喻也幣制史者察其名義若局於一物一事而國家財政之命脈社會經濟之樞機胥於是寄焉原貨幣之興蓋由實物交易人情不便加以羣治漸進非有通貨生事莫舒誠無疑義吾華金刀龜貝之用夏殷以前其詳不可得聞學稽太公爲周立九府圜法管仲相桓公乃致天下財物通輕重之權釐錯謂其物輕微易藏在於把握可以周海內而亡飢寒之患斯言粗陳幣德雖多闕漏然亦可窺見此中盈虛消息切近民生日用與布帛菽粟無以異也晚

清光宣之際內外圖治新政颷舉二三時彥盛倡幣制改革之論余持使節適居俄京曾建議采用金本位以爲寰海棣通出入煩數通商各國既已用金我欲與之周旋理宜一致當時雖未實行而自是殫心竭慮研究此問題者日以加多矣比入民國始有幣制局之設置國幣條例之施行至於根本大計卒卒未遑論及近則幣制紊雜遠過曩昔舟車所至但見銅圓充斥百物翔貴楮幣發行漫無制限南北人民習爲固然方日憔悴於兵戈擾攘之中蚤夜相戒求延喘息而不可得尙何有追尋過去跡象及其因果關係如幣制史者存於其心目哉民國大學教授張君家驤新著中華幣制史既成眎余全書目錄凡六編附圖表若干綜覈賅贍得未曾有張君性耽著述博考周諮孜孜不倦洵今之有心人也余媿窳陋無以益君略抒積想聊誌傾佩云爾民國十有四年立冬日歸安胡惟德

序八

民國十一年秋入都就參議員職屢問老友彭君禹覓有志學問者以爲友彭以張君家驤告自後乃相結識常過從於復興公寓寓所室小而黑無電燈點煤油與白蠟冬季燃

白煤爐以禦寒爐烟與燈蠟烟相混彌漫滿室食則疏菜糲飯多非常人所能甘然張君皆樂之如飴室橫板床一方棹三纍纍其上高盈尺者乃抄錄之稿件或報告書也審視之皆爲貨幣銀行或財政經濟等書類由是張君方以從事著述中華幣制史相告並謂經已準備有年於北京財政經濟各部局各省財廳暨京內外各銀行銀號商會等請求材料煞費苦心

自余與張君稔無論何時造寓入室則見張君伏案編寫如是者前後三年十四年秋書成付印日人見其目錄乃於順天時報披露而附以評論曰中國貨幣問題之複雜最難爬疏論斷今張家驤君所著之中華幣制史出世實爲空前之傑作而於東方經濟界有莫大之貢獻順天時報係日人言論機關本爲余所不喜但對於中華幣制史之論評則不能不俯首默認余爲此文方竟持以示張君並笑張君在公寓中之刻苦張君乃語余曰非如是則書不能成余今者來學校任教授加以外事之煩擾遂終日勞人刻無暇晷自後再成就如斯著作事勢已無可能余聞張君此言不禁憬然非窮困或賦閑不足以著書之言爲有據余自來民大服務後欲偸閒讀書亦爲事勢所不許又安得如張君前

此之閉戶讀書哉中華民國十四年十月雷殷序於民大

序九

吾國泉貨之制其來尚矣史稱太昊有金高辛曰貨虞夏之幣金爲三品或黃或白或赤或錢或布或刀或龜貝時代修遞其詳靡記太公立九府法錢圜函方輕重以殊又有布帛刀泉流於民間漢魏而降制作紛更孝武鹿幣箸之遷書曹魏穀帛稽於國志漢有契錯半兩之殊晉行比輪四文之制然九府圜法自周以來未之或變也唐代始制飛券鈔引之屬以通商賈之厚齎貿易者其法僅執券引以取錢而非以券引代用也自宋蜀有交子東南有會子始直以楮爲錢矣降逮淸季錢法益壞鼓鑄龐繁兼雜夷品其制愈紊其變愈殽而載筆之士獨鮮述作心竊惑焉蓋自馬遷平準始紀泉度孟堅繼興兼言食貨然獨詳一代僅及因革下逮杜典馬考上徵雖遠而多仍舊貫後之作者若顧董錢譜洪遵泉志邱氏滙纂鮑氏圖說他及封演武祺胡我琨張端木之儔並皆有作流布一時然或書簡久佚或辭傷俚妄或詳制度或譜圖文或原利弊或辨異同求其兼賅不可得也張君家驤心獨憂之乃有中華幣制史之作上窮諸代旁徵羣說而於晚近因革之要

改善之機考鏡尤詳探討之精遠邁前作誠可謂審制徵獻空前之宏箸矣因樂爲之序

中華民國十四年大理張耀曾

凡例

一、本書詳今略古聊供研究幣制者一有系統之參考史料

一、本書體例以準諸現制參用學理爲主

一、本書注重事實凡近今法令之關涉幣制者纂述所及按類附入

一、本書於統計一門特爲重視凡有關幣制者無不詳悉登載

一、本書以官書公報爲依據旁及古今著述所引書目列左

二十四史 史記貨殖傳平準書 歷代食貨志

古今圖書集成

馬氏文獻通考

續文獻通考

清文獻通考

續清文獻通考

杜氏通典

清通典
清通志
大清會典
九朝東華錄
光緒政要
清定錢錄
顧氏日知錄
倪氏古今錢略
李氏古泉匯
洪氏泉志
董氏錢譜
戴氏古泉叢話
初氏吉金所見錄

朱氏古今待問錄
張氏錢志新編
王氏泉貨彙攷
羅氏四朝鈔幣圖錄
海關貿易報告書
各省財政說明書
幣制彙編
度支部通阜司奏案輯要
財政法規
中國經濟全書
大清銀行始末記
整理廣東紙幣始末記
北京金融整理論

內國匯兌計算法
上海金融市場論
康氏金主幣救國論
黃氏調查幣制意見書
章氏中國泉幣沿革
劉氏中國貨幣沿革史
劉氏中國幣制及生計問題
晏氏公債論
周氏中華銀行史
李氏中華幣制統一論
徐氏民國鈔券史
張氏國幣芻議
財政月刊

東方雜誌
銀行週報
銀行月刊
銀行雜誌
中外經濟週刊
統計月刊
農商統計
上海總商會月報
中外各種年鑑
中外各銀行每年度營業報告書
中外各項旬報日報雜誌

一、本書倉猝脫稿疏漏之處在所不免尚望海內碩彥加以指正爲幸

民國十四年九月中旬　著者識

中華幣制史目錄

第一編　歷代貨幣

第二編　現代貨幣

第三章　幣制單位問題

第四編 幣制行政

第五編　金銀銅統計

第六編　附錄

附各種照片

中華幣制史

第一編　歷代貨幣

考吾國貨幣制度。歷代興革。各有差異。大率以銅幣爲主。漢書食貨志。有三品褭蹏貨布之屬。然度其時。已不恒用。宋元以來。則有楮幣。顧行之不慎。往往害國病民。爲賢者所弗取。故世所通用者。惟銅幣而已。稽其重量。因時而異。約計一錢爲率。至若金銀雖寶貴。以未箔成貨幣。無一定重量成分可言。故其折合銅幣之率。亦隨時而變動。蓋因海禁未開。商業科學俱未精進。如古羅馬幣僅用銅。已足周事。此吾國之所以因陋就簡沿用銅幣者此也。茲分述歷朝情況於后。

第一章　硬幣

第一節　硬幣之起源

隆古之世。民智未開。日用所需。全恃自給。初無所謂易中也。逮於炎帝神農教民藝五穀。立市廛。日中爲市。以通有無。而物物交換之制興焉。其時固無所謂貨幣也。然據路史言。

伏羲聚天下之銅制棘幣。黃帝箔金爲貨。以金刀泉布帛立爲五幣。通典云。自太昊以來已有泉幣。太昊氏高陽氏謂之金。有熊氏高辛氏謂之貨。陶唐氏謂之泉。商周謂之布。齊莒謂之刀。顧上古之世。亦已有泉幣之沿革歟。管子則曰湯七年旱。禹五年水。湯以莊山之金鑄幣。而贖人之無饘賣子者。禹以歷山之金鑄幣以救人之困。又曰、珠玉爲上幣。黃金爲中幣。刀布爲下幣。又曰、請散棧臺之錢。散諸城陽。鹿臺之布。散諸濟陰。由是觀之則古之所謂幣者。珠玉龜貝五金布泉等。實皆有錢幣之效用也。惟太玄曰古者寶龜而貨貝。孔疏周禮因之曰。所以交易者惟貝而已。後世君子易之以金幣。其說、豈其然乎。

第二節　周之硬幣

周太公立九府圜法。黃金方寸。而重一斤。錢圜函方。輕重以銖。布帛廣二尺二寸爲幅。長四丈爲匹。而錢法之端緒始開。景王二十一年。患錢輕。更鑄大錢。（古曰泉、後轉曰錢、此爲錢字見於古籍之始、）徑一寸二分。重十二銖。（古二十四銖爲一兩）文曰大泉五十。肉好（體爲肉孔爲好）皆有周郭。錢法之制一變。春秋戰國之世。王室法令不行。諸侯各自爲幣。流通最廣者有三。曰鏟、曰鐘、（又曰布）曰刀是也。是爲吾國幣制確立之始期。刀布最盛行時代。

歷代硬幣圖（其一）

歷代制錢

秦半兩

漢半兩

漢五銖

唐開元

宋大觀

元至大

明永樂

清咸豐大錢

歷代硬幣圖（其二）

清制錢

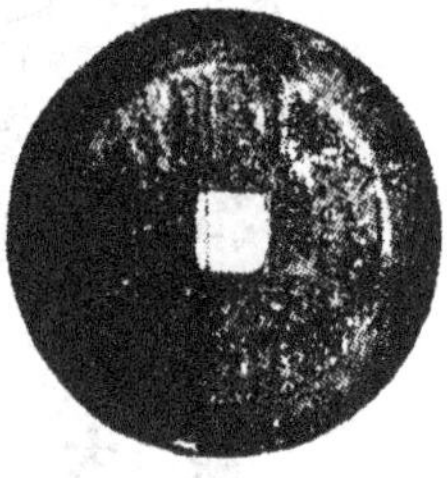
順治

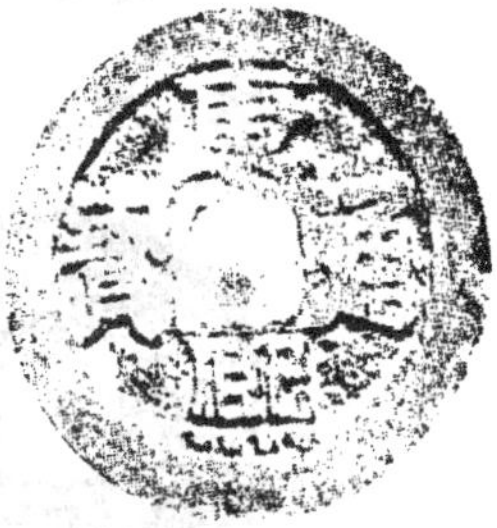
康熙

雍正

乾隆

嘉慶

道光

咸豐

同治

光緒

第三節　秦漢晉魏六朝之硬幣

秦並六國。統一天下。禁用珠玉龜貝銀錫之屬。分幣爲二等。黃金以鎰計。爲上幣。銅錢質如周錢。文曰半兩。重如其文。自此專以金類爲貨幣。漢以秦錢大重。不便於民。更令鑄莢錢。如榆莢也於是物價騰踊。米石萬錢。高后二年。乃行八銖錢。尋又行五分錢。文帝五年。爲錢益多而輕。更鑄四銖錢。文曰半兩。武帝建元元年。改鑄三銖錢。重如其文。五年罷三銖。復行半兩。元狩四年。以國用匱乏。徵收無從。更造皮幣。以白鹿皮方尺。緣以藻繢。爲之直四十萬。及銀錫白金三品。一值三千。其文龍。二值五百。其文馬。三值三百。其文龜。是爲錢幣用文之嚆矢。五年。鑄五銖錢。輕重適中。民皆便之。後以五銖錢賤。乃更鑄赤仄錢。以赤銅爲其廓即所謂子紺錢也其後又以赤仄錢賤。廢之。專令上林三官鑄錢。令天下非三官錢不得行。自此私鑄之弊稍絕。王莽變漢制。更鑄大錢。徑寸二分。重十二銖。文曰大錢五十。又造契刀、錯刀、與五銖錢四品並行。後均罷之。乃更作金、銀、龜、貝、錢、布之品。名曰寶貨。凡五物、六名、二十八品。五物者金、銀、銅、龜、貝也。六名者錢貨、金貨、銀貨、龜貨、貝貨、布貨也。二十八品者錢貨六品。金貨一品。銀貨二品。龜貨四品。貝貨五品。布貨十品之謂也。後以其制不行。乃令行值一文之小錢。與大錢五十二品並行。嚴禁行使舊錢。於是錢法紊亂。商賈不行。四民失業。海內交受其困矣。是爲泉幣極紛亂之時代。光武中興。再行五銖。桓帝時議鑄大錢。劉陶言不便。乃止。獻帝時董卓毀五銖錢。更鑄小錢。於是貨賤物貴。穀石至數萬錢。錢益多而益賤矣。三國時魏文帝罷五銖錢。使百姓以穀帛爲市。至明帝世。溼穀薄絹以爲市利。乃復行五銖。同時蜀鑄大錢直百。吳鑄大錢五百大泉當千。民不以爲便。晉承漢魏之後。無鑄錢明文。惟孫氏舊錢。有輕重之分。大者謂之比倫。中者謂之四文。此外尚有沈氏私鑄之小錢。宋時鑄五銖。亦鑄四銖。梁亦鑄五銖。又別鑄除其肉郭。謂之公式女錢。二者並行。惟當時古錢過多。輕重不一。民間復有私鑄。種類繁多。益呈紛亂。雖繩之以法不能禁。普通中乃議盡罷銅錢。更鑄鐵錢。人以鐵錢易得。並皆私鑄。以致鐵錢多如邱山。交易者以車載錢。不復計數。而惟論貫。又奸商市儈因以求利。有七十八十或九十爲百之名。小民益受其困矣。陳初沿用前代舊錢。惟鐵錢不行。尋改鑄五銖。一以當鵝眼之十。後又鑄大貨六銖。至隋始廢。北朝錢幣較之南朝。略爲整齊。其法亦多襲五銖舊制。如魏之永安中。鑄永安五銖錢。又周齊之間。先後所鑄錢幣凡四種。一曰常平五銖錢。二曰布錢。三曰五行大布錢。四曰永通萬國錢是也。隋興禁用古錢及私鑄。更鑄新錢。文曰五銖。重如其文。自是錢幣始歸統一。民賴以爲便。按自秦迄隋。錢幣之興革雖多。要以五銖錢行之最久。故可稱此時期爲五銖錢時代。

第四節　唐代五季之硬幣

自漢末迄隋。適值天下擾攘之秋。盜鑄蜂起。鵝眼綖環。入水不沈。數十萬錢。不盈一掬。斗米一萬。商賈不行。錢法之亂。可謂極矣。唐高祖即位。乃廢舊錢。鑄開元通寶。每錢一千重六斤四兩。邱瓊山氏稱爲得輕重大小之中。是爲有通寶錢之始。其後以盜鑄甚多。錢幣日壞。至高宗乾封元年。乃改鑄乾封泉寶錢。徑寸。重二銖六分。以一當舊錢之十。既而以商賈不通。米帛踴貴。復行開通元寶錢。武后長安中。以惡幣充斥。令懸樣於市。令百姓依樣用錢。俄而揀擇艱難。交易留滯。乃令錢非穿穴及鐵錫銅液。皆得行用。由是錢幣益亂。盜鑄尤不可阻遏矣。玄宗時江淮間有官鑪錢、偏鑪錢、稜錢、時錢等名稱。唐代錢幣之駁雜。以此時爲最甚。肅宗時鑄乾元重寶錢。以一當十。又鑄重輪大錢。一當五十。與乾元重寶。開元重寶三品並行。至代宗即位。改乾元錢一以當二。重輪錢一當三。尋又改爲凡大小錢皆以一當一。人便之。唐代之錢。雖改鑄多次。然行之最久者。惟開元通寶錢而已。五代十國之際。晉、漢、周及前後蜀、南漢、南唐等亦皆鑄錢。文惟因地制宜。各有不同。楚王殷以湖南地多鉛鐵。鑄鉛錢。晉石敬瑭聽公私鑄錢。無得雜以鉛鐵。每錢重二銖四參。十錢重一兩。文曰天福元寶。其時南唐鑄鐵錢。文曰唐國通寶。蜀以財用匱乏。亦鑄鐵錢。是謂鐵錢最盛時代。自唐開元以迄五代之末。所鑄錢文。均以通寶爲名。故可稱此時期爲第一通寶錢時代。

第五節　宋遼金元明之硬幣

宋初鑄錢。文曰宋元通寶。形式大小。悉倣唐周舊制。大宗鑄淳化元寶。自後每改元必更鑄而冠以年號。仁宗時以皇宋通寶爲文。慶歷以後復冠以年號。是時諸路鑄錢。多銅鐵並行。如建州、河東等地。皆鑄大鐵錢。江、池、饒、儀等州。則鑄小鐵錢。徽宗時更鑄夾錫錢。及烏背漉洞錢。亦頗盛行。錢幣之紊亂。可想而知。遼之先代。以土產多銅。已造錢幣。太祖以後。代有開鑄。其文曰天贊通寶。乾亨與太平兩元寶。及道宗時之清寧、咸雍、太康、大安、壽隆諸錢。各因改元而易名也。至天祚帝。更鑄乾統、天慶二等新錢。及至金初。用遼宋舊錢。

正隆時置三監鑄錢。文曰正隆通寶。輕重如宋之小平錢。而肉好字文過之。十八年更鑄大定通寶。字文肉好過於正隆之制。蓋其料微用銀耳。泰和四年。鑄大錢一直十。篆文曰泰和重寶。但金以產銅缺乏。多用交鈔。故鼓鑄極稀。元代貨幣行鈔而不鑄錢。可攷者唯武宗時曾鑄錢二等。一曰至大通寶。一曰大元通寶。大元通寶錢一文準至大通寶錢一十文 此外有蒙文至元及順帝各種至正錢耳。然均行之不久。所鑄亦極微。其餘各種年號小錢。屬之於廟宇所鑄者居多。元末陳友諒、張士誠等。亦皆在所據地鑄錢。倣至正之制。明初鑄錢曰大中通寶。與歷代錢兼行。以四百文爲一貫。四十文爲一兩。四文爲一錢。定鼎後更頒行錢式。曰洪武通寶錢。同時令各行省開局鼓鑄。其制凡五等。曰當十、當五、當三、當二、當一。其重各如所當之數。當一重一錢。當時鑄錢。每生銅一斤。須鑄小錢百六十文。其後永樂、宣德、弘治各朝。均各有鼓鑄。至嘉靖時。通寶錢之外。更鑄有金背、火漆、鏇邊等錢。民頗通行。萬歷時仍仿先代舊制。鑄金背及火漆錢。每文重一錢二分五釐。又鏇邊錢每文重一錢三分。天啓間鑄泰昌錢。既又仿漢武白金三品之制。鑄大錢分當十、當百、當千三等。崇禎時錢式尤不一。其制作更不足論矣。按自宋創交子以來。以迄明末。紙幣盛行。與銅錢並行。幾無間斷。故可統稱此時期爲楮幣與通寶兼行時代。

第六節　清之硬幣

清太祖丙辰建元。鑄天命通寶錢。天聰改元。更鑄天聰通寶錢。世祖即位燕京。仍仿明代舊制。設局鼓鑄。文曰順治通寶。每文重一錢。二年改鑄每錢重一錢二分。三年禁用前代舊錢。八年再定錢制每文重一錢二分五釐。十年鑄一釐字錢。十四年再加重錢制。每文重一錢四分。至康熙二十三年。以銷毀弊多。仍改一錢。是爲康熙小制錢。俗名之曰京墩錢。四十一年以私鑄迭起。仍復一錢四分之制。四十五年令戶部支庫銀十萬兩。收買小制錢。雍正四年。分寶泉局爲四廠。加卯鼓鑄。而錢不見加多。錢價仍復不減。乃下嚴禁毀錢造器。違者治以重罪之令。並禁非一品之家。不許用黃銅。十二年以錢重徒滋銷毀。改定錢制。每文重一錢二分。乾隆元年。罷黃銅器皿之禁。五年命各省鼓鑄青錢。以杜民間銷毀之弊。二十四年平回部。令戶部頒發錢式。質用紅銅。每文重二錢。文曰乾隆通寶。嘉慶、道光之世。亦各有鼓鑄。然錢法之整肅。則遠不若前代矣。咸豐三年。以兵餉告急。財用匱乏。命鼓鑄大錢。分當十、當五十、當百、當五百、當千五種。當千者重二兩。是時錢法侍郎王茂蔭。頗痛論其非。謂歷代行使大錢。未有三年而不改變廢罷者。未有不稱盜鑄雲起。物價騰貴者。後果不行。乃令戶工兩局。祗鑄當百與當五十各二成。其餘六成鑄當十、當五及一文制錢。而以寶鈔收回當五百、當千之大錢。是年又諭准鑄鐵錢。終以其質重。流通困難。更勝於大錢。五年改定制錢重量。每錢重八分。八年令收回大錢。改鑄制錢。同治時仍沿八分舊制。採用洋銅。以資鼓鑄。光緒二十五年。仍鑄當十大錢。實僅抵制錢二文尋又令寶泉局。仍開鑄一文制錢。三十一年停鑄當十大錢。並令改鑄制錢。其時各省已大鑄銅元當十大錢頗不能行用故令停鑄是年又以制錢銷毀日多。應改定錢制。每文重六分。以銅五成五鉛四成五配合鑄造。三十四年再改鑄一文新錢。每文重量減至三分二釐。其質係以紫銅六成白鉛四成相合而成。是爲鑄造一文無孔錢之始期。按此議係主張形式根據鄂省之議無孔、重量成色、則照粵省辦法也、而舊式銅錢。至此遂不復鼓鑄矣。按有清一代。上下皆用通寶。輕重最爲適中。故能流通如一。雖間用銀以爲補助貨幣。然爲法貨者。則惟制錢。故可稱此時期爲第二通寶錢時代。

第二章 紙幣

第一節　紙幣之起源

紙幣行使。由來已久。周禮曰。載師凡宅不毛者。有里布。註、鄭司農云。里布者。布廣二寸。長二尺。參印書以爲幣貿易物。參印書者、謂由官司印書布上、俾民信用、以便貿易、詩云。抱布貿絲。抱此布也。嘗考吾國紙幣之起源。當以周代爲嚆矢。又周禮聽稱責以傳別。及凡賣儥者質劑焉。傳別（注）謂爲大手書於一札中、字別之、（疏）謂於券背上、大作一手書字札字、中央破之爲二段別之、質劑謂大市以質、小市以劑（注）鄭司農云、質劑月平賈也、質大賈、劑小賈、玄謂質劑者、爲之券藏之也、大市人民馬牛之屬、用長券、小市兵器珍異之物、用短券、按二者性質。殆有似乎今日之票據。厥後漢武帝因國用匱乏。創白鹿皮幣。白鹿皮爲世上罕有之物、在該物本身、即有無限之價値、與普通稱之爲紙幣者、頗有差異、唐憲宗時。以錢少令商賈至京師。委錢諸路進奏院及諸軍諸使富家。以輕裝趨四方。合券而取之。則有所謂飛錢焉。宋太祖因之。則有所謂便錢務焉。此二者以嚴格解釋之。亦不得稱爲紙幣。以券自券。錢自錢。券非代錢以流通。不過挾以爲異地兌錢之據。乃匯票之一種耳。宋之交會。則完全之紙幣也。茲改節另述於後。

第二節　宋之交會

宋眞宗時。蜀人患鐵錢太重。交易不便。乃以楮作券。謂之交子。一交一緡。千文爲緡、實祇七百七十文

金元明清紙幣圖(其一)

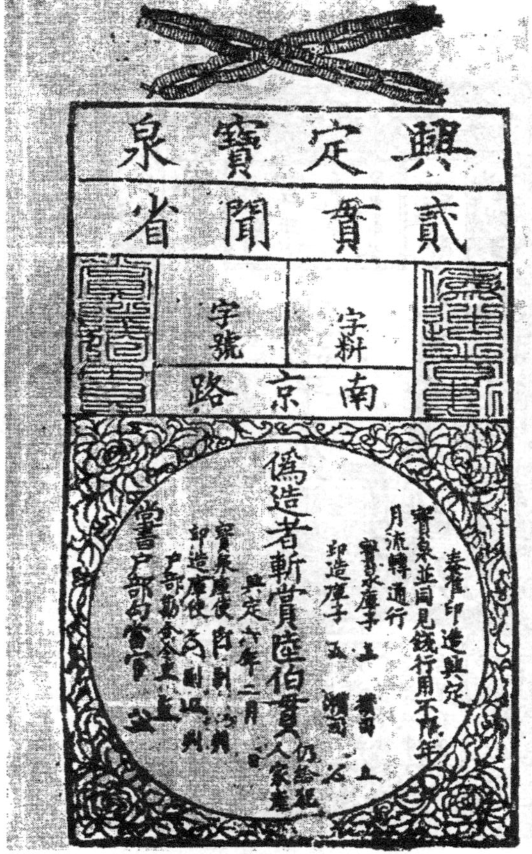

金寶泉(貳貫)

元寶鈔(貳貫)

金元明清紙幣圖(其二)

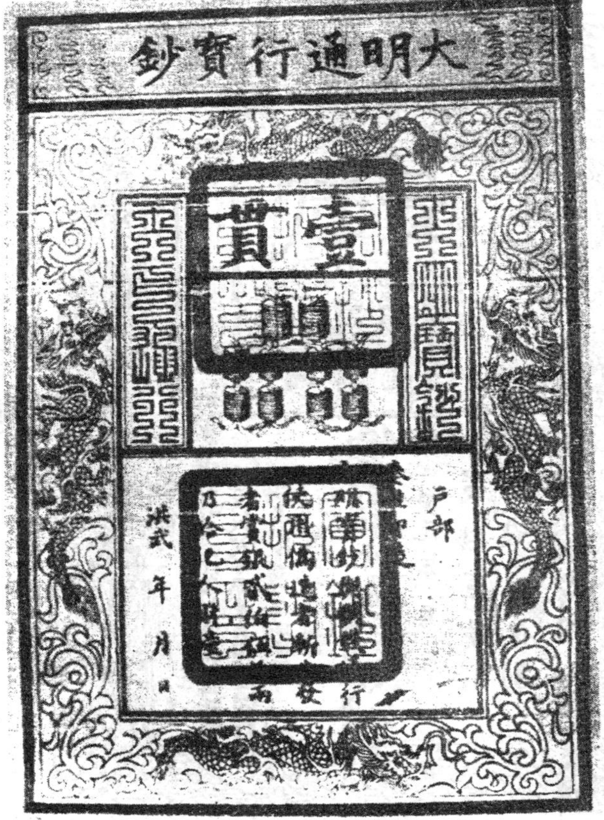

明寶鈔(壹貫)

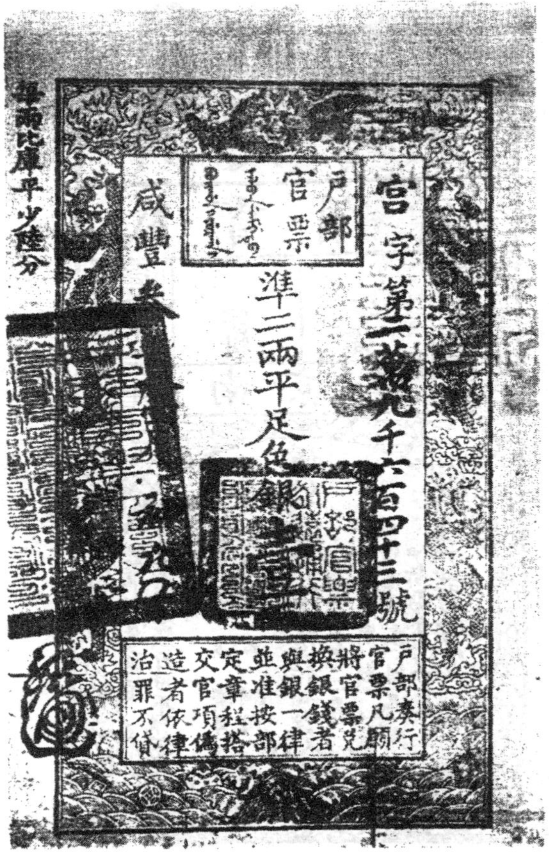

清官票(壹兩)

以三年爲一界而換之。六十五年爲二十二界。初以富人十六戶主之。其後由官設交子務。掌其出入。禁民私造。定每界以百二十五萬六千三百四十緡爲額。而有本錢三十六萬緡。徽宗時改交子爲錢引。不蓄本錢。而增造無已。至引一緡。僅値錢數十文。遂成不換紙幣矣。交子以後有會子。（此外有鹽鈔茶引等各種、鹽鈔起於仁宗時、用兵西夏、令民給物邊塞、而償以解池之鹽劵、當時每張、在邊郡當錢四貫八百、可請鹽二百斤、茶引與鹽鈔並行、流通便利、發行甚多、論其性質、本與楮幣無關、然其後變遷、遂亦成紙幣之導源矣、）爲南宋高宗時所創。又名之曰關子。又名之曰關會。然其性質皆與交子無異。其不同者。特交子行於蜀。會子行於兩淮湖廣各地耳。其制有一貫、五百、三百、二百文四種。初意祗視爲茶鹽鈔引之屬。非以會爲錢。其後公私買賣之間。頗能流通如意。遂以之代現錢。初定每界以一千萬貫爲額。三年爲一界。逐界造新收舊。以新者代之。嗣增至每界以三千萬貫爲額。展期爲九年。由此會子之數。增加滋多。至寧宗嘉定間。稱提無術。價益低落。同時各地交引盛行。如四川行川引。兩淮行淮交。湖廣行湖會。各行其所好。民益疑惑。愈多而愈賤。終宋之世。未見有整理也。

第三節 金之交鈔

宋高宗紹興時。金以銅產缺乏。倣中國楮幣制。造交鈔。（蓋以西北各地、向行交子與鹽鈔、故合之以爲名也、）其制分大鈔小鈔兩種。大鈔額面爲一貫、二貫、三貫、五貫、十貫五等、小鈔分一百、二百、三百、五百、七百五等。與錢並行。以七年爲限。限滿納舊易新。其法與宋之交子相似。至世宗之世。仍沿用其制。章宗即位。罷七年一換之制。令百姓永久流通。惟文字磨滅不現者。則可向所屬庫司換易新鈔。是爲交鈔字昏方換之始。明昌三年。恐交鈔壅塞。下令民間流轉。無許多於現錢。然鈔每至發出後。轉用低折。乃以銀輔鈔而行。凡官俸軍需。均以銀鈔兼給。舊例銀每錠五十兩。值錢百貫。後以民間有截鑿之者。其價亦隨之低落。至是始改鑄之。名曰承安寶貨。自一貫至十貫。凡五等。（每兩折錢二貫）公私同現錢用。以代鈔本。而維持鈔之價額。泰和以後。復加以限制。一貫以上之交易。祗許用銀與鈔。由是鈔價愈低。流通益滯。至宣宗貞祐二年。更造大鈔。名曰寶券。始造自二十貫至百貫。嗣又造二百貫至千貫不等。先後輕重不倫。民惑滋深。復屢易其名。畢竟不行。千錢之券。僅值數錢。至哀宗正大間。民間但用銀以爲市易而已。

第四節　元之寶鈔

元世祖中統元年。始造交鈔。以絲爲本。每銀五十兩。易絲鈔一千兩。諸物之値。並從絲例。既又造中統寶鈔。自一十文至二貫。凡十等。不限年月。諸路通行。賦稅並聽收受。諸路領鈔。以金銀爲本。本至乃降新鈔。按中統鈔。係以銀爲率。每二貫準白銀一兩。別鑄元寶。五十兩爲一錠。當中統鈔百貫。然元寶銀實不行用。用元寶交鈔而已。其後省稱中統鈔。仍以五十兩爲一錠。（即一貫同交鈔一兩、與白銀性質、已分離矣、）收支計算。均稱鈔若干錠。各路均設有平準庫。給鈔以爲之本。主平物價。使不至低昂。至元十二年、添造釐鈔。分二文、三文、五文三種。尋以其行用不便。廢之。十七年。行鈔法於江南。廢宋銅錢不用。以中統鈔易宋交會。而鈔出益多。價益賤。二十四年。遂改造至元鈔。自二貫至五文。凡十有一等。與中統鈔通行。每一貫文。當中統鈔五貫文。其時至元鈔定値。每二貫當白銀一兩。每二十貫當赤金一兩。然日久發行既多。不獨未能收整頓中統鈔之效。且亦步其後塵矣。武宗至大二年。以中統鈔與至元鈔。均物重而鈔輕。乃改造至大銀鈔。自二兩至一釐。定爲十三等。銀鈔一兩。準至元鈔五貫。（當中統鈔二十五貫、）白銀一兩。赤金一錢。隨路立平準行用庫。買賣金銀。倒換昏鈔。（鈔之破損者、謂之昏鈔、）同時兼鑄銅錢。以爲補助。銀鈔之不足。元之鈔法。至是已三變矣。及仁宗即位。以倍數大多。輕重失宜。乃罷至大銀鈔。仍用中統與至元兩鈔。順帝至正十年。承相托克托專政。言更鈔法。以楮幣一貫文。權銅錢一千文。准至元寶鈔二貫。鈔爲母。而錢爲子。行之未久。物價騰踊。又其時海內已亂。軍費浩繁。每日印造。不可數計。鈔價益跌。民皆以物貨相貿易。公私積鈔俱不行。人視之若敝楮。國用由是大乏。而元亦隨之而亡矣。

第五節　明鈔

明之行鈔。始於洪武八年。先是置局鑄錢。擬以銅錢行之天下。嗣以銅之弗給。頗以爲苦。至是始立鈔法。設寶鈔提舉司。所屬有鈔紙印鈔二局、寶鈔行用二庫、造大明寶鈔。命民間通行。以桑穰爲料。其制方高一尺。廣六寸許。質青色。外爲欄紋。中圖錢貫之狀。並印貫例文字於其上。橫題其額曰。大明通行寶鈔。其制凡六等。曰一貫、五百、四百、三百、二百、一百是也。每鈔一貫。準錢千文。或銀一兩。四貫準黃金一兩。商稅課程。錢鈔兼收。錢三鈔七。一百文以下。則止用銅錢。九年立倒鈔法。凡鈔雖破軟。而貫百分明。非挑描剜補者。民間貿易及官收課程。並聽行使。貫百昏爛者。許入庫易換。二十二年。更造小鈔。自一十文至五十文。以便民用。是時鈔出既多。上復禁用銅錢。以至民間重錢輕鈔。物貨踊貴。鈔法益壞。不能行使。洪武時。每銀一兩。當鈔三五貫。永樂時。銀一兩。當鈔八十餘貫。正統間。銀一兩當鈔千餘貫。是鈔一兩。不過値銅錢一二文。其價値之懸殊。足令人駭聞。自天順以後。鈔幾無有用之者。成化時。令兩淮引鈔折銀。弘治元年。令鈔關及戶口食鹽。俱折收銀。每鈔一貫折銀三釐。每錢七文。折銀一分。是時鈔已不行。乃專用銀。殆亦勢所必然也。崇禎十六年。欲復行鈔法。以流賊將犯京師。乃止。

第六節　清鈔

清鑑於宋元明各朝紙幣之害。行錢而不行鈔。順治間。雖暫時行用。八年定鈔貫之制、造鈔一十二萬八千一百七十二貫有奇、自後歲以爲額、至十八年始止、然爲數有限。其時上下流通。仍以銅錢。故行之無弊。嗣後亦即停止。嘉慶十九年。學士蔡之定請行用楮鈔。諭謂此等建議。泥於古而迂謬難行。前代行鈔。弊竇百出。小民爲僞。獄訟繁興。致令犯法者多。殊非利民之道。且國家經費。量入爲出。不致遽行空乏。何可輕改舊章。蔡之定爲文學近臣。致有如斯迂腐之奏。不宜之至。著交部議處。以爲妄言亂政者戒。逮咸豐三年。以軍興需欵。籌措無術。議准暫行銀票。

又名官票準庫平一兩二兩。先於京師試辦。俟流通漸廣。再推行各省。一律遵行。嗣又須發錢票。又名錢鈔準千文二千以爲用。與銀票通行。於京城內外。招商設立官銀錢號。以爲收放匯兌之機關。由庫發給成本銀兩。並戶工兩局交庫卯錢。以爲票本。凡民間完納地丁、錢糧、關稅、鹽課及一切交官解部之款。均准以官票寶鈔五成爲率。官票銀一兩。抵制錢二千。寶鈔二千。抵銀一兩。與現行大錢制錢相輔而行。四年戶部侍郎王茂蔭奏鈔法窒礙難行。請變通辦理。嚴旨申飭。五年以河南山東地丁錢糧。不收票鈔。致使壅滯難行。諭令嚴參。並准人民赴上司控告。是可知紙幣發行以來。雖由朝廷厲行、而鈔法仍未能暢行自如也。

第二編　現代貨幣

第一部　硬幣

第一章　銀圓

吾國通用之銀元。極爲複雜。約略言之。可分爲二大類。即流入之銀元。與自鑄之銀元是也。流入之銀元中。有西班牙。墨西哥。日本。香港。美國。及安南銀元等。自鑄之銀元。以省而別。有奉天、廣東、湖北、吉林、江南、安徽、雲南、四川、北洋機器、造幣總廠、大清銀幣、民國新幣等。種類繁多。莫可縷述。惟自國幣條例頒布以來。銀幣漸趨統一。各造幣廠亦專鑄新幣一項。加以外國銀元。市面流通之數。次第減少。近幾爲新幣一種所獨占。是爲吾國整理幣制前途之一慶事也。茲特分述各種銀元之情況於後。

第一節　自鑄銀圓

按清以前。吾國上下通行之銀。皆係以重量計。而不以枚數計也。漢武新莽所鑄銀貨、及金承安二年鑄銀幣有一兩、二兩、三兩、五兩、十兩之五種、其流通時期均極短、且效力有限、可謂一時之特別情形也、自清乾隆五十七年。戶部奏准西藏鼓鑄銀錢。當時定制、錢之正面、鑄漢字乾隆寶藏、背鑄唐古忒乾隆寶藏字樣、邊郭添鑄年分、純用紋銀成造、重紋銀一兩、易重五分之銀錢十八元、重一錢之銀錢九元、餘銀一錢、作爲火工、由駐藏大臣派員監造、是爲我國以銀鑄幣之始。至道光初年。各國銀錢輸入漸多。蔓延各地。欲禁無由。當時兩廣總督林則徐。奏請自行鼓鑄銀元。籍資抵制。旋經部議駁。又道光中。浙省曾自鑄一兩重銀錢。欲與洋元並行。以民間阻滯而止。私鑄道光中、漳州所鑄、每枚重純銀七錢二分、及咸豐年間、上海朱裕源監造有一兩銀幣、光緒初年。吉林機器官局所鑄有一錢、三錢、半兩、七錢、一兩、五種。皆未見盛行。至十三年二月。粵督張之洞奏稱廣東通省。皆用外洋銀錢。波及廣西。至於閩浙皖鄂。所有通商口岸。以及湖南四川前後藏。無不通行。以致漏巵無底。粵省擬試造外洋銀元。每元重漕平七錢三分。今擬每元加重一分五釐。銀元上面鑄光緒元寳四字。周圍鑄廣東省造庫平七錢三分十字。並用漢文洋文。以便與外洋交易。支放各種餉需官項與徵收釐捐鹽課雜稅及粵省洋關稅項。向收洋銀者。均與洋銀一同行用等語。於是我國流通之銀元中。始有吾國自鑄之銀元。二十二年。湖北繼之。同年御史王鵬運奏請就京城開鑄銀元。旋由戶部議復。略謂銀元之鑄造。開辦於粵東。現復試辦於湖北。至京城開鑄。工匠生疏。不如仍就廣東湖北兩省。加增擴充。此外沿海沿江各省。亦可自行設局等語。二十三年十月。江南又繼之。次年部又議准山

現代自鑄銀圓圖(其一)

廣東省造

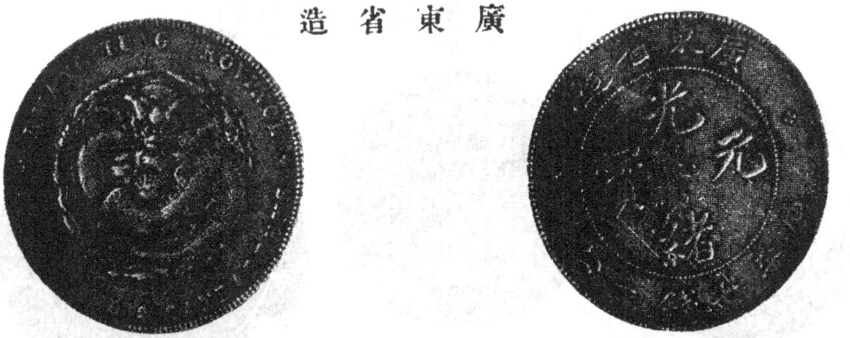

湖北省造

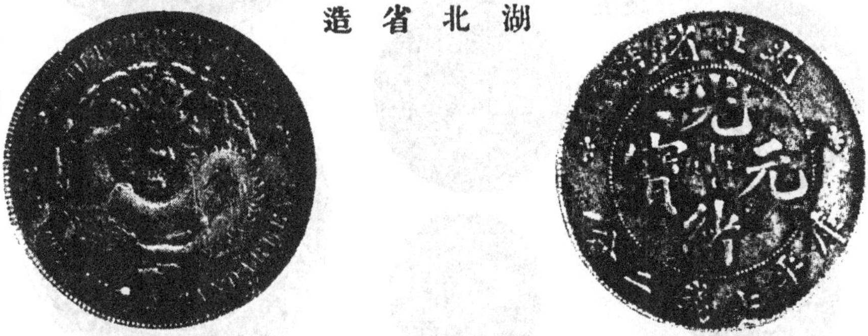

江南省造

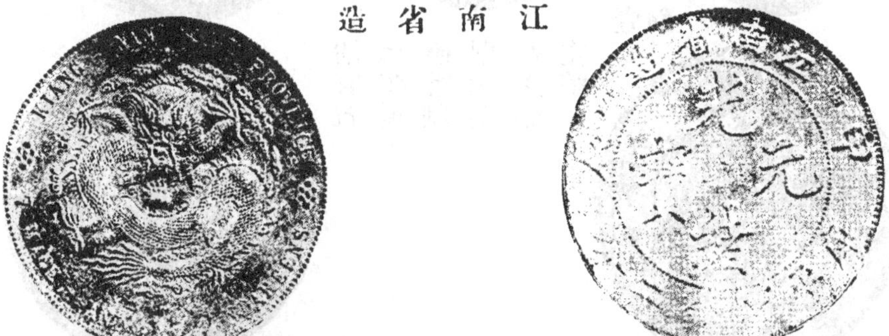

北洋造

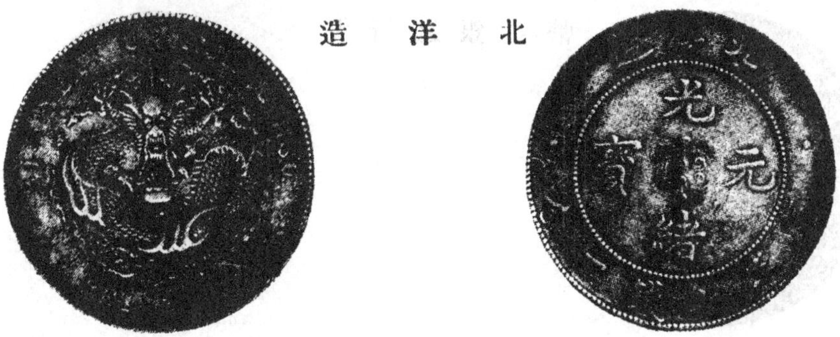

現代自鑄銀圓圖（其二）

清光緒三十二年已鑄而未通行之一兩銀主輔幣

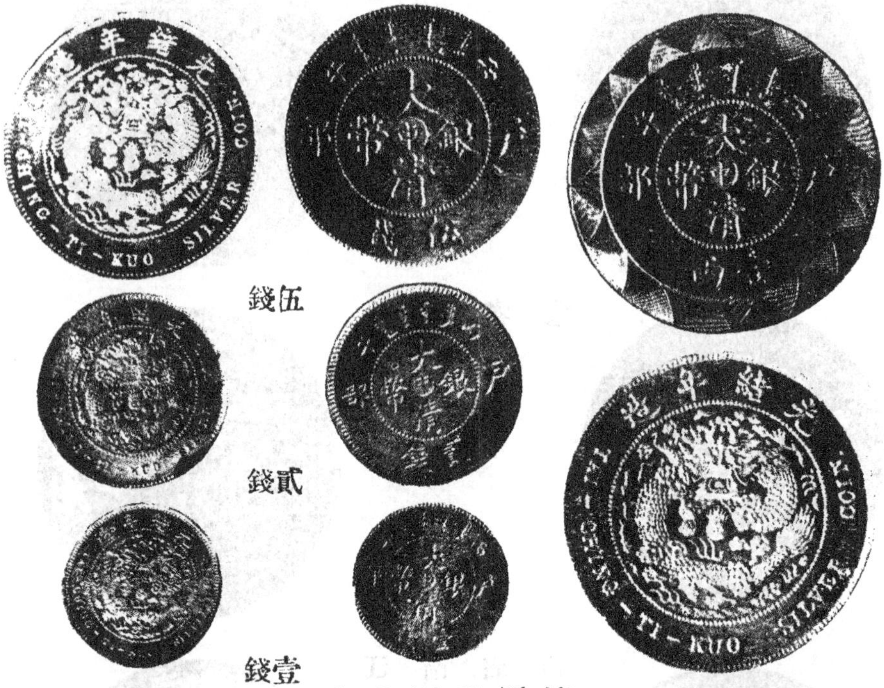

伍錢

貳錢

壹錢

壹兩

清宣統三年遵照幣制則例鑄造之銀主幣

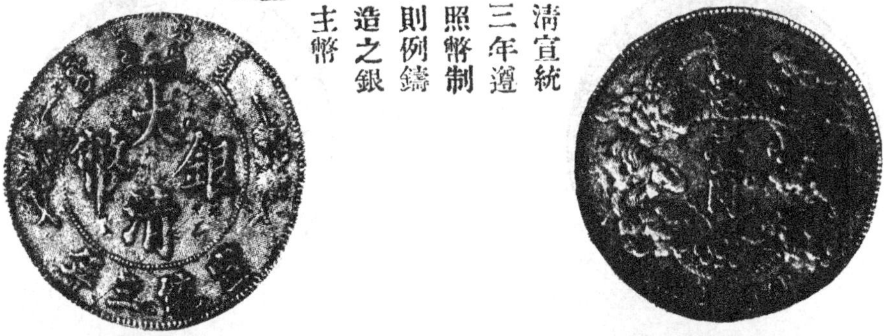

現行之銀主幣

各種紀念幣（其一）

孫像開國紀念幣

黎像開國紀念幣

袁像共和紀念幣

各種紀念幣（其二）

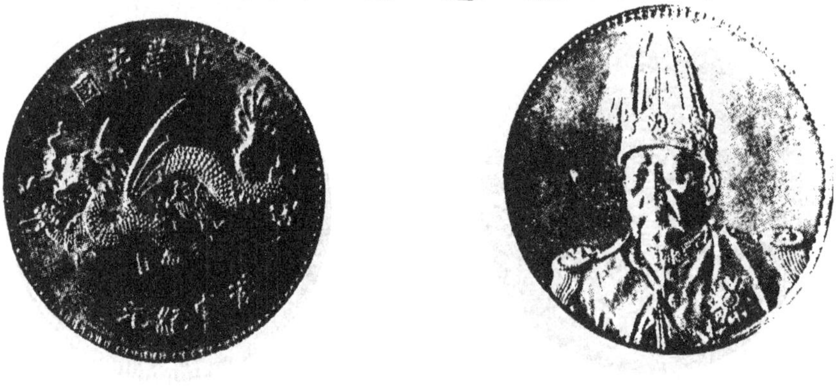

袁像洪憲紀念幣

曹像憲法成立紀念幣

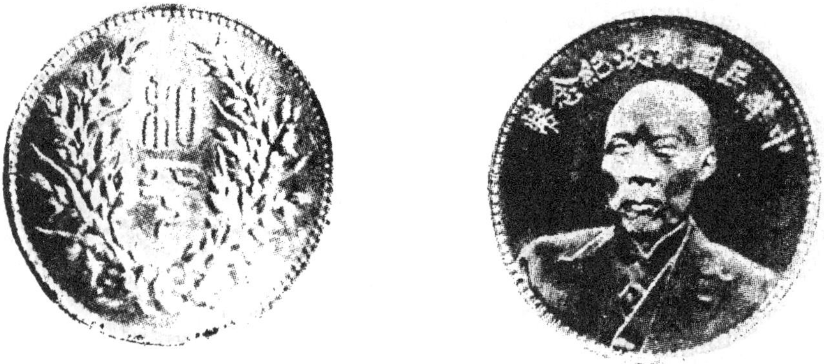

段像執政紀念幣

東自鑄銀元。其他各省亦次第推行。二十五年清廷以各省設局太多。成色分量。難免參差。不便民用。着各省需用銀元。歸併廣東湖北兩省鑄造。二十七年七月十三日上諭。鑄造銀元。與圜法相輔而行。較為利便。各省所鑄銀元。惟廣東湖北兩省成色較准。應即就該兩省多籌銀款。源源鑄造。即應解京餉。亦准撥作成本。並兼鑄小銀元。以便民用。而收贏餘。每次報解京餉。准其搭用三成。所有鑄造餘利。儘數核實歸公。此外各省。並可撥款附鑄。亦准撥解京餉。各省關解部庫。均按三成搭收。一切支發俸餉等項。亦統按三成搭放。俟暢行後。再行按成遞增等語。二十八年二月。戶部奏稱上年各省自奉此旨以後。迄今日久。并未報解。請飭各省。凡係報解本年京餉。統行搭解三成銀元。並將應行扣色贏餘。每次按成合作銀元帶解。不得僅以分量相抵等語。按當時各省以銅元餘利甚饒。爭相鼓鑄。而銀元之鑄造。則不甚踴躍。公家收發。雖有三成之規定。而部奏謂應行扣色贏餘。每次按成合作銀元帶解。不得僅以分量相抵。則各省以銀元搭解京餉。轉不如解銀之便利。附鑄之省。周折尤甚。故當時雖有諭旨。各省未肯實行也。二十九年三月二十五日上諭。為劃一銀元形式起見。飭設鑄造銀錢總廠於天津。三十一年總廠落成。由財政處戸部奏定總廠簡明章程八條內。規定有總廠鑄造金銀銅三品之文。然當時所鑄。實祇銅幣。同日又奏。中國鑄造銀元。始於廣東。意在抵制洋元。兼以補制錢之不足。嗣後湖北江南直隸浙江安徽奉天吉林等省。陸續鑄造。惟以所鑄銀元。規模絕異。成色分量。又不免各有參差。以致民間顯分畛域。此省所鑄。往往不能行於彼省。仍不如墨西哥銀元之通行無礙。又謂各國金銀銅三種制幣。多歸一廠鑄造。其權操之政府。考察市面流通幣數。虧則增鑄。溢則暫停。故能維持價值。不使隨時漲落等語。並奏定整頓圜法章程。聲明銀幣一項。俟定准分量成色。專由總廠鑄造。仍留南北洋廣東湖北四局。作爲分廠。由總廠發給模樣。成色分量花紋。均須一律。每批鑄出銀幣。抽出數元。彙解財政處戸部。派精通化學人員。鎔化考驗。成色之參差。分兩之輕重。均不得逾百分之一。如有不符。即將所鑄銀幣。重行鎔化改鑄。仍將經手之員。分別參辦。除總廠係財政處辦理外。其南北洋粵鄂各局。並由財政處戸部遴派廉幹委員前往稽察等語。按自諭設造幣銀錢總廠以來。其時銀幣一兩與七錢二分之二說。方聚訟不決。直至三十一年十月二十三日。財政處始決用一兩銀幣。奏定銀幣分量成色章程十條。行知各廠遵辦。然各省多懷觀望。而未見實行。至三十三年三月。度支部以一兩銀幣頗碍通行。復奏請試鑄通用銀元。以資應用。翌年廷臣會議。仍從一兩之制。終未見推行。至宣統二年四月十六日。度支部奏定幣制則例。始定七錢二分爲本位幣重量。同日又奏籌擬處置舊銀元辦法。略謂銀元一項。自光緒十六年開鑄。至三十四年止。各省局廠報告鑄數。大銀元約共四十餘兆之鉅。今欲收回改鑄。以色耗收換轉運提鍊利息五者。所費不貲。當此庫儲支絀。籌措維難。故論者有擬壓抑舊元使與生銀等價。而後收回改鑄者。照此辦理。官家所耗較少。而民間受虧則鉅。尚非兩全之策。擬請於新幣發行省分。所有舊鑄大小銀元。暫准照市價行用。一面即照市價逐漸收回。改鑄新幣。約計該處新幣發行之數。足敷應用。即預定以某年月日爲限。舊時銀元爲該處不合法律之幣。停止通用。祗准照內含實値兌換國幣等語。旋又奏進樣幣。並稱分量成色。均與則例相符。於是彫刻祖模。準備鑄造。翌年五月。寗鄂兩廠。始開鑄新式大清銀幣。期以十月發行。爲實行幣制之始。旋以國體變更。所有鑄成銀幣。以需餉之故。陸續隨市價流行於市面。僅成爲通用銀元之一種。民國以還。總廠仍鼓鑄宣統元寶。而川廠則更鑄大漢銀幣等。孫文黎元洪亦曾鑄幣迨民國三年二月八日。頒布國幣條例。其一元銀幣。於是年十二月二十四日。由總廠開鑄。次年二月。江南造幣廠繼之。原定每枚純銀爲九成。因爲便利收換舊幣改鑄新幣起見。旋改爲八九成色。此項新幣。花樣嶄新。成色劃一。故自發行以來。全國各地。頗能通行無阻。先是各種舊型銀幣。因成色重量之不同。復因各地囿於習慣。有不能互相通用之弊。據民國三年天津造幣總廠報告、前清各造幣局廠、所鑄銀元成色紛雜、近合法定者十之一二、超過法定者十之三四、不及法定者十之六七、其原因是由於各省貪圖造幣餘利、有以致之、各省銀兩重量成色、另詳後表、自民國四年。滬上中交兩行。以中央銀行地位之關係。與錢業公會協商。將以前所開龍洋行市。一律取消。祗開新幣行市。江南湖北廣東及大清銀幣四種銀元。均按照新幣行市通用。其他各種龍洋。除銅洋挫邊而外。均得向中交兩行兌換新幣。並定於是年八月一日起實行。自是我國自鑄之銀元市價。遂成統一矣。六年三月。財政部通行京外各官署。鈔錄財政會議議決推行國幣辦法數端。一、本部直轄及各省財政廳財政分廳所屬各徵收機關。各縣知事公署包括在內、一切稅項。均應以國幣計算稅率。一、一元新主幣通行省分。徵收稅款。應以該項主幣爲本位。該項主幣數多地方。應專收該項主幣。及代表該項主幣之鈔票。該項主幣數少地方。得搭收舊銀元銀角銅元制錢等。均照市價折合新主幣。一、銀元足用地方徵收機關。不得收用生銀。若通用銀元爲數不多時。生銀亦應限制收用。一、徵收機關。不得收受外國鈔票。至外國銀元。非不得已時。亦不得收受。並規定徵收人員。如違背國幣條例。由主管長官。遵照國幣條例施行細則辦理等語。是年滬地輿論。有倡議廢兩改元者。謂近年各省因銀兩缺乏。改用銀元。如江西之南昌、福建之廈門、浙江之寧波、及奉天之瀋陽、等處。皆先後實行。上海既爲全國金融之中心。似應負商界革新之先導。協助政府整理全國幣制。廢兩改元之議。因是駸駸。不可阻遏矣。嗣又適値修正稅則。財政部有主張關稅改徵國幣之議。卒因海關及一部分外人言銀元成色不準。未能通過。七年八月。財政部繕呈幣制節略。內謂自國幣條例頒布以後。政府逐漸實行者。已有數端。一、劃一型式。二、嚴定重量成色。三、收毀舊幣。至八年四月。財政部又呈大銀元一項。爲全國多數人民計算之標準。於國庫收入。商業往來。關係至鉅。尤應先謀統一。查國幣條例公布以來。五年之間。鎔舊鑄新。既已頗著成績。鑄成新幣。各省一律通行。其勢駸盛。倘能因勢利導。大銀元之統一。絕非難事。現在各廠所鑄舊型一元銀幣。除業經銷燬者不計外。約有一萬八千餘萬元。其各種外幣確數。雖不可考。大約以三千萬元爲概數。當亦不甚相遠。茲查天津造幣總廠及湖北江南兩分廠。鑄造能力。每月每廠可鑄三百萬元。今以其能力三分之一。專事改鑄舊幣先自各種外幣及各省舊幣之成色重量過低者入手。則尚餘三分之二之鑄造能力。於廠務進行。仍不致有碍。而每月三廠合計。可改鑄外幣及舊幣三百萬元。一俟改鑄成數。稍有可觀。當與有約各國商禁外幣進口。並實行廢除銀兩習慣無論公家商民出入。均以銀元計算。如是則一年以後。不獨外幣可以絕跡於中國。即各省舊幣之濫惡者。亦可漸歸淘汰。然後斟酌事勢。繼續進行。則所有一元銀幣。不難漸次統一等語。是年六月。上海錢業與銀行兩公會集議。將英洋市價取消。僅開龍洋市價而各種銀元市價。遂以之統一矣。旋又倡議各種舊幣市價雖歸統一。然欲求整齊劃一。則莫若收回改鑄。更較有效。復鑑於上年財政部有主張關稅改徵國幣之議。未能實行。上海造幣廠之設立。（參照上海造幣廠籌設之經過）與銀元之擴充鼓鑄。益覺急不容緩矣。查吾國近年來國內各銀行。皆莫不贊同廢兩改元者。但外國銀行對此頗表不滿。觀其所持理由。不曰成色不齊。則曰造幣廠未能改良。其實不外欲保持其銀兩地位。以便操縱而已。十二年十一月。滬上銀根緊迫。銀行公會。感銀兩銀元兩重準備之不便。提議每元按規元七二・四六三七一行使。而因錢業公會之反對。不克實行。十三年春。全國銀行公會第五屆聯合會。議決防止各廠銀元之濫鑄及成色之低減辦法數條。節錄如下。(一)勸告各地軍民長官及各地商會。應嚴禁鑄造違反幣制條例之銀元。(二)應請政府不得再准各地添設幣廠。及不得再准發給鑄模。並勸告各地軍民長官。禁止行使違反幣制條例之銀元。(三)應由政府飭令稅務處。遇有鑄造違反幣制條例銀元之幣廠。各地海關即禁止輸運生銀及其所鑄之銀元。(四)通告同業及外國銀行錢業公會商會。如遇有鑄造違反幣制條例之幣廠。無論何行。不得代購生銀及代售銀元。(五)應由各地公會及同業。隨時調查鑄造數目及揀選銀元。送滬公會檢驗成色。登報公告。(六)查出有爲鑄造違反幣制條例之廠。代購生銀及代售洋元者。應將人名行名登報宣布。(七)以後各省如再添設幣廠。在會各行公約。不爲經購生銀及代售洋元。並勸告會外中外同業及商會共同協助云云。

各省舊鑄大小銀圓重量成色表(據天津造幣廠報告)

地名	年代	種類	每千分 純銀	每千分 銅並雜質	每圓重量 庫平	每枚含銀 庫平	每枚含銅 庫平	備考
廣東	光緒	一圓	九〇二、七〇〇	九七、三〇〇	〇、七二四五	〇、六五四〇	〇、〇七〇五	含金極微
		二角	八〇四、〇〇〇	一九六、〇〇〇	〇、一四三三	〇、一一五二	〇、〇二八一	
		一角	七七〇、八三五	二二九、一六五	〇、〇七一五	〇、〇五五一	〇、〇一六四	
湖北	光緒	一圓	九〇三、七〇三	九六、二九七	〇、七二二六	〇、六五三〇	〇、〇六九六	含金極微
	宣統	一圓	九〇一、六九七	九八、三〇三	〇、七二六一	〇、六五四七	〇、〇七一四	
	光緒	半圓	八六三、七二〇	一三六、二八〇	〇、三五三五	〇、三〇五三	〇、〇四五二	
		二角	八二〇、〇八〇	一七九、九二〇	〇、一四一五	〇、一一六〇	〇、〇二五五	
		一角	八二一、〇八五	一七八、九一五	〇、〇六八四	〇、〇五六一	〇、〇一二三	
江南	光緒二十四年	一圓	九〇二、三二七	九七、六七三	〇、七二四六	〇、六五三八	〇、〇七〇五	微含金
	光緒二十八年	一圓	九〇二、七〇〇	九七、三〇〇	〇、七〇七四	〇、六三八六	〇、〇六八八	
		二角	八二一、三〇四	一七八、六九六	〇、一四二八	〇、一一七二	〇、〇二五六	
		一角	八二四、三三三	一七五、六七七	〇、〇七〇六	〇、〇五八二	〇、〇一二四	

北洋機器局	光緒二十四年	一圓	八九〇、六六四	一〇九、三三六	〇、七二八九	〇、六四九二	〇、〇七九七	合金極微
北　洋	光緒三十三年	一圓	八九〇、〇〇〇	一一〇、〇〇〇	〇、七三九六	〇、六五八二	〇、〇八一四	微含金
	光緒二十五年	半圓	八四〇、八四五	一五九、一五五	〇、三六一五	〇、三〇四〇	〇、〇五七五	
	光緒三十三年	二角	八〇九、七二九	一九〇、二七一	〇、一四〇九	〇、一一四一	〇、〇二六八	
		一角	八一二、七四八	一八七、二五二	〇、〇七一五	〇、〇五八一	〇、〇一三四	
奉天機器局	光緒二十五年	一圓	八五六、五六二	一四三、四三八	〇、七二四七	〇、六二〇七	〇、一〇四〇	合金極微
奉　天	光緒二十九年	一圓	八四四、五二六	一五五、四七四	〇、七〇五六	〇、五九五九	〇、一〇九七	
東三省	光緒三十三年	一圓	八九〇、〇六六	一〇九、九三四	〇、七一九九	〇、六四〇	〇、〇七九一	微含金
		半圓	八九〇、〇六四	一〇九、九三六	〇、三六二五	〇、三二二六	〇、〇三九九	
		二角	八九〇、〇六四	一〇九、九三六	〇、一四六八	〇、一三〇七	〇、〇〇六一	
		一角	八九三、〇八八	一〇六、九一二	〇、〇六九三	〇、〇六一九	〇、〇〇七四	
吉　林	光緒二十六年	一圓	八八四、〇五九	一一五、九四一	〇、六六八八	〇、六一七八	〇、〇八一〇	合金極微
	光緒三十一年	一圓	八九五、六七九	一〇四、三二一	〇、六九七七	〇、六二四九	〇、〇七二八	
		二角	八一〇、〇八一	一八九、九一九	〇、一四一四	〇、一一四五	〇、〇二六九	

		一角	八一七、七八一	一八二、二一九	0、0六九五	0、0五六八	0、0二七	
四川	光緒	一圓	八九六、六八二	一0三、三一八	0、七一七九	0、六四三七	0、0七四二	微含金
安徽	光緒二十四年	一圓	八九四、六七六	一0五、三二四	0、七二三九	0、六四七七	0、0七六二	含金極微
造幣總廠	光緒	一圓	九0四、五二七	九五、四七三	0、七0二九	0、六五二一	0、0六八八	微含金
		二角	八0四、六七一	一九五、三二九	0、一四三三	0、一一八二	0、0二五一	
		一角	八二五、六七六	一七四、三二四	0、七0二五	0、0五九九	0、0一二六	

第二節　流入銀圓

明末海禁既開。葡萄牙西班牙等各國人士相繼東來。自是海外商人。乃有用銀以購我國之特產而還者。至清之乾嘉以後。始廣用銀元。以購我之貨物。乾隆九年、范廷楷奏稱內地姦商、私帶制錢出海、與諸番交易、以數十文易番銀一元、獲利最重、返船之時、或帶番餅、或帶洋貨」嘉慶十九年上諭、「近年以來、夷商偸運內地銀兩出洋、多至百數十萬、既將內地之足色銀兩、私運出洋、復運進低潮之洋錢、」蔣攸銛奏稱、「洋錢進口、民間以其使用簡便、頗覺流通、每年夷船帶來之洋錢、或二三百萬元、或四五百萬元、亦有數十萬元者不等」銀錢稱元、始見於此、初我國商人。以其爲物衡色齊等。便於交易。多樂用之。故不數數。徧行各口。至道光九年上諭內。有粵洋通市。番銀夷錢。行用日廣。聞有大髻、小髻、蓬頭、

現代流入銀圓圖（其一）

西班牙洋

舊墨西哥洋

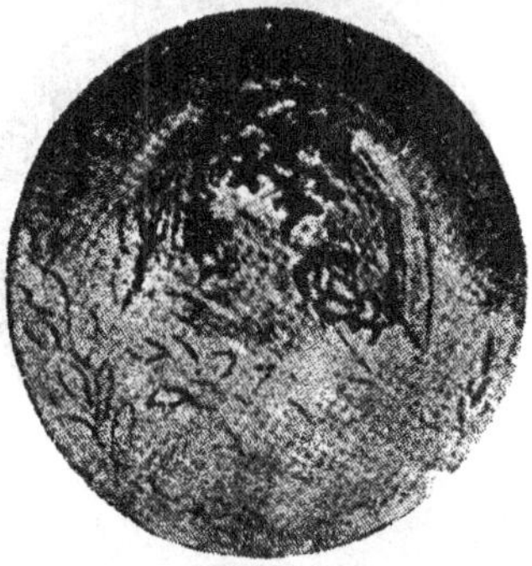

新墨西哥洋

美國洋

現代流入銀圓圖(其二)

秘魯洋

香港洋

日本洋

安南洋

蝙蝠、雙柱、馬劍諸名等語。其時江浙閩粵等省。皆暢行外國銀圓。以每七錢二分之洋銀。常換我生銀七八錢以上。廷臣有請禁之者。粵督鄧廷楨奏稱洋錢流布已久。廣東謂之爛板。江浙則用光面。一旦驟行禁止。勢有不能。奏入。諭斥之。是時之外國銀元。乃大呂宋之佛頭銀元。俗稱本洋。嗣又有墨西哥之鷹洋踵行。其後英之香港銀元。法之安南銀元。美之貿易銀元。及日本銀元等。皆先後輸入。一時風行全國。已有不可阻遏之勢。至光緒末年。此類銀元。或由各本國幣制本位之改革。或實行停止鑄造。來源減絕。形勢遂爲之一變。兼之國內各省自行設局鼓鑄。力謀抵制外幣。民國成立以來。幣制之整理。更積極進行。各種外國銀元。或被銷燬。或仍流出於海外者有之。按自道光初年以迄清末。約計將近百年。是爲外幣在華之流通極盛時代。今則却如回光返照。告終之期。相距不遠矣。茲分述各種銀元之變遷及其興衰於后。

一、本洋　本洋爲西班牙所鑄之銀幣。原名 Spanish Corolus Dollar 故又稱西班牙洋。西歷一五三五年至一八二一年間所鑄造之銀幣也。其成色較遜於英洋。千六百年左右。流入我國。爲外國銀元來華之嚆矢。清之乾嘉以後。各通商口岸。頗有使用者。如安徽蕪湖一帶市價尤高。（每一銀元可抵他種銀元一元三四角不等）嗣後鷹洋流入之數日增。該項銀幣流通之效力。遂因之而減。光復以來。除蕪湖等地仍有少數流通外。他處市場久已絕跡。其每元所含純銀量約千分之九百也。

二、鷹洋　鷹洋爲墨西哥獨立後所鑄造之銀幣。因幣面花紋有鷹鳥而得名。原名Mexican Dollar 普通稱之曰英洋。（鷹誤作英）北省各地多稱正英。其成色較各種外幣爲佳。外國銀幣輸入我國者。以此種爲最多數。其通行最廣之區域。爲吾國南部及中部地方。如上海一地。幾以此爲主幣。爲通貨授受之標準。（上海外國銀行發行之紙幣民國八年以前皆以此爲兌換準備）其市價往往超越於國幣之上。北方各地多樂用人洋。故行市稍賤。反低落於國幣之下。自近年以來。輸出之數超過輸入。及國內之銷燬等。該項銀幣之流通數量。遂日形減少。更因民國八年。英龍洋（國內各省所鑄之銀元因幣面花紋有龍故通稱之曰龍洋）行市之統一。特種之愛好早已失去。其每元所含重量成色均詳之於附表一。

三、人洋　人洋有呼站人。亦有名曰香洋。並有稱曰杖洋。此因幣面花紋有人持杖站立。而得種種之名稱也。此銀幣有二種。一由一八六六年迄一八六八年間。香港舊造幣局所鑄者。一由一八九五年以來。印度造幣局所鑄者是也。香港舊造幣局鑄造之銀幣。意在抵制鷹洋之輸入。因成色較低。行用均須貼水。旋即作廢。印度造幣局鑄造之銀幣。又名之曰英國貿易銀。(English Trade Dollar) 其一面刻有華文『一元』二字。殆專爲我國貿易而設。重量成色與前在香港鑄造者無異。從前此幣之鑄造地。因隣近粵桂關係。兼之英人商業在廣東省內頗占優勢。故粵省方面通行最盛。庚子以後。北方各地亦多用此銀圓。京津尤爲通用之中樞。其市價大抵北高而南低。此亦由北省各地多樂用此洋之故也。其每元所含重量成色。均詳之於附表一。

四、龍洋　龍洋爲日本鑄造之銀幣。因幣面刻有龍紋。故稱之曰龍洋。亦有稱龍番者。此幣在南方以閩省流通爲最廣。贛湘二省。間亦通用。北方則以奉天大連等地方多用之。按該幣係爲日本國內昔日通用之舊銀元。嗣因幣制改革。輸入我國之貨幣也。其重量成色亦詳之於附表一。

五、安南洋　乃法屬安南所鑄造之銀幣。原名 Indo Chinese Piasta 其重量成色與香洋等。該幣在我國流通範圍甚爲狹小。大抵與安南接壤之滇桂兩省邊地多用之。

六、美國洋　係由美國運入來華之銀幣。原名 American Trade Dollar 乃專爲對外貿易而鑄造之貨幣也。旋因信用不足。未能盛行。舊時亦僅見於我國通商大埠。民國成立以來。則罕見之於市場矣。

除以上所述數種之外。更有玻利惟亞、智利、秘魯等各種銀圓。在淸之咸豐以前。於吾國南部地方。頗能行使。但爲數有限。流通時期亦極短也。此外各國鑄造之銀輔幣。（即銀角或小洋）輸入我國者。有香港、日本、安南等所鑄造之各種毫洋。惟其流通效力。則遠不逮大銀圓。且爲數亦極微也。至於各國銀圓輸入之數目。究有若干。殊無詳細之統計。可以稽考。茲根據海關報告書。將最近十餘年來各國銀幣之進出口情形。附表兩紙。以資參考。

一、流入銀圓重量成色表（據天津造幣廠報告）

地名	年代	種類	每千分 純銀	每千分 銅並雜質	每圓重量 庫平	每枚含銀 庫平	每枚含銅 庫平	備考

墨西哥		一圓	九〇一、八二四	九八、一七六	〇、七二八四	〇、六五六九	〇、〇七一五
		一圓	九〇四、七〇六	九九、二九四	〇、七二三二	〇、六五三四	〇、〇六八八	微含金
站人		一圓	九〇一、六九七	九八、三〇三	〇、七二一五	〇、六五〇六	〇、〇七〇九
		一圓	八九九、四〇六	一〇〇、五九四	〇、七二三〇	〇、六四九四	〇、〇七二六
香港	英皇相	一圓	八九四、四五〇	一〇五、五五〇	〇、七二四三	〇、六四七八	〇、〇七六四
		二十仙	七九五、九六〇	二〇四、〇四〇	〇、一四三三	〇、一一四一	〇、〇二九二
		十仙	七九八、九七五	二〇一、〇二五	〇、〇七一五	〇、〇五七一	〇、〇一四三
日本	明治三十七年	一圓	八九七、四六五	一〇二、五三五	〇、七二一三	〇、六四七三	〇、〇七三九
	明治三十一年	五十錢	八〇三、一八〇	一九六、八二〇	〇、三五八三	〇、二八七八	〇、〇七〇五
	明治三十七年	二十錢	七九六、九六五	二〇三、〇三五	〇、一四五二	〇、一一五六	〇、〇二九四
	明治三十二年	十錢	七九六、九六五	二〇三、〇三五	〇、〇七一六	〇、〇五七一	〇、〇一四五

二、流入銀圓累年進口額數表（單位枚）

年次／國別	墨國銀圓	日本銀圓	香港銀圓	安南銀圓	西班牙銀圓
宣統元年	五、八四六、二一七	二、〇八七、二七七	七三九、九一六	二六、二〇〇	一〇、九三〇

二年	九、二二八、五三三	三、二二四、二二四	二、〇四九、八七九	三四八、六八五	—
三年	五、五八八、一〇六	二、八四二、四一六	一六、二七八、七〇〇	一〇、五〇六、一五〇	二四、〇〇〇
民國元年	四、一九四、六五七	三、二九三、一八八	一三、三〇三、三五八	三、五一四、六五七	四〇三、〇〇〇
二年	三、八九三、七六四	二、八八四、五二三	二、四五一、二一七	五八四、六八九	—
三年	四、五七〇、〇〇七	三、二五三、五八〇	九七一、八〇〇	四六、七七二	—
四年	二、九三九、三六三	二、八〇四、〇四二	一、二五六、一九八	五九、七〇三	—
五年	三、三九六、〇三四	二、九三七、七〇三	二三五、五一五	六一、五五〇	—
六年	九七四、六二一	一、〇六五、〇四〇	一三四、三八九	五二三、九八八	—
七年	一、四一七、七七七	八六二、四〇〇	五九、〇一〇	一、六〇六、六七三	—
八年	八七八、六四〇	二五五、〇五〇	一七〇、三〇七	七一〇、七七六	—
九年	一、三二三、六七四	二、一三〇、〇六六	四五、二五四	四四四、〇九〇	—
一〇年	七一〇、七九〇	二六、三〇〇	一五、〇〇〇	八五、四七四	—
一一年	一二八、八一〇	九、六〇〇	—	一七八、四七一	—
一二年	二、六一六、二七四	七一、六〇〇	五七五、七四五	一三、〇二三	—
一三年	七二七、八一〇	一七、〇〇〇	二〇六、二〇〇	二五、九九五	—

三、流入銀圓累年出口額數表(單位枚)

年次／國別	墨國銀圓	日本銀圓	香港銀圓	安南銀圓	西班牙銀圓
宣統元年	六、三六四、二一〇	三、四五四、九九三	七九〇、〇八〇	二〇四、三九二	六〇六

二年	六、八六四、三九〇	三、〇四五、八三〇	二八六、二〇〇	三三七、二八六	一、五五〇
三年	六、七六三、六三三	一、四四六、一六〇	四〇〇、一〇〇	一八五、六三四	一、三五四
民國元年	一、八九五、四九二	五、六三六、九四三	二、四八六、二一五	一六一、八五三	一、二八八、三五〇
二年	三、五二九、八一八	四、三六八、三七六	二、一四四、四七二	三〇七、四二七	一、八六一、五八〇
三年	三、一一七、四二四	四、八六一、四三六	五、三四三、〇六四	八五八、一九五	—
四年	一〇、三六六、七一三	三、五三九、一八八	一、八八一、〇五四	一、七三八、二九九	—
五年	六、〇二九、五八一	三、二〇〇、六一七	一、二五三、五三一	二、五六七、〇〇四	—
六年	六、九四三、八三六	八七一、六七八	一、二六一、六七八	一、一五〇、四一五	—
七年	九八二、八五三	七八〇、九五七	五五、五二七	四六四、四五三	—
八年	五八〇、二四八	四四八、七三八	一七五、七六三	二、一三六、〇二四	—
九年	一、八八六、五〇五	七六五、八八三	九六、三四三	二、〇二二、八二四	—
一〇年	六、四三四、一三三	二〇二、五六八	二八、八一三	一、二三〇、〇七一	—
一一年	四、九七三、八一二	一九四、七八七	二三〇、三〇五	二、六二二、二七七	—
一二年	一、七九九、二三一	一、〇二六、二一〇	二七六、八六九	一、一九七、二八五	—
一三年	八六六、二四一	一六八、一九一	一〇、四八二	五五〇、九二三	—

第二章 銀角

第一節 舊銀輔幣

我國之舊銀輔幣。係在光緒十六年與大銀圓同時鑄造。最先開鑄者爲廣東。其次湖北。

繼乃推及他省。當時清廷對於銀輔幣之無確定辦法。其情形正與銅元等。光緒三十三年。雖有一度之奏定。大銀圓一元。折合小銀幣十角。小銀幣一角。折合十文之銅幣十枚。均以十進。然未見諸實行。故銀圓與輔幣之兌價。終依供求之相劑而定焉。且其成色分量。亦無一定之標準可憑。各省所鑄。頗有出入。據民國三年天津造幣總廠化驗報告。謂半元、二角、一角、成色之最高者。首推東三省。最低者則爲北洋之五角與二角及廣東之一角銀輔幣也。按自各省設局以來。所鑄之銀輔幣、以粵省爲最鉅。其中尤以二角爲最夥。蓋其沿革情形。頗與他省迥有不同。宣統二年。度支部奏定幣制則例。舊銀輔幣。亦擬有處置辦法。嗣因國體改變。所有計畫。皆成畫餅矣。民國成立以來。各省仍繼續鑄造各種輔幣。形式更不一致。三年頒布國幣條例。新銀輔幣。仍依十進之制計算。而新舊之分。自此始矣。近年廣東福建等各造幣局廠。仍鼓鑄舊式銀輔幣。(即雙銀毫)聞其成色重量更不逮昔日所鑄者之佳矣。

(附註)各省舊銀輔幣成色重量。另詳前章表內。

第二節　新銀輔幣

現代銀角圖

清代鑄造

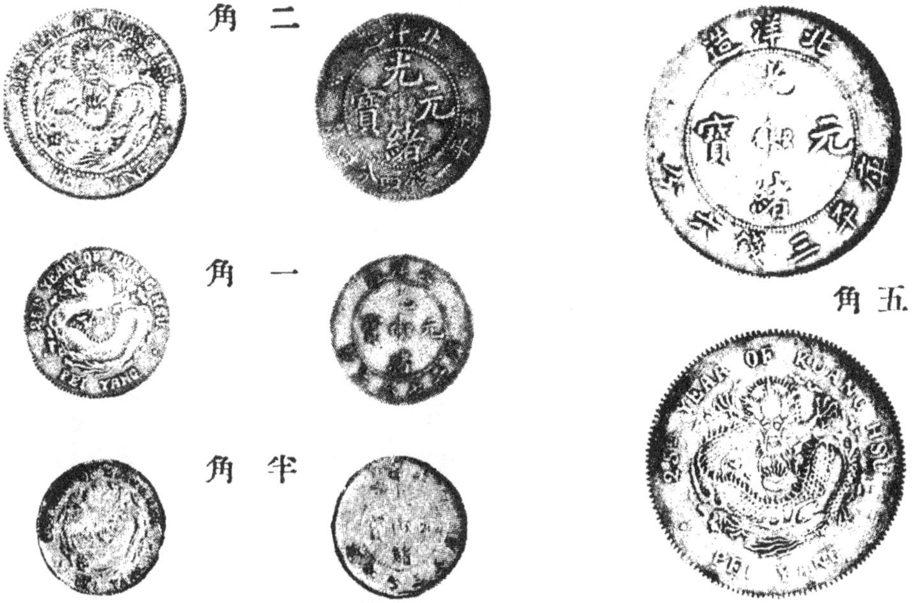

二角

一角

半角

五角

民國鑄造

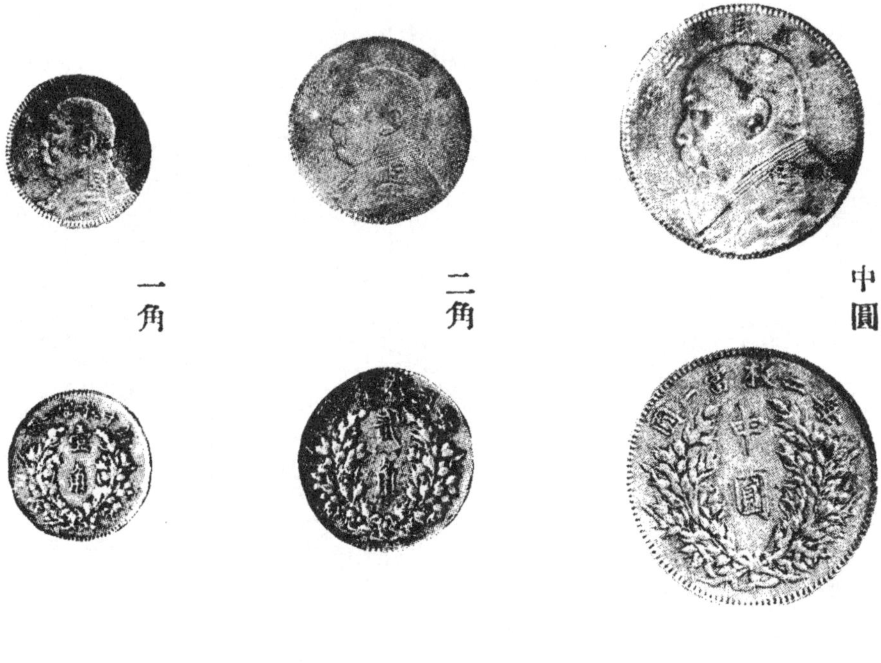

一角

二角

中圓

自國幣條例頒布後。財政當局以改革需款甚鉅。又值財政竭蹶之時。頗不欲迅速推行。至民國五年。中交兩行停兌。北方現銀缺乏。遂有建議實行鑄造銀輔幣。以濟現貨缺乏之窮。而收新銀輔幣推行之效者。當由部飭天津造幣廠準備續鑄銀輔幣。旋由津廠復呈。謂前奉部飭。依照國幣條例。預備續鑄新銀輔幣。當經擬定花紋形式。與一元新幣一致。成色公差。悉依國幣條例辦理。以二枚當一元者、曰中元。以五枚當一元者、曰二角。以十枚當一元者、曰一角。擬乘現在金融一大變更之時機。即將各種銀輔幣鑄發。從天津入手。逐漸試辦。以期普及。請部通行各部省。轉飭所屬。所有一切官款出入。一律遵照國幣條例辦理。位以十進。不得絲毫折扣。並示諭商民。俾知新銀輔幣完糧納稅。及一切公款出入。商業貿易。均極便利。並准隨時到國家及省立銀行兌換。悉遵條例辦理。等語。當由部批准。先從天津試辦。並規定發行手續。專歸中交兩行負責辦理。商家請領。概不發給。即幣廠亦不得自由發行。復與兩行約定市面來兌。隨時按照法價兌給。如遇需要缺乏輔幣時。得以大洋隨時向幣廠兌換輔幣。如輔幣過多。得以輔幣向幣廠兌換大洋。且爲愼重推行起見。分期分區次第發行。第一期在京兆直隸。第二期在山東、山西、河南、江蘇、安徽、浙江、福建、廣東。第三期在陝西、甘肅、貴州、廣西、雲南。第四期在東三省、湖北、湖南、江西、四川、新疆、蒙古、西藏。第一期京兆直隷兩處自實行以來。商民稱便。漸次推及山東河南等省。初時鑄數無多。銀行可持往造幣廠易取銀圓。十進之制。得以維持。嗣市面已漸敷用。而各造幣廠以其有利可圖。仍陸續鑄發。以致供過於求。商民交易行使維艱。市場暗盤價格。由是日落。時交通部以事關本部收入。首先通令各路局自十二年八月十六日起。實行輔幣貼水。郵政局繼之。北京銀行公會旋亦繼之。至此所謂新銀輔幣十進之制。全被破壞無餘矣。近有主張仍令恢復昔日十進之制。以全國家信用。然究竟能否實行。固未可預言耳。

第三章　銅圓

第一節　舊銅輔幣

清末銅價飛漲。制錢減鑄。各地頗呈錢荒之象。至光緒二十三年。江西道監察御史陳其璋。奏請鼓鑄大小銅圓三品。一品重四錢。中品半之。下品又半之。以補制錢之不足。而未見實行。迨及二十六年。兩廣總督李鴻章。見英仙士銅錢。質輕而値大。謀仿鑄之。奏請設

現代銅圓圖（其一）

清代鑄造

當十文（一分）

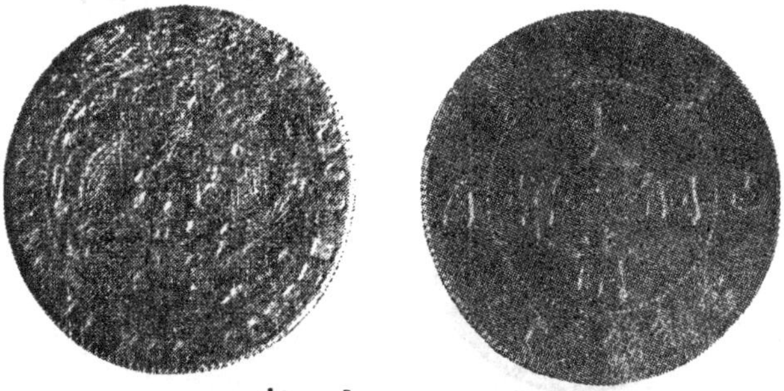

當二十文

廣東當十文

北洋當十文

當一釐

當五文

當一文

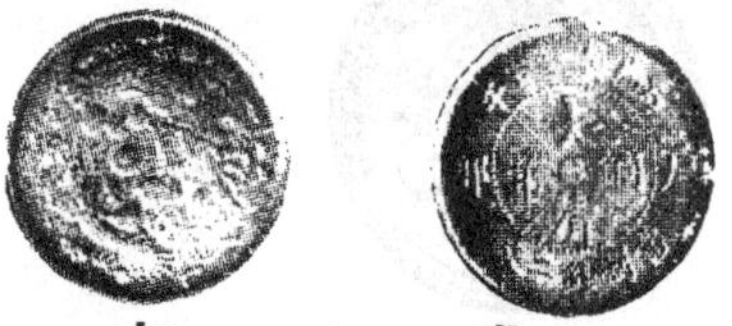

當二文

現代銅圓圖（其二）

民國鑄造

當二十文

當十文

一分

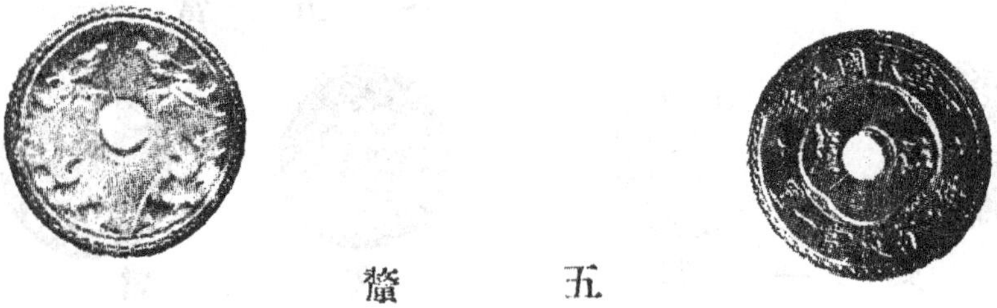

五釐

局先行試鑄。是爲中國鑄造銅圓之始。（參照第四編第一章廣東造幣廠沿革）二十七年以制錢缺少。不敷周轉。而銅圓行於廣東已具成效。乃諭令沿江沿海各省仿造。於是各省大鑄銅圓。銅圓旣以代制錢之用。初出無多。頗博社會一般之歡迎。第行用日久。流弊隨之。二十九年七月。戶部奏稱各省仿鑄銅圓。宜妥定章程。務使有利無弊。方能與制錢相輔而行。并謂錢法之弊。其端有三。一在價值參差。收放未能一律。以致人不信行。一在偸減成色。輪廓或未精良。以致私鑄冒濫。一在奸商販運。銷路暢滯。聽其操縱。以致弊竇叢生。現在開辦伊始。亟宜先事防維。擬凡鑄造銅圓省分行使章程。均令照錢上所鐫當五、當十、當二十各數。永遠遵守。無論銀價漲落。作抵制錢。不得稍有軒輊。凡錢糧稅課。向收制錢之款。均准作抵完納。放欵亦一律抵算。如有奸商把持。及不肖官吏抑勒低昂其價。從重治罪。又謂黃銅圓工本較輕。難保不啓奸民銷毀制錢私鑄銅圓之弊。應令各省均仍鑄紅銅圓。（當時各局所鑄大小略同、形式無異、文所異者、唯曰某省某省鑄造數字而已、重量成分之規定、當十者每枚重二錢、以紫銅九五白鉛五分配合而成、然各省所鑄不無差異、如湖南浙江之銅元、間有全黃銅者、可以推知矣、）此清廷防制銅圓流弊之大概情形也。惜未能深知貨幣原理。對於銅圓鑄數之限制。及銀銅間比價之確定。（光緒二十八年十月、戶部奏銅元搭放官俸片內、規定銅元每百枚抵銀圓一枚、未見實行、與夫金融兌換機關之設置。應如何籌畫。毫未顧及。僅有規定奸商墨吏違法舞弊從重治罪、兼之各省督撫大吏。莫不藉銅圓餘利。以為興辦地方新政之用。初未嘗有整理幣制之意。是皆日後幣制紊亂之最大原因也。光緒三十一年七月二十二日。財政處戶部奏定天津銀錢總廠章程內。聲明先鑄大清銅幣四種。參照天津造幣廠沿革然嗣後鑄行之銅元。實只二十文十文兩種而已。同日又奏近年以來添鑄銅圓。因制錢短絀。民間樂於行用。而鑄造之餘利。又復甚鉅。是以各省爭先請鑄。紛紛不已。然以自相爭競之故。近來機器銅鉛價值業經見漲。銅圓價值亦經見落。若仍復自鑄自用。各立門戶。恐銅價益漲。錢價益賤。數年之後。新幣充滿。行銷不易。必至漸虧成本。且與各國新定商約。已有立定一律國幣之條。若任各省自為風氣。恐於劃一幣制之意。去之愈遠等語。並奏定整頓圜法章程十條。行知各省遵辦。茲節錄有關銅圓數條於後。

一、銅幣成色。用九五紫銅。五釐白鉛。願用點銅錫一釐者聽。分量定准當二十者重庫平四錢。當十者重庫平二錢。當五者重庫平一錢。當二者重庫平四分。由戶部頒發祖模。均與總廠所鑄一律。惟於正面加鑄省名一字。以便查考。每次鑄出。均須呈送財政處戶部化驗。並由財政處戶部隨時遴派妥員前往稽查。如有不遵奏定章程者。即時令其停鑄。並限令將發出各元收回銷燬。

一、鑄幣所以便民。若多鑄當十當二十兩種。民間購買零星物件。不能分析。殊爲不便。是以戶部總廠所定章程。有當五當二兩種銅幣。以資補助。今擬定立限制。各省局每日所鑄銅圓。以十成計算。約鑄當十者五成。當五當二者各二成。當二十者一成。其當二以下。則以舊有制錢搭配應用。

一、鑄幣之數。必須酌劑盈虛。以民間需用之數核計。方能保其價值。若鑄造日多。價值日落。商民藏儲。必多虧折。是便民者轉而厲民。嗣後各省所鑄銅幣。應令該省所設官錢公估等局。酌量市面情形定價。隨發隨收。持之以信。按照所鑄當制錢數目。與制錢一律行用。不准市儈把持。出入減折。亦不准鑄局爭利。減價發行。至市面銅幣有餘。即應遵照部議停鑄。

一、各省所鑄銅幣。應令先儘本省制錢短少之處發行。不得大宗販運出省。致令他省有充斥之患。若各省需用銅幣。則可備價至總廠領取。其邊遠省分。准交鄰省局廠代爲鑄造。運回本省應用。

一、各省已設之銅元局。即由該督撫將原購某國機器件數。內有印花機器若干部。共需價值若干。建造廠房價值若干。以及現在共用員若干。每日作工若干時。共出銅幣數目若干。限三個月咨報財政處戶部一次。嗣後應將購買銅鉛等料價。并一切局中經費各款若干。除淨實有贏餘若干。按年詳細造報一次。以憑比較考核。

一、鑄幣乃國家特有之權。中外古今。均不准商民隨便鑄造。今商人見銅元利鉅。多生覬覦。往往請集商欵鑄造。名爲報效銀若干萬兩。實欲侵奪國家固有之利。而分其少數以爲報效。其心惟在餘利。何能顧及大局。若准其鑄造。必至爭競攙雜。其弊有不可勝言者。今各省官局。既不准添設分廠。更無轉准商辦之理。擬請飭下京外各衙門。凡有商民請鑄銅元者。一律議駁。並由財政處戶部隨時查訪。如有銀銅元局暗攙商民股本者。雖業經奏准之局。亦飭令登時停辦。以保利權。

一、各省銅元局創設之初。鑄造不及。往往購買日本鑄就銅餅。一經印花。便可行使。看似便利。然外洋人工費用皆貴於我。而造成銅餅運來。價值尚不甚昂貴。則其成色分量之不盡如法可知。况洋商販運之時。不免夾帶多枚出售圖利。易啓奸人私鑄之端。現既擬將成色分量劃定一律。且各省設局已久。不至有趕造不及之虞。總以自行鎔銅鑄造爲是。凡有販運造成銅餅。一律嚴禁入口。以防流弊。

是年十月財政處戶部又奏各省督撫以籌款維艱。銅元餘利甚饒。亟思推廣運銷。故現在鑄數日增。此省競運出口。彼省嚴禁入口。則是銅元充斥。民用足敷情形。已可概見。若徒以籌欵之故。圖目前之利。勢必至紛紛趕鑄。減價發行。銅元愈多鑄而價愈落。錢價愈賤。物價必增。小民生計維艱。地方收款亦暗受虧折。公家賠累於上。商民交困於下。貽患後來。關係匪淺。若不於此時亟圖補救。必至不堪收拾。貽笑外人。更將何以自解。現在各省銅元。均已不虞缺乏。非趕爲酌定限制。未易施補救之方。擬令江蘇、湖北、廣東等大省。每日造數。不得逾百萬。直隸四川兩省。每日造數。不得逾六十萬。其餘各省。每日造數。不得逾三十萬。現未設廠。如山西陝西等省。可由總廠撥給。貴州等省。可由四川等省協撥。其成色分量。須照奏定章程。不得稍有歧異。如不遵照奏章。將承辦人員嚴行參辦。又謂購買銅斤。須電知財政處戶部覈准。轉行飭知海關。方准進口。再按照奏定章程。令各省設立官錢公估等局。與戶部銀行。聯絡一氣。將銀銅各幣。定准價值。一律行用。庶銅元無充斥之患。價值亦無漲落之虞等語。同日遂有議駁閩粵兩省。請准銅元運銷出口一案。郎大宗販運又議復給事中王金鎔銅元宜流通行用摺內。謂原奏稱直隸州縣。不用南省銅元。實屬非是。三十三年十一月、直督楊士驤奏請禁各省銅元、彼此通行、且謂觀於河南一省、限制外省銅元、不准通行、該省銀價跌而物價平、可爲明驗、部議駁之、浙江膏捐局。不准再繳銅元。更屬不成事體。嗣後倘有故意抑勒。倡爲交官不用銅元之說。即從嚴參辦。同日又奏浙閩兩省運大宗銅元分赴煙台青島。請將浙撫福州將軍交部議處。三十二年二月。財政處戶部奏。銅幣之行各省爭相鼓鑄。流弊日滋。擬以謀所以整頓者。自以由戶部收回爲正辦。惟就目下情形而論。收回之事。諸多窒礙。擬先圖補救爲亟。綜計約有八事。一禁止大宗販運。申明爲防弊非分畛域。二限制鼓鑄數目。三禁購銅餅。四購買銅斤。必先報部覈定。五官民紳商。一律行用。六行旅隨帶銅元出口進口。不逾二千枚者。概不查禁。七市面行使。此省地方。不得異視彼省銅元。八通查各省多寡有無。設法勻撥。一省之盈虛。由疆吏設法勻撥。各省之盈虛。由戶部酌核勻撥。並謂奉行不善。及陽奉陰違者。嚴參重處。嗣後仍有鄂省請變通限制銅元鑄數。又有寧省請免限鑄銅元鑄數。及福州將軍請准閩關銅幣局免其歸併。均經先後議駁。又蘇州銅元廠。違章多鑄當經勒令停止。同年七月。又奏歸併銅元局廠分全國爲九處。並謂山西陝西等省。尙未通用銅元。制錢又甚缺少現在均係攙用私錢。請責成尙未通用銅元省分。切實推廣行用。三十四年二月。度支部奏京外各處銅元益見其多。民間減折行使。（初以當十爲當九、後遂當八、再後落至當八半、當七、最後落至當制錢六文半、）以致銀價日貴物價愈昂。業經撥庫款銀五十萬兩。收買市面銅元。自未便仍舊鑄造。且現時總分各廠正在籌鑄一文新錢。尅期開鑄。俾得迅速推行。以救銅元低折之弊。同日上諭京外各廠暫行停鑄銅元數月。俟價値稍平。察看市面情形。再行復鑄。當時惟川省以情形不同。首先電請免停。業允如所請。其餘各省。如江、鄂、湘、閩、浙、豫、請就現存銅斤繼續鑄造。津粵及東三省請將已購之銅。儘數鑄造。於是停鑄之旨。幾等於無效。而各省銅元價値之續落。依然如故也。宣統元年十月二十八日。度支部議復都察院代奏舉人張毓英等條陳銅元充斥請設法挽救摺內所陳。於當時銅元情形。頗爲詳明。茲節錄如左。以資參考。

一原奏所稱停鑄銅元。將各廠機器。改撥別用。以絕後來續鑄地步一節。上年二月。度支部奏令各省停鑄銅元。嗣各督撫奏請俟餘銅鑄完。即行停鑄。現據津廠江廠鄂廠湘廠汴廠閩廠。陸續鑄完。申報停鑄在案。此外粵廠川廠餘銅。將次鑄罄。前擬購銅續鑄。均經部駁。滇廠開鑄伊始。本省尚不敷用。交通不便。亦難運銷外省。因未遽令停鑄。一原奏所稱禁止私鑄。尤宜重懸賞格。緝獲外私一節。前年度支部議覆直督奏京津銅元紛雜。遵章查禁摺內。請飭各省督撫。實行查拿私鑄。各海關認眞嚴緝各在案。現擬咨各督撫。廣設巡邏。重懸賞格。如有人拿解原贓者。分別給賞。並按照光緒三十一年前刑部遵議私鑄銀銅元治罪專條。切實懲辦。一原奏所稱勻銷邊省。由度支部通查多寡。酌中撥運一節。查邊遠各省。風氣迥殊。新疆習用紅錢。甘肅習用制錢。奉天則習用銀毫。近據奉省清理財政局盤查司庫報告。該廠尙存銅元三四十萬枚。未能通用。今欲以腹地習用之銅元。投之邊境。非惟交通未便。運費維艱。而旣與習慣相懸。市面必不樂於通用。一原奏所稱發給庫款。定期收買。以一銀元祗換百枚爲限一節。查抬高價格。以十進位。誠爲要著。惟行之苟近操切。匪特損失國家財力。而銅元一時踴貴。或爲狡商居奇。預蓄銅元。以俟貴售。爲利旣厚。僞造愈多。不爲拔本塞源之計。但求削趾適履之謀。恐滋流弊。一原奏所稱官爲通用錢糧釐稅。均准暫收銅元一節。查銅元可以納賦。早爲國家所許。惟必如原奏所云。地方官吏省中司庫。一律收納銅元。恐於事理多碍。誠以各處丁漕釐稅。徵銀徵錢。慣例至爲不一。且公家放款。向係銀兩。今若悉徵銅元。何以支放。至所稱丁漕三七搭用。而洋價抑短百數十文或至二百餘文。釐金房捐。不收銅元。洋價強作一千。竟抑短三百餘文。自係官吏舞弊。應由各督撫嚴飭所屬。徵收稅項。無論銀銅各元。須照市價折收。不得抑勒。至其治本方法。以速定幣制爲歸宿一節。自屬要論云云。

同日又議復川滇邊務大臣請運銅元摺內。稱邊地遼闊。銅元不敷。尚須續鑄。現在沿江沿海各廠。均已申報停鑄在案。第藏衛情形逈別。應暫准川廠續鑄。專銷藏衛。內地各省。不得援以爲例等語。按自三十二年財政處戶部所議整頓八事。未嘗不洞見本源。其中限制鼓鑄一層。兩三年間。亦頗能嚴厲執行。（參照第五編第一章銅累年進出口額數表）惟對於通查各省多寡。設法勻撥一事。則始終未見實行也。二年四月十六日。度支部奏頒幣制則例。所定銅幣。共分四種。因恐與舊日所鑄銅元。容易混淆。特聲明另行增訂。其後迄未頒定。同日又奏籌擬處置舊鑄銅幣辦法。其大要如左。

銅元一項。開鑄以來。鑄數値銀約一百兆以上。加以私鑄之來源不絕。錢票之濫發尤多。物價奇昂。官民交困。當此改革幣制。既不可遽禁其行用。復不可長任其流通。近之論者。約有二說。一則盡收舊銅元。換鑄新幣。一則補救舊銅元。使成十進。由前之說。利在壓低其價。而改鑄之費。始有所取償。由後之說。利在提高其價。而法定之値。始可以仰跂。二者皆有抑揚幣値擾動市情之患。擬折衷二說。在新幣發行伊始。舊銅元姑准民間照市價行用。惟用數無限。則錢盤習慣。終末由除。勢將阻碍新幣。是非分年酌定限制不可。應於新幣發行省分。由督撫出示。以某月日爲新幣發行日期。即從是日起算。第一年銅元用數。每次以値銀幣三元爲率。第二年銅元漸少。限制自當稍嚴。每次用數以値銀幣一元爲率。用數既限。則社會之需要必少。是宜同時設法收回。酌以數成。改鑄二分及五釐銅幣。並選其當十文之精者數成。暫時作爲一分輔幣。隨同新幣。以法價運銷內地。如此行之二三年。改鑄運銷。爲數當復不少。其所留遺市面者。不過十之二三。屆時或宣布作爲輔幣。或明示禁用期限之處。應體察市情。斟酌辦理云。

按上所述計畫。未及着手實行。而國體改革矣。民國建設後。各廠仍鑄舊式銅元。花紋表識。益呈駁雜。如四川銅幣。則有大漢字樣。軍政府字樣。其他各省。則有所謂開國紀念幣等名目。與淸之大淸銅幣。光緒宣統元寶各種。尙能一律通行。惟其發行日多。價益低落。參照第五編第二章第二節銀元與銅元比價變動表至民國三年。財政部幣制局呈請分別情形。酌限鑄數。湖北錢票充斥。武昌分廠。每日擬暫限當十者一百萬枚。四川軍票。艱於兌現。成都分廠。本每日鑄七千串。擬暫照舊。惟該廠尙鑄當五十銅圓。應飭即停。南京廣州擬暫限每日當十者五十萬枚。天津奉天擬暫限當十者二十萬枚。雲南本祇日鑄當十者五萬餘枚。擬暫即以此數爲限。嗣後察看市面情形。再爲陸續核減。或竟停鑄。此外各銅元局。湖南一局。未能驟停。擬於裁撤以前。暫限每日不逾當十者五十萬枚。其餘在未停之一二月內。暫限每日不逾當十者二十萬枚等語。當經批令准如所擬辦理。分別施行。惟未能生效。嗣因歐戰發生。銅價暴漲。各廠鑄數驟呈減少。故銀元與銅元之換價數年之間。得以維持。七年以後。銅價復落。加以各省財政艱窘達於極點。莫不藉此以爲點金之術。籌款之唯一方法。自是各廠競相鼓鑄。莫知底止。所成之幣。既不遵照定例。故其重量成色。益趨惡劣。於是輕質銅元之名辭。遂發現於報紙。爲世所詬病焉。更有湖南湖北等省。偏重鑄造當二十銅元。以致當十銅元。日形減少。市場交易單銅元與雙銅元價格顯有差異。近年以來。鑄數愈多。價逾低落。國計民生。交受其害。上年中央政府有鑑於斯。曾由國務會議通過停鑄。而鑄者自鑄。且闢新廠以加鑄焉。此外川省所鑄之銅元。除普通所用之當十當二十兩種。更鑄有二百文、一百文、五十文三種。質多爲黃銅。五十文開鑄於民國元年。二百文、一百文則始自二年。其影響於國民生計。則更深且烈矣。

第二節 新銅輔幣

民國六年一月。天津造幣總廠以中元二角一角三種新銀輔幣推行漸廣。新銅輔幣自應一併續籌鑄行。且値各省錢荒。輔幣缺乏。尤認爲推行新銅輔幣最良之時機。呈請於部。旋經批准。於是年二月開鑄。先行試辦一分及五厘兩種。成色分量均遵照國幣條例辦理。花紋形式。當規定陰面作方秋形。繞以嘉禾。陽面上鐫鑄造年分。其一分者中有一分。並下列每一百枚當一元字樣。五厘者中有五厘。並下列每二百枚當一元字樣。幣之中心。一律鑄有圓孔。以便與舊銅輔幣。易於區別。其發行手續。及其推行辦法。均與新銀輔幣相同。（參照前章新銀輔幣）當由財部咨行各省一律行用。所有賦稅厘捐及輪路郵電等一切收入。悉遵國幣條例收受。毋得稍有折扣等語。按此項輔幣係專由津廠鑄發。故頗能統一。惟自施行以來。因民間阻滯。推廣匪易。鑄造數目。亦屬無幾。加以中央近年以來。政見不一。未能賡續前進。以收美滿效果。此亦其中之一大原因也。

第四章　銀兩

第一節　用銀之由來及其形式

銀之用爲貨幣。已於第一編中約略言之。吾國古代通稱之曰白金。其流通範圍。甚爲狹小。或僅供諸侯聘享之禮。及天子頒賜之用。（史記虞夏之幣、金爲三品、或黃或白或赤或錢或布或刀或龜貝、通典云、夏商以前、幣爲三品、註珠玉爲上幣、黃金爲中幣、白金爲下幣、白金爲銀、又古者皮幣、諸侯以聘享、金有三等、黃金爲上、白金爲中、赤金爲下、）至漢武帝元狩四年。嘗鑄白金貨幣三品。又王莽嘗鑄銀貨。重八兩。合千五百八十錢。均行之不久。魏晉以後。金日少而昂。幣始專用錢。六朝迄唐。交廣之域。以金銀爲幣。然止限於一隅。唐代以銀爲土貢。而不以爲賦。宋景祐時。詔諸路歲輸緡錢。福建二廣易以銀。於是銀始得代錢。金至元三年。鑄銀名承安寶貨。重五十兩。公私同作見銀用。此以銀爲幣之始。自明中葉。令各處稅糧得收納白金。而銀之用益廣。淸初定銀七錢三之例。嗣後銀錢交納。仍各隨民便。雍正十一年。復以民間正賦槪行交銀。經安徽巡撫徐本奏准。凡小戶零星及大戶尾欠錢糧。納銀時恐致稱收折耗。請令完納制錢。每銀一分。收錢十文。連耗羨在內。至乾隆元年。又以直隸所屬州縣。徵收錢糧。多有以錢作銀。民間交錢比納銀爲數較重。特諭凡錢糧在一錢以上者。不必勒令交錢。在一錢以下者。仍照舊例。銀錢聽其自便云。至於形式。古代稱銀多稱爲鉼。三國志魏嘉平五年、賜郭修子銀千鉼、水經注嶺南林水石室有銀、有奴竊其三鉼歸是也、亦有稱爲鈑及笏及版者。所謂鉼者、以其傾銀似鉼、惟自宋以後。遂通稱銀爲錠。按後世之稱錠者即古之稱鋌、南史梁廬陵威王續子應至內庫見金鋌、唐書太宗賜薛收黃金四十鋌、南唐書耿先生握雪爲鋌、爇之成金、五代史賈緯言桑維翰身後有銀八千鋌、此銀之爲用及其形式變遷沿革之大略也。

第二節　銀錠之鑄造權及其分類

吾國銀錠之鑄造。歷代相沿。皆聽民便。非若銅錢專屬之於國家事業也。故其純分成色重量大小。及名目稱謂。各隨其地。各因其用。而自成其一種之名稱。之重量。之成色。生長消滅。民自爲之。幾與國家無所繫焉。雖至今日銀元盛行於各地。以代銀兩之用。但在通

現代銀錠圖（其一）五分之二縮照

凹面

上面之文字係記明重量五十兩零一分申水二兩六錢也

側面

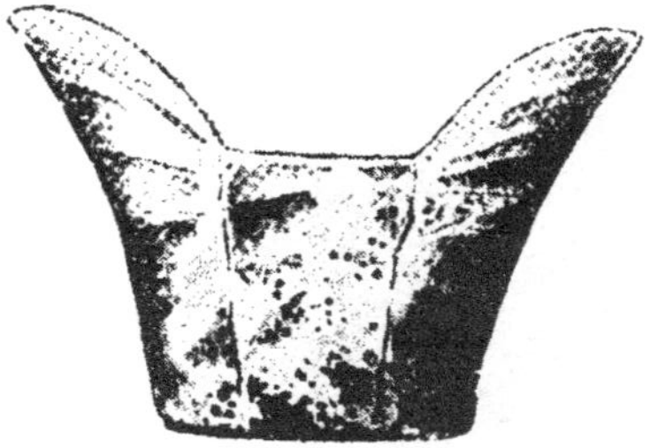

側面

現代銀錠圖（其二）五分之三縮照

凹面

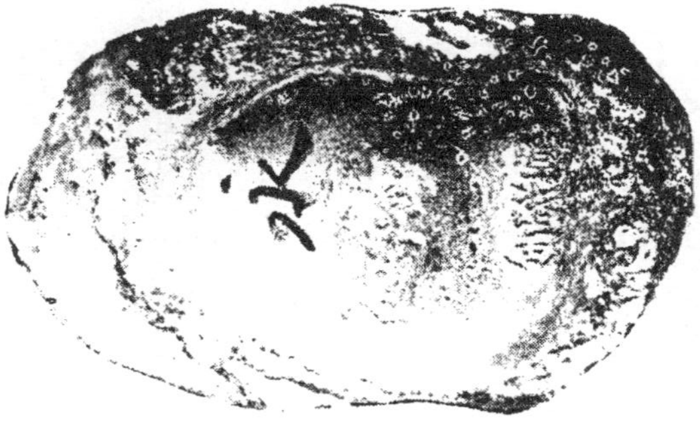

側面

商大埠買賣交易。仍有以銀爲標準者也。夷考其種類。大別爲三。(一)元寶銀重約五十兩。形似馬蹄。故又稱之曰馬蹄銀。其成色各地不同在昔大貿易俱用之。(二)中錠重約十兩。形狀不一。但以類衡錘者。爲最多。其爲馬蹄形者稱之曰小元寶。(三)小錁銀又稱小錠。形如饅頭。重量自三兩至五兩不等。此外尚有碎銀。爲補助銀錠之用。此類碎銀。又稱之曰滴珠。及其他名稱者有之。史稱清康熙乾隆年間。官私出入。皆用紋銀。而商民行使。則自十成至九成八成七成不等。交易時。僅按十成足紋。遞相核算。乾隆時。民間於紋銀外。尚有各種之名色。江南浙江有元絲銀。湖廣江西有鹽撤銀。陝西甘肅有元鏪銀。廣西有北流銀。四川有土鏪、柳鏪、及茴香銀。山西有西鏪及水絲銀。雲貴有石鏪及茶花銀。此外又有青絲、白絲、單傾、雙傾、方鏪、長鏪等。名色不一、授受繁瑣。交易之不便。於此爲極。嘉道以還。名色尤多。及至末葉。外洋銀條流入。益加溷亂。其名目之複雜。更不堪枚舉。茲將各省最近通用之寶銀。根據調查所得。及載之於書籍者。舉其種類。列如左表。

各省寶銀名稱重量表

省名	地名	銀名	備攷

京兆	北京	十足銀	係公估局估定十兩重之錠銀市上最爲通用作爲十足行使如實際化驗尚不足純銀九九
		松江銀	當地通用作爲九七六實則九七二也
直隸	天津	化寶銀	此種銀兩成色作九九二現無實銀專屬轉賬之用
		白寶銀	爲足色現寶係本埠爐房所鎔化市面通行之
		老鹽課銀	成色約在九九七之譜
	保定	新化銀	卽府漕寶銀係本地各爐房所鎔化之五十兩重錠銀市上最爲通行
	張家口	蔚州寶	係本地爐房所鎔化每錠五十兩重爲本地最通用之高色銀
		滴珠銀	成色較蔚州寶爲低
	榆關	松江銀	
	祁縣	蔚州白寶	此間爐房只大德元一家藥商所來現銀由該爐房傾成白寶然後可行使市上其成色約在九九五之譜
	石家莊	山西寶	此地通行山西運來之大寶
	邢台	週行銀	係本地銀爐所化每錠重一兩三錢有零通行市上名爲九九成色實際僅九八二光景
山	濟南	高白寶	市面通用之實際化驗得純銀九九之譜
	烟台	曹估銀	係公估局估定寶銀（如足銀曹平五十兩估升色一兩二錢卽爲曹估銀五十一兩二錢）市上最通用之

東

青島	公估足銀	係公估局估定五十兩重之錠銀市上最爲通用
周村	單戳高邊足銀	當地最爲通用
濰縣	高寶銀	本地通用單戳寶銀若三戳者無論銀色高低必須較單戳者退色
濟寧	山東高邊仩寶	當地通用作爲足色次者近來概不運用該寶如運至津申亦能批到二七
膠縣	膠平足銀	凡係單戳之大寶市上最爲通用雙戳概不行使
惠民	白寶銀	亦名高邊寶係本省各縣化寶每錠重五十兩之砠市面通用作爲十足銀
	鹽課錠	亦本省所化亦作十足銀用惟成色不一不如白寶易使
臨清	十足銀	
掖縣	山東高邊銀	市上最爲通用如運至上海可批水二七
	十兩錠老鹽課	市上最爲通用如運至上海可批水二七
滕縣	公議十足白寶	市面通用之日有錢盤行市
臨沂	山東高邊	每錠重五十兩市上當足銀行使考其實際成色約得純銀九九光景
	錢糧小寶	係十兩重之小錠與大寶搭用
龍口	高寶銀	黃縣城爐房所溶化者每錠重五十三四兩市上最爲通用成色極高市上作純銀使用

河南	開封	元寶銀	每錠重五十兩左右市上最爲通用成色與北京公議十足相同
		淨面銀	即腰錠每重五兩左右在市上亦極通用成色與元寶銀同
	周口	二八寶足銀	此寶係陳州府所屬各地交納地丁等欵由本地爐房鎔化之寶成色純足本地通行之
	洛陽	庫寶	係解庫之官寶有十兩五十兩兩種皆作十足色
		街市週行銀	係本地商號通用之銀較庫寶每百兩差色八錢此等銀祇適於本地商號往來行使
	信陽	足銀	各省所鑄足色銀均適用之
	禹縣	足銀	大小足色元寶及塊銀均可使用
	南陽	府平足銀	名爲足色寶稍次者亦能行使
	許縣	現銀	河南寶上海寶及碎銀一律通用
	漯河	足色銀	係本地通用足銀
山西	太原	庫寶	又稱之曰鏡寶銀專係上兌庫欵用是山西最高成色
		週行足銀	係市面通用之銀原定名曰足寶實較庫寶每千兩低色五兩
	運城	足銀	係十足五十兩重之寶銀
		公估銀	係市上買賣通用銀兩成色較足銀爲次

西	新絳	庫寶銀	無論何省者皆能通用
	大同	足色銀	係本埠傾化之大同寶每錠五十兩名爲足色實得純銀九九八之譜
江蘇	上海	二七寶銀	爲本埠銀爐所鎔鑄或外埠來寶以成色不同經銀爐改鑄者每寶重量爲漕平五十兩左右迭由公估局批過方能通行其成色高者每只可批升水二兩七錢五分謂之爲二七寶者以此也如成色較低批升水二兩六錢五分者亦能通用苟成色不及二兩六錢五分者即退回不批
	鎮江	公議足紋銀	係公估局批定二七寶名曰金爐心每錠重五十兩有零市面最爲通用
	蘇州	蘇它錠	係蘇州稅關鑄造每只重洋例平五兩左右
	揚州	揚漕平銀	從前係由銀爐所化之寶通行市上名曰揚州新自光復後此種寶銀已經絕跡且并銀爐亦無現成爲一種過眼銀而已
浙江	杭州	元寶銀	係本地銀莊所鑄造每錠重約五十兩內外
		小錠子	每錠自一兩至五兩不等
	湖州	十足寶銀	係上海所行用每錠五十兩重之二七寶銀
	紹興	紹寶紋	
安徽	蕪湖	二七寶銀	
湖	漢口	公估二四寶銀	係一種五十兩重之大寶如在上海每寶可申水二兩八錢者在漢祇申水四錢扣去二兩四錢計算故名爲公估二四寶銀各省大元寶來漢均須由公估局估定如係碎銀小錠均須重化才可通用

北	武昌	武昌關錠	係由武昌關鑄造洋例平五兩內外
		昌關子	亦係由武昌關鑄造每只重洋例平三錢五錢至一錢不等
	襄陽	老寶銀	
	沙市	荊沙錠	卽沙平九九銀係一種五兩重元錠名爲九九實際化驗僅九六成或九七成耳
	宜昌	漢湖	每錠重約五兩
		川錠	由蜀運來每錠重量約十兩光景
湖南	長沙	用項銀	卽公議十足銀每錠重量約十兩左右實際化驗僅得純銀九九八
		十足大寶銀	係十足大寶每錠重約五十兩左右
	湘潭	市紋銀	
	常德	市紋銀	
江	南昌	鏡面	係由布政使司鑄造每只重自六兩乃至十兩不等
		鹽封庫平銀	專係對於西岸榷運局購買食鹽之用如裝運上海須照該處公估局批價爲準其餘交易均不適用
		二七東寶	
		江西方寶	每錠重洋例平五十兩

西	九江	二四曹紋	此項寶銀由公估局批定成色高低均以収爲標準
福建	福州	閩錠	每錠重約十兩左右
廣東	廣州	藩紋	
		鹽紋	
		關紋	
廣西	桂林	足銀	
		花銀	
	梧州	花紋	
雲南	雲南	公估銀	又稱解錠銀
	思茅	市銀	
	元江	元江銀	
		猛撤銀	
貴州	貴陽	票銀	每錠重十兩爲黔省市上最通行者其成色名爲與川錠同實則與北京公十足成色相等
		巧水銀	市上交易適用之其色高下不一自九五六至九四五爲止

		羅羅銀	銀色自九八至九九五銀兩交易作爲輔助之用
四川	重慶	足色票銀	卽九七平十兩重足色錠銀舊者稱爲老票銀新傾者稱爲新票銀
	成都	川票色銀	重十兩左右之圓錠成色高低不一以九九七八爲普通週行成色
	瀘州	川白錠	係十足銀每錠重五十兩左右川省最爲通用成色高下不一計分新票老票兩種
		新票銀	新鑄之槽卽爲新票成色純足
		老票銀	舊鑄之槽卽爲老票成色較次渝成相習爲例每千兩須貼色二兩如瀘埠則一樣行使
	萬縣	十兩錠票色銀	經公估局估定卽作爲十足於市面最爲通用
川	自流井	銀兩	每錠重十兩川中向無公估局銀色卽稍有高低市上亦一律通用
陝西	西安	十足銀	係公估局估定十足每錠重五兩左右目下成色不一惟永興慶傾化者成色稍高市面最爲通用
	三原	足色銀	係能完納地丁錢糧者每錠約重五兩左右有西安省永興慶六字戳記及三原王成四字者爲最足色
		街市週行銀	此種銀兩較足色祇有九五六成色且有九二三者而市上買賣均通用此銀
甘肅	蘭州	足紋銀	
	涼州	鑯安銀	
新疆	迪化	足紋銀	

奉天	營口	現寶銀	係本地各銀爐所傾化者每錠重五十三兩左右成色約九九二之譜市面通用之
	瀋陽	錦寶銀	
	安東	鎮寶銀	此寶係本埠爐房所傾化者每錠重五十三兩五錢市面交易均用此銀惟銀色極低
	遼源	現銀	營口現寶吉林大翅寶及寬城大翅寶均通用之
吉林	吉林	大翅寶銀	重五十三兩五錢爲一錠化驗得純銀九九二
	長春	大翅寶銀	每錠重量爲五十三兩五錢原作九九二成色近來化驗實際純銀不過九八成而已
黑龍江	黑龍江	大翅寶銀	錢業公所公議九九二色每錠重五十三兩五錢本地最爲通行惟實際化驗尚不足此成色耳
察哈爾	豐鎮	蔚州寶足銀	所謂蔚州寶並非眞蔚州所鎔化之寶也現都是張家口所鎔化者寶面刻有蔚州某某字號字樣成色當十足行使

據右表揭其重要者已不下百餘種之多。若細別之無慮數百種。蓋因地而生。隨貨而轉。隨俗而變。尤難得有詳確之標準也。

第三節 各地通用成色標準寶銀及其純分成色計算法

銀錠之實現既已畧如前述。而成色純分之差異。則又各有區別。同一銀錠也。以其成色之高下。價值遂不相一致焉。故有二四寶、二五寶、二六寶、種種之分。又各地通用之寶雖在一處。甚至有數種之多。然爲授受上之標準者。實際上亦不過一二種而已。

各地通用成色

且此種寶銀之成色。係舉何者以爲根據。則從來通用所稱者。曰紋銀。自當以紋銀爲基礎矣。然紋銀五十兩。復加申水三兩。是每兩貼水六分。當爲九九四之純銀矣。若加水二兩四錢者。謂之二四寶。加水二兩五錢者。謂之二五寶。餘均類推。雖然、每五十兩加水三兩。則紋銀百零六兩。所含之純分。應有九四三・四之譜。而實際分析之。其爲百兩以內之所加。抑百兩以外之所加。若內加則所含之純分少。外加則所含之純分多。欲得確實標準。亦殊困難。茲據最近銀爐所定成色及印度造幣廠化驗之結果。與其內加外加之數。列爲附表二。

標準寶銀詳附表一

一、各地通用成色標準寶銀表

省名	地名	標準寶銀	備考
京兆	北京	十足寶	名爲純銀實則九九二故可稱之曰二六寶
直隸	天津	化寶	成色九九二與北京同故亦可稱之曰二六寶
山東	濟南	二四寶	

	芝罘	二六寶	
河南	開封	二八寶	名爲二八寶實則二四寶也
山西	太原	二四寶	
陝西	西安	二四寶	
江蘇	上海	九八規銀	
	鎮江	二七寶	市上往來多用二四寶但外省滙兌則均用二七寶
	南京	二七寶	
	蘇州	二八寶	
浙江	杭州	二七寶	二八寶亦通用
	寧波	二九寶	
安徽	安慶	二八寶	二四寶亦通用
	蕪湖	二七寶	
湖	漢口	二四寶	
	宜昌	二四寶	

湖北	沙市	二四寶	
湖南	長沙	二四寶	又二四寶九九八兊
	常德	二四寶	
	湘潭	二四寶	又二四寶九九五兊
	岳州	二四寶	又二四寶九九五兊
江西	九江	二四寶	
	南昌	二四寶	
貴州	貴陽	二四寶	
四川	重慶	二四寶	
	成都	二四寶	
奉天	營口	二六寶	
吉林	吉林	二六寶	
黑龍江	龍江	二六寶	

二一、各種寶銀純分成色比較表

寶名	每百兩申水成數	內加成色	外加成色	最近銀爐所定成色	印度造幣廠試驗之結果
紋寶	—	九四〇、〇〇	九四三、四〇	九三二、〇〇	九三五、三七四
二四寶	四、八〇	九八八、〇〇	九八八、一四	九八〇、〇〇	九八〇、二七三
二四五寶	四、九〇	九八九、〇〇	九八九、一三	九八一、〇〇	九八一、二〇
二五寶	五、〇〇	九九〇、〇〇	九九〇、一〇	九八二、〇〇	九八二、一〇
二五五寶	五、一〇	九九一、〇〇	九九一、〇八	九八三、〇〇	九八三、〇八
二六寶	五、二〇	九九二、〇〇	九九二、〇六	九八四、〇〇	九八四、〇一
二六五寶	五、三〇	九九三、〇〇	九九三、〇五	九八五、〇〇	九八四、九五
二七寶	五、四〇	九九四、〇〇	九九四、〇四	九八六、〇〇	九八五、八八
二七五寶	五、五〇	九九五、〇〇	九九五、〇三	九八七、〇〇	九八六、八〇
二八寶	五、六〇	九九六、〇〇	九九六、〇二	九八八、〇〇	九八七、七五
二八五寶	五、七〇	九九七、〇〇	九九七、〇一	九八九、〇〇	九八八、六九
二九寶	五、八〇	九九八、〇〇	九九八、〇〇	九九〇、〇〇	九八九、六〇
二九五寶	五、九〇	九九九、〇〇	九九九、〇〇	九九一、〇〇	九九〇、五六

足銀	六、〇〇	1000、00	1000、00	九九二、00	九九一、五〇
純銀					1000、00

第四節　銀錠之鼓鑄及其鑑定機關

第一項　銀爐

銀爐又稱之曰爐房。以鑄造元寶銀爲本業。有官設與私設之分。官設者多附屬於藩庫關局及官銀錢號等機關內。私設者以地域而別。在吾國北部地方。則多帶兼營銀錢業性質。南部地方則此項營業。爲銀錢業者營業之一種。而不另設獨立機關也。蓋其發達情形。各有不同。故不可同日而語也。昔日吾國北部地方。如天津奉天等處。當銀行未有之前。市面行使生銀時代。爐房營業。頗占有特殊勢力。除兼營存款、滙兌、放賬等項外。在各地無公估局地方。保證事務亦兼任之。並有發行流通票據。以代現銀錠者。若營口市面通用之過爐銀。則全埠金融。均操之於爐房。（參照次節爐銀）至於南方之銀爐。大都係錢業共同組織之機關。與北方爐房。具有獨立性質者。迴有別矣。

銀爐之鑄造元寶。其經營方法有二。一由自購生銀。改鑄後轉賣於市場。以應銀號或錢莊之需。一受錢莊銀號及商店之囑託。以生銀等改鑄。受其定例之鑄造費。而後者尤爲通行。故無須巨資。即可設立。漢口銀爐。資本大者。不過一二萬兩。上海之銀爐。多者五千左右。少者三四千兩而已。故須聯絡銀錢業者以爲後援。於營業方面。方足有進展之望也。

前清定章。銀爐之開業。須先經戶部之許可。發給部照。以爲憑執。方能開業。每一地方。銀爐均有一定之額數。不得任意增設。例如北京祇許二十六家爲限。但前清晚年。法令漸弛。私設銀爐。比比皆是。官亦不加以干涉。故有私爐之稱。凡銀爐鑄造之寶銀。負有無限之責任。即其相續人。亦不能免連帶之關係。故銀錠外部。均刋有鑄造所在地之爐名。特爲標幟。在設有公估局之地方。非經公估局之鑑定保証。不能行使。無公估局地方。則皆由銀爐對於所鑄之銀錠。自負其保証之責任也。玆將上海銀爐業。詳記於左。藉資參考。

上海銀爐、大半受銀行錢莊之委託、鑄造市面通用之元寶銀、故其規模甚小、其由錢莊委託鑄造之銀、錢莊則預計交付之數、合上海成色元寶、當得若干、與銀爐約定之後、隔一日銀爐即以鑄成之元寶、交回錢莊、若由銀行委託者、銀行合計大條與上海元寶之比較數、以大條交與銀爐、銀爐出一本票、交於銀行、作爲銀爐對於銀行之欠欵、其手續等於拆票、信用較厚之銀爐、出一本票已足、信用稍次者、須有銀爐三家、連環作保、鑄成元寶、卽送交於銀行、凡由銀行委託以客路來寶改鑄者、其手續亦同、凡鑄出之元寶均須先送公估局批定後、方可送交銀行或錢莊、惟其如是、故銀爐營業無須擁有鉅額之資本也、銀爐營業所賴以獲利之途、厥有四端、(一)元寶改鑄、如長江之江西湖南四川、北方之天津東三省等處、時有元寶來滬、錢莊即以送至銀爐改鑄、大率外路元寶、均係老寶、內含金質甚富、銀爐改鑄之時、即將純金提出、以提金之利、歸之銀爐、其金色最高者、往往每元寶一只可獲利五錢左右、從前銀爐、每年獲利甚鉅、現因外路元寶、來滬日少、而營業因以日衰、此爲近年來銀爐營業不振之最大原因也、(二)銀條改鑄、若美國之金山條、歐洲之紅毛條、皆較上海夷場新元寶之成色爲高、且金山條成色較之紅毛條尤高、上海銀爐、即以此鑄造通用之元寶、在昔亦大可獲利、但邇來市面計算銀條價值頗極精微、故亦無利可圖、大致僅敷熔本而已、(三)花洋改鑄、如安徽蕪湖之本洋、廣東香港之英洋、均係從前老洋、價值甚高、近年以來、用途日減、市價漸低、且成色較之市面通用銀元爲高、並內含有金質、尚可提取、自外路元寶減少以後、銀爐營業端賴此以爲挹注也、(四)花小洋改鑄、自近年以來、花洋日少、改鑄花洋、殊難獲利、銀爐乃以各地運送來滬之各種小洋、鎔鑄成寶、取其微利、嗣因各家競爭熱烈、獲利殊爲有限也、從前銀爐營業、每年盈餘多至二三萬、近則不過數千左右、其他或以兼營金銀投機業、而有所獲、大小不等、凡新開爐房、須揀選殷實商號十餘家、出具保結、至公估局核準、方能開鑪鎔鑄、不然公估局有驅逐勒閉之權、此爲統一銀色起見、勢有不得不然者也、

第二項　公估局

公估局之職務以鑑定銀錠成色。秤定銀錠重量。而確保其價格爲主要業務者也。在其設立之前。須經官廳准許。並由當地錢業公所認可。如此方可成立。且每地多以一局爲

限。即有設立二局以上者。要亦係屬分設。並一度成立。大都繼續多年。不常變動。亦有由當地銀錢業共同組織者。北方公估局較少。此項營業。大都即由爐房自兼。但在通都大埠。亦有設立此局者焉。又凡有公估局地方。無論本地或他地之銀爐所鑄新錠。必先經該局驗視證明。否則不易授受。即受之者。亦必須經公估局之保證。方能收受無疑也。惟當今日銀元紙幣通行市面。銀錠不常鎔鑄。且國家另設有造幣廠及化驗所各專門機關。公估局似已漸形虛設矣。然在昔日使用生銀時代。此項機關。誠有必要。蓋我國銀錠自由鑄造。銀之成分、錠之重量。各有參差高下不等。又秤量鑑別。亦係一種專門技術。非人人所能咸知。且抑揚高下之間。所差甚巨。關係亦大。使無公共之信用機關。以爲之保證。自難免時起爭論之端。

按公估局之內部組織。約分管秤與看色二種。管秤悉以砝碼爲衡。看色則純本諸個人經驗閱歷。不藉科學方法。或假手於機械。凡遇銀錠先視外部之銀色及全部之重量。以斷定其有無雜質含蓄在內。蓋常有灌鉛和錫等行爲。以相矇混。如對於銀錠眞僞尚莫能辨者。則錐擊其要害。以覘內部是否確實。再聽其聲浪。以斷其眞贋。自經公估局批明蓋印之銀錠。如有發現不實之處。即當如數賠償所有者之損失。再公估時所用之手續。係先由一人將元寶之中央凹部。用濕布拭淨。交與管秤者秤量。高聲連呼其重量。交與其次之一人。將所呼之重量。以墨筆記入凹部。於是看色者。以其眼力判斷其成色之優劣。然後根據所在地之平色標準。比較而增減之。增則申水。減則耗水。既得其申耗數目之多寡。亦記入於中央凹部。並蓋印以爲證。而銀錠即可流通市場矣。茲將上海公估局情形。略記於左。

上海公估局、共計有三、一在城內、一在南市、一在北市、均爲安徽徽州汪氏所經營、無論何局鑑定之銀錠、皆可通用、其與外國銀行聯絡、保證元寶之成色重量品位者、乃爲北市之專業、因上海開港、北市即告成立、故其收入亦較城內及南市公估局爲獨豐、其批水費、每錠二分四釐、上海每年來往寶銀甚多、是以公估局、歷年獲利甚厚、

第五節　各種重要平式

銀錠成色之差異。既若上述矣。雖然、複雜情況。猶不止是。成色之外。又有平砝之差。其紛亂狀況。尤不易得其端緒。同一銀兩也。因其平砝之大小。而輕重之間。遂生種種差別。商賈往來。滙兌之際。折算煩難。不便滋多。今試將其種類大別爲庫平、關平、漕平、市平、四種。

分述如左。

第一項　庫平

庫平爲全國納稅之標準。徵收各項租稅所通用之平。然中央政府之庫平。與地方政府之庫平。其大小復異。又一省之庫平。與他省之庫平。亦各參差不齊。如各省之藩庫平、道庫平、及鹽庫平等、大抵中央政府納稅收入之平大。支出之平小。故無確實一定之標準。據馬關條約所定中央政府庫平一兩爲五七五・八二格蘭。(Grain)即三七三・一二五六格蘭姆。(Gramme)然部庫平雖因條約規定有一定之標準。而各省庫平。又因其各地而異。如廣東庫平爲最大。計得五八三・三格蘭。甯波庫平爲最小。僅得五六九・一格蘭矣。民國七年八月。幣制局所發表幣制節略。內載庫平與各地通用平比較表。爲地四十八處。爲平六十五種。列之如左。藉資參考。

庫平與各地通用平比較表

省名	地名	平名	庫平兩千兩與各地通用銀兩之比率

京兆	北京	庫平	○	
京兆	北京	京公砝平	小	三四、七五
京兆	北京	京平	小	六〇、八一二
京兆	北京	市平	小	五七、九一七
直隸	天津	行平	小	三二、八二
直隸	天津	運庫平	小	〇、九〇三
直隸	天津	公砝平	小	三七、六五六
直隸	保定	保平	小	一三、六一五
直隸	保定	保市平	小	九、六五
直隸	張家口	口錢平	大	三、五九
山東	濟南	濟平	小	一、五四四
山東	煙台	曹平	小	四四、四九
山東	青島	膠平	小	三一、二
山東	周村	村錢平	大	五、一三

河南	開封	二六汴平	小	二四、一三
	漯河	漯平	小	一〇、六二
	彰德	彰平	小	一三、五五
	周家口	口南平	小	一六、四一
山西	太原	省大平	〇	
		紅封平	〇	
	歸化	城錢平	小	三、四
	太谷	谷公平	小	二七、五
	運城	涇布平	小	一六、二
陝西	西安	陝議平	小	三九、五七
江	南京	藩庫平	〇	
		陵曹平	小	二四、六八
	上海	申公砝平	小	二〇、二七
	揚州	曹平	小	二〇、〇八

蘇	蘇州	曹平	小	一八、三一
	鎮江	曹平	小	一七、七二
浙江	杭州	司庫平	○	
		市庫平	大	一〇、
安徽	安慶	曹平	小	二〇、二七
湖北	漢口	估平	小	三六、六八
	宜昌	宜平	小	六一、六一
	沙市	沙市平	小	三四、七五
湖南	長沙	藩庫平	○	
		長平	小	三七、六四
	湘潭	湘平	小	四〇、七二
	常德	常德平	小	二一、〇九
江	南昌	庫平	小	
		八平	小	二七、一三

西	九江	曹平	小	二〇、二七
		估平	小	一七、九二
福建	福州	城新議平	小	二九、九二四
		台新議平	小	二七、〇三
		洋平	大	五、〇七八
	厦門	市平	小	八、〇〇
廣東	廣州	九九七司馬平	大	一、五
	汕頭	直平	小	三、
雲南	雲南府	滇平	小	四〇、六
四川	成都	川平	小	三八、六一
	重慶	渝錢平	小	四〇、五一
		沙平	小	三四、七五三
吉林	吉林	吉平	小	三九、
	長春	寬平	小	四二、四

奉天	奉天	瀋平	小	三六、一
	錦州	錦平	小	一八、〇五
	營口	營平	小	三四、二七
	安東	鎮平	小	三三、六五
黑龍江	龍江	江平	小	三三、六九
烏里雅蘇台		烏市平	小	一四、四八
庫倫		市庫平	小	一五、三七一
		茶平	小	二〇、二七

（附註）表中〇形係與庫平相等之符號

第二項　關平

自與各國通商後。進出口稅之徵收。因無一定之標準平。中外商人。頗感其痛苦。於是乎有關平之設。其規定於協約內者。計有咸豐八年。天津英約第二十三款載稱稅課銀兩。由英商交官設銀號或紋銀或洋錢。按照道光二十三年。在廣東所定各樣成色交納等語。同年中英通商章程善後條約第九款。又訂明向例英商完納稅餉。每百兩交銀一兩二錢。作爲傾鎔之費。嗣後裁撤云云。是爲關銀制度之所由起。嗣後吾國與各國發生借貸關係。亦多用此平以爲準則焉。至其標準重量較之中央部庫平尤大。計每兩重約五八一・四七格蘭。即三七六・八格蘭姆也。茲據海關規定關平與各口通用銀兩之比率。另列一表如左。

海關平與各口通用銀兩比較表

省名	口名	平名	寶名	海關平百兩與各口通用銀兩之比率
直隸	天津	津行平	化寶銀	一〇五、〇〇〇
		津公砝平	二四寶	一〇五、五五〇
		津錢平	化寶銀	一〇五、八七六
	大沽			一〇一、〇〇〇
山東	煙台	烟漕平	一六寶	一〇六、四〇〇
		洋例平	一六寶	一〇四、四〇〇
	青島	膠州平		一〇五、〇〇〇

奉天	營口	營平	錦寶銀	一〇八、五〇〇
江蘇	上海	申漕平	九八規銀	一一一、四〇〇
	蘇州	漕平	二八寶	一〇三、八〇〇
	鎮江	估平	二七寶	一〇四、一六〇
		估平	二四寶	一〇四、七八〇
	南京	漕平	二、七寶	一〇四、六八一
安徽	蕪湖	估平	二七寶	一〇三、七七〇
		估平	二五寶	一〇四、一七〇
江西	九江	漕平	二五寶	一〇四、一六〇
		同	二四寶	一〇四、三六〇
		同	二四寶九八兌	一〇六、二九〇
湖	漢	洋例平	二四寶九八兌	一〇八、七五〇
			二四寶	一〇七、三〇〇
			二五寶	一〇六、一六〇

湖北	漢口		二六寶	一〇五、九一〇
			二七寶	一〇五、七四〇
			二八寶	一〇五、五六〇
			純銀	一〇五、一四〇
	宜昌	宜昌平	二四寶	一〇九、六五〇
湖南	岳州	省平	二四寶	一〇六、七八〇
	長沙	長錢平	二四寶	一〇六、七八〇
四川	重慶	渝錢平	票色銀	一〇七、二九〇
		九七平	票色銀	一〇七、〇九〇
浙江	寗波	江平		一〇五、八三〇
	溫州		墨銀	一五二、元
				一〇三、〇〇〇
福	福州	新議平		一一三、九四三
		洋例平		一一〇、三〇三

建	廈門	市平		一〇一、七五〇
廣	廣州	海關銀號支用		一〇八、四六〇
		同收入用		一一〇、九〇〇
		錢莊用		一〇九、六〇〇
	汕頭	市平		一一一、四五〇
			墨銀	一五二、七元
		庫平		一一五、八九七
	瓊州	瓊平		一一三、七六二
	北海			一一〇、五七二
	三水		墨銀	一〇五、七三元
東	拱北		同	一五五、五六元
廣	梧州	九九二平		一一三、〇〇〇
西	龍州		墨銀	一六一、二元
雲	蒙自			一〇三、九〇〇

南	思茅		一〇三、九〇〇
	騰越		一〇五、〇〇〇

又各關所謂關銀。名目雖同。平色仍不一致。故各關關庫銀之比率。亦不盡相同。據前清度支部舊案。各口關平銀與庫平銀之比率。有如左表。

各口關平銀與庫平銀比較表

省名	關名	關平銀百兩與庫平銀之比率	備考
廣東	粵海關	一〇〇、八四〇	
	潮海關	一〇〇、八四〇	
	瓊海關	一〇〇、八四〇	
江蘇	江海關	一〇一、六四三	
	蘇州關	一〇一、六四三	
	鎮江關	一〇一、六四三	
	金陵關	一〇一、六四三	

湖南	岳州關	一〇一、六四三	
	長沙關	一〇二、四〇一五	
廣西	梧州關	一〇一、六四三	
	鎮南關	一一三、三二二	
	南寧關	一〇一、六四三	
安徽	蕪湖關	一〇一、七三五	
浙江	浙海關	一〇一、六四二三	銀號以一百一兩一錢一分申合
	杭州關	一〇一、六四二三	
	甌海關	一〇一、六四三	
雲南	蒙自關	一〇一、八八八	
	思茅關	一〇一、六〇〇	
	騰越關	一〇一、九四二	
湖	江漢關	一〇二、二〇五五六	
	宜昌關	一〇二、二〇五三	

北	沙市關	一〇二、二〇五	
江西	九江關	一〇一、三〇〇	
福建	閩海關	一〇一、一〇〇	總稅司申一百零一兩六錢四分
	廈門關	一〇一、一〇〇	總稅司申一百零一兩六錢四分
四川	重慶關	一〇一、六四三	
山東	東海關	一〇一、六四〇	
直隸	津海關	一〇一、六四三	
奉天	山海關	一〇四、七八〇三	
	安東關	一〇五、五七〇	內除銀號經費外餘一百零四兩七錢九分一厘六毫
吉林	哈爾濱關	一〇一、六四〇	
	琿春關	一〇一、六四三	

第三項　漕平

昔日江蘇、浙江、安徽、江西、湖北、湖南、等省漕糧皆徵收米石。嗣因事務繁重。窒碍滋多。於是乎乃改徵漕銀。以替漕糧。因是有漕平之設。民間亦互相爲用。遂爲一般通行之平砝焉。然其標準重量。則又各因其地而異。即同一地方。其秤量亦不能得其一定也。茲據印度造幣局試驗之結果。上海漕平每兩重量爲五六五、六九七格蘭。千八百九十五年。據海關調查。與印度造幣局試驗所得之結果。略有出入。每兩重量爲五六五、六三七五格蘭。而日本大阪造幣局之試驗。則每兩爲五六五、七三格蘭。惟普通計算。則均用五六五、七格蘭爲標準也。按該漕平與各地使用爲最多。即上海九八規銀之計算。亦係根據此平爲推算之基礎。其與他平大小之比率。可從次表內比較而得焉。

第四項　市平

該平爲各市場通用之稱。各地各樣。名目紛繁。莫可究詰。雖老於錢業者。終身不能盡舉。如漢口一隅。在昔日各種平砝盛行時代。各業各帮平制互異。名目至十餘種之多。其複雜情況。由此可知矣。雖至今日。各重要市場銀兩之通用。仍未絕除。且在各市平中自昔以來。最通用者。當推公砝平、公估平、錢平、及廣東之司馬平等。此外由特殊之原因而發達者。則爲上海之九八規銀。漢口之洋例銀等是也。茲將此項平砝之意義。及其由來。分述於後。

一、公砝平　其意義官定之公法平也。北京上海天津等地方多用之。又簡稱之曰砝平。在清代全國滙兌最爲通行。票號與錢莊多用此平爲滙兌價格計算之標準。

二、公估平　又簡稱之曰估平。由秤定銀錠之公估局所產生之平也。漢口等地方。甚爲通行。又公估局所用之平。實際上仍多選擇該地方最通用之平砝。而不另設特種之平砝者居多。例如上海公估局之用漕平。天津公估局之用行平是也。

三、錢平　乃錢業者間通用之平。該業在商場中。頗具有相當之勢力及信用。且與其他各業有往來密切之關係。例如賬項及結算等多用此平爲計算標準。以免其他平砝折扣之煩。故多數地方有錢平之名存在焉。

四、司碼平　即官平之義。又名之曰司平。廣東省內最爲通行。其他各平之差率。常以此平爲標準。例如汕頭之直平。較之司碼平每千兩小三兩。遂稱直平爲九九七平也。歐人初至東亞。與中國通商。以廣東爲最早。司碼平之名。在十六世紀時代。即已知之。嗣後西人測定他種平砝之大小。亦多用此平以爲標準。如廣東平每百兩等於上海漕平一百零二兩半是也。

五、九八規銀　又簡稱之曰規銀。或規元。爲上海唯一通用之記帳虛銀兩。無論華洋交易及滙兌行市。均以此爲計算標準。故在商場中頗具有偉大之勢力。當今廢兩改元最盛時代。仍未能解決之難題。即此虛銀兩應如何剷除是也。其計算方法。係以現寶一個之重量。加以升水。以九八除之。所得之數。即爲規銀。詳言之。紋銀之標準成色爲九三五・三七四（根據印度造幣廠化驗所得之結果）滬埠通用二七寶銀之成色常較此爲高。即含有純銀千分之九八六・八。比較標準銀高百分之五又半也。因是現寶每只重漕平五十兩。加升水二兩七錢五。即變爲五十二兩七錢五之標準銀。（參照本章第三節各地通用成色標準寶銀及其純分成色計算法）再以九八除之。即得五十三兩八錢二分六厘強之規元銀矣。考規元之由來。或謂昔日牛莊豆商與滬地豆行交易甚繁。年終急於北歸。減折收價。嗣後豆行交易。據以爲例。遂成習慣。租界開闢之後。商業發達。交易計算方法。仍採用此銀爲一般計算標準。故今各地與上海交易猶有稱豆規銀者。即此意也。（或謂當以紋銀之成色爲標準、與漕平比較、其平每百兩相差

五兩五錢、其色爲九八、（卽每百兩相差二兩）故又稱九八規元、其實並無現銀、惟因市票與現銀相差過鉅、故有此低折云云、

六、爐銀　係營口鑄造現寶之爐房附有三個月期限爲付給之一種對人或對物之簿據信用也。詳言之。該埠自通商以後。交易漸繁。制錢不敷應用。始兼用營銀。（九九二之營平現貨）而當地各商平日陸續收入之零星銀塊。不便運往外埠購貨。及由外埠運營之現寶。因平色之不同。未能在本埠通用。故各商恒將零星及外來銀塊。請鑄造元寶之銀爐。改鑄營銀。但因請鑄者多。非經相當時日。不能鑄就。而商家又須銀交易恒感不便。於是爲便利商家計。於收銀過秤以後。將鑄寶之銀兩中。扣去銀質虧耗（卽加色）及手續費等。折成營寶分兩。先給營寶憑條一紙於商家。俾商家可憑條在市上交易。如需現寶。亦可憑條照付。故此種寶銀之憑條。卽爲現銀之收據。必須有請求鑄銀者。始得使用。厥後商務漸繁。商家以銀爐憑條之簡捷。而轉覺現銀之授受爲不便。輒與各銀爐開立往來戶。有銀卽存入銀爐。卽無銀亦得依信用而請求立戶發條。至是各銀爐始漸立於調劑金融之地位。凡一交易及現銀借貸。儘依口頭通知銀爐。彼此記一收付帳。而交易卽了。而當日

所謂鑄造現寶之工錢。乃內扣於持現銀之易條者。至是復以加色之名。而轉嫁於持條之易現寶者。此即吾人所稱爲爐銀。而外人稱謂過帳銀之所由起也。

光緒九年、由當地各銀爐同業、創立公議會、決議每年以三月六月九月十二月一日「陰曆」爲結帳期、至期對於往來戶、作一年決算、此即所謂卯期是也、自後十年間、爐銀爲營埠唯一代用貨幣、其市上信用亦甚佳、至光緒二十一年、中日戰爭開始、營埠銀根緊急、每屆卯期、均未開卯、二十六年又値拳匪之亂、亦陷同一悲境、當時牛莊市政、由華俄正金、二行支店共同維持、正金銀行竟强迫俄民政廳、令各銀爐厲行決算、藉資結束、嗣至淸光緒三十年、日俄戰事既起、營埠金融、一時又甚紊亂、日軍占領營埠後、一面濫發軍用手票、一面迫令各銀爐一律淸卯、至光緒三十二年十一月十五日、「陽曆」日本軍政府嚴諭各銀爐限令自陰曆十二月一日起、三個月內、依小銀元八十元、一律淸算、以圖根本取銷、各銀爐以短速期內、斷難照辦、且爐銀關係各商、勢必累及全市、要求展期、而影響所及、各商已迭見倒閉、日軍不得已乃允延至翌年六月一日、一律淸算、一時營埠銀爐、破產過半、辛亥鼎革後、營埠銀根、異常緊急、民國元年冬、遂由各銀爐公組銀爐公社、議定章程、互相維持、自是而後、爐銀信用稍固、民國七年、營埠西義順、勢將破產、由官商出而維持、發行爐銀債票五百萬元、而爐銀信用、遂益見薄弱、最近雖有維持辦法、而爐銀信用、一時終難恢復云、

又爐銀種類。依其性質。可別爲三。即過爐銀、過爐現銀、及過卯銀是也。(一)過爐銀之性質。已詳於前。茲不贅述。(二)過爐現銀者。當過爐銀屆卯期。不支取現銀。

約爲歸入下屆卯期。而得加計本卯之卯色。與現寶銀同一價格記帳。例如到卯之爐銀爲十錠。即五百三十五兩。本屆卯色爲二兩。則轉入下屆之帳。即爲五百五十五兩。稱爲過爐現銀。然此所謂現銀。仍係帳面上之現銀。將來交換現寶之際。仍須有相當之貼水。(三)過卯銀亦稱爲卯銀。其性質與過爐銀相反。係到卯以前所使用也。當使用爐銀之際。手中無爐銀可以應付。不得已乃豫約以過爐銀之相當加色。而發行過卯銀。迨到卯以後。即與通常爐銀同。故當使用之際。必須爲二重之加色。例如過爐銀對現寶加色二兩。則於二兩之外。而卯銀之對爐銀。尙須加色二兩內外。實際上在銀爐有存銀者。常賣其頂卯銀而買過卯銀。在銀爐有透支者。則賣其過卯銀而買頂卯銀。至其加色則依卯期遠近及需供之程度爲低昂。按過卯銀與過爐現銀二者。均用於銀根吃緊之時。爲應付一時之窮者也。

七、洋例平　係一種對內對外漢口商場中最通行之虛名稱銀兩。並無砝碼銀色。查自漢鎮開闢商埠後。外商要求漢埠各商。援上海規元之例。以估平寶銀參照本章

（第二節各省寶銀名稱重量表）九百八十兩。升成洋例千兩以爲標準。因其不甚諳悉內地習慣。而漢埠商家亦遂相沿成習。成此一種假定劃一銀兩。從前本埠各地平色。已逐漸消滅。概以洋例爲主體矣。（或謂外人定爲九八兌者。因漢口各幫向洋行買貨以毛銀兌交。彼此爭論。遂議定進出一律以九八扣兌估寶。故洋例銀一千兩。小估寶色二十兩。合估平寶九百八十兩云云。）

八、行化平　此平在天津商場中最爲通行。猶上海之規元。漢口之洋例也。作九九二成色。需現時得照公估局所估之白寶按估碼使用。高則每錠升四錢。次則二三錢不等。

第六節　各種平砝相互大小推算法

平砝之數。據中國銀行所調查者。已有百數十種之多。其未經調查者。尙未在內。其間孰大孰小。因限於篇幅。固未能一一列表比較。但可假用其中已知某數較某數大或小之各數。而間接推知未知孰大孰小之各數也。今特設一例如後。

申公砝平千兩應等於漢口洋例銀若干

申公砝平每千兩　漢口估平一千零一七兩

漢口洋例每千兩　漢口估平九百八十兩

即申公砝平每千兩　漢口洋例銀一千零三十七兩七錢五分強

$$1000\times\frac{1017}{980}=1037.75$$

此外因成色之差。而有申水或去水等手續。其計算更繁重於前。其例如左。

北京公砝足銀百兩應等於上海九八規銀若干

申公砝每千兩　京公砝一千零一十五兩

申漕平每千兩　申公砝一千零零二兩

即京公砝每百兩　申漕平九十八兩三錢二分強

京公砝$100\times\frac{1000}{1015}\times\frac{1000}{1002}=$申漕平98.32

申水$5.5\times\frac{98.32}{100}$　$+\ 5.408$

103.728

$$103.728\times\frac{100}{98}=105.845$$

北京公砝足銀百兩等於上海九八規銀一百零五兩八錢四分五厘弱

又吾國舊習平砝間之大小。其些微之差。往往不甚注意。例如上海漕平每百兩。較之漢口漕平大五錢。又亦謂之漢口漕平每百兩較之上海漕平小五錢也可。若精榷計算其大小。其數應如下列。$100\times\left(1+\frac{0.5}{100}\right)=100.5$又$100\times\left(1+\frac{0.5}{100.5}\right)=100.497$但常簡稱之曰　申漕 100 = 漢漕100.5又　漢漕 100 = 申漕 99.5 而免其計算之勞也。再者因平砝過多。無劃一之標準平可以爲之替代。其間匯兌計算之困難。無待贅述。故除各市場間。有直接匯兌行市者外。其間不能發生有直接關係者。勢必採用間接滙兌方法。其情形正若今日世界各國以倫敦紐約爲全球金融中心。凡各國間不能發生有直接關係者。必先憑此等地方行市。而轉匯其目的地也。我國今日幣制。尚未統一。恐亦不能免此例外也。今試設滙兌之一例如左。以資參考。

匯北京京公砝銀千兩照下開行市在漢應支估平估寶若干

漢口申票每規元千兩　洋例九百七十兩

京申票每京公砝千兩　規元一千零五十一兩

以京公砝一千兩計規元一千零五十一兩爲本位以漢申票行市九百七十兩乘之得洋例一千零十九兩四錢七分以九八乘之合估平估寶九百九十九兩零八分

$$1000\times\frac{1051}{1000}\times\frac{970}{1000}\times\frac{980}{1000}=999.08$$

又銀元匯兌方法若何特設一例於後。以明我國銀兩之存在。其滙兌計算方法之重疊。及其銀價漲落關係。所得之數。時有或多或少之弊也。

滙上海銀元一千元照下開行市在漢應交銀元若干

漢口申票每規元千兩　洋例九百七十兩

漢口銀元每元銀價　洋例七錢零二釐

上海銀元每元銀價　規元七錢二分六釐

以上海銀元一千元計規元七百二十六兩爲本位以漢申票九百七十兩乘之得洋例七百零四兩二錢二分以漢口銀元行市七錢零二釐除之計合漢口銀元一千零零三元一角六分

$$1000 \times .726 \times \frac{970}{1000} \div .702 = 1003.16$$

茲根據中國銀行所調查各地通用平砝名稱。及其相互比較大小。特設一細明表如左。

各種平砝相互比較表

省名地名	各種平砝相互比較率				匯欵關係地點
	平砝名稱	比較數目	與他平砝名稱	比較數目	
京北	京公砝平	一、〇一五、〇〇	申公砝平	一、〇〇〇、〇〇	天津上海等處均有直接行市餘均間接
	三六庫平	一、〇〇〇、〇〇	京公砝平	一、〇三六、〇〇	
	二七京平	一、〇〇〇、〇〇	京公砝平	九七三、〇〇	
	二六京平	一、〇〇〇、〇〇	京公砝平	九七四、〇〇	

兆	京	(三四庫平)	一、〇〇〇、〇〇	京公砝平	九五三、五四	
		(六厘京市平)	一、〇〇〇、〇〇	京公砝平	九九四、〇〇	
		(七厘京市平)	一、〇〇〇、〇〇	京公砝平	九九三、〇〇	
直	天	行平	九九八、〇〇	京公砝平	一、〇〇〇、〇〇	除上海北京營口有直接行市外餘均間接
			一、〇一三、〇〇	申公砝平	一、〇〇〇、〇〇	
		津公砝平	一、〇〇〇、〇〇	行平	九九五、〇〇	
		庫平	一、〇〇〇、〇〇	行平	一、〇三二、二〇	
		運庫平	一、〇〇〇、〇〇	行平	一、〇三二、〇〇	
		(議砝平)	一、〇〇〇、〇〇	行平	九九三、二〇	
		(西公砝平)	一、〇〇〇、〇〇	行平	九九四、四〇	
		(關平)	一、〇〇〇、〇〇	行平	一、〇五〇、〇〇	
	津	(錢平)	一、〇〇〇、〇〇	行平	九九二、〇〇	
	保	保市平	一、〇〇〇、〇〇	京公砝平	一、〇二三、〇〇	京滬等處匯款均聽天津行市
				申公砝平	一、〇〇八、〇〇	

隸	定	藩庫平	一,〇〇〇.〇〇	保市平	一,〇一二.〇〇	
	張家口	口錢平	九六〇.〇〇	京公砝平	一,〇〇〇.〇〇	京津申庫有直接行市歸化滙欵不多行市隨時定之恰克圖須聽庫倫行市轉合
			一,〇〇〇.〇〇	申公砝平	一,〇二五.〇〇	
		(庫茶平)	一,〇〇〇.〇〇	口錢平	九七五.〇〇	
	祁縣	藥市平	一,〇〇〇.〇〇	天津行化	一,〇〇二.〇〇	天津有直接行市
	邢台	順平	一,〇〇〇.〇〇	京公砝平	一,〇一六.〇〇	
		順庫平	一,〇〇〇.〇〇	順平	一,〇一三.〇〇	
山	濟南	濟平	九六〇.〇〇	京公砝平	一,〇〇〇.〇〇	除上海青島可直接外餘均間接
			一,〇〇〇.〇〇	申公砝平	一,〇〇五.〇〇	
		庫平	一,〇〇〇.〇〇	濟平	一,〇一六.〇〇	
	煙台	曹平估銀	一,〇一〇.〇〇	京公砝平	一,〇〇〇.〇〇	上海為直接滙欵地點其餘天津北京濟南漢口等處均聽上海行市
			一,〇〇〇.〇〇	九八規元	一,〇四五.〇〇	
		四七六庫平	一,〇〇〇.〇〇	曹估	一,〇四七.六〇	
	青島	膠平	一,〇〇〇.〇〇	京公砝平	一,〇〇四.〇〇	上海濟南有直接行市

周村	村錢平	九五九、〇〇	京公砝平	一、〇〇〇、〇〇	除上海有直接行市外餘均間接
	村庫平	一、〇〇二、〇〇	村錢平	一、〇〇〇、〇〇	
	(市平)	一、〇〇〇、〇〇	村庫平	九八七、〇〇	
	(毛店平)	一、〇〇〇、〇〇	村庫平	九八四、〇〇	
	(絲店平)	一、〇〇〇、〇〇	村庫平	九八三、〇〇	
濰縣	濰市平	一、〇〇〇、〇〇	京公砝平	一、〇三〇、四〇	除上海青島可直接外餘均間接
濟寧	寧平	九七二、〇〇	京公砝平	一、〇〇〇、〇〇	除上海濟南可直接外餘均間接
		九八七、〇〇	申公砝平	一、〇〇〇、〇〇	
	一六庫平	一、〇〇〇、〇〇	寧平	一、〇〇八、〇〇	
膠州	膠平	一、〇〇〇、〇〇	京公砝平	一、〇〇四、〇〇	除上海濟南有直接行市外餘均間接
		一、〇二二、〇〇	申公砝平	一、〇〇〇、〇〇	
惠民	惠市平	一、〇〇〇、〇〇	京公砝平	一、〇四一、六〇	
			申公砝平	一、〇二六、六〇	
	庫平	一、〇〇五、六〇	惠市平	一、〇〇〇、〇〇	

省	地名	本地平	數	比較平	數	備考
東	臨清	臨平	一,〇一二,〇〇	京公砝平	一,〇〇〇,〇〇	除天津濟南可直接外餘均間接
	掖縣	掖平	九七三,〇〇	申公砝平	一,〇〇〇,〇〇	上海有直接行市
	滕縣	滕庫平	一,〇〇〇,〇〇	京公砝平	一,〇四〇,〇〇	申濟津鎮四處均屬直接關係
				申公砝平	一,〇三五,〇〇	
	臨沂	沂平	一,〇〇〇,〇〇	京公砝平	一,〇三三,〇〇	除上海有直接行市外餘均間接
				申公砝平	一,〇一八,〇〇	
		庫平	一,〇〇〇,〇〇	沂平	一,〇〇三,〇〇	
	龍口	黃平	一,〇〇〇,〇〇	京公砝平	九五八,〇〇	濟南煙台日有直接行市如上海滙欵此間商家習慣在龍賣出煙台滙票再在煙台收進上海滙票
				申公砝平	九四三,〇〇	
		庫平	一,〇〇〇,〇〇	黃平	一,〇五二,〇〇	
		海關平	一,〇〇〇,〇〇	黃平	一,一〇五,〇〇	
		常關平	一,〇〇〇,〇〇	黃平	一,〇八二,〇〇	
河	開封	汴平	一,〇〇〇,〇〇	京公砝平	一,〇一一,〇〇	
				九八規元	一,〇七三,五〇	

封	汴行平	一、〇〇〇、〇〇	汴平	一、〇三六、〇〇	
	二六庫平	一、〇〇〇、〇〇	汴平	一、〇三六、〇〇	
	二二庫平	一、〇〇〇、〇〇	汴平	一、〇三三、〇〇	
周口	口南平	一、〇〇〇、〇〇	京公砝平	一、〇一九、九九	京津申漢有直接行市
	(口北平)	一、〇〇〇、〇〇	口南平	一、〇〇一、六〇	
洛陽	洛平	九六三、〇〇	京公砝平	一、〇〇〇、〇〇	北京漢口上海天津開封均有直接行市
信陽	申平	九六五、〇〇	京公砝平	一、〇〇〇、〇〇	
禹縣	禹市平	一、〇〇〇、〇〇	京公砝平	一、〇二九、〇〇	
	禹會平	一、〇一五、〇〇	禹市平	一、〇〇〇、〇〇	
南陽	府平	一、〇〇〇、〇〇	京公砝平	一、〇二五、〇〇	本地匯款以申漢兩處爲大宗
			申公砝平	一、〇一〇、〇〇	
許縣	許平	一、〇〇〇、〇〇	天津行平	一、〇二六、〇〇	除申漢有直接行市外
			申公砝平	一、〇一二、〇〇	餘均間接
漯河	漯河平	一、〇〇〇、〇〇	京公砝平	一、〇二五、〇〇	除京津漢汴有直接行市外餘均間接

南	道口	道錢平	一、〇〇〇、〇〇	京公砝平	一、〇二四、一四	
山	太原	庫平	一、〇〇〇、〇〇	京公砝平	一、〇三六、〇〇	除京津申漢汴有直接
				申公砝平	一、〇二〇、七〇	行市外餘均間接
		街市平	一、〇〇〇、〇〇	庫平	九九〇、〇〇	
		紅封平	一、〇〇〇、〇〇	庫平	一、〇〇〇、〇〇	
		省大平	一、〇〇〇、〇〇	庫平	一、〇〇〇、〇〇	
		(司庫平)	一、〇〇〇、〇〇	庫平	一、〇〇八、〇〇	
		(老湘平)	一、〇〇〇、〇〇	庫平	九六〇、〇〇	
		(新湘平)	一、〇〇〇、〇〇	庫平	九四〇、〇〇	
	運城	庫平	一、〇〇〇、〇〇	京公砝平	一、〇三六、〇〇	京津申漢汴等處均有
				九八規元	一、〇九六、〇〇	直接行市
		涇布平	一、〇一六、二〇	庫平	一、〇〇〇、〇〇	
		運市平	一、〇一〇、〇〇	庫平	一、〇〇〇、〇〇	
	新	公議平	一、〇〇〇、〇〇	京公砝平	一、〇一七、〇〇	除申津漢汴等處有直

西	絳	涇布平	九九九,〇〇	公議平	一,〇〇〇,〇〇	接行市外餘均間接
		羊皮平	一,〇〇四,〇〇	公議平	一,〇〇〇,〇〇	
		牛皮平	一,〇一三,〇〇	公議平	一,〇〇〇,〇〇	
		雜貨平	一,〇〇一,六〇	公議平	一,〇〇〇,〇〇	
		金珠平	一,〇〇六,〇〇	公議平	一,〇〇〇,〇〇	
	大同	同平	九七三,〇〇	京公砝平	一,〇〇〇,〇〇	京津申三處日開直接行市
			一,〇〇〇,〇〇	申公砝平	一,〇一四,〇〇	
陝西	西安	陝議平	一,〇〇四,〇〇	京公砝平	一,〇〇〇,〇〇	北京上海漢口三處均有直接行市
		四兩庫平	一,〇〇〇,〇〇	陝議平	一,〇四〇,〇〇	
		涇布平	一,〇〇〇,〇〇	陝議平	一,〇二五,六〇	
		漢中平	一,〇〇〇,〇〇	陝議平	一,〇〇七,〇〇	
	三原	涇布平	九七九,〇〇	京公砝平	一,〇〇〇,〇〇	除北京漢口天津上海西安等處可直接外餘均須聽由各該處行市轉計
			一,〇〇〇,〇〇	九八規元	一,〇七八,九七	
		省議平	一,〇〇〇,〇〇	涇布平	九七四,〇〇	

江蘇	上海	庫平	一、〇〇〇、〇〇	九八規元	一、〇九六、〇〇	凡屬商埠省會均有直接行市
		漕平	一、〇〇〇、〇〇	公估平	一、〇〇〇、〇〇	
		關平	一、〇〇〇、〇〇	九八規元	一、一一四、〇〇	
		申公砝平	一、〇〇〇、〇〇	京公砝平	一、〇一五、〇〇	
		公估平	一、〇〇〇、〇〇	申公砝平	一、〇〇二、〇〇	
		九八規元	一、〇七三、五〇	申公砝平	一、〇〇〇、〇〇	
	鎮江	二七鎮平(卽五三漕平)	一、〇〇〇、〇〇	京公砝平	一、〇一五、四〇	除上海漢口有直接行市外餘均間接
				申公砝平	一、〇〇〇、四〇	
		二四鎮平	一、〇〇六、〇四	二七鎮平	一、〇〇〇、〇〇	
		(五一鎮平)	一、〇〇二、〇〇	二七鎮平	一、〇〇〇、〇〇	
		(五二鎮平)	一、〇〇一、〇〇	二七鎮平	一、〇〇〇、〇〇	
	揚州	揚曹平	一、〇〇〇、〇〇	京公砝平	一、〇一二、六〇	
		鹽庫平	一、〇〇〇、〇〇	揚曹平	一、〇二三、四〇	
	清江浦	二五浦平	九九六、〇五	京公砝平	一、〇〇〇、〇〇	

浙江	杭州	司庫平	一、〇〇〇、〇〇	京公砝平	一、〇三六、〇〇	上海寧波蘇州紹興均有直接行市其餘各處均須由上海轉
				九八規元	一、〇九六、〇〇	
		市庫平	九九〇、〇〇	司庫平	一、〇〇〇、〇〇	
		杭平	一、〇〇〇、〇〇	市庫平	九四〇、〇〇	
		(漕平)	一、〇〇〇、〇〇	市庫平	九七〇、〇〇	
	湖州	漕平	一、〇〇〇、〇〇	京公砝平	一、〇一五、二九	除上海可直接外餘者須聽上海行市
		(庫平)	一、〇〇〇、〇〇	漕平	一、〇三〇、四〇	
	寧波	江平				
	紹興	紹寶紋平				除杭州寧波有直接行市外餘均間接
安徽	蕪湖	蕪漕平	一、〇〇〇、〇〇	京公砝平	一、〇一五、〇〇	除上海漢口鎮江有直接行市外餘均間接
				申公砝平	一、〇〇〇、〇〇	
湖	漢	估平	一、〇一七、〇〇	申公砝平	一、〇〇〇、〇〇	上海重慶長沙沙市等處均有直接開盤行市餘者聽上海行市計算
			一、〇〇三、〇〇	京公砝平	一、〇〇〇、〇〇	
		四四庫平	一、〇二〇、〇〇	估平	一、〇四四、〇〇	

省	地	平	數	對照平	數	備考
湖北	漢口	九八平九八兌	一,〇〇〇,〇〇	估平	九七四,〇〇	
		鹽庫平	一,〇〇〇,〇〇	估平	一,〇五〇,〇〇	
		洋例銀	一,〇〇〇,〇〇	估平	九八〇,〇〇	
		（九八五平它紋）				
	沙市	沙平	一,〇〇〇,〇〇	漢口估平	一,〇〇二,〇〇	漢口上海重慶三處有直接行市
	宜昌	宜平	一,〇〇〇,〇〇	京公砝平	九七二,〇〇	漢口沙市有直接行市
		洋例	九九四,〇〇	宜平	一,〇〇〇,〇〇	
湖南	長沙	長沙錢平	一,〇〇二,〇〇	京公砝平	一,〇〇〇,〇〇	除上海漢口有直接行市外餘均間接
			一,〇一七,〇〇	申公砝平	一,〇〇〇,〇〇	
		（三九庫平）	一,〇〇〇,〇〇	長沙錢平	一,〇三九,〇〇	
		（四兩庫平）	一,〇〇〇,〇〇	長沙錢平	一,〇四〇,〇〇	
		（四二庫平）	一,〇〇〇,〇〇	長沙錢平	一,〇四二,〇〇	
		（新湘平）	一,〇〇〇,〇〇	長沙錢平	一,〇〇〇,〇〇	
		（老湘平）	九九八,〇〇	長沙錢平	一,〇〇〇,〇〇	

四

重慶	九七平	一、○○四、○○	京公砝平	一、○○○、○○	上海漢口沙市成都自流井萬縣均屬直接關係餘均間接
		一、○一九、○○	申公砝平	一、○○○、○○	
	錢平	一、○○○、○○	九七平	九九八、○○	
	沙平	一、○○○、○○	九七平	一、○○四、○○	
	關平	一、○○○、○○	九七平	一、○七○、七五	
	(鹽平)	一、○○○、○○	九七平	九九六、五○	
	(廣貨平)	一、○○○、○○	九七平	九九九、二○	
	(貨平)	一、○○○、○○	九七平	九九七、二○	
	(常平)	一、○○○、○○	九七平	一、○二○、一○	
成都	九七川平	一、○○四、○○	京公砝平	一、○○○、○○	重慶沙市宜昌瀘州自流井等處均屬直接關盤
		一、○一九、○○	申公砝平	一、○○○、○○	
	川庫平	一、○○○、○○	九七川平	一、○四○、四○	
	鹽庫平	一、○○○、○○	九七川平	一、○四二、○○	
	渝錢平	一、○○○、○○	九七川平	九九八、○○	

川	瀘州	九七平	一,〇〇四.〇〇	京公砝平	一,〇〇〇.〇〇	重慶成都自流井五通橋萬縣等處均有直接行市
			一,〇一九.〇〇	申公砝平	一,〇〇〇.〇〇	
	萬縣	川九七平	一,〇〇四.〇〇	京公砝平	一,〇〇〇.〇〇	漢口沙市宜昌重慶成都等處均有直接行市
			一,〇〇〇.〇〇	申公砝平	九八一.〇〇	
		新沙平	一,〇〇〇.〇〇	川九七平	一,〇〇三.五〇	
		庫平	一,〇〇〇.〇〇	川九七平	一,〇四三.〇〇	
	自流井	九七平	一,〇〇四.〇〇	京公砝平	一,〇〇〇.〇〇	重慶有直接行市其他須聽重慶行市轉計之
			一,〇一九.〇〇	申公砝平	一,〇〇〇.〇〇	
江西	南昌	九三八平	一,〇〇〇.〇〇	京公砝平	一,〇〇六.〇〇	除上海漢口有直接行市外餘均間接
			一,〇〇九.〇〇	申公砝平	一,〇〇〇.〇〇	
		庫平	一,〇〇〇.〇〇	九三八平	一,〇三〇.〇〇	
福	福	台新議平	一,〇三〇.〇〇	京公砝平	一,〇〇八.〇〇	除上海香港有直接行市外餘均間接
				申公砝平	九九三.〇〇	
		台二四庫平	一,〇〇〇.〇〇	台新議平	一,〇二四.〇〇	

建	州	台二二庫平	一、〇〇〇、〇〇	台新議平	一、〇三三、〇〇	
		七一七洋平	一、〇〇〇、〇〇	台新議平	一、〇三三、〇〇	
		七四一六平	一、〇〇〇、〇〇	台新議平	一、〇三四、四〇	
		(城新議平)	一、〇〇三、〇〇	台新議平	一、〇〇〇、〇〇	
		(城二七庫平)				
		(台二五庫平)				
		(城二八庫平)				
廣東	廣州	九九七司馬平	九六五、五〇	京公砝平	一、〇〇〇、〇〇	上海香港係直接餘均
			九八〇、〇〇	申公砝平	一、〇〇〇、〇〇	由上海間接
		九九四平	一、〇〇三、〇〇	九九七司馬平	一、〇〇〇、〇〇	
		庫平	九九八、五〇	九九七司馬平	一、〇〇〇、〇〇	
	汕頭	九九三五直平	九七〇、〇八	京公砝平	一、〇〇〇、〇〇	上海香港有直接行市
			九八四、六三	申公砝平	一、〇〇〇、〇〇	
	江門	九九八司馬平				省城香港等均有直接關係

貴州	貴陽	公估平	一、〇〇〇、〇〇	京公砝平	一、〇〇八、〇〇	重慶漢口均直接開盤
				申公砝平	九九三、〇〇	
		貴平	一、〇〇〇、〇〇	公估平	九九三、〇〇	
奉天	營口	營平	九九九、五〇	京公砝平	一、〇〇〇、〇〇	上海天津錦州烟台奉天等處均有直接行市
			一、〇〇〇、〇〇	申公砝平	九八五、七三	
		庫平	一、〇〇〇、〇〇	營平	一、〇三五、五〇	
		爐銀	一錠	奉票	七十五元至八十一元	
	瀋陽	瀋平	一、〇〇一、五〇	京公砝平	一、〇〇〇、〇〇	除上海有直接行市外餘均間接
			一、〇二六、五〇	申公砝平	一、〇〇〇、〇〇	
		庫平	一、〇〇〇、〇〇	瀋平	一、〇四〇、〇〇	
	安東	鎮平	一、〇〇〇、〇〇	京公砝平	一、〇二一、五〇	除上海烟台天津有直接行市外餘均間接
			一、〇〇三、五〇	申公砝平	一、〇〇〇、〇〇	
		關平	一、〇〇〇、〇〇	鎮平	一、〇八五、〇〇	
	遼源	瀋平	一、〇〇〇、〇〇	營口營平	九九八、〇〇	惟營口有直接行市

吉林	吉林	吉市平	一、〇〇〇、〇〇	京公砝平	九九五、五〇	惟上海有直接行市
				申公砝平	九八〇、八〇	
	長春	寬平	一、〇〇六、四〇	京公砝平	一、〇〇〇、〇〇	除上海有直接行市外餘均間接
			一、〇二三、四〇	申公砝平	一、〇〇〇、〇〇	
黑龍江	黑龍江	江市平	一、〇〇〇、〇〇	京公砝平	一、〇〇四、〇〇	哈爾濱長春奉天三處雖可直接收交然祇限於小洋羌帖兩種其他均無行市
			一、〇二一、一〇	申公砝平	一、〇〇〇、〇〇	
		（三二庫平）	一、〇〇〇、〇〇	江市平	一、〇三二、〇〇	
察哈爾	豐鎮	豐市平	一、〇〇〇、〇〇	京公砝平	一、〇三三、〇〇	與外埠均無開盤行市

（備考）表中各種平砝名稱上下附有括弧者爲不甚通行平砝

上表所列平砝種類百七十餘種。然尙多遺漏。如雲南、甘肅、廣西、新疆四省全付缺如。其他各省或自銀元通行後。所用平色早歸消滅者有之。或尙未調查完全者有之。若全數列入。吾恐當倍於此數也。

第五章　制錢

本章記述之主旨。在補誌第一編歷代泉幣沿革中所未敘各項。但在清以前。其制多不詳。茲從略。清以後。其情形亦極複雜。爰撮其要者數端。分述於左。

第一節　制錢之成分

清初。制錢之成分。無詳確之規定。至康熙二十三年。始定銅六鉛四配合鑄造。自是銅錢之品質。逐漸劃一。雍正五年。改爲銅鉛各半。至乾隆時。因改鑄青錢。定爲紫銅五十。白鉛四一、五。黑鉛六、五。點錫二。嘉慶時。則用紫銅五二。白鉛四一、五。黑鉛六、五。然各省所鑄。亦非盡依此制。其間自難免各有參差不齊。加以各地私鑄充斥。其品質之紛亂。則更難枚舉矣。

第二節　制錢之鑄額

順治初年。大約年鑄總額爲二百萬緡。至十七年。以鑄數過多。減至二十八萬緡。嗣後數十年間。每年鑄造總額。皆在三四十萬緡。至雍正五年。始復增至七十餘萬緡。九年百餘萬緡。嘉慶五年。全國鑄造總額爲二百零五萬緡。道光十一年。部定各省鑄數。仍照舊日規定。咸同以後。銅價飛漲。各省開爐鼓鑄數目。莫由稽考。茲將清代累年鑄造額。列表如左。藉資參考。

清朝歷代累年鑄造額表（單位個）

年代	鑄造額
順治元年	七一、六六三、九〇〇
二年	四四三、七五一、七六〇
三年	六二四、八二三、九六〇
四年	一、三三三、三八四、一九四
五年	一、四四九、四九四、一九四
六年	一、六八二、四二四、二〇〇
七年	二、〇九七、六三二、八五〇
八年	二、五二一、六六三、七四〇
九年	二、四八八、五四四、四六〇
一二年	二、四一三、八七八、〇八〇
一七年	二八〇、三九四、二八〇
一八年	二九一、五八四、六〇〇
康熙五年	二九五、八七九、八〇〇
一〇年	二九〇、四七五、八二〇
一五年	二三一、三六五、三六〇
二〇年	二三一、三九八、六〇〇
二五年	二八九、九三六、七〇〇
三〇年	二八九、九二六、四〇〇
三五年	二三七、〇六三、〇五〇
四〇年	二三八、〇六五、八〇〇
四五年	三三八、〇七五、八〇〇
五〇年	三七四、九三三、四〇〇
五六年	三九九、一六七、三〇〇
六〇年	四三七、三二五、八〇〇
雍正元年	四九九、二〇〇
四年	六七五、一六〇
五年	七二三、五二八、〇〇〇
六年	七四六、三二四、〇〇〇
八年	七五七、八六五、〇〇〇
九年	一、〇四八、七五九、六六〇

嘉慶五年戶部制定各省每年鑄造額表(單位串)

省別	鑄造額
北京	八九九、八五六
直隸	六〇、六六六
江蘇	一一一、八〇四
江西	四一、九二八
浙江	一三九、六〇〇
湖北	八四、〇〇〇
陝西	八七、三六〇
陝西	附加　四三、二〇四
四川	一七九、二五九
四川	附加　一四、八六八
廣西	二四、〇〇〇
雲南	九四、八六〇
雲南	附加　八四、九二四
貴州	九四、八六〇
山西	一七、四七二
湖南	四七、八八〇
伊犂	一、一一三
廣東	三四、五六〇
合計	二、〇五二、二一九

各省銅錢鑄造之多寡、皆準地方需要之強弱、以爲比例、全國銅錢之大半、多制之於北京、而各省則浙江以須使用於茶與絲絹之貿易、江蘇以須供給安徽、四川以人口多而農業盛、湖北以茶業甚旺、陝西以有甘肅之尾閭、故其所制銅錢爲數較多、廣東貿易雖大、而所用者多銀元、故不若各省鑄錢之多、

第三節　制錢之計算法

制錢之一般計算法。均係採用十進之制。例如銅錢一個。謂之一文。百個謂之一百文。千個謂之一串。或謂之一貫。又或謂之一吊。吊以上則有十、百、千、萬吊等名目。然社會往往不依此計算。而別爲之制。如直隸一帶以一百文謂之一吊。東三省方面以一百六十文謂之一吊。其餘各地。則有所謂五百文爲一吊。四百八十文爲一吊等。各隨其地而異。隨俗而變。而無確定之標準可言也。茲將全國各地制錢每吊枚數及名稱列表於左。

全國各地制錢每吊枚數及名稱表

九九八文	作一吊行使謂之九九八錢	南邊
九九七文	九九七錢	長沙岳州
九九六文	九九六錢	安徽屯溪
九九五文	九九五錢	江西清江
九九四文	九九四錢	山西
九九〇文	九九錢	
九八六文	九八六錢	安徽歙縣
九八四文	九八四錢	重慶
九八〇文	九八錢	長江一帶最爲通行
九七四文	九七四錢	九江蕪湖
九七〇文	九七錢	湖北
九六〇文	九六錢	豐鎮
九五〇文	九五錢	南昌
九〇〇文	九扣錢	宜春
八六〇文	八六錢	豐鎮之西北地方
八二〇文	八二錢	太原
七二〇文	七二錢	龍駒寨
七〇〇文	七扣錢	陝西
五〇〇文	中錢	直隸山東吉林
四九四文		長春

四八〇文	三三〇文	三二〇文
	直隷懷來	張家口
一六〇文	一〇〇文	一〇〇〇文
小錢	小錢	滿錢
東三省	京兆直隷	

第四節　制錢之種類

制錢原定爲官鑄。私鑄或私毀者。皆以重罪論。然實則私鑄者。仍不絶也。咸同以後。此風尤熾。加以官鑄之錢。有古錢今錢之別。今錢之中。又有各朝之錢。輕重不等。以致市面行使。紛亂已極。吾人所知者。官鑄有樣錢。（北京官局鑄出之錢）制錢、（各省官局鑄出之錢）白錢（色稍帶白）等各種。皆形大色美。私鑄則有所謂沙壳、風皮、魚眼、老砂板、毛錢、灰板、鵝眼、水浮等名目。蓋皆薄而小。雜以土砂銅鉛錫而鑄造者也。人皆夾此小錢於制錢中以充用。而錢之市價。錢之名稱。亦因此私錢混夾之多少。而大分別。曰大錢、（盡制錢也）曰淸錢、（同上種）曰毛錢、（千中夾百個私錢）曰一九錢、（千中制錢九百私錢一百）曰二八錢、（千中私錢二百）曰三七錢、曰四六錢、曰對開錢、曰到四六錢、（皆視私錢之多少而別者也）曰卡錢、（悉制錢納稅厘之用者也）曰典錢、（大錢當舖中所用者）曰冲頭、（百中私錢五六個）曰衣牌、（衣服店用）曰醬錢、（醬油商用）曰紅錢、（皆大錢）曰靑菓錢、（形其兩頭尖小也）曰當頭砲、（每串兩頭夾小錢兩三個）以上所舉者。固不各地盡同。然其紊亂之甚。可想而知矣。

第五節　制錢之銷滅

自清末創鑄銅元以代制錢。民間便之。而當局亦以銅元鑄費不及制錢之昂。有利可圖。乃令各省大鑄銅元。於是制錢用者益少。民間多有收買而鎔燬之者。至民國二三年時。制錢之重量較好者。如順治、康熙、雍正、乾隆錢等。交通便利之區。已不可多見。市面所流通者。唯有道光、同治、光緒之私鑄小錢及沙錢等數種。民國四年以後。銅價暴漲。銷燬之風尤熾。迨及今日。則除油鹽雜貨等小商店中用以找尾數。及窮鄉僻壤之區。仍有少數通行外。幾無有用之者矣。

第六章　金幣

第一節　用金之由來

虞夏商之幣。金爲三品。或黃、或白、或赤。又以其至之難。名之曰中幣。周制黃金寸重一斤。戰國至秦。則以鎰計。孟子王餽兼金一百、於宋餽七十鎰、於薛餽五十鎰、文獻通考錢幣制、秦兼天下、幣爲二等、黃金鎰名爲上幣、注二十兩爲鎰、漢復周制以斤計。黃金每斤直錢萬。武帝曾定幣爲三等。以金爲上幣。王莽慕周制。母子相權。黃金幣亦一斤直錢萬。是時賞賜動言黃金萬千斤。漢文帝賜周勃至五千斤、宣帝賜霍光至七千斤、而武帝以公主妻欒大、至齎金萬斤、衛青出塞、斬捕首虜之士、受賜黃金二十餘萬斤、梁孝王薨、藏府餘黃金四十餘萬斤、館陶公主近幸董偃令、中府曰、董君所發一日金滿百斤、錢滿百萬、帛滿千匹、乃白之王莽、禁列侯以下、不得挾黃金輸御府受直、至其將敗、省中黃金萬斤者爲一匱、尚有六十匱、黃門鉤盾藏府中尚方處、處各有數匱、而後漢光武紀言、王莽末、天下旱蝗、黃金一斤、易粟一斛、是民間亦未嘗無黃金也、董卓死、塢中有金二三萬斤、銀八九萬斤、昭烈得益州、賜諸葛亮法正關羽張飛金各五百斤、銀千斤、南齊書蕭穎冑傳、長沙寺僧業富沃、鑄黃金爲龍、數千兩埋土中、歷相傳付、稱爲下方黃鐵、莫有見者、穎冑起兵、乃取此龍、以充軍實、梁書武陵王紀傳、黃金一斤爲餅、百餅爲簉、至有百簉、銀五倍之、自此以後、則罕見於史、尚書疏漢魏贖罪、皆一用黃金、後魏以金難得、令金一兩、收絹十匹、今律乃贖銅、漢金之富溢。萬國罕比。蓋承周世。大開金礦。產金多溢。故有此也。六朝至唐宋明。乃反退化。以銅錢爲主幣。而助之以絹。金銀爲器飾。不以爲幣。遂至于今。蓋礦不多開。而六朝隋唐間。金又大糜于佛像裝飾。夫金之產額既艱而少又不開採而虛糜之。金之乏盡而價昂。自然之數也。

第二節　金幣之鑄造

自十九世紀中葉以後。各國競採金本位制以來。吾國亦深知此制度爲世界潮流所趨。莫可逆抗。非急先採用。恐不足以彌補其間之損失。惟苦無善策。以渡此銀本位而達於金本位也。民國成立以來。雖屢屢欲試。終未見實行者。誠恐其失敗耳。又在吾國近年來。

鑄成之金幣。雖不爲一般社會所通用。然足爲歷史上所紀念者。亦不乏其例也。清光緒丙午丁未年間。有金幣計重一兩。民國成立以來。袁氏洪憲年間。曾鑄十圓金幣。又有自五元起至二十元止三種。民國八年間。滇督唐繼堯亦曾鑄之。有五元十元兩種。（當十元者重二錢餘、大如二角小銀圓、當五元者半之、一面鐫唐氏像、一面鐫國旗軍旗、並有擁護共和紀念金幣及當幾元字樣、）十二年曹氏當選總統。亦鑄有金質紀念幣。（每枚重量庫平四錢二分、成色金九銅一、陽面鐫有曹氏像、陰面刊有憲法成立紀念六字、）云云。

第二部　紙幣

吾國之紙幣。如宋之交子會元之交鈔寶鈔。明之大明寶鈔。清順治之鈔貫。暨咸豐時之寶鈔。凡此皆國家紙幣也。咸豐時又有銀錢鈔票。於京城內外招商設立官銀錢號。以爲收放匯兌之機關。則其性質遂類似銀行券矣。逮光緒中葉。各外國銀行。先後設立於通商大埠。發行鈔票。我國市場。始見有銀行券之踪跡。一般商民感其信用健全。攜取輕便。羣相樂用。故市場流行極爲暢達。當時朝野上下。鑒於發行紙幣之利益及慨乎利權之旁落。亟思所以挽回之法。於光緒二十三年。遂由中國通商銀行之開辦。援照各外國銀行辦法。發行鈔票。是爲吾國近代銀行發行兌換券之嚆矢。迨光緒三十一年。戶部銀行設立發行戶部銀行鈔票。而各省所設之官銀錢局。亦各自發行銀兩銀錢等票。通行市面。自是我國有發行鈔票之銀錢行號。逐漸增加矣。查現今銀行兌換券之發行。綜計可分爲六大類。一爲中央銀行發行之兌換券。則例特許發行者。二爲特種銀行。經政府特許發行兌換券。規定於該銀行條例內者。三爲普通商業銀行。經財政部核准有案。准許發行兌換券者。四爲一般地方銀行。經財政部先後核准有發行兌換券權者。五爲中外合辦銀行。經政府特許發行兌換券者。六爲在華各外國銀行。所發行之兌換券。茲將上述次序。逐一述明於后。

第七章　中央銀行發行之鈔券

第一節　戶部銀行

清光緒三十年春正月。財政處戶部奏請由部試辦銀行。略謂此次鑄造銀幣宗旨。在整齊幣制。廣爲推行。收回向用生銀。漸次改鑄。以及行用紙幣。鑄造金磅。此中轉運關鍵。自以部庫之出納爲本源。而尤須設有銀行。爲之操縱維持。始能暢行無阻等語。旋又奏稱外國發行紙幣。爲國家銀行獨得之權。誠信素孚。故入其國境。市中所見。無非銀行之紙幣。商民信用勝於金銀現幣。取其輕賫便易。中國官商。平素情性隔閡。且因從前之鈔票。近年之昭信股票。辦理不善。失信於民。更不敢與官交易。銀行甫設。又勢難遽禁商號出票。官中行用紙幣。恐一時未能取信商民。必須極力設法。昭示大信等語。並擬訂章程三十二條。得旨依議。玆節錄有關紙幣之各條於左。

據。

第二十條本行擬印紙幣。分庫平銀一百兩、五十兩、十兩、五兩、一兩、五種。通行銀圓票亦如之。此外因便商民起見。亦可出市面通用平色及百兩以上銀兩等票。以及各種票

第二十一條　本行分設省分。即爲本行權力所及之處。凡本行紙幣。公私出入欵項。均准一律通用。應繳一切庫款官款。均准以此紙幣照繳。或全用或搭用。與現銀無異。各該省如有解部款項。並准一體解兌。如有官吏商民人等故意挑剔折扣者。京師稟知財政處戶部。外省稟知該省督撫。從嚴參辦。

第二十二條　戶部出入款項。均可由本行辦理。凡有可以票幣收發者。均須用本行紙幣。其他商號之票。不得攙用。

第二十三條　有持本行紙幣至總行分行兌換現銀者。均即登時兌給。不得稍有遲延。

凡紙幣通行各省。兌換數目均照滙豐等銀行折算章程辦理。

以上各條。關於紙幣之規定。頗多疏闊。至光緒三十一年三月。戶部奏議覆給事中彭述請行鈔票片內。對於發行紙幣情形。所陳各辦法。極爲詳明。茲節錄如下。略謂理財之道。求其事易而效速者。惟行鈔票爲最宜。今戶部議設銀行。銀行之利。全恃鈔票流通。應由戶部製備鈔票。定期行用。酌給銀行若干。嗣後部庫及內務府各衙門。一切出納。除未積成兩之奇零用銀無幾外。均用鈔票。領票者可隨時向銀行換銀。交款者必先時向銀行易票。周轉流通。商民自然樂用。在銀行以商家辦事。平色稍有不公。人皆可以爭論。不至受官吏之欺壓。在部庫則收放皆票。事歸簡易。堂司可親自點驗。吏胥無從上下其手。至於經久無弊。則在出票必有限制。西人言計學者。以儲銀得票之二成爲足數兌換。惟中國當民信未孚之日。未可遽涉虛浮。必須開辦之初。估計庫款實儲若干。製票即如其數。俟票已暢行。再酌量漸增。多於現儲之銀一倍二倍而止。仍隨時考察市面銀根之盈絀而裒益之。其民間之私票。不必遽禁。俟官票通行。即無私票。亦足以資周轉。自應量加限制。可仿印花稅之法。凡商民出私票者。必黏印花。課以值百抽幾之稅。惟製票應由戶部慎選工匠。嚴密監造。聞各省在外洋製票及印花頗有僞造。不可不防等因。光緒三十一年二月十八日奉旨戶部議奏欽此。由軍機處鈔交前來。臣等查銀行爲財政之樞紐。而紙幣又爲銀行之樞紐。各國銀行之設。平時發行紙幣。收集金銀現欵。遇有緩急。則本其紙幣之信用。爲國家發行公債票。而復以所集現欵。首先認購。以爲商民之倡。大致銀行通例。按照紙幣數目、至少須儲現欵十分之三。其餘即以所購公債票。及各項產業爲抵。是以帑項可得周轉之益。而兌換亦無匱乏之虞。臣部上年三月間。奏定試辦銀行章程。本有發行紙幣之條。今該給事中請行鈔票。核其所陳辦法、如一切出納均用鈔票。領票者可向銀行換銀。交欵者先向銀行易票。及估計庫欵實儲。製票酌量漸增。至多於現銀一倍二倍而止等語。均與臣部擬議者大略相同。自應存之以備參攷。至所擬由臣部自行製票一節。臣等亦經議辦。惟購買機器。選募工匠。非遲之年餘。不能集事。銀行急須開設。勢難久待。查北洋官報局備有印刷機器。所印票紙頗極精良。且係中國官局。與向外洋定製不同。現已飭該銀行總辦等。與該局妥訂合同。俾先製備應用。俟臣部購機設廠後。再行自製。以期迅速而使通行等語。本日奉旨依議。三十一年七月。奏明在京師、天津、上海、三處。先行開辦。於是年九月。先在北京發行鈔票。三十四年正月。度支部奏改戸部銀行爲大清銀行。試辦章程因是遂廢。是年七月初一日。總分各行一律更換大清銀行之名稱。是年六月。呈報度支部文內謂至行使之銀票銀元票。前經印齊。市面行用甚多。一時未能印出新票。擬暫准照舊行使。一使新票鐫齊。再行逐漸收回。以期劃一而昭信用等語。此爲戸部銀行發行鈔券之經過情形也。

第二節　大清銀行

光緒三十四年度支部奏定大清銀行則例二十四條。內第五條載大清銀行有代國家發行紙幣之權。但須遵守兌換紙幣則例。則例未頒以前。准暫發行市面通用銀票等語。宣統元年七月。規定現行詳細章程四十條。內第三十三條載。除仍照試辦章程。暫行庫平銀兩票。通用銀元票外。並可出市面通用平色銀兩票。三十四條載本行鈔票。公私出入。一律通用。三十六條載。凡持本行票來行兌現者。登時兌給。不得稍有遲延。其有持此行之票。至彼行兌換者。幣制未經劃一以前。均須按當日行市兌給等語。至二年五月。度支部奏定兌換紙幣則例。發行兌換。統歸大清銀行管理。以圖紙幣之統一。旋以國體改變。終未見諸實行也。

第二項　紙幣之種類

大清銀行根據有發行紙幣之權。發行各種鈔票。其種類大別爲三。(一)銀兩票、(二)銀圓票、(三)錢票是也。又以當時幣制紛紜不一。銀兩之平色。銀圓之種類。各地方至不相同。大清銀行之紙幣。遂亦隨總分行所在地之習慣而變通之。其銀圓票註明某處通用銀圓數字於其上者。即係某處通用之大銀圓。營口、奉天、長春、太原等處。習用小銀圓。以角計算。而營口、奉天、長春、太原等總分行之銀圓票。即註明若干角或小毫數字。福州、廈門、等處。習用番銀。而福州分行之銀圓票。即註明每圓照番銀七錢兌換數字。廣東習用毫銀。而廣州分行之銀圓票。即註明直平七兌洋數字。至於銀兩票爲某行發行者。亦即註明某行所在地之平色。以區別之。是故總辦事務處。特於所備各紙幣之外。另製一種空白之票。名曰特字票。凡各行偶有特別新樣。不能行用印成紙幣之處。即以此特字票塡寫發行。合總分各行而計之。種類之多。乃達百數。至於錢票。則北京阜通、東南、兩號成立之後。即已發行。濟南分行亦發行錢票。以濟錢荒。其他各行。未有發行錢票者。

第二項　紙幣之印造

初光緒三十二年四月。大清銀行委託商務印書館印造紙幣。商務印書館乃選匠至北京總行印造。總行亦派員監查。冬十月印成銀兩票、銀圓票、各若干。而銀圓票惟印一圓、五圓、十圓、三種。自是各行發行之紙幣皆取給焉。宣統元年。委托美國紙幣公司印造鋼板銀圓票一百萬張。分爲一圓、五圓、十圓、五十圓、百圓、五種。合爲銀圓一千萬圓。三年三月呈准度支部。以美印銀圓票料細工精。既難磨毁。又不便於作僞。乃加每圓付十角之章於其上。均由營口、奉天、長春、等分行發行。其先三分行發行之小銀圓票。係以特字票塡寫者。即由三分行以美印銀圓票易之。是年復委托美國紙幣公司印造銀圓票若干。其數未詳。而大清銀行亦未行使也。

第三項　紙幣之推行

光緒三十二年秋八月。總辦張允言。呈請度支部。飭庫出入款項搭用大清銀行紙幣。以爲北京推行之倡。度支部允之。其文曰。

（上略）竊查奏定銀行章程第二十二條。內載戶部出入款項。均可由本行辦理。凡有可用票幣收發者。均須用本行紙幣。其他商號之票。不得攙用云云。誠以中央銀行爲戶部出納之樞紐。而發行紙幣爲銀行應有之特權。所以東西各國。戶部之與銀行。有息息相關。互相維繫之理。現在我行初開。正在試辦發行通用銀兩票銀元票之時。商民漸知信用銀行程度。略有萌芽。當此之時。全賴大部維持保護。銀行方有發達之日。嗣後凡遇銀行解部款項。及部庫發放款項之時。應請飭知大庫。准其搭放本行紙幣。以符奏章。則部款更可流通。銀行信用。愈爲昭著。於國家財政。不無裨益。（下略）

又三十四年四月。監督張允言復請度支部推行紙幣於各省。度支部亦允之。其文曰。

（上略）竊銀行於光緒三十二年四月間。呈明遵照奏章第二十二條。印造銀兩並通用銀圓票。以收利權等因。業蒙批示在案。又查奏定章程第二十一條。本行分設省分。即爲本行權利所及之處。凡本行紙幣。公私款項。均准一律通用。應繳一切庫款官款。均准以此紙幣照繳。或全用或搭用。與現銀無異。各省如有解部款項。並准一體解兌。如有官吏商民人等。故意挑剔折扣者。京師准其稟部。外省稟知該督撫。從嚴參辦等因。現在本行所印一圓、五圓、十圓、銀圓票。近來各省次第發行。頗能信用。查幣制尚未議定。本行印行之銀圓各票原不過暫行通用。取便商民。惟奏章既有本行銀兩等票。公私款項均准通用一條。且各省官銀錢號所出各票。皆可以之兌交官款。則國家銀行之票。自不應有所歧視。仰懇鈞部奏明咨行已設有分行省分。通飭曉諭。凡有以本行銀兩、銀圓、等票。交納稅釐、錢粮、各項官款者。驗明無僞。均可照章一體收用。該處如有應滙部款。亦可持往該處分行。照章收受解部。以符原奏而利推行。(下略)

第四項　紙幣之兌換

大清銀行之紙幣。其爲某行發行者。即在某行兌換現銀。雖與票面之數無所出入。顧其紙幣既隨各行所在地之習慣而有不同。故凡持甲行紙幣至乙行兌換現銀者。乙行必按當時匯水市價而伸縮之。否則不予兌換。此大清銀行之常例也。營口、奉天、長春、三分行。立有互相兌換紙幣之約。凡持營口分行發行之銀圓票。至奉天或長春兩分行兌換者。不收匯水。即予現銀。其持奉天或長春分行發行之銀圓票、至營口分行兌換者亦如之。此則大清銀行之變例也。

宣統二年五月十六日、度支部奏定兌換紙幣則例、發行兌換統歸大清銀行管理以圖紙幣之統一。但未果行。茲節錄其摺奏及則例十九條於左。

(上略)發行紙幣。固屬國家特權。而政府要不可自爲經理。近世東西各國。大都委之中央銀行。獨司其事。誠以紙幣關繫重要。倘發行之機關不一。勢必漫無限制。充斥市面。物價因之奇昂。商務遂以不振。貽害於國計民生。何堪設想。現擬將此項紙幣。一切兌換發行之事。統歸大清銀行管理。無論何項官商行號。概不准擅自發行。必使紙票於紛紜雜出之時。而立收集權中央之效。此其要義一也。紙幣發行總數。查東西各國。除法、美、兩國外。大率無法律明文預定發行數目。誠恐事變無常。需要之範圍亦有所伸縮。中國事同一律。其在平時。自應以準備數目爲發行數目。一遇銀根奇緊。需要較多。即由銀行體察市情。酌量增發。其應如何明示限制之處。屆時由部核定。以資遵守。必使銀行任接濟市面之責。而仍不准有任意濫發之弊。此其要義二也。紙幣之流通。全恃兌換以維信用。倘聽其肆意發行。毫無準備。萬一變生不測。市面恐慌。兌現者紛至沓來。危險殊難言狀。查各國紙幣條例。規定綦詳。而於準備金尤爲最嚴之監察。中國發行紙幣。事屬創圖。萬不可稍涉空虛。致失國家信用。現擬於現欵準備以外。概以有價証券作爲担保。必使銀行於孳生利息之中。而仍不失保全信用之道。此其要義三也。發行機關。既以委之銀行。則酌收稅銀。亦屬國家應得之利益。惟收稅之法。考諸各國。不外發行稅餘利稅二種。揆之中國情勢。民力既瘠。利率復昂。倘更按發行數以徵稅銀。則銀行必以借貸爲難。恐不免於農工商業多所阻碍。應請於紙幣發行之次年起。視銀行所得餘利。按年徵收若干。並以稅率分作三期遞進。必使銀行於稅額增長之時。而仍不覺義務負擔之重。此其要義四也。(下略)

兌換紙幣則例

一、兌換紙幣。照大清銀行則例第五條。由大清銀行發行。名爲大清銀行兌換券。可在大清銀行照數兌換國幣。

二、紙幣之種類爲一圓、五圓、十圓、百圓、四種。其各種發行數目。及以後添加種類。應由大清銀行呈請度支部核准。

三、大清銀行。應照發行紙幣數目。常時存儲五成現欵。以備兌換。其餘亦須有確實之有價証券爲準備。

前項所稱現欵。除國幣外。得存儲生金銀與現時通用之别項金銀錢。以作準備。惟總值不得過現欵準備之半。當公債票爲各項有價証券尙未發達之時。大淸銀行照發行紙幣數目。存儲五成現欵外。其餘五成準備。得合有價証券及資本公積併算。

大淸銀行除紙幣準備金外。應按照來往存欵。與二月以下之短期存欵數目。另存二成半現銀。以爲支付準備。

四、大淸銀行應在總分行內另行分科。專辦紙幣準備金。與幣制事宜。

五、凡官欵出入。及一切商民交易。紙幣應與國幣一律行使。不得有貼水折减情事。違者按國幣則例第二十三條從嚴處治。

六、凡遇市面緊迫。大淸銀行得於第三條發行額以外。添發紙幣。惟必須呈明度支部核准。并照額外發行數目。按年納稅百分之六。或由度支部臨時酌定稅率。如遇市面紙幣過於需要之數。應飭大淸銀行酌量收回。

七、凡持有紙幣者。得向大淸銀行總行或分行。於營業時刻內。隨時兌換。但在分行分號兌換大宗紙幣。其準備金須由總行或附近之大分行運到者。得計程酌展兌換之期。大清銀行總行在北京。大分行一在天津。一在上海。一在漢口。一在廣州。一在成都。一在奉天。

新幣尙未鑄造足用時。或在新幣未經流通之處。有以紙幣向大淸銀行兌換現款者。該行得照國幣則例第十三條。以國幣一圓五角合庫平足銀一兩。再合該處通用銀圓銀兩付給。

八、新幣發行之際。凡持通行銀圓銀兩兌換紙幣者。應照國幣則例第十三條。折合國幣。即照國幣數付給紙幣。

九、大清銀行。應每日將收發、存留、流通、各項紙幣數目。及準備金數目。製爲簡表。並於每星期、每月、每季、每年、編製各種平均總表。呈報度支部查核。並將每星期六日流通紙幣總數、及準備金數目。刊登官報。

十、大清銀行監理官。得監察銀行發行紙幣事項。應隨時檢查各項出入帳簿表册。及準備現金等項。開單呈報度支部查核。

十一、紙幣行用雖小有破裂。或破裂數片。合成尚可辨認。或泥汚水濕。字畫、號碼、數目、花紋、尚可辨認。而其正中圓數字樣全存。四角圓數字樣。損去一個。及左右圖章。左右號碼。四個中損去一個者。由大清銀行驗明。即照全數兌換。又正中圓數字樣損去一半。而四角圓數字樣。左右圖章左右號碼。全存者。亦應照全數兌換。

十二、紙幣行用。或縱、或橫、或斜、損去半幅。而正中圓數字樣尚存一半。四角圓數字樣仍存兩個。左右圖章。左右號碼。俱各存一個者。應照半數兌換。

十三、紙幣行用。如四角圓數。左右圖章。左右號碼。全存。而正中之圓數字樣不可認者。或正中圓數字樣全存。而四角圓數字樣。左右圖章。左右號碼。不可認者。應不予兌換。

十四、僞造、變造、紙幣、或仿造紙幣所用特別紙張者。俱以僞造國幣論。依刑律從嚴懲治。凡紙幣行僞案情。俱以故意論。如欲辨白。須由被告人取具確實證據。

十五、凡行用紙幣者。不准故意汚損紙幣。及註寫各種文字符號於上。

十六、紙幣因行使以致汚染毁損。難以通用。持向大清銀行交換者。不取印刷紙料費。

十七、大清銀行既管理發行紙幣事項。應於發行後。從次年正月始。每年將總餘利。除去常年官利六厘外。按成數分三期納稅。以發行年分後五年爲第一期。每年繳納七厘。第六年起爲第二期。每年繳納二成。至公積與資本相等時。爲第三期。每年繳納三成。

十八、凡紙幣之收發、交換、及銷號等項。另訂詳細章程辦理。

十九、本則例俟發行紙幣後。如有應行增改之處。當由度支部隨時斟酌情形。奏明辦理。

第五項　政府對於紙幣之監督

光緒三十四年十二月。度支部奏請稽查全國紙幣詔可之。宣統元年正月。即先令大清銀行呈報紙幣情形。二月監督張允言具文呈覆如左。

（上略）前奉鈞劄。以本部銀行將來有發行紙幣之特權。屆時當另訂專章。以資遵守。現時總分各行所發通用銀錢票。與尋常官商所發無異。應首先遵照奏案。將發出紙票總數若干。準備金數目若干。限本月內一律報部。嗣後按月開報之期。不得遲至次月初十以後。以便稽查。阜通、東南二號。有無發行銀圓銀兩票情事。一併查覆等因。查本行經協理合同內載凡行用銀錢票。至少須存備抵現款五成。其餘就本地短期生息。無論多寡。不能提作他用等語。此項合同底稿。曾經呈明。是於票存準備。本極注重。

且上年業將各行每旬庫存及發行紙幣確數。分別開單送交監理官備查。現復遵照通知各行。按旬多開清單一份。以備送部。惟各行距京遠近不一。如庫倫、重慶等處。尤爲邊遠。恐寄到較遲。屆時當隨到隨送。（中略）至阜通東南兩號。向未發行銀圓票。雖曾出有塡寫之銀兩票。實因京中各錢鋪無不開寫此項銀票。該兩號既同係錢鋪性質。自不能不隨同照辦。以資周轉。但所發之票。亦係照章按五成準備。以示限制。仍當時時監察。以昭愼重。（下略）

第六項　紙幣發行之數目

大清銀行紙幣。雖分銀兩票、銀圓票、錢票三種。而各分行歷年發行數目之報告。僅列銀兩、銀圓兩種。而於濟南分行及北京阜通東南兩號。發行之錢票。則概未列入。茲將總分各行發行各種銀兩銀圓票之數。列爲附表一。

第七項　紙幣發行之準備

光緖三十三年十一月。監督張允言呈請度支部。擬向造幣廠隨時附鑄銀圓。以爲發行紙幣之準備。度支部允之。其文曰。

（上略）查銀圓鈔票。現經發行使用。即須多購銀圓以爲準備。惟刻下銀圓價值正漲。且買大宗。頗不易得。難免抬價居奇。有碍市面。前經商請北洋、湖北、兩分廠代造。亦正爲難。現在各行銀圓票用出漸多。亟宜預爲籌備。擬請鈞部准向造幣總廠。仿照各省分廠代商附鑄銀圓章程。隨時定鑄通用銀圓若干。俾資應付鈔票之用。（下略）

宣統元年九月。總辦事務處通告各行。應按定章以五成現銀爲紙幣發行數目之準備。其通告之文如左。

（上略）本行發行銀票。向須有五成準備現金存庫。本爲穩固起見。轉瞬推行紙幣。尤須恪守定章。始昭信用。乃各行所塡準備金表。其合格者固不止一處。而準備或不足額。或以現銀存各家爐房。即作爲準備金者。亦不僅一行。殊與定章不合。現値市面奇緊。尤應思患預防。嗣後各行庫存。務須按照紙幣流行市面數目。以五成現銀存庫。以資兌現。

此外商號銀票、鈔票、據條、及爐房浮存銀兩。均不得作爲準備。特此專達。即祈查照辦理。（下略）

三年閏六月。國幣科厘訂準備金數目表格式。通告各行。依樣填入。并附說明三事。茲錄通告之文及說明於后。

本行現當力求整頓之際。所有舊發銀兩、銀圓等票。將來即係紙幣基礎。必須實行準備。惟持信用。方足以利通行。查閱各行每月所造發行準備數目表。其中多有誤會意義。不合格式之處。當此改章伊始。不能不切實聲明。今由總行填列格式。并將重要各節。逐一說明。函達尊處。凡我同人。其共勉旃。

(一)紙幣之準備。所以備外間兌現之用。理應存儲行中。不輕提用。與營業各款。隨時出入者顯有不同。而各行列表所填準備金。即係是日庫存數目。委係誤會準備金本意。查部定則例。本行發出紙幣。必備五成現款。今暫時通用鈔票。非紙幣可比。本行信用昭著。亦難盡拘成規。暫不限五成之數。惟應另提一款。作爲準備。不得以庫存數目列入。至準備之數。應按已經流通各票估定若干。暫由尊處斟酌辦理。

(二)鈔票準備。除現款外。原有證券準備之一法。此項證券。即指公債票、股票等而言。至於本行已發未發各票。及他行鈔票。不得作爲準備。查閱各行所造表內。多以銀圓銀兩等票及特票等項。列入準備金。不無誤會之處。嗣後各行。以證券爲準備。應選可靠之債票、股票、及票據等項。通用鈔票不在其列。

(三)各行領去銀元銀兩等票。或尚未發行。或存在庫中。或流通市面。或已經註銷。查究現在情形。不過如此。而所造之表。其中庫存、註銷、流通、三項數目切實塡註。如有他項情形。所領各票尚在三項以外者。亦請於備考格內詳晰聲叙。以便査考。

顧以宣統三年閏六月以前各行每年總結報册觀之。雖間亦有準備名目。然大率以現銀之存庫數。即視爲準備之數焉。茲將總分各行。每年總結現銀存庫數目。列爲附表二。以便與總結之紙幣發行數目互爲對照。

一、紙幣發行數目比較表

行別／種類／年次	北京總行 銀兩	北京總行 銀元
光緒三十一年	五三七、二九四、五八〇厘	
光緒三十二年	一、四八五、五五九、九四〇厘	三三、九六〇、八一〇
光緒三十三年	二、六三二、九六六、一四八厘	七三、八四九、三三四
光緒三十四年	一、四一五、三四五、五六一厘	一三三、一九五、九四五
宣統元年	二、四三六、八三六、〇一〇厘	二九三、四七五、四六〇
宣統二年	一、四六七、〇〇六、六八〇厘	四三九、一七八、六七〇
宣統三年閏六月底	二、八六七、三五七、七五一厘	四三八、二九四、二八六

天津分行 銀兩	天津分行 銀元	上海分行 銀兩	上海分行 銀元	漢口分行 銀兩	漢口分行 銀元	濟南分行 銀兩	濟南分行 銀元	張家口分行 銀兩	張家口分行 銀元	奉天分行 銀兩	奉天分行 銀元
五八、八七八、二八〇											
一六〇、一三〇、一一六						三八、九三三、四四五				六二、一三〇、六八四	四〇、〇〇一、二八二
三、四七一、九四二	五八、九四三、六九四		一一七、三五八、五七六		二七二、三七二、四一四	四四、二三一、一九一		三一三、一三二	三、八九七、二九三	一八六、五八五、四二二	一、〇九二、一九七、〇六二
五、〇八五、三八〇	七一、八二五、六二〇		一七八、三八五、〇三五		二九九、四〇六、八九六	一八三、三二六、三三八	四三、五七八、七四〇	二、〇四六、四六五	一四、二六四、六六七	七七、九五六、六三〇	一、二三七、四四二、六七〇
一三、五九四、五六〇	六三、七七八、八九〇		七四五、〇五九、三〇七	一〇、三三五、六七〇	三四四、六八九、六五五	二八五、一〇六、〇六三	一七四、三四三、四〇六	一五、二二五、五〇五	二九、一二八、六八二	四二、八六三、六一〇	二八一、八〇三、五六〇
二一、三六三、二五〇	五五、〇五七、〇六〇		七五五、一一八、六一七		四六五、九六五、五三七	三七五、七二〇、二八五	一九六、三九〇、六五〇	二四、二八九、五三五	二九、九四五、四一四	四二、五七四、四六〇	一、二九一、九八二、六三〇

營口分行		庫倫分行		重慶分行		南昌分行		杭州分行		開封分行	
銀兩	銀元	銀兩	銀元	銀兩	銀元	銀兩	銀元	銀兩	銀元	銀兩	銀元
八三、〇一三、〇七一	一三四、二五三、二〇八		六四二、四〇五、五六二								
八四、三七二、〇九〇	四九八、八八四、八〇〇	一四、七三五	九〇九、四一八、九〇六	三六、二四三、七六〇	三四、〇七三、〇六〇	一、〇一三、五一三			八四、四五九、四六〇	二〇三、九九六、二九〇	一四、九六九、九〇〇
八四、〇一七、三八〇	三、一五七、四六六、三六〇	二、九八五	九四四、〇四三、五九五	二八、六〇四、六二〇	一八、六九〇、一五〇	七、四五九、二八六			一八二、四三二、四三〇	五三四、四〇一、二二〇	一四、八九四、四九〇
八四、〇二四、〇七五	四、六六八、五〇〇、七〇五	九八四、六四一	一、七一五、八四二、〇一〇	三三、二七一、三三七	二三、九九八、六二五	一四、九一八、七五九			一八二、四三二、四三〇	四七〇、九三五、九六〇	一四、八八三、七二〇

	太原分行		福州分行		長春分行		廣州分行		撫湖分行		長沙分行	
	銀兩	銀元	銀兩	銀元	銀兩	銀元	銀兩	銀元	銀兩	銀元	銀兩	銀元
				五六、四〇九、九六二	五、六三九、五五四	五七〇、六六七、三三四	五、五九二、六八八	五四四、五九八、六五七				
	七三、〇〇〇、〇〇〇	七六、六九一、一〇〇	五四、七一四、八九三	三七六、〇六六、四一六	三、一六〇、七九四	一、六三三、〇四六、六〇三	五三五、一〇八、六五六	二一六、三八九、五八三		三四、九二一、五六八	二八八、三五四、九四〇	一九、八五六、五九〇
	一四六、一〇四、四三〇	一三〇、八八九、二〇〇	四九、六五三、九七三	三八〇、四一六、二五一	一三三、二六[illegible]	一、六五一、九九七、〇一六	五六一、六〇一、七九七	三八、二四五、九九〇		四六、六五二、五三〇	三五五、七〇七、四一一	三三、八〇二、六九五

西安分行		雲南分行		江寧分行		合計	
銀兩	銀元	銀兩	銀元	銀兩	銀元	銀兩	銀元
						五三七、二九四、五八〇	
						一、五四三、四三八、二三〇	三三、九六〇、八一〇
						二、八八三、一六〇、三九三	一一三、八五〇、六〇六
						一、六三三、八五〇、三一八	二、四四四、六二三、七五三
						三、〇四一、〇〇九、四五三	四、八四〇、八七一、一五七
						三、四二二、九一六、八六一	八、七七〇、五一一、〇五五
一七三、〇七八、八九二		二四、九〇一、二四一	三三二、四二三、五三六	二、三九〇、七二二		五、四三八、九一〇、七五九	一三、四五九、九〇七、八九八

二、現銀存庫數目表

款目／年次／行別	北京總行
現銀存庫數目	
光緒三十一年	四一四、三七九、二七〇厘
光緒三十二年	六一〇、五〇五、一九〇厘
光緒三十三年	一、一七六、一六八、一一八厘
光緒三十四年	八六一、八一八、一六六厘
宣統元年	二、三〇九、三三一、一六〇厘
宣統二年	一、七五三、〇〇七、〇九〇厘
宣統三年閏六月底	三、二三三、三三三、八〇三厘

天津分行	一七一、〇六六、一八〇	一九六、九八五、四二〇	二一九、三八三、九九六	五六〇、六二〇、四九二	四六六、七一〇、四六〇	四六〇、三四八、八三〇	一九八、四五八、六六〇
上海分行	七六七、六二〇	一八、二六九、五三九	二一、九五五、六四〇	五二五、一〇九、八四七	九八一、二九〇、二一四	一、六〇六、三三八、五八九	九〇五、六四二、五四〇
漢口分行		一九、〇五七、六三六	六四、一九三、九一〇	二九三、〇六八、六四六	三六四、一〇一、二五〇	四八五、八二七、五〇〇	九五九、〇七二、二六〇
濟南分行			二〇三、一七六、五六六	三三五、四六〇、一四八	三八五、六三四、三〇三	二九九、〇六三、六一九	七〇五、一六〇、〇五〇
張家口分行			一、七九九、〇三〇	一〇、〇一五、二二三	一九、七三一、五七六	二一、五五四、七八八	二七、三一五、一六二
奉天分行			五、七九〇、五四四	三一、八六〇、五九七	六七九、二七三、六二〇	七〇九、六八四、一四〇	一、一一七、二一〇、三七〇
營口分行				六八八、六七二、七一六	四九三、一二七、三六〇	一、八二三、六八一、一三〇	三、九九六、七〇二、九三六
庫倫分行				一八六、九七三、九七二	四三四、七二九、六〇二	四四九、五七七、五二六	三〇五、四三二、二七六
重慶分行				三二、七七三、六七六	一三四、三六七、四二〇	三五一、九〇七、五八〇	一〇一、九〇七、四六〇
南昌分行					三八、五五五、四四九	二二一、二二〇、〇九六	七、五四一、九六〇
杭州分行					一三四、三八七、二三八	二〇七、四六七、三四〇	三〇一、二〇八、四九〇
開封分行					二六〇、九八七、二五〇	六六〇、一七三、二五〇	三六九、六一三、九二〇

太原分行						一三五、二二四、九三〇	一三九、三四五、七三〇
福州分行					一五六、五五五、〇六五	二七七、六〇八、三九一	二八二、八八五、一四六
長春分行					五八三、五二六、六〇七	一、七〇三、三一五、八六五	一、八三四、四九七、六六〇
廣州分行					四八四、一五七、二九七	六九七、五五一、二四八	五三〇、九五一、七一四
蕪湖分行						二〇六、四五二、三四六	四七、七二四、三一六
長沙分行						三五五、〇四六、〇〇〇	三九八、四三六、一一一
西安分行							一二九、七五五、四九九
雲南分行							五七六、二七一、七八三
江寧分行							一二三、一一四、九〇七
合計	五八六、二三三、二六〇	八五三、八一七、七八五	一、六九一、四七六、八二四	三、四〇四、三七三、四七二	七、九四六、三〇五、九五〇	一二、四〇九、一二九、三三六	一六、一七〇、五三二、七五五

第三節　中國銀行

第一項　兌換券發行之由來

清宣統三年冬。各地大清銀行。因受戰事之影響。相繼停業。當南京臨時政府之時。上海分行。首先改爲中國銀行。民國元年。各處均改爲中國銀行。然未有規定之法律。元年十二月。財政部以中央政府所設之中國銀行。已經籌備組織。次第設立。應請在紙幣則例未公布以前。即以該銀行所發之兌換券。暫時通行全國。特由政府申令各部暨各省都督民政長。於已設該銀行兌換所之處。所有公私出納。應准一律通行等語。次年一月。財政部擬訂中國銀行兌換券暫行章程五條。呈請大總統鑒核。其原文略謂一國經濟之流通。全恃銀行紙幣爲其樞紐。自去秋以來。金融機關一切停滯。公私出納皆以現金。遂至周轉無方。商民交困。非有大宗鈔幣流行國內。不足以救濟恐慌。現在中央政府。既設有中國銀行。應將該銀行所發之兌換券。所有官欵出納。商民交易。均准一律行用。並由該銀行多儲準備金。以供兌換。多設兌換所。以便取攜。總期信用漸孚。藉以維持市面。一俟紙幣則例經參議院議決頒布之後。再照新章辦理等語。於二年一月五日。批准施行。其章程於后。

中國銀行　換券暫行章程

一、中國銀行兌換券由中國銀行及中國銀行指定之代理處一律發行。

二、凡下開各項用途。一律通用此項兌換券。

甲　完納各省地丁錢糧釐金關稅。

乙　購買中國鐵路輪船郵政等票。及交納電報費。

丙　發放官俸軍餉。

丁　一切官欵出納及商民交易。

三、此項兌換券。按照券內地名。由中國銀行隨時兌現。

四、凡兌換券內印有兩處地名者。在此兩處皆可通行兌現。不取滙費。

五、此項兌換券。如有拒不收受及折扣貼水等情。從嚴取締。

第二項　兌換券未能迅速推廣之原因

按自民國二年四月公布之中國銀行則例。內第十二條載稱中國銀行發行兌換券。但須遵守兌換券則例。則例未施行以前。得依照財政部規定暫行章程辦理。此項則例公布後。對於推廣鈔票。未嘗不竭智盡能力求進步。然截至民國四年底止。發行全額。不過三千八百餘萬元。雖較前清大清銀行發票最多之時。已增一倍。以我國幅員之廣。人民之衆。比諸歐美各國之中央銀行。實未能望其項背。細察當時兌換券未能迅速推廣之原因。曾由財政部於民國四年十一月縷晰陳明。茲節錄如下。(一)各省紙幣太濫。供過於求也。考鈔票之流通。有天然之限度。必待市面需要。方能逐漸推行。自辛亥以來。各省官銀錢號。濫發紙幣。數累鉅萬。雖迭奉明令。嚴禁增發。並由本部分別省分。設法收回。然財力不足。全數收回者。僅廣東浙江兩省。其餘如吉林黑龍江江西。僅收一小部分。如四川貴州。正在開始收換。湖南廣西尚未着手。統計各省官票。尚有一萬三千餘萬元。其他私立銀行及外國銀行。所發紙幣爲數亦復不貲。惡幣既充塞市廛。良貨即無從發展。此中國銀行兌換券未能迅速推廣之原因一也。(二)國庫未能統一。無法操縱也。查各國國家經費。均用中央銀行紙幣。而中央銀行代理金庫。復能於收欵時。吸取現金。出欵時支付鈔票。現在我國金庫。已歸中國銀行接管者。計惟中央與直、魯、浙、閩、皖、甯、晉、吉、等省。其他省分。或以地方交通不便。金庫驟難遍設。或以濫票整理未完。金庫礙難接收。其最困難者。則以各省預算收支不能適合。若銀行接收金庫。不得不墊支款項。而墊欵過多。

必致竭蹶。所以各該金庫。或仍由本省銀號兼管。或暫歸其他機關代理。事權不一。牽制尤多。欲求如外國銀行藉金庫之支付廣鈔票之用途者。其勢有所不能。此中國銀行兌換券未能迅速推廣之原因二也。(三)幣制未能劃一。阻礙橫生也。鈔票爲銀圓之代表。必須全國通用銀圓。始能乘勢推行鈔票。現在各省貨幣。複雜異常。未能劃一。福建習用日洋、站人。東三省通行羌貼、老頭票、正金鈔票。西北各省行使銀兩之習慣未除。偏僻地方習用制錢之風氣未改。銀圓本位。既未成立。銀圓鈔票自難於通行。即專論銀圓一項。國幣外幣。種類不同。南洋北洋。價格互異。甚至滬寧密邇。彼此無可通融。川鄂毗連。滙兌均須貼水。銀幣既不統一。鈔票自難流通。此中國銀行兌換券不能迅速推廣之原因三也。以上三端。實爲阻礙兌換券之最大原因。救弊補偏。必須從此着手。本部悉心考察。務期逐一改良。庶能漸收成效。對於收回紙幣。有已定辦法。現正實行者。如黑龍江官帖。准以官銀號及廣信公司所得贏餘。分年收換。貴州紙票。則由中國銀行借款一百五十萬元。陸續收燬。四川軍票已奉批准。由該省自發銀圓票五百萬元。按五折兌收。一面於官公各產。及隨糧特捐。籌足五百萬圓。以爲現金準備。有現擬辦法。將次第施行者。如陝西則擬變賣官產撥款收回。江西則擬息借款項。次第收換。湖南則擬以礦產餘利。劃成充用。湖北吉林則已派員調查。籌議辦法。濫幣如果廓清。鈔票自能推廣。對於整理國庫。則銀行力量。與各省度支。必須雙方兼顧。在完全接辦者。固宜切實進行。即牽制多端者。亦經分途協議。總期循序漸進。一律接收。庶國庫之制度既可統一。而鈔票之發行。亦能推廣。至劃一貨幣。現正切實進行。各省之雜項洋圓。已飭造幣廠收買若干。先行試驗。再擬收回改鑄辦法。並咨飭各省巡按使財政廳。妥擬推行新幣辦法。已有端倪。陝西向用銀兩銅錢。現由中國銀行。陸續運銀交廠換鑄新幣。並由部電達該省巡按使財政廳。妥議賦稅改收銀元辦法。廣東向用小洋。現已由粵廠鑄發一元新幣。設法推行。河南山東。向用銀兩銅元制錢。現由中交兩行陸續運輸新幣。市面已見行用。其餘腹省內地。均須次第照辦。一二年後。幣制完全統一、則替代銀幣之兌換券。自能通行全國。數目增多。惟金融情形。關係信用。循序漸進。則日計不足。月計有餘。揠苗助長。恐匪徒無益。抑且有害。本部根據此理。黽勉從事。雖目前未遽成功。而將來或能奏效。所願政策一致。俾得積極進行。等語。此爲財政部對於劃一幣制推廣中國銀行兌換券之辦法也。旋奉批令。謂所陳中國銀行兌換券進行方法。均尙切當。鈔票信用。不外厚儲準備。多鑄銀元。方能逐漸推廣。應由該部隨時體察情形。督飭該銀行。循序程功。切實辦理。等語。

第三項　兌換券之種類

中國銀行發行之兌換券。概而言之。可分爲二大類、即銀圓票與銅圓票是也。銀圓票有一元、五元、十元、二十元、等各種。惟因各地通用之銀圓。互有不同。該行之兌換券。遂亦隨各分行所在地之習俗。而變通之。（參照本章第二節第一項紙幣之種類）但自國幣鑄發以來。該行鈔券爲應付市面之需要及統一銀幣起見。即發行有票面印明兌付國幣字樣之鈔券也。銅圓票由該行所發行者。有北京、河南、南京、江西、張家口、等各分行。然自七年以後。亦有逐漸歸併於各地平市官錢局發行者焉。

第四項　兌換券發行額

據該行歷年營業報告。其鈔券發行額。頗有逐年增加之勢。惟自民五停兌以後。則不免稍受影響。在當時發券總額共約一萬萬元。其間停兌券計七千百餘萬元。兌現券。祇三千二百餘萬元。歷年整理。逐漸收回。至十二年底。發行總額共八千萬餘元。內惟廣東停兌券五百餘萬元。因特殊關係。尚未整理。暨京鈔未換公債。尚餘二十餘萬元。又渝券五十餘萬元。尚未收回外。餘皆兌現券云云。此該行發券情形之大略也。茲將該行累年兌換券發行數目。列為附表一。及各分行發行數目列為附表二。

一、中國銀行累年發行兌換券額數表(單位圓)

年別	兌換券流通數
民國元年	一、〇六一、六三六
二年	五、〇二〇、九九五
三年	一六、三九八、一七八
四年	三八、四四九、二二八
五年	四六、四三七、二三四
六年	七二、九八四、三〇七
七年	五二、一七〇、二九九
八年	六一、六八〇、〇八八
九年	六六、八八四、一〇三
一〇年	六二、四九三、三四〇
一一年	七七、七六六、〇二九
一二年	八〇、九八六、七一三
一三年	八九、九七八、五八一

二、中國銀行各分行發行兌換券額數表(單位圓)

分行名稱＼年次	民國六年	民國八年	民國九年	民國十年
北京分行	三二、〇八九、〇五九	一三、三七〇、〇〇〇	三、七四四、四一四	五三〇、〇〇〇
天津分行	八八一、四三三	三、七一〇、〇〇〇	五、六〇五、八二三	二、三七〇、〇〇〇

上海分行	五、〇七八、四七九	七、〇一〇、〇〇〇	一三、二三四、五五三	二一、八三〇、〇〇〇
南京分行	一、八一六、二二六	二、三一〇、〇〇〇	三、二五一、五五六	
浙江分行	一、七一六、八八二	一、八七七、〇〇〇	二、八一一、八六一	
漢口分行	九二九、一八三	二、六二〇、〇〇〇	三、〇九五、二九九	三、四九〇、〇〇〇
山東分行	一、二五一、八九五	二、五〇〇、〇〇〇	二、七八〇、八八五	三、〇二〇、〇〇〇
河南分行	一九七、五六七	一二〇、〇〇〇	一二一、三七七	一八〇、〇〇〇
東三省分行	一四、五八二、九四〇	七、四六〇、〇〇〇	七、四六三、一五〇	三、二八〇、〇〇〇
奉天分行		六、六八〇、〇〇〇	七、〇七七、二三七	六、三〇〇、〇〇〇
福建分行	五五五、四七九	一、五二〇、〇〇〇	二、六四二、四五八	三、七〇〇、〇〇〇
廣東分行	四、九八〇、〇九一	四、三四〇、〇〇〇	五、七〇一、五六四	五、三三〇、〇〇〇
香港分行				
山西分行	二四一、〇八二	四六〇、〇〇〇	二〇四、五〇〇	一八〇、〇〇〇
重慶分行	五、九二四、九六六	四、二五〇、〇〇〇	一、四九一、七一三	六九〇、〇〇〇
貴州分行	四五四、五五三	八五〇、〇〇〇	一、〇二四、四六一	一、五二〇、〇〇〇
陝西分行	二七、〇〇〇	一〇〇、〇〇〇	一三、八八三	一〇、〇〇〇
江西分行	七六三、八三二	九六〇、〇〇〇	一、六三一、三一九	一、七六〇、〇〇〇
安徽分行	二一五、九五三	四一〇、〇〇〇	六七二、〇八二	五四〇、〇〇〇
湖南分行	三四、三三二	一六〇、〇〇〇	二一九、九七四	—
歸綏分行	一〇六、五三〇			
張家口分行	四一、〇〇〇	九八〇、〇〇〇	一、六〇四、一三四	一、一五〇、〇〇〇
庫倫分行	四、五〇〇			

第五項　貨幣交換所之設置

民國四年五月。財政部爲推行貨幣及增設貨幣交換機關。於中國銀行內。特設貨幣交換所。其目的在推廣法定貨幣及紙幣之兌換等事。擬有章程二十條。於四年五月二日批准施行。（條例附後）至是年十月。財政部呈稱自該貨幣總所成立以來。規畫全局。設立分所。於推行貨幣事宜。辦理不遺餘力。規模既立。推廣自易。查本部前呈有俟舊幣整理漸趨軌道。新幣統一可望有成。則此項交換機關之應否存留。自可隨時酌辦等語。現在該總所籌備事宜。漸已就緒。於京兆、直隸、山東、等地方。業經設立分支各所。此外各省可逐漸推設。擬即由中國銀行各分行號兼辦。按事程功。較易爲力。經費亦省。所有貨幣交換所事宜。應即歸併中國銀行辦理。即於該行專設一處。酌留熟手。責成正副總裁。認眞督率經理。似於力求撙節之中。仍寓督促進行之意等語。當經批准。由財政部轉行遵照辦理。

中國銀行貨幣交換所暫行條例

第一條　本所由財政部呈明專設定名曰中國銀行貨幣交換所。

第二條　本所以推廣法定貨幣流通各地金融。維持商業調劑民生爲主旨。

第三條　本所業務之範圍如左。
供給各地公欵收支及商民完糧納稅一切需用之法定貨幣。兌換本所流通之紙幣。撥滙公私欵項或存入。中外金銀錢幣之交易。其他業務經財政總長特准。亦可兼辦。

第四條　總所設於本銀行內。（現暫以籌辦處爲總所）省會、縣城鎭地方酌設分所支所或委託代理店。以經理之。

第五條　凡本銀行未設立之地方各分支所。得代理金庫。

第六條　本所取三級制。總所直轄分所。分所直轄支所與代理店。代理店又聽支所之支配。隨時施其考察。

第七條　本所得按各地情形。定各支所爲常設暫設二種。暫設者於一定時期內。將所辦之事完竣。即行裁撤。

第八條　總所設專員一人。由財政部呈請簡任。會同本行總裁辦理一切。另設經理正副各一人。分所設管理正副各一人。支所設管事一人。辦事員視事繁簡酌定之。

第九條　總所經理。分所管理。由總所會辦商同總裁。選任管事及辦事員。由所轄機關委派。先事報明總所。

第十條　本所以銀元為本位。遇有他項流通貨幣。概按當地每日定價折算。

第十一條　每日兌換價格。一律按市平均規定。由本所懸牌公示之。

第十二條　市面兌換貨幣。遇有超過定價。或暴縮時。本所得隨時調劑之。

第十三條　本所因有供給運輸關係。得依財政上之便宜。由財政部行知各造幣廠。規定特別條件。

第十四條　本所紙幣之推行。各分支所代理店資產之保護。以及取締私發票劵。禁止私運現金。嚴懲偽造貨幣等事。均由財政部咨行各省巡按使。並飭各省財政廳。列入各縣知事及各徵收官吏之考成。

第十五條　本所所設各處分所、支所、代理店、及往來運送現金票劵等事。應由財政部咨明各主管衙門。責成所在地方及沿途軍隊、巡警、鐵路巡警、一律保護。

第十六條　本所各分支所。運送現金及票劵。應按本銀行現行辦法。分別減免運費。

第十七條　本所關於締結合同重大事項。先期陳明財政總長。

第十八條　本所各分支所業務規程及代理店締結之法。均另訂詳章。由財政總長核准行之。

第十九條　總所每屆年度時。將各分支所業務情形。彙製總表。報告財政部。

第二十條　此項暫行條例。得隨時修正。陳明財政總長轉呈大總統批准施行。

第六項　銀錢兩業領用中行兌換券之經過

一、銀行領用中行兌換券之始末　民國以來。政府對於紙幣力主統一主義。故除公布取締紙幣條例外。又由中行規定領用兌換券制度。其目的在原有發券各銀行。得領用中行兌換券。查當時中行對於銀行同業領券方法。凡領用中行兌換券者。須具備現金七成。公債三成。向中行領取十成鈔票。但實際上此種規定。亦多未能一律。如民國四年。浙江興業銀行與中國銀行訂立特約。收回前所自發之紙幣。領用中國銀行兌換券代爲發行。係現金五成公債票照額面二成五。期票二成五。而中行對於興業所提供之現金。尙須付給利息。其兌換券總額定爲三百萬元。特約有效期間定爲四十二年。其後中孚及浙江實業。亦訂有同樣之契約。自是其他銀行。亦有與中行訂定領用兌換券契約者也。玆將各銀行領用中行兌換券累年額數表。列之於左。

各銀行累年領用中行兌換券額數表（單位圓）

年次／行名	民國四年	民國五年	民國六年	民國七年	民國八年	民國九年	民國十年	民國十一年	民國十二年
浙江興業銀行	一、三五〇、〇〇〇	一、九〇〇、〇〇〇	三、一五〇、〇〇〇	三、〇五〇、〇〇〇	三、三五〇、〇〇〇	三、六五〇、〇〇〇	三、六五〇、〇〇〇	三、六五〇、〇〇〇	三、六五〇、〇〇〇
浙江實業銀行	一、四四八、七〇〇	七六〇、〇三三	一、五四六、五九〇	一、五四三、〇〇〇	一、五四三、八八六	一、七三三、四三六	一、七〇三、四三六	二、〇〇一、一四五	二、〇〇〇、〇〇〇
中孚銀行	—	—	一〇〇、〇〇〇	五八〇、〇〇〇	八五〇、〇〇〇	八五〇、〇〇〇	八五〇、〇〇〇	八〇〇、〇〇〇	八〇〇、〇〇〇
東陸銀行	—	—	—	—	—	—	—	三〇〇、〇〇〇	四〇〇、〇〇〇
五族商業銀行	—	—	—	—	—	—	—	一〇〇、〇〇〇	三〇〇、〇〇〇
永亨銀行						九九、九七〇			三九、九七〇
中國棉業銀行									二〇〇、〇〇〇
通易信託公司									二二〇、〇〇〇
上海商業									
儲蓄銀行						五〇、〇〇〇			
山東工商銀行								四〇〇、〇〇〇	

二、錢業領用中行兌換券之始末　民國十二年十一月間。滬市發生銀兩銀圓恐慌。以致籌碼不敷周轉。其時滬埠各錢莊。因援照銀行領用中行鈔票之例。擬向中行領用鈔票未果。遲至十三年春。錢莊復聯合要求。經幾次磋商。雙方協議。並由錢莊自開條件。中經行同意後。始陸續訂立領用鈔票合同。查此次與中行訂立領用鈔票合同之錢莊。有領足總額。每莊以五十萬元爲限度者。有領足總額。以二十五萬元爲限度者。凡在領足總額限度以內。得隨時分批向中行陸續領用上海地名之五元券及十元券。又如各該莊向中行領用鈔票原額外。倘有不敷各該莊之用。各該莊可再商向中行續領鈔票。但其數不得超過原額之外。惟續行領用鈔票之保證品及條件。仍悉照原合同辦理。此外如中孚永亨兩銀行。原即領用中行鈔票。此次亦改照此項新定辦法矣。按此次中行擬定新領券總額爲一千五百萬元。陸續發行。領券者不問其爲銀行錢莊。其保證金。均係一律辦理。目前領用者十六家。計總額一百七十二萬五千元。

茲錄上海某錢莊向上海中國銀行領用鈔票合同於左。

上海某錢莊向上海中國銀行領用鈔票合同

（一）某錢莊得分批向中行領用上海地名五元十元鈔票。以領足總額若干萬元爲度。

（二）某錢莊領用鈔票。應備現金六成。整理案內中央政府公債票三成。（須按時價折合。市價上落隨時增減）或上海房產道契。（須經中行認可估價照七折核計。估價如有漲落。亦可隨時增減）交付中行爲保證金。其六成現金。不計利息。某錢莊不得隨時動用。某錢莊並應自備現金一成。以補足此項領券之保證金。對於此一成現金。應由某錢莊出具中行抬頭即期莊票一紙。交中行保管此項莊票。每屆陰歷正月間。掉換當年即期莊票。所有保證公債或道契及莊票。由某錢莊應具正式通知書。敍明公債號碼或道契號碼。由中行給予正式收據。並編明公債或道契號碼。所交莊票。遇有必要時。中行得收現。充作某錢莊繳納保證金之一部分現金。

（三）領用之兌換券。雙方各加暗記。

（四）中行收某錢莊領用之暗記券。可隨時向某錢莊兌換現金。

(五)某錢莊領用上海中行之暗記券。應由中行通飭他埠各分支行。一律照兌。他埠各中行。收兌上項暗記券。中行隨時憑代兌行報單。製成代兌換領券保管證。向某錢莊兌取現金。所兌之券。隨時由中行設法運回。其運費歸某錢莊負担。

(六)中行兌換券。設遇金融恐慌。兌現過湧。某錢莊應臨時懸牌代兌。一面某錢莊或續交現金四成。或以所存暗記券抵沖。或以代兌之券抵沖。取回公債票或道契及莊票。但現金交足以後。某錢莊不再兌現。倘遇上項風潮。某錢莊收兌暗記券。已滿四成。亦得通知中行。不再收兌。惟須將兌入之四成暗記券。繳還中行。取回公債票或道契及莊票。繳還以後。某錢莊亦不再兌現。統俟市面平定。再行照約領用。

(七)本合同有效期限定爲若干年。遇有特別事故。得隨時取銷之。取銷時。某錢莊應繳還四成現金或暗記券。換回公債票或道契及莊票。如通知取銷合同之次日。尙未繳足。得將繳存公債票或道契。由中行自由處分。並將莊票即行收現。

(八)本合同經雙方同意得修改之。

(九)本合同自簽字之日起實行。本合同有效期內。如某錢莊向中行領用鈔票原額外。倘有不敷某錢莊之用。某錢莊可再商中行續領鈔票。其數不得過原額之外。惟續領用鈔票之保證品及條件。悉照本合同。

(十)本合同期滿後。如經雙方同意。得繼續辦理。

(十一)本合同共繕兩份。中行及某錢莊各執一份。中華民國十三年某月某日立。

自中行與各行莊訂立領券合同後。外間未明事實。疑爲增發巨額鈔票。含有政治關係。致多誤會。該行爲愼重起見。特於五月四日。召集領券各行莊開會議决。將此次領券各行莊所繳之準備金。一律公開。並簽定檢查準備辦法四條。（條文附後）以便由領券各行莊。照所訂辦法。每月輪推代表來行檢查。以昭信守。聞業經各行莊照章實行矣。

(一)各行莊領券所繳準備現金六成。公債票(或道契)三成。莊票一成。統由中行專庫存儲。

(二)上項準備現金。或以生銀及外國現貨幣。存在本庫。或存出國外抵充。悉聽中行之便。如遇銀根緊急之時。應酌提一成。專做短期押款。以供調劑市面之用。但存出國外以二成爲限。

(三)上項準備金。一律公開。專庫所存現金生金銀外國現貨幣公債票(或道契)莊票及一切單據。各領券行莊。每月得輪推代表來行檢查。

(四)本辦法如有未盡事宜。得隨時洽商修改。

第四節 交通銀行

第一項 兌換券發行之由來

清光緒三十三年十一月。郵傳部奏設交通銀行。定章程三十八條。內第十七條載明。仿照京外銀號。及各國銀行。印刷通行銀紙。分一百元、五十元、十元、五元、一元、五種。並仿照各銀號。印出該埠市面習慣通用平色各種銀票。以及各項票據。惟不得出國幣紙票。俟度支部禁止各埠銀行出票後。該行所出通行票紙。即當照章收回與各埠銀行。一律辦理。迨至民國三年三月公布交通銀行則例二十三條。內第十三條。載交通銀行。受政府之特許。發行兌換券。其辦法照財政部所定之銀行兌換券則例。但發行式樣數目及期限。另由銀行呈請財政部核定等語。又紙幣條例。未經規定以前。所有交通銀行發行之兌換券。應按照中國銀行兌換券章程一律。以資輔助。此又命令之所特許也。因是該銀行運送鈔票。經過各海關時。亦得援照中國銀行兌換券辦法。准其免稅。凡公欵出入。完納稅項。發給官俸軍餉。商場交易。以及郵電路航各費之應付。一律通行。按自清末該行即已發行兌換券。民國三年。另印新券。收回舊票。至民國五年。特奉明令。與中國銀行同爲國家銀行。自是享有發行兌換券之特權焉。

第二項　兌換券發行制度之新規定

民國十二年。交通銀行內部組織。大爲改革。關於兌換券之發行。特採用總分庫制度。以昭愼重。而利推行。茲分述其大要於后。

一、區域之設定。　該行爲集中準備便利調撥現金起見。將現在發行地點。劃分爲五大區。每區設發行總庫一所。其分掌範圍如下。第一區係設總庫於天津。凡北京、天津、濟南、烟台、張家口、歸綏、等兌換券皆屬之。第二區係設總庫於上海。凡上海、江蘇、南京、浦口、安徽、等兌換券皆屬之。第三區係設總庫於漢口。凡漢口、河南、等兌換券皆屬之。第四區係設總庫於奉天。奉天、營口、等兌換券皆屬之。第五區係設總庫於哈爾濱。哈爾濱、黑河、等兌換券皆屬之。總庫之下。得因事實上之便利。更設分庫。其地點由總庫擬陳總管理處核定。

二、總分庫之職掌　每區總庫設總發行一人。副發行一人。直接總管理處。待遇如分行正副經理。均由總管理處選任。總庫應分股辦事。各設主任。分庫亦設主任。均由總管理處遴派。總副發行之職掌如下。（一）本區兌換券之發行整理及保管。（二）本區現金準備及保證準備有價證券之點驗及保管。（三）本區準備之調撥。（四）他行領用本區兌換券合同之訂立。（五）本區發行帳表之記載檢查及整理。

總分庫得陳准總管理處。酌設辦事員助理員練習生。事繁時幷得向所在地之分支行所。暫借行員助理。總分庫之開支。應由本區領用兌換券行分攤擔負其分攤辦法另訂之。凡區內各分行。需用兌換券、均向總庫或就近分庫具領。報告管轄行暨總庫。

三、額定準備與額外準備之規定　凡區內各分支行領用兌換券、應以六成現金四成有價證券面額。交入總庫或分庫。作為額定準備。再交二成現金。作為額外準備。其有價證券之種類。應先陳請總管理處核准。並應以時價滿五折者為限。如價格不及五折。應以同樣或其他有價證券補足之。倘無有價證券。按五折照交現金亦可。至於此項額外準備現金。遇市面平穩時。總發行得酌提半數或全數。交領券行存儲。作爲往來存款。備營業周轉之用。不計利息。遇市面緊急或兌現擁擠時。仍應收回入庫。額內準備。無論何時。均應存庫。凡區內之流通額。每星期應刊印報告一次。分送周知。準備並應公開。又此項準備及流通數。均得請各該地銀行公會、商會、錢業公會分別舉員檢查。總管理處及分行亦得隨時派員檢查。以昭核實。彼此互兌兌換券及分區內部辦法。按各該區本地情形另訂之。

一、交通銀行累年發行兌換券額數表

年別	兌換券流通數
民國元年	七九三、五五八
二年	四、四九八、七六二
三年	五、九五七、六二七
四年	二四、八六三、一一〇
五年	二一、二九七、八九一
六年	二八、六〇三、八二六
七年	三五、一四四、五六三
八年	二九、二七二、六五三
九年	三九、一七〇、一九二
一〇年	三〇、一四三、二三三
一一年	三二、五二三、八四〇
一二年	三八、五一七、六一三
一三年	四一、六一三、四一八

（附註）民國五年以前單位庫平銀一兩民國六年起單位銀圓一圓

二、交通銀行各分行發行兌換券額數表（單位圓）

分行名稱　年次	民國六年	民國九年
北京分行	一七、五八五、五二七	三、七五六、九二四
天津分行	一、三四六、四二七	八、六二〇、〇〇四
上海分行	七四一、七五三	六、七六二、九七二
漢口分行	六二九、二九二	二、三一二、六四二
東三省分行	五、三〇三、〇五五	—
奉天分行	—	八、一〇五、六九三
哈爾濱分行	—	四、八六六、一一三
長春分行	—	一、三〇三、五五三
重慶分行	九五三、六三九	一一五、一四七
河南分行	六二七、八一五	二一〇、七三六
蕪湖分行	八四、七六四	三四九、〇五三
長沙分行	四三四、一三九	八六、七九三
張家口分行	三二〇、七一三	一、二二四、四七五

第五節　中交兩行停兌及收換之經過

第一項　中交兩行停止兌現之原因

民國五年春夏之交。西南戰事方殷。金融緊迫。影響市面。商民持票。紛紛兌現。京津中交兩行。適當其衝。應付維艱。國務會議。籌商維持辦法。採用暫時停兌之策。五月十二日。國務院頒布院令。略謂各國當金融緊迫之時。國家銀行紙幣。有暫行停止兌現。及禁止提取銀行現欵之法。以資維持。俾現欵可以保存。各業咸資周轉。法良利溥。亟宜仿照辦理。應由財政交通兩部。轉飭中國交通兩銀行。自奉令之日起。所有該兩行已發行之紙幣及應付欵項。暫時一律不准兌現付現。一俟大局定後。即行頒布院令。定期兌付。所存之準備現欵。應責成該兩行一律封存。至各省地方。應由各將軍、都統、巡按使。凡有該兩行分設機關之地方官。務即酌派軍警。監視該兩行。不准私自違令兌現付現。並嚴行彈壓。禁止滋擾。如有官商軍民人等。不收該兩行紙幣。或授受者自行低減折扣等情。應隨時嚴行究辦。依照國幣條例第九條辦理。一面與商會及該兩行接洽。務期同心協力。一致進行。並飭該兩行將所有已發行兌換券種類額數。尅日詳晰列表。呈報財政部。以防濫發等語。此爲中交兩行暫時兌停之原因也。

第二項 中交兩行停兌後之籌畫情形

自院令公布後。即組織臨時財政委員會。以討論停止兌現及善後方法。茲錄該會大綱於左。

一、本會爲辦理銀行暫停付現、及維持市面事宜而設。名曰臨時財政委員會。設立於財政部。

二、本會委員。由國務院、統率辦事處、內務部、財政部、陸軍部、農商部、交通部、中交兩銀行。各派重要委員充之。另派辦事員若干人。由上列各機關派委。

三、凡往來函電。關於第一條事宜者。均由本會辦理。

四、本會遇有重要事宜。由第二條所指各機關長官出席開會會議。

五、本會委員。推定主任副主任各一員。主持會中一切事務。

六、本會委員。應輪流常川到會。辦事員應逐日駐會辦事。

五月十四日、國務院爲維持金融起見。規定辦法數端。通電各地一致辦理。其大要如下。

(一)商家押滙放欵。可酌量放鬆允做。利息按月以七釐爲限。(二)滙欵以國內爲限。一律不收滙水。鈔票在本國使行。無論何處。概不貼水。(三)銀兩銀元存欵。萬數以下。按照當地金融情形。一律酌加利息。以一釐爲率。往來存欵亦然。(四)存欵放欵利息比較相差之數。不得超過二釐。此皆有利於商民。惟各省一律辦理。則上列各條可以實行。其辦法大綱如左。(一)兩行之十元票可換五圓票。五圓票可換一圓票。一圓票可換銅圓票二十枚。以下銅圓票可換銅圓。惟兌換銅圓之時間及數目應加以制限。(二)一圓票兌銅圓票。以現在當地銅圓市價爲標準。作一定價。不得漲落。(三)妥定銀兩兌換銀圓鈔票之市價。逐日兩行懸牌。(四)由中交兩行。設兌換機關。由官廳督令酌量辦理。(五)官廳出示曉諭商民。一切錢粮釐稅。專收兩行鈔票。

第三項　中交兩行停兌後之各地辦理情形

院令既布。各省各埠。各有主張。紛紛不一。要皆本維持之意。而因時因地。求制宜之法。或主停止兌現。或主限制兌現。亦有請照常兌現者。茲將各地辦法不同之情形。分舉如后。

北京　自院令公布之後。商人以事關切膚。紛紛集議。向京師總商會質問。當經多方解釋停兌之眞相。凡各大殷實商號。均能諒解政府維持金融之苦衷。惟各小商號及一般貧苦小民。亟須另籌善策。以維持其生計。遂由該總商會議定辦法四端如下。（一）須於京師城廂內外。迅速籌設兌換銅圓機關多處。以便接濟下級商戶貧民之營業及其日用。並規定每日自午前八點鐘起至十一點鐘止。午後自三點鐘起至五點鐘止。為兌換銅圓時間。（二）凡特該兩銀行鈔票在一圓以上者。一律通用。其一圓者。准其持票兌現或小洋使。一般小民日用飲食不至虧損。影響及其生計。（三）應迅速多鑄小銀圓銅元。於一定期間內。送運到京。以便周轉市面金融。（四）須與在京各外國銀行通融行使。俾大宗鈔票。可以流通。而金融亦不至發生窒礙。

天津　津埠為吾國北部通商鉅埠。華洋雜處。貿易四達。金融動靜。關係綦嚴。偶有變故。枝節橫生。而市面情形。又往往以洋商為歸結。是恐慌所及。影響尤亘。當經商請各國領事。轉飭各洋商。暫勿將存票兌現。其他如開灤礦廠工人。不受紙幣。並經飭警彈壓。令換銅圓。然市面之現金原亦有限。所恃以為週轉者。紙幣而已。今一旦停兌。等於廢紙。收入支出。險象環生。雖經警廳撥現欵三萬圓。以平市價。以維民食。而局面廣袤。一枝一節。救濟有限。且關鹽兩課。軍警兩餉。凡屬於公家之收支。需用現欵者。尤形滯阻。

用是由紳商公議。組織直隸全省金融維持會。集合巨資。訂定章程。以維現狀。其簡章如左。

一、本會因中國交通兩銀行。停止兌付現欵。市面金融滯塞。商民生計攸關。紳商各界。湊集鉅欵。以維持現狀。流通市面爲宗旨。

二、本會以直隸省紳商。及僑居直省之紳商。共同設立之。

三、本會維持、以中交兩行蓋有直隸及天津字樣之鈔票爲限。

四、本會奉巡按使飭交中交兩行報告直津鈔票號碼細數清單內、現發行在外之鈔票。中國行二百三十七萬二千六百餘圓。交通行二百六十六萬七千九百餘圓。兩行合計直津鈔票共五百零四萬餘圓。本會維持以上列數目爲限。

五、前條所列直津鈔票。各界一律通用。

六、中交兩行以收回之直隸天津鈔票。本會議决。商請巡按使。飭令復查。暫時公同封固。

七、紳商集欵。計各行商五十萬圓。長蘆紳商五十萬圓。直隸省銀行五十萬元。中交兩銀行五十萬元。共現款二百萬圓。此外直隸省之田賦稅等項收入。及中交兩行抵押品。約在數百萬圓之譜。作爲保證。
八、本會維持方法。隨時酌定布告。
九、本會請巡按使監督。
十、本會設正會長四員。副會長八員。董事無定額。均係純粹義務。
十一、本會之收入支出各款。日行事件。按巡造報監督並總商會查核。如有特別事件。亦隨時請示。每日按銀行規則。立有請簿存據。
十二、本會公同議决。自本會成立之日起。所有中交兩行已到期存欵及浮存欵。由本會與兩行籌商歸還辦法。各存戶在此三個月內。暫緩提取。如不願遲延。由兩銀行以外省鈔票如數照發。
十三、本會俟中央籌有辦法。中交兩行照常兌付現欵時。應即取消。
十四、本會公同議决臨時簡章。由巡按使核奪。批示遵行。所有未盡事宜。及辦事規則。隨時稟請核定立案。

奉天　奉省與他處情形特別不同。曾請准予暫仍兌現。以維持局面。蓋僑居奉省之外人。關於此間兌現事。屢起風潮。雖與交涉。亦無效果。苟一旦停止兌付。務必乘機張𧮫。勢偪處此。以求應付。拒絕之則交涉立起。情見勢絀。此不能停兌之一大原因也。在當地商民方面。正當人心動搖之際。全持市面活動。方足以資周轉。倘金融稍有滯碍。市面必頓形困苦。則影響於治安良非淺尠。且中交二行。在奉省所發紙幣。槪爲小洋。迴非準備金之大洋可比。有此數端。故無論無何。不能與他處一律遵令辦理。

吉林　林省地屬邊境。中外雜處。倘遵令停兌。則對內對外。均不免發生困難。軍警長官。會同商界。連日集議。維持辦理之法。擬一面遵令保存現欵。一面禁運現洋出境。有攜三百圓以上出境者。查獲充公。兩行兌現。則暫加以限制。百圓以下照付。百圓以上者。大券換小券。欲藉此以保存現款。復得維持鈔票之信用。蓋吉林市面素來平穩。鈔票信用頗高。倘一旦實行遵令停兌。則商民慌恐。日俄貨幣乘之而充斥。價亦隨之而飛漲。外幣高而國幣廢。蓋金融界之一大危險現象也。且外人持我國鈔票兌現。驟加阻止。必起交涉。綜此困難情形。故完全停兌。勢難辦到。

黑龍江　黑省市面向極穩靜。分行所發票額。尙供不應求。雖係以小洋計算。而向來三省流行信用特高。不如各省之時有停票兌現之事。故自停兌令到。當道會同行長再四籌議。深恐一經宣布。徒然惹起恐慌。發生危險。故令主暫秘不宣。俾照常流行。兩得其安。

張家口　該處地近邊陲。商務較爲簡單。故自奉令以後。維持現狀。比較容易。惟爲持久之計。當經各界會同籌畫善後。約有三端。(一)禁私運現洋出境。以免現金缺乏。(二)請多發銅圓。以便兌換。維持小民生計。地方亦自相安。(三)限制兌現。除百圓以上之外票外。一律照常兌現。蓋兩行紙幣。等於廢鈔。金融停滯。障碍商務。難免不有閉市之舉。是爲停止兌現之一變通辦法也。

熱河　自奉院令。即傳集各商會嚴切勸導。務令遵行。又歸綏及包頭分行。經官商協力布置。軍警保護周詳。停兌數月。尙無誤會。

山西　晉省亦以紙幣信用頗著。發行以來。流通無阻。儲蓄亦極充裕。隨時足資兌現。民間賴以周轉。甚稱便利。自停兌令到。各長官深恐搖動人心。徒然喪失信用。擾及治安。

故主張暫不宣布。照常兌現。以維大局。

甘肅　隴省遠處邊疆。商務未盛。金融亦甚簡單。中交兩行。原未設有分行於該地。其本省之官銀總號。則準備充足。信用素著。所發之兌換劵。悉極暢行。自應照舊維持。以免徒事驚擾。故甘省當時無發布停兌令之必要。

河南　適值鄰省正多故。深恐一旦停止兌現。市面慌恐。人心更加浮動。在在可虞。當經長官會同籌議。決定辦法三條如下。(一)兩行鈔票。不論本省外省。均准完納錢糧稅項。及一切軍政官商欵項應用。各徵收機關及錢店商鋪。均不得稍有挑剔。或低價折扣幷貼水等事。(二)中交兩行外省鈔票。准其買賣貨物存滙劃撥。一切應用。與現金無異。(三)中交各票。本省銀圓票數在十元以內。銀兩票數在七兩以下。均准隨時兌換現洋或銅元。各隨其便。銀行不得留難。

山東　魯省自停止兌現。恐慌特甚。又因外商僑居。誠恐假外人之手。以大宗紙幣強迫兌現。尤難峻拒。當經籌議維持辦法。以防不測。就中尤以烟台爲最緊要。煙台爲通商口岸。秩序更易擾亂。故首禁提取現款。並特將煙台分行之存欵約三十萬元。作爲軍警兩餉萬一之需。不許提取。此外則一面限制兌現。除一元至五元之票照兌外。其大額概有限制。一面則保留稅款。令該兩行代理金庫。代爲收存五十里以外之常關稅。及附近各縣之地丁雜稅各項。以備意外之需。於是金融尙能勉強支持。人心亦未至十分搖撼。此魯省當日變通辦理之情形也。

南京　南京亦以種種情形。不能遽停兌現。當由軍民兩長會同各界。議訂變通辦法如下。(一)中交兩行江蘇兌換券。隨時兌現。(二)活期存款。除軍警外。每戶暫於一星期內。支取不得過三百元。定期存款到期。照活期辦法。(三)外埠券暫停兌現。(四)現洋一千元以上。非有將軍及巡按使護照。不准運送。(五)銀行運送現洋。每行給長期護照一紙。

上海　自院令未宣布之先。該處以地當南北要道。謠諑繁興。滬上中行股東。奔走集議。僉謂欲求保全中國銀行。必自滬始。遂於四月間。在上海地方設立商股聯合會。籌備甫竣。而停兌之令已下。乃即議決維持辦法數條如下。(一)上海中行由股東聯合會舉定監察員一人。到行監察。全行事務悉歸股東聯合會主持。(二)本行所有財產負債。移交外國律師代表股東。管理一切。並隨時有查賬之權。(三)上海分行鈔票。將準備金移交外國律師保管。隨時兌現。(四)所有存欵均到期立兌。(五)將來各商家設有損失。悉歸股東聯合會負責。

安徽　皖省當時以銅元尚極缺乏。一元票亦未有準備。恐停兌令發布。輔助金不資周轉。則金融停頓。商民恐慌。軍警尤爲可慮。縱加勸導亦屬空言無補。故暫將停兌令擱置。旋聞江蘇已定有辦法。應仿照一律辦理。大要如下。(一)中交兩行兌換券由軍民二署出示照常行使。並准向原發之各該行隨時兌現。(二)由商會宣布凡活期存欵。除軍警外。每戶於一星期內即十五日起至二十一日。支取不得過三百元。定期存欵到期。照活期辦法。(三)外省發行紙幣暫停兌現。俟各省協商後再辦。(四)現洋一千元以上。非有軍政長官護照。不得運送。商家購貨亦同。(五)兩行運送現洋。由軍署給一長期護照。

湖北　漢口爲商務繁盛之區。華洋雜處。交通四達。金融一有變動。便枝節橫生。自中交兩行設立分行以來。在鄂發行紙幣。資本充足。人民信仰。皆不儲現金。願携紙幣。其所發票額不過三百萬。準備金充足。隨時可以兌現。武漢商會。倘允出爲幫助。官欵不足。願以商欵補之。故當時長官集議。僉謂維持市面。端賴現欵。欲使人民不兌不取。必有欵可兌可取。一經布令停兌。必致擾人以自擾。兩皆有害。特宣布通行兌現。以維大局。

四川　蜀省自聞院令停兌。而兌現者一擁而至。商會爲之維持。亦無效果。當恐風潮益激。危險萬狀。照常兌現。倘可維持。乃由錢幫通力合作。充足準備。宣布兌現如故。按自川省歷遭兵災。商業衰落。稅收不旺。惟幸中行兌換券信用素著。軍餉賴以接濟市面賴以周轉。且渝城商埠。兩行所發紙幣。尤以準備充足。信用特高。第恐外票充斥。難以應付。遂定於三日內。將外票一律收完。三日外概不兌換。於是金融風潮驟爲之解決矣。

湖南　湘省自戰事發生。舊日卓著信用之紙幣。照常兌現。尚隱隱有搖動之患。方籌鎮定之不暇。倘復宣言停兌。勢必妨害治安。故當時長官傳集各銀行商會籌議。決不實行停兌。並設法通融滙兌。以便周轉靈通。

江西　自奉院令。軍民兩長即派員會同警察廳。將現欵封存。旋因滬漢中交兩行。均照常兑現。南昌未便獨異。且自停兑以後。商業有停閉之勢。各界亦自慌恐。長官乃請院飭遵辦理。院覆准予變通。於是又令照常開業。

福建　閩省情形。頗不同於他處。所發紙幣。額僅二萬餘元。向來信用至著。秩序安然無恙。即遵令停兑。以如此區區之數。亦未必立呈險象。人民即來兑取。以軍警彈壓之足矣。但恐人民驚慌。以該幣不支之故。遂轉流於外人之手。外人湊集巨額。立偪現款。殊難拒阻。查閩習慣。每數日由匯豐、台灣、麥加利三行。湊合各項紙幣數萬元。向華人銀行或錢鋪支取現番。謂之支番。倘外人收湊此項紙幣。仍以支番習慣。立來支取。銀行必爲之倒閉。銀行倒閉。商務首受其害。故錢商情願自籌現金二萬餘元。爲此項紙幣之準備金。請暫緩宣布停兑令。以維市面。至於廈門。亦爲通商重地。華洋雜處。倘金融停滯。商業受困。則險象立呈。維持不易。故廈門官紳會同各界。磋商辦理之計。惟有停止提取存款。及禁運現洋出口。所通行之紙幣。則照舊兑現。以資維持市面云。

第四項　中國銀行之京鈔整理始末

自民國五年五月京鈔停兑以來。費六七年之久。整理之功始達。其間經過情形。有足記者。約略言之可分爲三大期。即自民國五年五月至七年五月以京鈔兌換七年長短期公債開始時。爲第一期。自七年五月至九年十月以京鈔兌換金融公債開始時。爲第二期。自九年十月直至完全整理結束時。爲第三期。玆分述各期間情形於後。

第一期　京鈔停兌時。發行數目。并不甚巨。其增加乃在停兌之後。以爲鈔票既不兌現。遂可任意增發。與政府要求墊欵。互爲因果。故至是年十月間開兌時。京鈔流通數及存欵數。一躍而達四千六百餘萬元之巨額。又自開兌之後、財政部復責令維持。要求繼續墊欵。計截至六年十二月止。中行墊欵一項。已達四千五百四十餘萬元之巨。（內現洋墊欵三千零三十一萬三千二百零七圓四角三分京鈔墊欵一千五百零九萬四百四十一圓九角七分）此等欵項。多由京鈔籌措而來。故京鈔之流通數。毫未減少。更見增多。按此期間內。非獨未能收整理之效。反益呈紊亂之象、其結果乃有二次完全停止兌現之實現。固無疑也。然在銀行方面。則以鈔價下落。頗爲可慮。遂議定添招商股。凡中行各省鈔。無論兌現與否。均一律繳納股銀。計收回京鈔三百四十六萬七千餘元。是爲中行整理京鈔之第一步也。玆將此時期內。京鈔停兌後之發行額及存欵額。摘錄如左。以資參考。

(一)五年五月十二日京鈔停兌時。其流通額及存欵額。
京鈔額　五百三十七萬一千五百零一元。
存欵額　二千零七十八萬四千五百五十八元三角一分。
(二)五年十月二十六日京鈔開兌時。其流通額及存款額。
京鈔流通額　二千零四十六萬一千七百四十一元。
京鈔存欵額　二千五百六十七萬五千六百八十一元八角六分。
(三)五年十一月三十日京鈔開始限制兌現時。其流通額及存欵額。
京鈔流通額　二千二百一十六萬零三十三元。
京鈔存欵額　二千六百十六萬三千七百四十元九角四分。
(四)六年十二月十九日京鈔取銷兌現時。其流通額及存欵額。
京鈔流通額　三千二百二十九萬九千五百六十二元。
京鈔存欵額　三千零八十五萬九千六百八十元零三角。
(五)六年十一月九日添招商股開始時。其流通額及存欵額。

京鈔額　三千零九十四萬二千五百五十七元。

存欵額　六千六百九十三萬一千八百四十二元七角八分。京鈔與現金兩存欵均包含在內

(六)六年十二月十五日添招商股結束時。其流通額及存欵額。

京鈔額　三千二百七十萬零一千五百四十七元。

存款額　六千四百四十九萬七千五百八十九元二角一分未分鈔現

收回京鈔繳納股銀額　三百四十六萬七千四百元。

第二期　自添招商股後。票價仍未能恢復。中行當局急思所以維持之策。乃請求政府發行公債。以償墊欵。於是財政部有七年長短期公債之發行。按此次中行實領長短期公債各二千四百萬元。共計四千八百萬元。此項公債。係完全由公債局發行。計售出該兩項公債各二千一百二十萬零三千七百元。共收回京鈔四千二百四十萬零七千四百元。交存總庫內計撥還中行京鈔墊欵三千三百零九萬三千九百零二元二角。下餘京鈔九百三十一萬三千四百九十七元八角。按六八折合現洋六百三十三萬三千二百七十八元五角。撥還中行現洋墊欵。是爲中行整理京鈔之第一步也。

又自七年公債發行之後。財政部以收入減少。復責令維持財政現狀。於是中行新墊之欵。計截至七年底止。已有一千七百四十餘萬元之鉅。此項墊欵。多係取自京鈔。是以京鈔已收回者或復發出。仍未能如期收整理之效果也。茲將此時期內京鈔之流通額及存欵額。摘錄於后。藉資參考。

(一)七年五月二十二日京鈔兌換七年長短期公債開始時。其流通額及存欵額。

京鈔流通額　二千三百三十一萬一千三百五十四元。

存欵額　六千三百八十四萬六千零五十五元四角七分。(鈔現未分)

按自七年七月一日以前。存欵帳內無京鈔與現洋之分。是日之後。始分離爲二。是日京鈔存欵額爲二千八百七十五萬二千三百四十六元四角七分。

(二)七年底止京鈔流通額及存欵額。

京鈔流通額　一千二百七十九萬四千八百十九元。

京鈔存欵額　二千八百七十六萬七千一百四十八元六角九分。

(三)八年十月四日京鈔兌換七年長短期公債結束時。其京鈔流通額及存欵額。

京鈔流通額　一千一百零六萬一千九百四十三元。

京鈔存欵額　二千二百十九萬八千五百三十六元五角二分。

七年公債收回京鈔額　四千二百四十萬零七千四百元。

第三期　自七年長短期公債發行之後。至民國九年財政部爲繼續整理京鈔起見。發行整理金融公債六千萬元。當時所定給還中行金融公債之數爲二千四百萬元。計實收回京鈔二千二百十萬三千二百二十三元。內收回京鈔一千三百六十九萬八千零三十五元換領公債之京鈔存單八百四十萬零五千一百八十八元除撥還中行京鈔墊欵利息及欠欵之二百二十萬九千零十七元四角外。下餘京鈔一千九百八十九萬四千二百零五元六角。至於售餘之九年整理金融公債一百八十九萬六千七百七十七元。於十年四月一日按七折合現洋一百三十二萬七千七百四十三元九角。撥還中行現洋墊欵。此外並由中行另定分期存單辦法。以彌補缺額。政府所定給還金融公債之數較之財部欠中行墊欵之數相差尚千餘萬元而收整理京鈔之實效。此項存單有四年半、五年、六年三種。四年半與五年兩種存單。係自九年九月二十二日開始發行。六年存單則自九年十一月十五日開始發行。至十一年三月底爲京鈔停止兌換存單之最後結束期也。據十二年六月報告。各項存單有業經兌現者。有抵繳股銀者。有兌換金融公債者及轉作定期存款者不等。所餘之數。已屬寥寥無幾。茲將此時期內京鈔之流通額及存款額摘錄於后。以備參考。

(一)九年十月六日京鈔兌換金融公債開始時。其流通額及存款額。

京鈔流通額　一千五百八十九萬四千九百十元。

京鈔存款額　三千二百六十三萬七千一百五十元八角六分。

(二)十年三月九日京鈔兌換金融公債停止時。其流通額及存款額。

京鈔流通額　一百七十萬零三千八百四十九元。

京鈔存款額　二千三百七十萬零二千二百七十六元。

收回京鈔　一千三百六十九萬八千零三十五元。

換領公債之京鈔存單八百四十萬零五千一百八十八元。

(三)十一年三月底京鈔停止兌換存單時。其京鈔流通額為四十九萬七千六百六十一元。而存款則因兩項業已合併。無復有京鈔存款之別。

（四）十一年三月底京鈔停止兌換存單時。各期存單之額數共計一千九百九十七萬九千九百四十九元七角七分。

（附註）歷年停兌券數目。另詳次項後表。茲不贅述。

第五項　中國銀行之少數分行整理兌換券始末

自院令公布之後。實行停止兌現者。惟山東、河南、陝西、歸綏、張家口、天津及北京各處。然天津、山東、陝西、張家口等處。皆不久而先後開兌。此外汴歸兩行。因種種關係。較之他行稍遲。汴行於七年十二月宣布開兌。歸行則在八年春季以前。鈔票業已收竣。至於粵渝兩行。因南北戰爭。所有資金。均爲省政府所借用。以至鈔票未能兌現。渝行自八年商定以川省鹽稅三成償還欠欵。用以收回鈔劵。業已逐漸收回。截至十二年底止。流通額尚有五十萬餘元。又粵劵雖屢經試辦限制兌現及吸收劵洋存欵。終以所指作担保之稅欵以及允許撥還之鹽餘。未能照撥。及其他整理計畫。皆未能實行。故鈔劵之流通數。仍有五百餘萬元之多。茲將歷年各分行停兌劵數目。列表於左。

中國銀行京渝粵汴歸五分行累年停兌券額數表（單位圓）

年次＼行別	京行	渝行	粵行	汴行	歸行	總額
民國六年	三二、三七六、〇四〇	五、九二四、九六六	四、九八〇、〇九一	一九七、五六七	一〇六、五三〇	四三、六三〇、六五七
七年	一三、七九四、八一九	五、六三九、〇七一	四、〇四九、六九七	八七、〇二三	一九、二八五	二四、九四二、二七八
八年	一三、三七四、一三四	四、二五九、九四三	四、三四八、九九七	—	—	二一、九八三、〇七四
九年	三、七四四、四一四	一、四九一、七一三	五、六七八、七八一	—	—	一〇、九一四、九〇八
一〇年	五三五、六四二	六九九、三三四	五、三三〇、二八一	—	—	六、五六五、二五七
一一年	二八五、一六八	六六一、〇一六	五、二四三、三五二	—	—	六、一八九、五三六
一二年	三二五、一七三	五〇四、九一九	五、二三五、八一四	—	—	五、九六五、九〇六
一三年	一九五、六五九	四五九、三三七	五、二三一、二三七	—	—	五、八八六、二三三

（附註）參照前節內中國銀行累年兌換劵流通額數表按該表係兌現劵與停兌劵數目均包括在內

第六項　財政部發行公債整理中交兩行京鈔之始末

中國交通兩銀行。既經政府分飭停止兌現日久未能開兌當時朝野上下。以中央財政。艱窘如常。咸思以最少之費。得收整理之效。因之主張全部以國庫證劵收換者有之。主張全部以公債收換者有之。主張定期兌換者有之。主張一部兌換者有之。主張停止兌現付給利息。仿照加拿大銀行之辦法者有之。主張用自然銷却法以銷却者有之。主張全部以政府紙幣收換者亦有之。衆議紛紜。莫衷一是。而各法利弊參半。亦未能見諸實行。卒至牽延不決。忽行全部兌現。忽行一部兌現。價格漲落靡常。（自九折至八折、八折至七折、以至六折不等、）影響市面金融。良非淺鮮。直至民國七年。始決定發行公債。着手實行整理。茲將各公債前後發行情形。分述於左。

一、七年短期公債與七年六釐公債　民國六年冬。京鈔價値陡落。中交兩銀行當事。爲速謀救濟起見。因向財政部催還積欠。其時適有庚欵展限五年之舉。遂由財政部指撥該項延期賠欵。作爲發行短期公債償還本息之基金。於七年一月由財政部呈請批准。并制定民國七年短期公債章程十三條。債額定爲四千八百萬元。中交兩行各得二千四百萬元。自該章程公布後。一時反對者甚衆。其所持理由。以政府欠兩行之欵已達九千三百萬有奇。兩行京鈔之流通數及存欵數略相等。區區四千八百萬元之公債。殊不足以悉數收回京鈔。俾收整理金融之實效。因又增發七年長期公債。額定四千五百萬元。同時各按五成數目搭配出售。收回兩行京鈔。（例如以京鈔百元承購債票。應得長短期兩公債票各五十元其餘以此類推自此項辦法决定後。爰於是年四月將該兩公債條例同時公布。並交由中交兩銀行發行。自七年五月一日起。至是年六月二十九日止。計由中行募集長短期兩種債額。各一千二百四十萬九千八百三十元。交行募集長短期兩種債額。各九百七十五萬零一百二十元。共計募集債額四千四百三十一萬九千九百元。所有收回中交兩行京鈔。共四千四百三十一萬九千九百元。當由財政部將該數分撥中交兩行。作爲抵償歷年墊付財政部各欵。旋因債票停售。鈔價復落。又經財政部呈請將售餘債票。全數提交公債局繼續發行。自七年十月十二日起。至八年十月四日止。計長短期兩種債額。各售出一千三百二十四萬三千五百二十元。共計收回中交兩行京鈔二千六百四十八萬七千零四十元。所有收回京鈔。均歷經公債局會同審計院及京師總商會各機關。分批監視切毁。是爲財政部整理中交兩行京鈔而發行七年長短期兩公債之經過也。

二、九年整理金融公債　溯自七年長短期兩公債發行之後。而京鈔仍未能澈底清理。至九年遂又有整理金融公債之發行。以爲結束停兌京鈔之需。在當日京鈔辦理情形。於財政部呈文中言之亦頗綦詳。茲摘錄如下。略謂自中交鈔券停兌以來。銀行信用大減。金融周轉不靈。通貨缺乏。物價騰貴。益以一般商民。競以京鈔爲投機之具。不爲正當放欵。以致鈔價不定。利率抬高。而商民之以鈔券爲收入者。受害尤烈。此停兌京鈔之害及於社會金融者如此。復查中央財政。近年以來。無日不以借債爲生活。自外債停止。不得不求之內債。現計各銀行號零星借欵。已達三四千萬。其中京鈔借欵有二千四百餘萬元之多。利息既高。償期又短。且有保價辦法。虧耗甚鉅。且各項借欵。目前到期者。已有一千五六百萬。間有轉期四五次或六七次者。設不早爲清理。不特有失國信。抑且牽動金融。且國家收入。所賴以挹注者。交通收入實爲大宗。該部近數年來。積收京鈔共三千餘萬。是不啻於無形之中。收入減少一千餘萬。現在除已售成現洋外。尚存京鈔二千餘萬。大半均已抵借現洋。此項利息。又年需百餘萬。倘無根本辦法。即現洋押欵紛紛到期。恐亦窮於應付。是停兌京鈔之害及於國家財政者又如此。查海關收入。每年尚有盈餘。現擬以此爲担保。發行整理金融短期公債六千萬元。內提出二千四百萬元。以一部分留充本部清理京鈔押欵。一部分撥與交通部贖回前項抵借現洋之京鈔。撥歸本部。爲清理京鈔押欵之需。其餘債額三千六百萬元。發交內國公債局。尅期售發。專收京鈔。以四個月爲期。逾期之後。無論公共機關或商業機關。不得再有前項京鈔出入。並不准再有前項京鈔行市。若持有京鈔。不願購債票者。亦可分向中交兩行。換立分年定期存單。利率期限。悉與公債相同。至公債發行以後。所收京鈔。一律切角銷燬。并將每次銷燬數目。送登政府公報。以昭大信等語。自該條例公布之後。旋由國務院通令。此項公債發交內國公債局出售。按照額面收回中交兩行京鈔。盡數銷燬。並定自九年十月一日起。截至十年一月三十一日止。爲發行公債期間。過期之後。所有前項停兌之京鈔。無論公共機關或商業機關。不得再有授受。并不准再有行市。其有不願購換債票者。得向北京中國交通兩銀行。分別換取定期存單。利率期限悉與公債相同等語。

按自該公債發行之時。遵照國務院令規定期間。於九年十月一日起至十年一月三十一日止爲發售期間。統共售出債額五千八百零七萬九千二百四十二元。內除債額二千四百萬元。係以清理京鈔借欵不計外。計實收回中鈔二千二百十萬三千二百二十三元。交鈔一千一百九十七萬六千零十九元。兩共收回京鈔三千四百零七萬九千二百四十二元。所有收回京鈔。均歷經審計院及京師總商會會同公債局主管各機關。先後當衆銷燬。其售餘債票一百九十二萬七百五十八元。當由公債局保管。以備中交兩行收回零星京鈔之用。蓋前項公債發行期滿後。所有零星京鈔。換取現金存單。未免手續過繁。故特爲便利換發存單手續起見。規定凡持有京鈔五十元以下者。可向兩行換取該項債票。其五十元以上者。仍照換存單。以便結束云。是爲財政部發行整理金融公債。而結束中交兩行京鈔之經過也。

第八章　特種銀行發行之鈔券

民國以來。經政府特許發行兌換券之持種銀行。時有增設。除普通商業銀行外。計有下列之各銀行。

第一節　殖邊銀行

民國三年三月公布之殖邊銀行條例。內第十條載。殖邊銀行得發行鈔票。但至少須有十分之四現金之準備及中國銀行兌換券。餘以保證準備充之。其鈔票通用地域。以財政部令定之。又該行發行之初。除遵守該行條例第十條之規定外。特嚴訂一種兌換券準備金章程。無論何行。其發行之第一期須有現金十成以爲準備。至第二期以至第七期依次遞減。及於條例四成之規定乃止。觀其所規定章程。極爲嚴密。惜未能遵守。以致有濫發之弊。如上海分行於民國五年歇業停兌以來。迄今未能結束也。茲附錄其兌換券準備章程如左。

殖邊銀行兌換券準備章程

民國四年九月三十日通告 五年十一月十一日修改

第一條 本行依條例第十條。發行兌換券其準備方法。須遵本章程辦理。

第二條 本行各分支行處所。凡初發行兌換券時。均須有十成現貨準備。但得分期遞減之。其遞減之比例如左。

第一期	十成現貨準備	
第二期	九成現貨準備	一成保證準備
第三期	八成現貨準備	二成保證準備
第四期	七成現貨準備	三成保證準備

第五期　　六成現貨準備　　四成保證準備
第六期　　五成現貨準備　　五成保證準備
第七期以後　四成現貨準備　　六成保證準備

上項按期減成之比例。由總管理處按照各處情形。隨時酌定。但減成後。仍得增加之。

第三期　本行兌換券。無論何行。一律兌現。其兌現較多之地點。應由發行行與兌行互訂存欵付現之契約。

第四條　兌換券各種準備。由總管理處派司券員。會同各分支行行長或處所長掌管。並由總管處隨時派人抽查之。

第五條　兌換券各種準備。不得與營業資金混合。

第六條　保證準備。應行注意之點如下。

（一）各種票據。至遲須在三個月以內。確能兌現者。

（二）證劵債票及不動產貴重品等所估價格。須隨時可以變賣現貨者。

第七條　各分支行處所。每日發行兌換券時。由司券員會同行長或處所長。將各種準備檢查後。始得照額發行。否則司券員。得執行其制止之權。

第八條　兌換券發行準備額表。由總管理處頒布表式。交由司券員會同行長或處所長按日塡寄。

第九條　凡發行兌換券。各分支行處所。按照發行會計規程。塡具帳表。及發行準備額表時。司券員及行長處所長。概須簽名蓋章。以明責任。

第十條　發行額與準備額。如違反本章程第二條之規定。及不服總管理處之指揮。或報告與庫存不符時。該司券員及行長處所長。應受相當之處分。

第十一條　其他發行大洋以外各種紙幣。如羌洋票、小洋票、直洋票、銀兩票、存票等。一律適用本章程之規定。

第十二條　本章程非經董事會議決。不得修改之。

第二節　農商銀行

農商銀行係民國九年設立。該銀行章程第十條規定。得發行鈔票。據該行十一年度營業報告。兌換券發行數目。共爲七十四萬七千元。十二年八十九萬五千四百二十元。又該行新向德國名廠訂印鈔票。自十三年七月一日起。開始發行。並收回原發鈔票云。

第三節　邊業銀行

邊業銀行開辦於民國九年。該銀行章程第八條載稱。邊業銀行得發行鈔票。據該行十年度營業報告。兌換券發行數目。共爲七十二萬二千五百四十元。十二年爲一百零一萬四千一百九十二元。

第四節　勸業銀行

勸業銀行自民國九年改爲官商合辦後。按照農商銀行成案。呈准財政部幣制局有發行鈔票之權。惟另訂鈔票發行章程六條。以資遵守。據該行民國十年度營業報告。兌換券發行數目。計共七十八萬七千六百九十五元也。

勸業銀行鈔票發行章程

第一條　此項紙幣。將來政府實行統一紙幣時。該行仍應悉數收回。以爲倡導。

第二條　發行數目。應呈請幣制局核定。

第三條　關於發行紙幣準備各項。應另訂詳章。報由幣制局核准辦理。

第四條　由幣制局派監理官一員。隨時檢查帳目。

第五條　每星期須將紙幣及準備金數目。連同營業帳略呈報幣制局。

第六條　所有紙幣應照呈經局定之數目訂定印刷。將樣本及訂印合同送局查驗。至紙幣之封存及啓用。均應由監理官監視辦理。

第五節　蒙藏銀行

按該銀行章程第八條規定本行得發行紙幣。但須遵行左列各欵。（一）此項紙幣。至政府實行統一紙幣時。應即悉數收回。以爲倡導。（二）發行數目。應呈請蒙藏院核定。轉咨幣制局備案。（三）關於發行紙幣準備各項。應另訂詳章。報由蒙藏院核准。轉咨幣制局備案。（四）蒙藏院呈派監理官一員。幣制局會同財政部呈派監理官一員。隨時檢查賬目。（五）每星期須將紙幣及準備金數目連同營業賬略。呈報蒙藏院暨幣制局。（六）所有紙幣應照呈經核定之數目訂定印刷。將樣本及訂印合同送蒙藏院幣制局查驗。紙幣之封存及啓用。均應由監理官監視辦理。

第六節　財政部平市官錢局

第一項　平市官錢局發券之略情

財政部平市官錢局民國三年設於保定。呈准發行銅元票。五年幷設於北京天津等處。所出錢票。有十枚券、二十枚券、四十枚券、五十枚券、百枚券、五種。據財政部民國七年報告。該局發行銅元票流通數目。截至是年二月底止。計有一百枚票一萬一千三百二十一張。五十枚票二萬八千五百八十八張。四十枚票七千九百五十三張。二十枚票三十四萬零一百四十三張。十枚票七十萬二千四百五十張。共合錢一十六萬七千零六十九串八百文。觀此則所出票額。尚屬無幾。嗣後中國銀行原發行之銅元票亦歸併於該局辦理。自是票額有逐漸增加之勢。而分支局亦漸次分設於京外各地。至民國九年分支局已達二十餘處之多。票額總數爲一百九十五萬七千餘串。較之七年發行數目。則頗有急增之勢也。茲將各分支局發行銅元券數目列表於左。

各地平市官錢局發行銅圓券額數表

局名＼年份	民國九年
京兆	八三二、三六七、九〇串

天津	三〇七、七六〇、六〇
張家口	二七八、九九五、五〇
保定	九九、七二六、三〇
石家莊	一、六二六、三〇
濟南	九、二三八、〇〇
烟台	二五、九七一、〇〇
青江浦	四三、九一四、〇〇
徐州	三三六、〇九七、〇〇
景縣	二、六〇〇、〇〇
撫寧	六、四六五、八〇
台營	四、九五七、八〇
南宮	一三四、一〇
唐山	一、四〇四、六〇
灤縣	二、〇二七、〇〇

遷安	一、四六一、一二〇
勝芳	一四五、〇〇〇
束鹿	八二三、〇〇〇
滄縣	一、九〇八、五〇〇
六合溝	—
大名	一六三、七〇〇
合計	一、九五七、七八七、三二〇

第二項　北京平市官錢局銅圓券整理之經過

民國十二年八月底。北京平市官錢局因銅元券發行過濫。以致供過於求。加以銅元券抵押借欵到期不能取贖。債權者即行售出。遂至銅元券益見充斥。該局因準備空虛。兌現擁擠。特加限制。於是券價陡落。行使維艱。且奸商乘機操縱。市面愈形恐慌。當經財政部召集財界諸人會議維持辦法。(一)由財政部先籌四十萬元。分四個月撥付準備無限制兌現。(二)兌現後所收回之銅元票。陸續截角銷燬。(三)限定京師市面需用銅元票之流通確數。以免供過於求。三者誠不失爲治本之法。然因籌欵無着。所擬辦法。終不易見諸實行。旋經軍、警、商各界。起而維持。并由步軍統領衙門及京師警察廳會銜佈告。其辦法約有三端。(一)由本衙門本廳每日派員會同總商會監視平市官錢局。以現欵收回銅元票。凡收回之銅元票。隨時截角銷燬。不准發出再行使用。(二)本衙門本廳會同籌借現欵。源源撥發。作爲基金。按日到市收票。不似從前再予限制。(三)商號市民。嗣後對於銅元票。均須遵照命令。按照票面價格與銅元一律行使。不准稍有折扣。亦不准抬高物價。如敢故違。定即從嚴懲辦等語。並一面令平市官錢局。逐日收回一百泡。(每泡七十二元)至二三百泡之數。意者收回之數既多。則券價當可提高。按此計畫。非獨不能實現。且仍跌落不已。僉謂欲維持票價。有先清查逾額銅元票之必要。於是由財政部、幣制局會同軍警當局及總商會各人員。切實偵查。其所得結果如下。(一)京華印書局內已印票二十八箱。合一千九百八十三萬串。(約合一百萬元)(二)和濟印刷局內承印票七百萬張。合一千萬串。(約合五十萬元)分江蘇、天津、京兆三種。(三)平市官錢總局存票一百五十箱。數不明。(四)平市官錢局存票八箱。數不明。(五)華北銀行存票二十七箱。(六)聚興誠銀行存放滙理銀行銅元票八十萬串。(約合四萬元)(七)永增合銀號存放瑞金樓銅元票一百萬串。(約合五萬元)(八)信康銀行存票四十萬串。(約合二萬元)(九)警廳端節領票二百萬串。(約合十萬元)(十)馮檢閱使端節領票二百萬串。(約合十萬元)(十一)步軍統領端節領票一百萬串。(約合五萬元)(十二)王巡閱使端節領票一百六十萬串。(約合八萬元)(十三)憲兵司令端節領票六十萬串。(約合三萬元)(十四)抵與古亭甫二百萬串。(約合十萬元)(十五)抵與王子雲八百五十萬串。(約合四十二萬五千元)以上自第九項至第十五項爲確已在市面流通者。其五、六、七、八四項。則因不允查封現狀無從明晰。第一項至第五項。則經軍警點交商會收存。以免流出。至十四十五兩項。係前任財政當局經手云。

清查銅元票之結果。既如上述。復由財政部會同幣制局、內務部、軍警兩機關、京師總商會、暨北京銀行公會組織平市官錢局臨時董事會。其目的在嚴重監督。及進行整理一切。惟因種種問題。兌現不易。屢寢其議。故董事會卒未成立。然當時在政府方面以平市官錢局銅元券發行逾額。影響市民生計。頗非淺鮮。故另特派薛篤弼氏認眞清查。據該氏是年十月中旬摺呈。略謂自奉令清查平市官錢局銅元券發行情形。曾於上月約集財政部、幣制局及軍警兩機關人員。並京師總商會會董等。在司法部開會。商議清查辦法。業經呈報在案。第思關於銅元券之發行。既以平市官錢總局爲策源地。故對於本案之進行。應從清查該局銅元券之定製額爲入手之第一着。姑就連日在該局清查之結果言之。截至九月底。計該局所定製額數共二千五百三十四萬九千七百串。尚有已定印而未收之券七十七萬八千串在外。但其中有由財政部自該局提取而轉抵押於人者。計一百九十八萬五千串。京局承領者計三百八十四萬三千七百四十九串。而京局承領之數中。除庫存額一百二十萬零一千五百六十二串九百文外。應析爲二。一係已發行額一百五十五萬八千六百八十六串一百文。一係由京局抵押額一百零八萬三千五百串。不過屬於抵押額之部分。其已到期之券額。共有二百四十五萬二千五百串。以理推測。應在市面行使合之京局之發行額。應有四百零一萬一千一百八十六串一百文。在本京市面上流通、此係最近清查大概情形也。至關於總局定製額內。其中是否悉經財政部幣制局核准。以及各分局之承領額。是否聯合京局發行額抵押額是否核實。種類不同。情形各異。其間有無弊竇。實非將財政部幣制局與該局有關係之檔案。併各分局各機關商號之簿册。切實鈎稽。悉心查考。不足以明眞像。惟是所需手續。極其繁重。決非旦夕所能奏功。應請稍寬時日。澈底淸查。以期水落石出。掃除積弊。藉資整頓等語。茲將該氏初查銅元券數簡明報告單。錄之於左。

初查銅元券數簡明報告單

平市官錢總局定製額二千五百三十四萬九千七百串。（定印未收券七十七萬八千串在外）

一、京局承領額三百八十四萬三千七百四十九串。

一、京局發行額一百五十五萬八千六百八十六串一百文。

一、京局庫存額一百二十萬零一千五百六十二串九百文。（商會封存券九十一萬八千四百二十一串八百文。總局寄存券七萬三千五百串。他局寄存券八千六白七十串均在內。）

一、京局抵押額一百零八萬三千五百串。

一、財政部由總局提取抵押額一百九十八萬五千串。（發給軍警餉在內）

按部局抵押兩共三百零六萬八千五百串。除未到期六十一萬六千串外。下餘二百四十五萬二千五百串。應認爲流通券。

地面流通額四百零一萬一千一百八十六串一百文。

京局發行券與抵押到期券合計如上數。（參照附錄內財政部平市官錢局銅元票種類概數一覽表）

十一月王克敏氏長財政。對於該局銅元券。擬有具體辦法。並羅致地方官廳銀行公會等。組織董事會。監督官錢局。以爲善後。其原呈略謂。設立官錢局行使銅元票。原以平市面之金融。非以便部局之携取。不意財政部始則提用基金。繼則竟提押票券。而幣制局則又屢次批准續印。是以歷任監督。敢於舞弊。決裂破壞。至於此極。綜考其弊。約有四端。一曰濫印。一曰濫放。一曰濫押。一曰濫費。此中情節曲折支離。實有不可思議。不忍口述者。前奉明令派員查辦。俟呈復日自能水落石出。無俟贅陳。惟自一月以來。迭經遴員調查。悉心鉤稽。計非一百三四十萬元不足以言整理。款鉅若此。籌措匪易。迭與部員籌商。竭力設法。部中僅能湊集四十萬元。復與中交鹽金四銀行。再四磋商。允借六十萬元。甫於本月十一日簽訂合同。該行等爲公益起見。條件從寬。取息亦薄。應將合同另摺抄呈察核。兩款共計一百萬元。業已專款存儲。即交四行保管。以免挪作他用。不敷之數。仍當陸續分籌。局中放出款項。亦尚可收回少數。以資周轉。此籌款維艱之情形也。至於維持方法。全盤籌畫。以收回押品爲先。而收回押品辦法有三。(一)押款尚未全交。或藉詞不交者。應即全數追回。如違罰辦。(二)押款已交清者少數。應即清算本息。立予償還。將押款收回。大數則分期償還若干。取回若干。其未及取回押品。應封存官廳或商會。至清償之日爲止。(三)撥付軍警之押品。其未售出者。尚有多數。應商定付款收回日期。不再售出。以上辦法。應請飭下地方長官派員會同部派人員及局員切實認眞分別辦理。押品辦竣之後。再行定期兌現。以杜從前押款者之取巧。而保護流通之票額。此現擬維持之辦法也。前此之弊。既已清釐。則後來之弊。應思防範。一再研究。改訂章程十條。並擬由部會同地方官廳銀行公會組織董事會監督局務。擬具章程八條。列摺呈請察核。此酌擬善後之辦法也等語。該會章程全文付後。按自銅元劵停兌以來。歷經財政當局雖欲維持政府信用。早日實行兌現。惟因財政艱窘。籌款困難。故迄今尚未實現耳。

財政部平市官錢局董事會章程

（一）本會爲財政部平市官錢局監督行政機關。凡本章程所規定者。平市官錢局均應遵守。

（二）本會設置董事三人。一爲財政部代表。一爲京師地方官廳代表。一爲北京銀行公會代表。

本會董事。由前列各機關指定。無一定任期。但原派機關。亦得隨時變更之。

（三）本會執行職務。以董事三人過半數之同意行之。平市官錢局督辦。得向本會陳述意見。但不加入議決。

（四）本會董事。不支薪水津貼。但得酌支夫馬費。

（五）本會得酌用雇員。

（六）本會職權如左。

甲、平市官錢局分支局理經之任免。須得本會之同意。

乙、平市官錢總分局經費之預算。須經本會核定。

丙、平市官錢局所發新銅元票。應由本會加蓋戳記。

丁、平市官錢局所發新銅元票之準備金。不得移作營業。應分存左列各銀行。由本會另定收存及提兌辦法。中國銀行、交通銀行、鹽業銀行、金城銀行。

戊、平市官錢局印製銅元新票。應先具理由書詳述必要情形。及訂印辦法。送經本會審查許可後。始得呈請財政部核准印齊交局。須經本會檢查封存。

己、平市官錢局所收銅元舊票。經檢查封存後。積有成數。由本會定期公開銷燬。並呈請各機關蒞場監視。

庚、平市官錢局各分支局領用銅元票。須經本會審查許可。

辛、平市官錢局所有新舊銅元票。施行左列檢查手續時。須有本會董事二人以上蒞場監視。

子、新舊銅元票封存時之檢查。

丑、舊銅元票銷燬時之檢查。

寅、新舊銅元票發交分支局領用時之檢查。

卯查驗總分支局庫存銅元票時之檢查。

（七）無論何項官廳機關。或個人名義。概不得向平市官錢局提借準備金。或庫存新舊銅元票。

（八）本章程自呈准日施行

銅圓券種類概數一覽表

（一）收製定未收券

六版京兆十枚券三百四十萬張	合錢三十四萬串
同上京兆二十枚券九十萬張	合錢十八萬串
同上天津十枚券一百七十萬張	合錢十七萬串
同上張家口十枚券十二萬張	合錢一萬二千串
同上保定十枚券十萬張	合錢一萬串
同上山東十枚券十萬張	合錢一萬串
同上山東二十枚券十萬張	合錢二萬串

（二）收提用魏前任移交券

三版山東百枚券四萬張發濟局（烟局）	合錢四萬串
三版山東五十枚券二萬張（濟局）	合錢一萬串
六版天津二十枚券二十萬張（津局）	合錢四萬串

六版保定二十枚券十萬張　合錢二萬串
三版京兆五十枚券二十萬張(步軍)　合錢十萬串
三版直隸四十枚券十三萬六千張(津局)　合錢五萬四千四百串
六版京兆二十枚券七千張(海甸)　合錢一千四百串
三版江蘇五十枚券七萬張(徐局)　合錢三萬五千串
三版直隸百枚券五萬八千張　合錢五萬八千串
三版直隸五十枚券六萬張(張局)　合錢三萬串
三版再印直隸二十枚券一萬張　合錢二千串

(三)發交各局券

保局六版直隸保定十枚券十萬張　合錢一萬串
保局六版直隸保定二十枚券十萬張　合錢二萬串
京局六版京兆十枚券三百二十萬張　合錢三十二萬串
京局六版京兆二十枚券七千張　合錢十四萬串
津局六版直隸天津十枚券一百三十五萬張　合錢十三萬五千串
津局六版天津二十枚券二十萬張　合錢四萬串
津局三版直隸四十枚券十二萬六千張　合錢五萬零四百串
張局六版直隸十枚券十二萬張　合錢一萬二千串
張局三版再印直隸二十枚券一百張　合錢二千串
張局三版直隸四十枚券一萬張　合錢四千串
張局三版直隸五十枚券六萬張　合錢三萬串

同　　右百枚券五萬八千張　　合錢五萬八千串
徐局三版江蘇五十枚券七萬張　　合錢三萬五千串
烟局三版山東百枚券三萬張　　合錢三萬串
海甸代理處六版京兆二十枚券七千張　　合錢一千四百串
濟局三版山東百枚券一萬張　　合錢一萬串
同　　右五十枚券二萬張　　合錢一萬串
濟局六版山東二十枚券十萬張　　合錢二萬串
同　　右十枚券十萬張　　合錢一萬串
步軍統領衙門三版京兆五十枚券二十萬張　　合錢十萬串

(四)收各局繳回廢券

張局直隸十枚券二萬五千五百張　　合錢二千五百五十串
同　　右二十枚券一萬六千五百張　　合錢三千三百串
同　　右四十枚券二百五十張　　合錢一百串
同　　右五十枚券七千九百張　　合錢三千九百五十串
同　　右百枚券一千六百張　　合錢一千六百串
遷處直隸二十枚券三百張　　合錢六十串
同　　右五十枚券一百張　　合錢五十串
台處直隸十枚券三千張　　合錢三百串
同　　右二十枚券四萬一千張　　合錢八千二百串
台處直隸四十枚券二萬五千八百張　　合錢一萬零三百二十串

同　右百枚券七千五百張　合錢七千五百串

灤處直隸二十枚券一萬三千六百二十一張　合錢二千七百二十四串二百文

同　右百枚券六百四十六張　合錢六百四十六串

(五)實存未發行項下

直隸一版百枚券四萬八千九百八十張　合錢四萬八千九百八十串

河南一版百枚券十二萬張　合錢十二萬串

京兆二版百枚券三萬二千張　合錢三萬二千串

直隸三版百枚券一百四十五萬四千張　合錢一百四十五萬四千串

山東一版百枚券十八萬張　合錢十八萬串

河南三版百枚券一百零六萬四千張　合錢一百零六萬四千串

山東三版百枚券九十三萬張　合錢九十三萬串

山西三版百枚券八十萬張　合錢八十萬串

江蘇三版百枚券十七萬五千張　合錢十七萬五千串

安徽三版百枚券一百萬張　合錢一百萬串

黑龍江三版百枚券一十萬張　合錢十萬串

江西三版百枚券一百十四萬三千張　合錢一百十四萬三千串

　共計七百零四萬六千九百八十張　合錢七百零四萬六千九百八十串

直隸一版五十枚券七萬四千九百八十張　合錢三萬七千四百九十串

山東一版五十枚券六萬八千張　合錢三萬四千串

京兆三版五十枚券三十七萬二千二百八十四張　合錢十八萬六千一百四十二串

直隸三版五十枚券一百零四萬二千張　合錢五十二萬一千串
山東三版五十枚券九十四萬張　合錢四十七萬串
山西三版五十枚券五十萬張　合錢二十五萬串
江蘇三版五十枚券十六萬九千張　合錢八萬四千五百串
安徽三版五十枚券四十八萬張　合錢二十四萬串
　共計三百六十四萬六千二百六十四張　合錢一百八十二萬三千一百三十二串
江蘇三版四十枚券三萬七千五百張　合錢一萬五千串
　共計三萬七千五百張　合錢一萬五千串
直隸一版二十枚券三萬九千九百八十張　合錢七千九百九十六串
河南一版二十枚券五千張　合錢一千串
江蘇三版二十枚券二萬五千張　合錢五千串
直隸三版再印二十枚券七萬五千張　合錢一萬五千串
山東三版再印二十枚券五萬張　合錢一萬串
京兆六版二十枚券二十二萬八千張　合錢四萬五千六百串
　共計四十二萬二千九百八十張　合錢八萬四千五百九十六串
煙台五版十枚券八萬張　合錢八千串
京兆六版十枚券二十萬張　合錢二萬串
江蘇六版十枚券三十一萬張　合錢三萬一千串
天津六版十枚券三十五萬張　合錢三萬五千串
　共計九十四萬張　合錢九萬四千串

（六）已發行項下

直隸二版百枚券九萬九千張	合錢九萬九千串
直隸三版百枚券十七萬〇〇十三張	合錢十七萬〇〇十三串
江蘇三版百枚券三十三萬二千七百張	合錢三十三萬二千七百串
山東三版百枚券六萬九千九百五十一張	合錢六萬九千九百五十一串
江西三版百枚券十五萬六千二百四十四張	合錢十五萬六千二百四十四串
共計八十二萬七千九百〇八張	合錢八十二萬七千九百〇八串
直隸一版五十枚券五萬一千張	合錢二萬五千五百串
直隸三版五十枚券五萬〇八百三十三張	合錢二萬五千四百十六串五百文
河南三版五十枚券三十一萬六千張	合錢十五萬八千串
江蘇三版五十枚券五百五十八張	合錢二百七十九串
江西三版五十枚券四萬四千七百張	合錢二萬二千三百五十串
共計四十六萬三千〇九十一張	合錢二十三萬一千五百四十五串五百文
京兆三版四十枚券一萬三千九百九十九張	合錢五千五百九十九串六百文
直隸三版四十枚券八萬四千六百九十八張	合錢三萬三千八百七十九串二百文
共計九萬八千六百九十七張	合錢三萬九千四百七十八串八百文
直隸三版二十枚券四十五萬九千八百張	合錢九萬一千九百六十串
直隸三版二十枚券一萬六千九百〇九張	合錢三千三百八十一串八百文
江蘇三版二十枚券二萬五千張	合錢五千串
共計五十萬〇一千七百〇九張	合錢十萬〇〇三百四十一串八百文

直隸三版十枚券二萬七千四百九十七張　合錢二千七百四十九串七百文
江西三版十枚券二萬二千張　合錢二千二百串
　共計四萬九千四百九十七張　合錢四千九百四十九串七百文

（七）廢券項下

徐州百枚券二十四萬張　合錢二十四萬串
清江百枚券三萬張　合錢三萬串
烟台百枚券一萬張　合錢一萬串
張家口百枚券六千七百張　合錢六千七百串
（新收一千六百張舊管五千一百張）
河南百枚券四萬〇九百七十六張　合錢四萬〇九百七十六串
滄縣百枚券三百張　合錢三百串
台營百枚券七千五百張　合錢七千五百串
灤縣百枚券六百四十六張　合錢六百四十六串
　共計三十三萬六千一百二十二張　合錢三十三萬六千一百二十二串
京兆五十枚券十三萬張　合錢六萬五千串
張家口五十枚券二萬七千一百張　合錢一萬三千五百五十串
石家莊五十枚券三十張　合錢十五串
河南五十枚券三萬四千七百二十八張　合錢一萬七千三百六十四串
滄縣五十枚券一千張　合錢五百串
大名五十枚券一百三十八張　合錢六十九串

徐州五十枚券一萬四千張　合錢七千串
遷安五十枚券一百張　合錢五十串
共計二十萬〇七千〇九十六張　合錢十萬〇三千五百四十八串
京兆四十枚券十八萬七千十張　合錢七萬四千八百串
張家口四十枚券一千二百五十張　合錢五百串
（舊管一千張新收二百五十張）
保定四十枚券四萬三千張　合錢一萬七千二百串
石家莊四十枚券七十七張　合錢三十串〇八百文
台營四十枚券二萬五千八百張　合錢一萬〇三百二十串
共計二十五萬七千一百二十七張　合錢十萬〇二千八百五十串八百文
京兆二十枚券六十一萬八千張　合錢十二萬三千六百串
天津二十枚券三十萬〇二千張　合錢六萬〇四百串
張家口二十枚券五萬〇五百張　合錢一萬〇一百串
（舊管三萬四千張新收一萬六千五百張）
濟南二十枚券十三萬九千張　合錢二萬七千八百串
保定二十枚券二十二萬四千張　合錢四萬四千八百串
石家莊二十枚券三千五百八十六張　合錢七百十七串二百文
遷安二十枚券三百張　合錢六十串
台營二十枚券四萬一千張　合錢八千二百串
灤縣二十枚券一萬三千六百二十一張　合錢二千七百二十四串二百文

共計一百三十九萬二千〇〇七張　合錢二十七萬八千四百〇一串四百文

京兆十枚券四十四萬二千張　合錢四萬四千二百串

天津十枚券二十六萬三千張　合錢二萬六千三百串

張家口十枚券七萬一千五百張　合錢七千一百五十串

（舊管四萬六千張新收二萬五千五百張）

濟南十枚券十二萬二千張　合錢一萬二千二百串

保定十枚券四萬張　合錢四千串

石家莊十枚券六千四百三十張　合錢六百四十三串

台營十枚券三千張　合錢三百串

共計九十四萬七千九百三十張　合錢九萬四千七百九十三串

第九章　普通商業銀行發行之鈔券

吾國之普通商業銀行經政府核准有發行鈔票權者。可分爲二大時期。即由前清季年。已有發行鈔票權者與民國成立以後。直至近年。始獲得發行鈔票權者是也。前清已有發行鈔票權者。如中國通商銀行、浙江興業銀行、四明商業銀行、北洋保商銀行、民國以來有發行鈔票權者。如中國實業銀行、中南銀行、鹽業銀行、（未發行）大中銀行、東三省銀行、（民十三年七月合併於東三省官銀號）山東銀行、又最近由部核准之西北銀行、中國絲茶銀行、中國墾業銀行、閩厦實業銀行等。皆付與發行兌換券之權矣。茲特擇其業經調查所得者。分述於後。

第一節　中國通商銀行

中國通商銀行。設立於清光緒二十三年。開業之初。曾發鈔票一百萬元。嗣因僞造雜出。於光緒三十年。收回重換。續發五十萬元。共爲一百五十萬元。民國以來。仍舊發行。惟數目略有變動。其鈔票有五元、十元、五十元、各種。光緒三十年發出。即西歷一千九百零五年二月十六日。於鈔票上均刋有此種時日。惟西歷刋於票面。而華歷則刋於票背也。又該行鈔票正面英文。原爲 The Imperial Bank of China 譯即帝國銀行之意。與漢文本意。頗不相符。國體變更後。其 Imperial 字。已用兩條藍色墨線抹去。另於該英字之上。印以 Commercial 藍色英字。譯即商業之意。是所謂中國通商銀行者。而於修正英字。最爲適當也。

（附註）最近數年兌換券發行數目。另詳後表。玆不贅述。

第二節　浙江興業銀行

浙江興業銀行。係清光緒三十四年設立。由部核准發行兌換券。於滬杭漢各大埠。流通甚廣。頗著信用。民國四年、改與中國銀行訂立特約、收回前所發行之紙幣。領用中國銀行兌換券代爲發行。（參照銀錢兩業須用中行兌換券之經過）其前所發行之舊券。於民國五年。業經會同中國銀行陸續銷燬。迨至民國十一年一月。復經幣制局批准。繼續發行。並經財政部核准在案。因製定一元、五元、十元、各種鈔票。於是年十二月一日發行。自是所有發鈔事務。與營業完全劃分。特設專員職掌其事。茲將該行歷年發行舊券數目列左。（單位一元）

年別	舊券發行數目
光緒三十三年	三、三〇〇
三十四年	二四八、六六九
宣統元年	七二〇、〇〇〇
二年	七二八、一〇〇
三年	一九七、三一八
民國元年	六四一、一八〇
二年	九三七、二〇〇
三年	九二五、〇〇〇
四年	四九七、七〇〇
五年	五〇、五〇〇

（附註）該行領用中行兌換券數目。詳銀錢兩業須用中行兌換券之經過項內。又自民國十一年十二月一日起。發行兌換券數目。另詳後表。茲不贅述。

第三節　四明商業銀行

四明商業銀行於光緒三十四年創設。當開業之初。已有鈔票發行。其兌換券有十元、五元、二元、一元、各種。據民國三年之調查、當時流通市面者。共爲十九萬元。自民國四年公布取締紙幣法規以來。該行紙幣。亦漸次收縮。惟自近年仍繼續發行。甚流通於滬上。信用亦極佳云。

（附註）民國十二年兌換券發行數目。另詳後表。茲不贅述。

第四節　中南銀行

中南銀行創辦於民國十年。由部核准有發行鈔票權。嗣於民國十一年九月。與金城、鹽業、大陸、各銀行代表會議、決議於聯合營業事務所之下。設立四行準備庫。辦理中南銀行鈔票發行準備及兌現一切事務。當議立規約六條。四行準備庫發行章程八條。茲分錄於後。

（附註）民國十二年兌換券發行數目。另詳後表。茲不贅述。

鹽業中南金城大陸銀行準備庫規約

(一)四行在聯合處之下。設立四行準備庫。辦理中南銀行鈔票發行準備及兌現一切事務。

(二)關於上項事務之費用及其他之損益。由四行公攤之。

(三)準備庫之帳目。完全獨立。四行應遵守準備章程。換用鈔票。萬一四行中無論何行有意外之事。其損失與準備庫無關。

(四)四行準備庫之存立期限。以四行中任何一行之營業期限爲限。四行中如有一行。因故休業時。於準備庫之存立無關。

(五)四行準備庫既經成立。非得四行各個之同意。不得取銷四行中之任何一行。不得收回或另行發行何種鈔票。及領用他種鈔票。另圖利益。

(六)四行準備庫章程及鈔票準備金之章程。由四行代表公決之。

鹽業金城中南大陸銀行準備庫發行章程

(一)中南銀行爲愼重政府賦與發行權。及保持社會流通之信用起見。特將本行發行鈔票。規定十足準備之章程。聯合鹽業金城大陸各銀行。設立四行準備庫。公開辦理。以昭核實。

（二）四行準備庫。次第在滬津漢及其他已經設立四行之處所分設之。

（三）四行準備庫。無論在何地方。均須特立機關。設置於四銀行之外。其準備庫職務。專辦鈔票之發行。準備金之存儲。以及印票兌現一切事務。除與各銀錢行號交往外。不兼做其他營業。但四行營業所內。不再設鈔票兌現處。俾免混合。

（四）發行鈔票。十足準備。所有本庫資產。不得移作他用。

（五）四行準備庫。特設主任一人。各分庫設處長一人。處員酌設若干人。準備庫主任由四行聘任。其處長之用免。亦須得四行協商之同意。

（六）四行準備庫。四行為完全負責起見。設總稽核四人。由四行總經理充之。分稽核若干人。由各地四銀行之經理副理充之。均不支薪。總分稽核對於各處之準備庫帳目。及庫存現金鈔票。得隨時嚴格稽核。并另訂稽核章程。

（七）本準備庫。除政府特派監理官監察外。如銀行公會商會欲來本庫調查。持有銀行公會及商會正式介紹函者。一律歡迎。

（八）本準備庫章程修改時。須經四銀行會議公决之。

普通商業銀行最近數年兌換券流通額數表（單位一圓）

年次＼行名	中國通商銀行	浙江興業銀行	中國實業銀行	山東銀行	四行準備庫	四明銀行	北洋保商銀行
民國四年		四九七、七〇〇		六一六、九九八			
五年		五〇、五〇〇		八五四、八八九			
六年				六五五、六三七			
七年	一、六二三、三一七			七八九、六九二			
八年	一、五〇二、二八七			五六六、四三二			
九年	一、〇九七、五六九		四三、三九五	五八七、九九七			一、一〇一、八〇〇
一〇年	一、〇七一、二五〇		一一〇、一七一	六六四、八九〇			五四六、〇〇〇
一一年		九〇〇、〇〇〇	三〇六、九一四	六八七、〇九〇			三八七、二〇〇
一二年		一、一〇〇、〇〇〇	五八八、一四七	六五三、八〇四	一四、〇七一、五四〇	三、五九五、〇〇〇	八五七、〇〇〇
一三年		一六七、一四〇	五三五、三六一				四六一、四〇〇

（附註）中國通商銀行與四明銀行係以一兩爲單位

第十章　地方銀行發行之鈔券

第一節　地方銀行發行鈔之略情

溯自清咸豐二年。國家以財用匱乏。餉需孔亟。於京城內外招商設立官銀錢號。以爲推行銀錢票之關鍵。迨光緒季年。各省之有官銀錢局者。已有直、魯、奉、吉、黑、豫、晉、蘇、贛、閩、浙、鄂、湘、秦、隴、川、粵、桂、熱河、等十餘省區。自是一省之中。有設一機關者。有設數機關者。其歷史雖不盡同。大都爲各省省庫之金融機關。發行銀元、銀兩、銅元、或制錢、鈔票。未經中央法令明定。其本位單位。紛雜不一。視各省之需要而異。極魚龍曼衍之觀。準備之有無。以及成數之若干。亦復各自爲制。故票之兌現與否。亦不一致。信用之良否。市價之高下。亦復互異。嗣有改辦爲新式銀行者。其發行鈔票之權。固依然存在。逮辛亥革命。各省以財政艱窘。無由取給。悉以發行紙幣爲籌款之一法。以致濫發無藝。而尤以粵、蜀、湘、鄂、贛、諸省爲最甚。民國二三年之交。票紙既增。市價日低。物價步漲。商業停滯。危象可慮。考其紙幣發行之數。廣東約三千二百萬元。跌價五六折。湖南約二千六百萬元。四川約一千五百萬元。江西約八百萬元。跌價均在七折。湖北約三千萬元。新疆伊犁約七百萬元。跌價均在八折。雲貴約四百萬元。雲南雖未跌價。而貴州已跌至五五折。東三省約三千四百六十餘萬元。跌價六七折。陝甘約六百萬元。廣西約三百萬元。跌價均在九折。餘如河南。

爲二百二十萬元。山西爲七十二萬元。山東爲四百八十萬元。安徽爲七十八萬元。尚足維持票面價格。統計各省紙幣總數。約一萬六千三百萬元。平均七折。計合市價一萬一千三百餘萬元。當時財政當軸。對於此項大宗紙幣。亦曾定有收回之計畫。如廣東紙幣。則由善後借欵整理鹽欵項下。撥用一百萬磅。爲收回濫幣之用。黑龍江官帖。擬以官銀號及廣信公司所收贏餘。分年收銷。貴州紙幣。由中國銀行借欵一百五十萬元。陸續收回。四川軍票。由該省自發新票二百萬元收換。餘數亦向中國銀行借欵收回。陝西紙幣擬由變賣官產收回之。江西則擬發省公債。由中國銀行代售。以所得之欵爲收票之用。湖北、湖南。則擬以礦產餘利。畫成充用。無如財政竭蹶。所定計畫。除廣東等省外。多未能實行。加以事變迭起。支出浩繁。對於整理紙幣辦法。更無一定之方針可言也。民國六年。財政部舉行財政會議。對於各省官錢銀號。籌整齊畫一之法。提出改良辦法五大端。茲節錄有關紙幣者如下。(一)整理紙幣。查從前各官銀錢行號。濫發紙幣。爲害甚大。現在各省。如廣東、浙江、直隸雖已收回。其餘各官銀錢行號紙幣。亦按截止發行額定爲限制。然現在綜計此項紙幣。流通數目。仍屬不少。收回之說。既難遽行。整理之法。尤不可緩。一則澈查現在流通確數。二則嚴禁擅自私發。及發新換舊時之有發無收。按各行號紙幣流通現數。原有按期報告到部。然與實在數目。每有不符。難資徵信。現在紙幣制限法。業經本部擬訂。關於飭報流通確數。及嚴禁增發各節。均已定有明文。不日即將公布。應即由各財政廳從三月起。先行切實查明。按月呈報。以作整理之參考。至將來收回辦法。固應以籌集大宗欵項爲先决問題。然嗣後每年結算。所獲贏餘。應預爲提十分之八。另欵存儲。以充整理紙幣基金。隨時報由本部酌定辦理。（二）溝通匯兌。查現在各省官銀行錢號。紙幣跌價。雖係濫發所致。然因不能匯兌出省。實亦其中一大原因。故一面在限制濫發。一面尤應與各省溝通匯兌。查各省官銀錢行號。在天津、上海、漢口等埠。雖亦開設支號。自行匯兌者。然其勢力多未雄厚。安能推至各省各埠之遠且廣也。溝通匯兌之法。莫如由每省官銀錢行號。各籌現款。爲匯兌基金。將原設他省之分號。即委託所在地之官銀號代理。經費既可節省。信用又復昭彰。本省紙幣。一經可以匯兌出省。自不至如今日市價之大跌。雖各埠幣價不同。未能一致。然既通匯兌。即可以匯水之低昂。爲金融之操縱。亦不致窒礙推行。但如何擬訂規章。使各方均受利益。不致有畸輕畸重之虞。是尤在各銀錢行號。彼此相見以誠。分別妥籌耳。按自近年以來。財政部雖限令各省官銀錢行號及省有之銀行發行紙幣數目。須按期呈報中央。及其印造。必須經財政部印刷局印刷。無如法令多未能實行。各省間有呈報者。亦難盡信。甚至有請求中央核准增印新鈔。以便收換舊鈔。實際上爲擴充發行數目者。亦在所難免。茲將各省地方銀行情形分述於后。

第二節　直隸省銀行

直隸省銀行於淸宣統二年九月。以天津銀號改設。天津銀號發行之鈔票。計共有銀兩票三十八萬四千五百兩。銀元票七十三萬二千元。銅錢票六萬四千七百九十四千文。宣統元年奉度支部令。按年收回二成。鼎革之後。在外流通數目。計銀兩票一千二百餘兩。銀元票四千八百餘元。銅元票二十三千餘文。至民國四年。此項紙幣即已收回殆盡。五年中交兩行停止兌現。市面金融緊迫。緣商會之請求。復行發行鈔票。亦經定有期限。截至六年底止。計發出之銀元票。爲五十三萬餘元。民國九年底。增至六十餘萬元。十三年冬。在外流通數目。爲一百二十四萬二千餘元。此直隸省銀行發券之大略也。

第三節　奉天省銀行

第一項　東三省官銀號

東三省官銀號。原名華豐官銀號。至清光緒三十一年十一月。始易今名。初由該號發行東錢票五百餘萬串。旋因該省習慣通用小銀元已久。故又改發小銀元票。并將東錢票陸續收回。迄民國三年四月底止。綜計各種鈔票。（銀兩票、大龍圓票、小銀圓票、東錢票、四種、）前後共發八百七十餘萬元。四年十二月底止。小銀元票一項。約合八百一十四萬餘元之多。其餘各種票額尚少。至民國六年之間。其小銀元票數額。已達一千萬元以上。旋因發行既多。準備不足。（民國四五年以來、現小銀元逐漸流出、以致維持兌換、頗感困難、）票價低落。日人藉口兌換券之名。往往強求兌現。數釀交涉。不得已乃改用大銀元本位。藉資補救。并核定發行大銀元票額數。以維信用。嗣中日協定兌現辦法。限一年半期內。全省概用大銀元。其小銀元票應即一律收回。恐一時應付不周。現大銀元準備未能充實。于是遂由該號發行一種匯兌券。（該券票面記載持票者、得按隨時滙兌行情、在奉天交券、在上海領收規銀、）與兌換券生同一之效力。凡商民交易。公家徵收。一律通用。無許歧異。并規定每大銀元票一圓。折合小銀元票一元二角。故又稱大銀元票「曰一二大銀元」。按自大銀元票發行以來。小銀元票。逐漸收回。現在市面流通額已甚少。又奉省當局爲便利小額交易起見。特附設奉天公濟平市錢號於官銀號內。准許發行當十枚與當五十枚之銅元票。以資流通。每大洋一圓、得換銅圓拾枚票拾二張、又每拾枚銅圓票一張、規定准換銅圓拾枚、近聞該官銀號發行額。在民國十三年七月合併興業及東三省兩銀行之前。其在外流通之大銀元匯兌券及小銀元紙幣約五千萬左右。東三省銀行發行之大銀元票一千餘萬。興業銀行發行之債券六百餘萬。該兩行現正收回一切。合併後由該號續出匯兌券兩千萬。將兩行之票券全部收回後。再續發一千萬。共足八千萬之數。預備現銀圓千餘萬。實行二成兌現。以固基礎。而符原定之計畫云。此該官銀號發行紙幣之大略也。

第二項　奉天興業銀行

奉天興業銀行。創辦於民國元年。其發行之鈔票。在民國六年底止。計有小銀圓票八十萬零九千九百餘圓。農業票九千三百餘圓。至民國十二年終。共計發行額約計六七百萬元之多。當局爲統一紙幣發行權起見。遂將該銀行歸併於官銀錢號內。并擬定分期收回紙幣辦法。此該行發行鈔票大概情形也。

第四節　吉林省銀行

第一項　吉省發鈔之沿革

清咸豐四年。戶部頒發官銀票四萬兩。令吉省於雜支各欵。按成搭放。以爲推行鈔法之助。當時商賈懷疑。不肯以錢易票。於是將軍景淳於六年三月。設立通濟官錢局開發銀票。凡人民有赴局買票賣票者。即隨時按照現銀酌減作價收售。是爲吉省發行鈔券之始、自後信用漸佳。每年約可推行三餘萬兩。至同治四年。將軍臬保以票額日增現錢不敷兌換。始規定二成搭交現錢。以八成搭交不兌錢票。同治十年。所有全省稅釐各課。一律收用不兌錢票。惟稅物錢文。仍以二八現票爲標準。光緒九年。將軍銘安。規定憑票十吊。准取現錢二吊十年將軍希元。規定憑票錢六百文。作價一錢八分。作爲永遠定價。此吉省未設官帖局以前之發鈔大略情形也。

第二項　永衡官銀錢號發鈔之近況

吉林永衡官銀錢號。設立於清光緒二十四年。原名永衡官帖局。因鼓鑄銀圓。供不應求。爰發木版銀圓官帖。藉資補救。當時規定每小銀圓帖一圓。合吉錢二吊二百文。銀一兩換錢三吊三百文。（每吉錢一吊、合制錢五百文、）至二十六年改發現錢官帖。三十四年附設官錢局。於官帖局內。改發石印官帖。時因發行已多。現錢不敷兌換。於票面註明現二成。宣統元年。由上海運到現銀二百餘萬。一時帖價大漲。三年省城大火以後。發行益多。民國三年。未實行收回官帖時。尚有現金準備數百萬。嗣後準備益空。票價愈低。但當時欲發官帖。尚須經中央核准。自民國五年以來。軍餉浩繁。餉源無出。輒開官帖。故發行數目益加衆多。聞最近每大銀圓券一圓。約兌官帖百六十餘吊也。又鈔劵發行種類。在光緒二十六年。初發石印官帖時。爲一吊、二吊、三吊、五吊、四種。三十四年增發十吊、五十吊、百吊、三種。現時所流通者。仍係七種。五十吊百吊稱爲整帖。十吊以下稱爲小帖。此外尚有銀兩票。大銀圓票、小銀圓票、各種。但發行數目。寥寥無幾。茲將官帖之歷年發行收回額及流通額數與吉帖對銀一圓之市價。列表如左。藉資參考。

吉省官帖累年發行額數表（單位吊）

年次／數別	每年增發額	收回額	流通額
自光緒二十四年至宣統元年八月	五三、六一五、五四八	—	五三、六一五、五四八

自宣統元年八月至十二月	一〇、一四九、三〇〇	—	六三、七六四、八四八
宣統二年	七、九六二、八五〇	五、九〇〇、〇〇〇	六五、八三七、六八九
宣統三年	一五、〇〇四、三〇〇	一、八三七、六三四	七八、九五八、三六四
民國元年	二七、七四五、〇〇〇	三、六二五、六六六	一〇三、〇七七、六九八
民國二年	三六、九三五、〇〇〇	三、〇〇〇、一一三	一三七、〇一三、五七五
民國三年	二四、六一〇、〇〇〇	九、〇〇〇、〇〇〇	一五二、六二一、八九一
民國四年	因三年十二月發生收帖事故未發行	三、〇〇〇、〇〇〇	一四九、六二一、八九一
民國五年	九〇、〇〇〇、〇〇〇	三、五〇〇、〇〇〇	二三六、一二一、八九一
民國六年	七〇、〇〇〇、〇〇〇	四、〇〇〇、〇〇〇	三〇二、一二一、八九一
民國七年	二七〇、〇〇〇、〇〇〇	二、五〇〇、〇〇〇	五六九、六二一、八九一
民國八年十二月二十日			八三四、四〇五、八一〇

吉帖對銀一圓之市價表（長春）

年次＼月別	一月 最高	一月 最低	一月 平均	七月 最高	七月 最低	七月 平均
民國元年	四、二六〇	四、六一三	四、四〇九	五、〇二〇	五、四七〇	五、一九三
民國二年	六、五九〇	八、二〇〇	七、二三一	七、二五〇	八、二〇〇	七、六五四
民國三年	八、〇〇〇	八、九〇〇	八、三三一	一三、〇二〇	一六、八〇〇	一四、九六七

民國四年	一一、三〇〇	一三、〇〇〇	一三、〇二八	一四、〇〇〇	一五、九〇〇	一五、二〇〇
民國五年	一三、〇五〇	一五、九〇〇	一四、四六〇	一四、九五〇	一六、〇〇〇	一五、二五五
民國六年	一五、一三〇	一八、一八〇	一七、〇七六	一六、五五〇	一八、〇〇〇	一七、一三九
民國七年	一八、〇〇〇	二〇、一五〇	一九、一一三	二〇、八〇〇	二四、〇〇一	三、五四三
民國八年	三一、八〇〇	二四、三〇〇	三三、四三六			

附註清光緒三十三年六月間吉帖對小銀元一圓之市價約二吊六百二十三文

又本表銀元依正金銀行銀鈔爲標準

第五節　黑龍江省銀行

第一項　黑龍江官銀號

黑龍江官銀號。開設於清光緒三十四年。其時江撫周。以該省市面日俄紙幣充斥。又凡東清鐵道經行之地。均一律通行。全省銀價漲落之權。幾操諸外人之手。江省雖設有廣信公司發行錢帖。藉資抵制一二。但勢力薄弱。流通不廣。萬難挽回本省利權。遂議設立官銀號。發行鈔票。以資流通。當初規定發行種類。爲銀元票與銅元票兩種。銀元票分一角、二角、五角、一元、五圓、十元、六等。銅元票分十枚、二十枚、三十枚、五十枚、一百枚、二百枚、各種、嗣因成本缺乏。銅元票發行漸多。不能維持兌現價格。因之日落。至民國二年。定官價每百枚。按三吊二百文兌給官帖。至其發行額。在前淸宣統二年八月底止。計共合銀一百一十九萬餘兩。民國二年年底。增至四百餘萬元。五年十一月中旬止。銀圓票爲二百八十六萬四千六百餘元。銅元票爲四十七萬餘吊。至八年底止。銅元票一項。已有一百九十五萬三千餘吊。近聞該項鈔票。約達一千餘萬吊云。此該號發行鈔票之大略也。

第二項　廣信公司

廣信公司創自淸光緒三十年。其發行票紙種類。計有銀票與錢票兩種。銀票分一兩、三兩、五兩、十兩、二十兩、五十兩、六等。錢票分一吊、二吊、三吊、五吊、十吊、五十吊、一百吊、七等。其先所發行之官帖。定價以三吊合江平銀一兩。以二吊二百文合小銀元十角。其後帖價漸落。至宣統元年。官帖定價改爲三吊四百文合小銀元一元。其時發行額約有三千餘萬吊。民國三年秋。統計前後共發行一萬四千餘萬。四年年春。復收銷八百餘萬串。六年上半年。發行九千餘萬。七年春。發行三千餘萬。至是年冬。又續發一萬萬串。截至民國八年底止。總計前後共發行五萬零七百八十一萬餘吊。十三年冬。該項官帖在外流通者。約有二十二萬萬吊之多云。按自民國成立以來。因票額急增。價格亦不免隨之低落。民國三年。官帖對小銀元市價。由秋季八吊至冬季十六吊。八年春。對小銀元一元市價。約合二十四吊。九年對大銀元一圓市價。跌至七十吊。至最近十四年春。則須二百五六十吊。方可換大銀元一圓云。此該公司發鈔之略情也。

第六節　山東省銀行

山東官銀號。初名爲通濟官錢局。創始於清光緒二十二年八月。至二十七年五月。始改名官銀號。其發行兌換票紙共爲四種。(一)庫平銀票、(二)濟平銀票、(三)銀元票、(四)京錢票、此四種票紙之中。以京錢票發行爲最早。在該號開辦時、即已發行司印大板錢票。嗣因推行未能盡利。將此項票紙。悉數收回。改用角板錢票。迨二十八年當局爲防止贗造起見。并將角板錢票。陸續收回。改用石印錢票。是年并發行庫平銀票。以便流通。若濟平銀票。則發行於三十一年。當時本省商務漸旺。市廛交易。一切概用濟平。故造是種票紙。以應時需。而便計算。至銀圓票則三十三年始發行。然以本省習慣。不甚行使銀元。雖有此項票紙。亦未能流通暢達。又濟平銀票與銀元票。均訂造於日本。至其發行數目。

在光緒三十四年時代。除銀圓票尚未發出外。其餘三種計共值庫平銀八十八萬一千三百三十餘兩。辛亥政體改革。該銀號搶掠一空。於時金融短絀。由地方行政長官另組山東銀行。于民國元年八月間開幕。其發行之鈔票。計有銀兩銀圓及錢票三種。據元年十二月之調查。在外流通數目。銀兩票凡一百四十萬兩。銀圓票凡二百萬圓。錢票凡京錢二百萬串。至二年十月。國稅廳之報告。其流通於市面者。銀兩票約合三十七萬餘圓。銀圓票約合十三萬餘圓。銅圓票約合十四萬圓。二年十二月。與中國銀行訂約山東銀行之紙幣。未發行未流通者一律呈請行政公署派人會同中國銀行監視銷燬。其流通在外者。核明數目。由山東銀行將準備金撥交山東中國銀行委託代收。收齊後即行銷燬。自是該銀行純粹變爲商業銀行矣。

（附註）該行最近數年發鈔數目另詳普通商業銀行章內。茲不贅述。

第七節　河南省銀行

河南豫泉官銀錢局。創自清光緒二十二年。其發行鈔券。計分銀兩票、銀圓票、制錢票、三種。光緒三十一年。銀兩票發行額約計十六萬餘兩。銀圓票五萬三千餘元。制錢票十一萬一千串。嗣後逐年增加。迄宣統三年。銀兩票加至一百七十萬餘兩。銀圓票十一萬六百元。制錢票三十餘萬串。民國成立以來。該項鈔劵。仍照舊行使。據民國六年十月之報告。銀兩票爲二十三萬七千九百三十六兩。銀元票爲五十萬六千七百六十一元。制錢票爲九十三萬一千八百八十七串。旋因發行既多。票價日落。欲收回整理。又苦該局規模過小。當局乃計議實行着手改組銀行。以擴充其範圍。幷將前豫泉局因收換舊票。呈准向印刷局訂印之銀元票三百萬元。作爲新銀行發行之紙幣。至十三年冬季。該行已換發之新印鈔票及未經換回蓋有省銀行字樣之豫鈔。流通市面者。計有銀元票二百三十五萬餘元。銅元票六十四萬二千串。此該省銀行發行鈔劵情形也。

第八節　山西省銀行

山西官錢局。係由該省軍政府於辛亥年十一月撥資興辦。其發行鈔票。當民軍起義之初。以現金缺乏。發行小銀元票六萬餘元。旋即收回殆盡。至民國二年底。又復陸續發出。計小銀元票八萬一千八百元。大銀元票四千零四十元。此外尙發有銀條紙幣一萬五千餘元。此項紙幣、係專爲存欵人撥欵之便、與普通紙幣性質、頗有不同、至民國三年三月。據監理官之報告。該局原有封存各項紙幣。仍未變動外。其流通及櫃存兩項紙幣。計共大銀元票六萬九千九百九十二元。小銀元票四萬一千七百九十七元。每日流出及兌回變更無定。迄民國六年底止。該局在外流通額。計大銀元票五萬三千七百二十三元。小銀元票九千零九十七元。聞自七年改設銀行後。其發行數目。頗有增加。在民國十三年底止。計有銀元票一百餘萬元。銅元票二百餘萬串。此外晉勝銀行。亦發有鈔券。於民國六年年終時。計共大銀行票三萬七千六百元。小銀元票二千六百十四元。據最近調查、該行發行額。仍未收回數目。在十三年底止。僅有大銀元票五千餘元。小銀元票二千餘角。此該兩行發行紙幣之略情也。

第九節 江蘇省銀行

江蘇官銀錢局。有裕寧裕蘇之分。裕寧設於江寧。裕蘇設於蘇州。均已發行銀元制錢等紙幣。爲數各近數十萬。嗣奉部令。按年收回二成。皆先後遵照辦理。民國元年二月。另組江蘇銀行總行設於上海。開幕之初、適當銀根奇緊。貨幣缺乏。發行鈔票五十萬圓。旋經陸續收回。至民國元年年終。流通在外者。不過五百餘元。民國二年六月。因從前發行舊式鈔票。業已陸續收回。乃備印新票二十萬元。分發各行行用。旋即截止發行。至民國四年底止。未收回之數。僅有銀圓票一萬餘圓。十三年年終則更減爲五百餘圓。此江蘇省銀行發券之大略情形也。

第十節　安徽省銀行

裕皖官錢局。創立于清光緒三十二年。其時巡撫誠勳。以北洋已設兌換局。江南江西等省亦已次第開設官錢局。行使官錢票。流通銅元。皖省亦應早日舉行。援照各省成案。先行試辦。以便流通金融。並一面刷印精細錢條。與銅元相輔行使。凡錢糧釐金關稅一切公款。均准搭放。計共先後發行一元五元兩種銀圓票四十餘萬圓。一千文銅圓票三十萬串。辛亥政體改革。金融恐慌。商民紛紛請求兌現。當即如數收回。此裕皖官錢局發行紙幣之概情也。民國初元。組織中華銀行。發行鈔券。額定三十萬元。旋復增發。至民國二年。贛寧之役。即經停閉。其鈔票流通在外者。約有三十餘萬元之多。事定以後。該行清理欵項。以公家欠欵甚鉅。呈請設法代兌。又以皖省市面現幣無多。擬改組皖省銀行。酌發紙幣。收回前中華銀行發行之鈔券。久無成議。又擬發行地方公債。以收回該項鈔券。亦未能實行。嗣經安徽財政廳籌撥現欵。交由皖省中國銀行分行。分期收兌。此中華銀行發行紙幣及收回之經過也。自該兩行先後停閉以後。迄今省內并未開設有發行鈔券權之地方銀行也。

第十一節　江西省銀行

贛省之有官銀錢號。始自清光緒二十八年。其時因市面制錢缺少。不敷週轉。乃設官錢號。行用十足錢票。准商民納稅完釐。繼又別設官銀號。二十九年。復將官銀號歸併官錢號。改爲官銀錢總號。并另設分號。添造九五官票。推行於各府州縣。以便民間應用。計共先後發行。約有三四十萬元。民國元年春間。由官銀錢號。改組民國銀行。開辦之始。即設立分行十六處及匯兌所十四處於省內外各埠口。以便兌換紙幣活潑金融。其最初發行之鈔券。計有前清官銀號發行在外。由該行認爲有效者。有前清官銀號庫存空白小票。經該行編號發行者。有由該行自製大小錢票、銀圓票、銀兩票、先後發行者三種是也。民國元年。該行鈔票市面行使。頗爲暢達。不意民國二年贛省戰事發生。財政支絀。發行過鉅。無法維持。遂形滯阻。民間往來。均須折價。計在民國三年夏。其發行總數。約合五百餘萬元、至民國四年春。爲迅籌整理該項紙幣起見。乃舉行江西幣制公債。總額銀幣四百萬元。專爲收回九五官票之用。由巡按使財政廳會商江西中國銀行。報明財政部中國銀行總裁核准。并陳明立案。又定每年提留景德鎭統稅二十五萬元。及九九商捐約十五萬元。扣足七年。計洋四百九十萬元。連屯田照費約五十萬元。爲付息還本基金。隨時解交江西銀行存儲。報明財政部。無論政費軍費及其他緊急之需。不得移用。經此決定。於是九五制錢官票市價。每張均按照大洋四角行使。惟自八年以來。因籌撥經費無着。即不能照常收兌。聞該項鈔票。迄今尙未收回之數。約計銀圓票二十餘萬元。九五制錢官票一百餘萬串云。按自該行於民國五年停止營業後。即改爲淸理處。其後具有省銀行之性質者。則爲江西銀行。於民國十年開幕。經財政部核准發行銀圓兌換券八十萬元。又銅元兌換券五十萬串。此外尙有民國十二年春季開幕之贛省銀行。秋季開幕之公共銀行。及十一月開幕之江西官銀錢號。均經省政府先後核准有發行鈔券權。贛省銀行發行額。約計九十餘萬元。公共銀行四十餘萬元。江西官銀錢號亦有八十餘萬元。自是贛省發行紙幣之銀行益增。茲將民國銀行累年在外鈔券流通數目。列表於左。

江西民國銀行累年各種紙幣流通額數表

年次	銀元票	銅元票	制錢票
民國三年	五八七、九〇〇圓	六七六、八〇〇串	十、八一三、〇〇〇串
民國四年十月	八八七、九〇〇	九〇二、〇〇〇	七、二六七、一〇〇
民國五年十月	五四〇、四〇〇	四八四、〇〇〇	四、三〇〇、〇〇〇
民國六年	二六五、六五七	四三六、九二四	三、七九一、八五四
民國七年	二六〇、八九四	四〇六、二五〇	三、三〇八、二二〇

第十二節　福建省銀行

福建銀行。創辦於清光緒三十年。原名福建官錢局。至宣統三年八月。始易今名。其發行之紙幣。計分三種。一以銅板印刷之紙票。票面元數。逐張以筆塡寫。有台伏一元、二元、三元、五元、十元、二十元、三十元、一百元、一千元、九等。專流通於福州市內。一係由上海商務印書館代印之票。有小洋一元、二元、三元、五元、十元、五等。均由各分號發行。流通於曾設分號之各州縣內。其價格則照票面所載台新議平七錢捧番通用。頗著信用。又大洋票一種則爲四年後所增發者是也。其發行額。據民國元年調查報告。官銀號發行之台伏票。（卽銀元票）約有四十萬元。外府分號發行之小洋角票。亦有四五十萬之譜。民國三年。規定發行數目。台伏票以四十萬元爲度。小銀元票則以二十五萬元爲度。截至四年十二月底止。流通在外者。計有銀元票三十二萬餘元。大銀元票七萬餘元。小銀元票二十餘萬元。六年年終在外之銀元票。減爲十二萬元。大銀元票七萬七千元。小銀圓票二十一萬九千八百六十元。此福建銀行發行紙幣之大略也。

第十三節　浙江省銀行

浙江銀行。設立於清宣統元年。由官銀號改組而成。其發行鈔票。在前清浙江銀行。額定爲六十萬元。民國浙江銀行。額定爲二百萬元。至民國三年。檢查杭州總行所發者。爲數八十八萬五千元。滬上分行所發者。爲數二十五萬元。斯時政府有規畫統一紙幣之議。該行首先收回所發行之鈔票。計截至民國五年一月底止。其未收回者。爲數僅三萬七千九百零二元。迄民國六年五月。計收回總數共三百七十八萬七千六百四十九元。其在外流通者。不過一萬二千三百餘元而已。四年與中國銀行訂立合同。領用中行兌換券代替發行。以爲舊票兌現之輔助。此浙江銀行發鈔之略情也。

（附註）該行累年領用中國銀行兌換券數目。另詳銀錢兩業領用中行兌換券之經過項內。茲不贅述。

第十四節　湖北省銀行

湖北官銀錢局。設立於清光緒二十二年。開業之始。即發有官票。以補制錢之不足。嗣因該票行使甚廣。省外商民。持票兌錢。殊感不便。又於次年在沙市、宜昌、樊城、老河口、武穴、安陸等處。陸續添設分局。專司應兌各項官票。其發行額。在前清時代。已發錢票一千七百餘萬串。銀元票一百六十餘萬元。民國之初。又增發錢票二千一百餘萬串。自是鈔票。始有新舊之分。舊票多係光緒三十年前後所發行。縱六寸五六分。橫三寸六七分。有一串五串十串三種。自近年以來。此項舊票。漸次收回殆盡。又新發之鈔票。專注重於一串、文錢票。其形式與普通銀行券相同。惟紙質及印刷較爲粗劣。據民國四年年終計算。錢票流通額。約合三千一百九十二萬餘元。銀圓票銀兩票二項流通額。約合十七萬餘元。至六年十月底止。錢票流通額。增至五千八百六十三萬四千五百四十三串。銀兩票則減爲二萬五千一百七十兩。銀圓票七萬四千六百八十五元。又八年二月報告。錢票流通額。增至六千四百零三萬一千零九十三串。銀兩票減至一萬一千四百七十兩。銀圓票六萬八千八百十一元。至十二年底止。流通券數合計四千四百零二萬三千一百四十九兩。其中一串文錢票流通額。有八千七百餘萬串之多。觀此則該號錢票逐年增加之速。可想而知。近聞該省當局因官票價格不振。頗有整理之意。其進行方法。約分六端。(一)凡上年財政會議。指作票本之財產。應嚴妥保存。決不擅動。(二)凡關於官票之基本產業。應編列號次。正式通告。以堅信用。(三)遵照財政會議之決議。非對換破票。決不增印新票。(四)省庫財政。無論如何支絀。不能以指爲票本之產業。抵押借款。(五)各項欠欵。應從嚴催收。以厚準備。(六)無論其他何種機關。不得借官票財產上之收入欵項云。按自該錢票發行以來。數目雖鉅。不免間或有現金與紙幣之差。然較之他省鈔券市價折扣之大。則迥然有別矣。茲將該官銀錢號民國十二年底各項鈔券細數列表如左。藉資參考。

湖北官錢局紙幣表(民國十二年十二月份)

種類＼數別	紙幣總額	收回總數		行用總數	
		銷燬數	存儲數	流通數	存儲數
一串文錢票	一三五、二九三、一三四	四六、五二三、六五八	—	八七、一一〇、四三八	一、六五九、〇三八
五串文錢票	二、〇〇〇、〇〇〇	一、九九六、〇〇〇	三、〇六五	九三五	—
拾串文錢票	一、〇〇〇、〇〇〇	九九五、〇〇〇	三、〇〇〇	二、〇〇〇	—
一元銀元票	五、〇一三、五〇〇	四、九四六、七七八	一、六七九	六四、七四三	—
五元銀元票	一、〇〇〇、〇〇〇	九九八、〇〇〇	一、五三〇	四七〇	—
拾元銀元票	一、〇〇〇、〇〇〇	九九八、〇〇〇	二、〇〇〇	—	—
拾兩銀票	四、〇〇〇、〇〇〇	三、九九四、四四〇	一、四四〇	四、一二〇	—

（附註）上表所列數目係用單位張計算

第十五節　湖南省銀行

湖南官發紙幣。始於清光緒二十九年湖南官錢局。其時市票（湖南地方各商店所發行者）充斥倒閉時聞。官錢局所出紙幣。信用獨佳。流通極爲暢達。其發行總額。計有銀兩票二百零二萬七千六百兩。銀元票三十七萬五千七百元。銅元票四百八十萬餘串。民國元年四月。當局即就原有局所。改組湖南銀行。仍繼續發行鈔票。惟自成立以來。湘中軍政費及市面週轉。恒仰給於該行。以增發紙幣爲唯一籌欵法。當民國二年時。其發行額。略倍於前清。計共發行之銅元票。爲一千一百餘萬串。銀元票爲九十餘萬元。銀兩票爲四百四十九萬餘兩。至民國五年三月。銅元票則一躍爲五千八百八十四萬一千九百四十五串。銀圓票三百四十三萬八千一百一十一元。銀兩票五百九十四萬八千六百兩。至七年四月。據該行之報告。銀兩票發行數目。凡七百一十一萬三千兩。除銷燬外。實在流通者。約有六百餘萬兩。銀元票發行數目。凡有七百十二萬九千元。除銷燬外。尙有七百零六萬五千七百元。銅元票發行數目。凡有七千五百七十八萬餘串。除銷燬外。尙有七千一百二十五萬九千四百餘串。其時並擬有整理紙幣辦法。其大綱共分九項。(一)財政上應力求收支適合。不再以紙幣充政費。(二)湖南銀行。不再復業。所有債權債務。統責成清理處。趕速清理。(三)由湖南銀行清理處發行與市面同價之新銅元票二千萬串。按照市價收回銀兩銀元兩種紙幣。(四)湖南銀行財產估價約値六百萬元。應由清理處悉數變價存儲指定銀行。專作臨時收回銅元票維持銅元票價格之用。(五)銅元票除新發二千萬串外。應由湖南銀行清理處。一律換給新票。(六)湖南官廳。

於今後十年內。應按年於鑛砂餘利項下或清丈湖田增收項下。撥出銀元一百二十萬元。交存指定銀行。作爲收回銅元票專款。如鑛砂湖田兩項。不足數額。應另籌其他相當款項補足之。(七)湖南官廳。以前項專欵爲担保、分期發行銀元公債一千萬元。交由指定銀行引受募集。一面由指定銀行發行銀元兌換券。按照市價。將銅元票悉數收回之。(八)全省金庫。交由指定銀行管理。(九)以中國交通兩銀行。或新設銀行爲指定銀行。但新設銀行。以官商合股爲限也。此項計劃。頗極詳細。無如比年以來。戰事頻繁。軍需浩大。其所規定辦法。多未能見諸實行。以故幣價一再起伏。無法維持。卒致紙幣濫發。幾成廢物。又自湖南銀行於民國七年改爲清理處後。旋有裕湘銀行之開幕。其目的爲希圖整理舊幣。另發新票。初頗能維持其額面價格。繼則兌換不常。票價亦落。至民國九年南軍復抵省垣。裕湘銀行停止營業。新票之價值。亦與舊票無所區別。近年則代理省庫發行鈔券之省銀行。亦無存在矣。此外湖南實業銀行。亦發行紙幣。截至五年三月中旬止。其發行額。共計銀兩票一百零二萬八千五百二十九兩。銀圓票一萬八千七百六十九元。銅元票九十八萬二千二百串。嗣由該行逐漸收回矣。此湖南省銀行發行鈔券之概情也。

第十六節　陝西省銀行

陝西官銀錢號。係清光緒二十年開辦。至宣統二年。始稱之曰秦豐官錢局。在前清時。發行鈔票約近百萬串。自光復後。該局即停止營業。由當道另組秦豐銀行發行銀票。以通緩急。嗣因現錢缺乏。復設富秦官錢局。發行錢票。以輔貨幣之不足。其由秦豐銀行發行之銀票。計分新舊兩種。(一)舊式銀兩票。係就前清秦豐官錢局所製試辦之龍票改製。迄民國二年一月十四日止。共計發出九十五萬四千兩。(二)新式銀兩票。自二年一月十五日起。至三年十月止。共計發出三百二十六萬九千兩。旋經陸續收回。至四年五月時。其在外流通之額。共計一百七十六萬五千餘兩。截至六年年終。仍未收回之數。約合銀元六十五萬三千五百四十二元。又富秦官錢局發行之錢票。在民國二年十一月止。共計發出一百一十七萬餘串。至民國六年底止。總計在外流通數目爲一百零一萬四千四百四十八串。至民國七年五月。由省呈准裁撤秦豐銀行。改富秦錢局爲銀行後。其發行之兌換券。由部規定仍以富秦錢局所發數目爲限。不得於額外再行增加。據十三年底之報告。銀圓票發行額爲八十萬零二千餘元。此該省銀行發行鈔券之大略也。

第十七節　甘肅省銀行

甘肅官銀錢局。係清光緒三十二年開辦。初由上海訂印一兩及二兩蘭平銀票各十萬張。共銀三十萬兩。一串及五百錢票亦各十萬張。共合錢十五萬串。陸續塡發。市面流通。極爲暢達。截至宣統二年。計省城官銀錢局塡發銀票一十六萬八千兩。錢票四萬四千串。西甯分局發行銀票一萬五千兩。錢票一萬五千串。尙有庫存未發銀票九萬七千兩。錢票九萬一千串。旋奉部章停發。按年收回二成。無如銀根短絀。不能流通。市面皆賴紙幣。藉資周轉。截至二年年底止。計收回銷毀票銀二萬張。未能照章收回二成也。民國二三年間。該號在外流通鈔券數目。實祇銀票十八萬兩。錢票十三萬餘串。該省商民對於紙幣。頗爲信用。惟因資本太少。極力收束。未能擴充。誠有供不給求之勢。嗣乃增印五萬兩。藉資流通。價格並未低落。至民國三年六月。改稱甘肅官銀錢號以後。發行數目。時有增加。據六年年終報告。銀兩票爲三十六萬四千五百八十九兩。銀圓票爲二萬一千五百二十元。制錢票爲二百六十九串。嗣因現銀缺乏。準備不足。信用日減。特設兌換所於省城專司兌換票銀。以資維持。迄民國十年年底。兌換所停辦。票價益形低落。至十二年六月。當局乃規定每兩用白銀四錢收回。實行焚燬。自是票銀絕跡市面。此外並另設甘肅銀行。發行銀行劵。此該官銀錢號發行鈔幣之概略也。

第十八節　新疆省銀行

第一項　省城官錢局

省城官錢局。創設於清光緒十五年十二月。開幕之初。即發有布票。每張紅錢四百文。作市銀一兩。嗣因布票流行。奸民贋製迭出。又歷年所得加水無多。該局大受虧損。三十四年。由藩司詳請委員赴滬購造精細紙票一百萬張。編號行用。其舊票流通於市者。概行收回銷毀。並將省城舊有官錢局。改爲總局。其他各府廳州縣地方。則設立分局。以便換舊發新。推行公家官票。其發行之權。在前清時代。屬於藩司。民國成立以來。則用財政司名義行之。總計在外流通額。在前清末季。已發官票一百萬兩。民國成立之後。所發數目。本屬無多。繼因阿爾泰及察罕通古前敵戒嚴。復行增發。及迪伊實行統一。挪墊伊犁虧款及收回伊帖加製頗多。截至七年一月底止。計共發出大銀票五百七十七萬四千九百四十二兩。小銀票九十七萬六千二百五十兩。聞最近發行數目。約在九百萬兩左右云。此省城官錢局發行鈔幣之概情也。

第二項　伊犂官錢局

伊犂官錢局。設自清光緒三十三年。當以該地鉅省城較遠。且因錢價懸殊。諸多不便。故另設官錢分局。其發行之權。在前清時代。則由將軍主持。民國成立。則屬於伊犂鎭邊使主持。各屬並無伊犂官錢分局、其紙幣僅通行於一府兩縣之間。其他各屬概不使用。在前清時代已然。民國初元。新伊尙未統一。加之各省協餉不濟。臨時費用尤多。其伊犂以及阿爾台塔爾巴哈台等處所發紙幣。幾達數百萬之多。因之的款無存。匯兌爲之一塞。而商民皆以官票買俄盧布。以資匯兌。而幣價因是日益低落。嗣經迪化官錢局次第收回銷毀。改發新票後。聞尙未收回之數。仍有三百萬兩之多。市價約在六折左右云。此伊犂官錢分局發行紙幣之大略也。

第十九節　四川省銀行

第一項　四川銀行

四川銀行成立於宣統三年十一月。專以代財政司發行軍用票。供應軍政各費爲急務。計共先後發出軍票數目爲一千五百萬元。民國四年。以該票急需整理。乃由中央借撥銀款。并由中國銀行借撥銀券。設處開收。先後收回五百餘萬元。並提撥鹽欵軍票三百餘萬元。再加前財政司在商會截燬六十萬圓。及重慶中國銀行所存鹽欵軍票二百八十餘萬圓。統計已收回者一千一百四十萬圓。嗣因軍事告興。餉需迫切。收票之事。遂行中止。此四川銀行發行軍用票及收回之概情也。

第二項　濬川源銀行

濬川源銀行。創辦於清光緒三十一年。前清時發行之兌換券。爲數不多。至民國四年。四川銀行合併於該行後。當議定收回軍票。以濬川源銀行券爲兌換。發行鈔券三百萬圓。內封存一百萬圓。計實發行二百萬圓。其始隨時兌現。信用甚爲昭著。嗣因軍署提用兌換券一百餘萬圓。一時現金準備不及。不得已暫停兌現。復經先後收回截燬之數。計一百二十九萬六千圓。六年九月。以四川軍事戒嚴。需餉孔亟。續印一百二十九萬六千圓。補足截燬之數。仍符原編三百萬圓之額。隨時行用。以充軍需。惟因久停兌現。發額之多。

遂致券價日跌。當局乃籌議開兌方法。初以官產變價及隨粮附加稅等項。撥充兌券基金。嗣以各欵一時難集。議由各縣紳商集欵借用一百萬餘圓。以七年粮稅抵借實銀。交行專欵存儲。實行準備兌現。將來即以收入糧稅撥還紳民。再由附稅等項。撥還正副各稅。於民國六年冬間開兌。未久復行停止兌現。票價自是益落。而濬川源銀行。亦以軍事影響。無法維持。遂宣告停業。此濬川源銀行發行鈔券之情形也。

第二十節　廣東省銀行

第一項　廣東官銀錢局發鈔之始末

廣東官銀錢局。開設於前清光緒三十年十一月。其時省城地面銀根吃緊。銀價低落。香港銀紙。流入日多。市廛既隱受其患。公家亦周轉不靈。於是仿照湖北江省辦法。發行官銀元票。藉資周轉流通。開辦之始。即在天津印造鈔券三十萬圓。旋因印刷不精。未盡發行。嗣又由日本印造一圓五圓十圓三種毫子紙幣一千萬圓。發行以來。頗博商場界一般之歡迎。每百元須加水二三元不等。至光緒三十四年。續印鈔券五百萬元行用。旋經續行收回四百三十八萬元。繳回藩司。至宣統三年三月二十九日。廣州之役。督署被焚。

市面震驚。持票換銀者紛至。計至九月反正時。收回銀毫鈔票八百餘萬元。流通市面者。僅百餘萬圓。是爲廣東官銀錢號改革前發行鈔券之大略也辛亥九月。省政府以財政艱窘、無由取給。將所收存大小元毫鈔票。加蓋新截。悉數發行。並令商民須將舊紙持赴總商會加蓋民國軍政府戳記。方許通用。此外並由財政司金庫另印新鈔一千九百萬圓行用。旋因準備空虛。信用惡劣。價格日趨於低落。至民國三年七月。乃由政府明定價格。將全數收回。是爲廣東官銀錢號改革後發行鈔券之概略也。

第二項　廣東官銀錢局鈔券整理之經過

民國二年冬。鈔價跌至五六成以下。中央與地方均急思救濟之策。於是始着手實行整理。玆將經過情形分述於后。

一、鈔券發行數目　據民國二年十二月廣東財政司長嚴家熾報告。鈔券發行總數共計三千二百五十三萬一千九百二十一元。內分新舊兩種。(一)五圓新紙幣由天字號編至往字號止。計一千萬圓。二圓新紙幣由天字號編至月字號止。計二百萬圓。一圓新紙幣由天字號編至奈字號止。計六百萬圓。五毫新紙幣由天字號編至往字號止。計一百萬圓、每一字編列十萬號。計新紙幣共發出一千九百萬圓。(二)舊紙幣由財政司會同官銀錢局總商會在金庫加戳發行者一千二百零一萬四千零四十三圓。但號碼前清時業已紊亂。無從查考。又由商民持至總商會蓋戳行使者一百五十一萬七千八百七十九圓。計蓋戳發行舊紙幣共一千三百五十三萬一千九百二十一圓。茲將民國三年一月廣東審計分處調查數目。列表於左。以資參考。

廣東審計分處調查表（民國三年一月二十日由該分處詳報中央審計處轉咨部）

舊紙幣種類	發行原額	銷燬數目	摘要
毫幣票面一元	三十萬元	六萬元	此係開辦時由天津印造嗣以印紋不甚精細未盡發行
毫幣票面二元	八十五萬元	二萬一千八百四十二元	以下均由日本政府代造印紋較爲精細
毫幣票面五元	二百一十五萬元	二萬零二百九十五元	
毫幣票面十元	七百萬元	三萬二千四百四十元	
大元票面一元	十萬元	十五元	
大元票面五元	九十萬圓		

大元票面十圓	四百萬圓		
合計	一千五百三十萬元	一十三萬四千九百四十二圓	

新紙幣種類	發行原額	編列字號	銷燬數目	摘要
五毫票面	一百萬元	自天字號至往字號計二十字	二千九百元	每字管十萬號
一元票面	六百萬圓	自天字號至奈字號計六十字	一萬五千一百圓	
二圓票面	二百萬圓	自天字號至日字號計十字	八千圓	
五元票面	一千萬元	自天字號至往字號計二十字	一萬六千五百圓	
合計	一千九百萬圓		四萬二千五百圓	

二、國家財政與社會金融所受之影響　廣東紙幣之跌價。其影響所及。財政金融兩方面所受之損失頗鉅。綜計約有二大端。(一)財政上之影響(子)粵省各關所屬子口及太平關所收稅欵。全係紙幣。兌換大元解京。每年約虧四十萬元。(丑)粵省鹽款每月約收五十萬圓。兌換香港鈔票。交滙理銀行抵還借欵。每月約虧二十萬元。以一年計之。約虧二百四十萬元。(寅)當時軍警餉項屢議減折改發銀毫。祇因金庫收入全

係紙幣。未能實行。若改用現銀每月可省三十萬元。每年可省三百六十萬元。(卯)海軍水巡各輪船修理費、煤炭費又軍警服裝費。以及大小署局各項開支。均因使用紙幣。增加幾及一倍。若改用現銀。約可省一百六十萬元。以上總計公家收支每年所受之虧損。約八百萬元之譜。(二)金融上之影響。革命時代。省政府發行之紙幣。均強迫商民以十足通用。及至發行愈多。既不兌換又無準備。且票紙印工惡劣。易於僞造。而民間復有謠傳。謂當時經手印造之人。印重號若干萬。以致眞僞不能辨別。信用全失。適其時香港政府忽發禁令。不許港市使用廣東紙幣。於是三千餘萬之東紙。全聚於省城一隅。供過於求。價格益落。由八九折跌至五六折以下。商民當日以十足價格承收之紙幣。此時僅值半價。且其勢每況愈下。恐將有成爲廢紙之一日。人心惶惑。物價翔貴。商業停滯。一般窮民生計。尤形困難。且亂黨隱伺乘機竊發。種種險象。幾有朝不謀夕之勢焉。

三、財政部與五國銀行團協定整理廣東紙幣辦法及撥用鹽款合同　借用鹽款爲整理廣東紙幣成功一大關鍵。自財政當局與五國銀團開議以來。其間所經波折頗多。

嗣以屢次交涉之結果。始得雙方同意。協定條欵。於善後借欵整頓鹽務項下。撥用英金一百萬元。充作整理廣東紙幣資金。其合同於左。

(一)財政部派華洋專門家各一人爲委員。前往廣州。監察管理收回紙幣事宜。其所派之洋員。應得五團銀行之同意。

(二)關於應收回之紙幣。該委員等須調查其各項存在之紙據。及所註之册簿。(如有則調查之) 并其號數花紋。且應取所能覓得已敗露之假票底樣。及未經核准之票。而檢驗之比較之。其調查所獲之結果。應彙總編爲册報。以爲第五條所載之總司櫃等辦事訓令之標準。

(三)中國銀行應以特別花紋或蓋有特別圖記之新幣。交與該委員保存。(每次交數。俟已知應需若干時。再行定奪。) 其總數以足數按照定價收回舊票總額爲度。其正當註册簿之預備。應由該委員等指揮辦理。

(四)中央政府委令廣東民政長布告。自規定之日期起。凡所有現在通行之省紙幣。概應廢止其法定之効力。即由該委員等依據一九一四年五月十五日前三個月內之平均市價定一價格。立即收回至上所言規定之某日期一個月後。即行停收。逾限便作廢紙。

（五）應特設機關兩所於廣州中國銀行。

甲項機關　按規定之價格。用新幣以收回各項省紙幣。

乙項機關　按新幣票面價。兌付現欵。

此兩項機關。均用華洋總司櫃各一人主管之。而所派之洋總司櫃。須經五團銀行之同意。該總司櫃等對於委員。應負責任。

（六）凡有持省紙幣至甲項機關時。應由該總司櫃等察驗之。如按諸委員所發訓令查係眞票。即應註銷。並按其數目照定價換新票。

（七）新發行之紙幣。其準備金不得逾一百萬磅之數。此數係由一九一三年四月二十六日所訂善後借欵己號附件整頓鹽務費第一第四兩項之下撥用。所有關於此欵。自歐洲匯至廣州等事。應自財政部及五團銀行公同裁奪之。此項所匯之欵由五團銀行收存。俟需用時。應按下開條欵。由該委員等開具領欵憑單。聯合簽字。並由五團銀行所舉代表加簽。方能支付。條欵如下。

(甲)辦理手續之起點。該委員等應將號數相連之新紙幣。一百萬圓。發甲項機關總司櫃。並須將號數開單知照五團銀行。該委員等向五團銀行如數提取現欵。發交乙項機關之總司櫃領收。該司櫃等先後所收之欵。對於委員即應負責。且須將現欵及已付欵之新幣。向該委員等點清。所有已付欵之新幣。即歸乙項機關總司櫃妥爲保存。並應將餘剩之現欵及紙幣。每日具一清單。五團銀行得派代表一人察閱之。

(乙)每日收市時。甲項機關之總司櫃。應將日間所收回並已註銷之舊紙幣。連同餘存新幣數目清單。送交委員查收。該清單五團銀行得派代表一人察閱之。該委員等收到此項已註銷之紙幣後。即應按照定價將等於已註銷紙幣數目其號數相連之紙幣。交與甲項機關之總司櫃。並將已註銷之紙幣。交由五團銀行代表一人檢視妥存。再分別訂期。於委員及五團銀行一代表之前。將此項已註銷之紙幣焚燬之。

(丙)該委員等將已註銷之紙幣。交與五團銀行後。即可按照定價。向該銀行如數提取現欵。交與乙項機關之總司櫃。

(丁)此項辦法。應繼續執行、直至匯來欵項用罄時爲止。此時五團銀行所收到之註銷紙幣。即應等於其所付現欵總額減去首次墊交一百萬圓之數。此後該委員等應將等於一百萬元之最後一批註銷之紙幣。交與五團銀行。

(八)現因時限短促。恐不能於定期之內。將舊幣全行察驗兌付。以後或另訂辦法。凡持有大宗舊票者。暫將該票留存。由總司櫃等先發收據。再行訂期。按持票來行先後之次序。將該項紙幣察驗兌付。

(九)中國政府担保以後如遇於第七條所言準備金額數之外。必須增加若干時。中國政府立即另籌欵項。

(十)收回省紙幣之事辦理完畢後。乙項機關所存之準備現金。以及已兌付之新幣。合計一百萬磅。統應交與中國銀行保存。且中國政府擔保對於此項特別發行之紙幣。常保有其適當之準備金額數。並編造清單。載明流通市面之票數。以及該票準備金額。由該華洋總司櫃會同簽字。每星期發登公報。直至此項特別發行之之票收畢之日爲止。

（十一）第四條所言之布告。自其發表之日起。中國政府即應禁止廣東行政機關。或藉其名義。再有發行省紙幣之事。

四、定期定價收回濫幣之效果　自中央與五國銀行團磋商借款未能就緒以前。原擬自行籌撥款項。開設銀行。并發行公債三千萬元。以便陸續收回廣東紙幣。旋因借款有着。故仍决定採用定期定價辦法。爲一勞永逸之計。茲節錄中央寄王璟芳氏發行公債與定期定價收回濫幣。兩者之利害如下。略謂第一公債押款。除現在押出千五百萬元外。據整理廣東紙幣辦法大綱第五條載稱商民持有政府債票者准照票面價格至少五成向中國銀行廣東分行抵押款項十年後更須籌還千五百萬。加以十年四釐之息。又千二百萬。國家支出所增垂三千萬。雖云籌加新稅。仍取諸粵民。然非有他種福利可以相償。何必強增將來負担。且事變無常。十年後事何能逆料。今既有力量能以三數月之力。一了百了。何憚不爲。第二公債額面萬不能太少。而人民持濫幣者。皆爲日常媒介之用。試問彼俾持數元濫幣者。何從易取公債。今購公債。既照額面購行券則照市價。購債之利。遠優於購券。民固願舍此就彼。而此極優之利。決非良民所能享。勢必爲擁有鉅資之投機商。以較賤之値從良民手上吸集濫幣。化零爲整。以之易債。奸商蒙福。民何與焉。第三五成押現之說。當兩月前。市價來往於五六折之間。尙或可行。今市價旣三折內外。若購債而五成押現。則投機商集有三百萬資本者。可購得九百萬濫紙。隨即換得九百萬公債。持押四百五十萬現欵。一轉移間。坐得百五十萬。猶且年得三十六萬之息。十年後受九百萬之還本。其爲大利。人誰不知。趨之若騖。勢所必然。試問國家何苦以忍辱含垢所得之資金。爲彼輩謀充其私橐。故就令用此種公債。其押現成數。亦必須視最近市價爲較減。乃能防弊。其不能滿奸商之意。亦與定期定價何擇。第四龍督李長胄電謂易債易券孰多。且未能定。其意似慮發券多。而準備薄。不知凡得債者。未有不持來押現。若全數購債。則發券數。萬不能少於千五百萬。今以九十日平均價格。全數易券。券數斷不逾千二百萬。準備孰穩孰險。不辯自明。合此諸端。則定期定價爲不易辦法等語。是爲中央所見定期定價之長處也。

五、宣布定價及定期收回辦法　民國三年五月。中央以廣東紙幣市價漲落無常。流弊滋多。乃由財政部訂定辦法。以民國三年五月十五日以前九十日平均市價。作爲定價。並電知粵省軍民兩長。速將此項規定辦法。宣示大衆。以鎭人心。嗣因籌備收回紙幣手續完備。復由粵省軍民兩長會銜出示。其大旨、略謂籌備事務。業經一月。將收換地點。內部組織。以及各種細則。大致就緒。一面與洋員協商妥洽。茲准於本年七月一日開始收換。凡持舊紙幣來換者。照財政部訓令。折合五成毫銀。又由五成毫銀以四五五折成大元。如持舊紙幣百元來換者。可換得新紙幣四十五元。又毫銀五角。如持一元來換者。仍給毫銀五角。另設現欵出納所。以備人民隨時兌換。自開收日起。所有舊紙幣即失通用之效力。一切官欵概不收受。儘一個月內全數收回銷燬等語。是爲收換濫幣宣布定價及定期之經過也。

六、收換紙幣結束情形　收換紙幣期間。遵照部限一個月。自七月一日開始。至三十一日截止。共計收回舊幣三千一百六十四萬五千五百零四元。換出新幣一千四百三十九萬八千七百零七元。（每元折合新幣四五五）及兌現八百七十二萬四千七百九十元。與二年十二月該省財政司長嚴家熾報告。新舊紙幣發出總數共計三千二百五十三萬一千九百二十一元。內除三年二月已由金庫收燬一百三十二萬二千四百七十一元。實際流通數應止三千一百二十萬九千四百五十元。略有出入。此外由善後處續收濫幣共計二十二萬四千八百零五元。觀此則所發行之新舊紙幣。勢必較嚴氏所報告者必更多耳。

第三項 廣東省銀行發行鈔券及其進行整理情形

廣東省銀行開設於民國九年秋季。其最初規定發行額不過三百萬元。嗣因政變迭起。軍需浩繁。額外增發無藝。以致鈔價跌至二三成以下通用。據調查該行所得。其發行總額共計五千一百二十萬元。（內分二毫五毫小紙幣一千萬元。一元以上大紙幣四千一百二十萬元。）除已焚燬及取銷廢壞劵數一千八百九十萬六千六百五十一元五毫外。實際流通總額三千二百二十九萬餘元。至民國十二年秋。葉恭綽就粵省財政部長職。以前項鈔劵。商民迭請維持。未便久棄職責。乃擬具整理紙幣辦法六大綱。呈請公布。其當日粵省紙幣情形及收回計畫。於該氏呈文中言之頗詳。茲節錄於下。略謂廣東省立銀行紙幣。自停兌以來。國計民生。兩受其害。推原其故。實由於前此發行過濫。辦理失宜。致使社會上紙幣供求未能適合。故一蹶以後。政府之信用既失。人民之痛苦頓深。迭經苦心研討整理辦法。參以各方條陳意見。竊以省立銀行所發紙幣。其帳目頗多疑義。即應否全數承認。議論亦多異同。惟此項紙幣。多已流入人民手中。雖大抵係以低價得來。未必曾受如何損失、然爲政府信用計。自不應置之度外。第粵省現値軍事時代。軍民財三政。尙未完全統一。若欲爲無限制之兌現。無論時機不許。且以經濟及財政現情而論。若無標本兼治辦法。淸釐舊案。即以別啓新機。恐仍爲易涸之泉。稍通復塞。即人民之痛苦。亦終無了日。不得已商擬統籌兼顧之策。圖久遠即以策目前。不致云克對商民。或庶幾稍資補救。查廣東省立銀行。發行紙幣。照該行淸理處報告。爲數係三千二百餘萬元。現時市價。幾等於零。而此種紙幣輾轉流通。已成爲一種物品性質。若由政府籌欵照市價收回。未始非一勞永逸之計。惟政府既無從得此整欵。且目下市面因缺乏紙幣流通之故。極感困難。故設法使此項紙幣恢復其流通之力。其重要實與兌現相同。而兌現之與流通。亦復有極大之因果關係。故二者不能不兼營並進。至粵省財政之敗壞。固由地方之未統一。及行政系統秩序之紊亂。而財政與市面金融及社會經濟。向缺切實之提挈互助。亦實爲一大主因。蓋粵省貨幣之流通。只有硬幣中之銀輔幣一種。致消息全操於港幣銀行。按揭證券交易。尤多以不動產及股票爲本位。而絕無紙幣公債之流通。此其間逐年耗失。爲數不知若干。故粵省經濟。表面雖號繁榮。而實際難期發展。此際妥籌補救。第一須確定貨幣基金。第二須養成證券流通習慣。茲二者以從前政府失信之故。此後惟有公開示信。確定一貫之策。以經理權責完全分授之人民。政府爲之鞏固初基。俾其徐歸正軌。庶信任得漸恢復。財用亦藉寬舒。茲謹參酌以上二項要義。酌擬整理紙幣辦法七條。附呈鈞核。至所擬各項辦法。係以人民個人經濟狀況各各不同。必任其擇一而從。庶冀推行無碍。實行之際。應一律授權於法團辦理（如商會等）政府有保障而無干涉。其精神所在。則在收回以前失信之紙幣。而爲以後各種證券昭信之初基。至詳細辦法。各有專則。並附於後。倘政府不久能籌有鉅款。爲多量之兌現。儘可提前辦理。容再體察情形。擬請鈞裁。抑更有請者。今日粵省財政。正如虛陽病體。攻補兩難。必須疏滯培元。逐加調養。方有復原之望。一切治法。似未能驟拘成例。即如發行紙幣。本政府之特權。然各國例規。亦不一律。亦有可以通融辦理者。粵省今日商業日趨呆滯。實緣官商兩方。均無可以流通之紙幣之故。政府欲恢復信用發行紙幣。尙非旦夕所能。竊意可以特別准許各商行自辦商庫。聯合發行紙幣。政府爲之定其額數。加以監察。庶市面得流通之益。金融無擾亂之虞等語。當經核准公布。並責成財政部按照所擬辦法。切實施行。茲將財政部擬就整頓省幣辦法六大綱。分誌如左。

(甲)整理省銀行紙幣辦法總綱

(一)省銀行紙幣(以後省稱紙幣)發行大數爲三千二百萬元有奇。擬自奉令日起。限於兩個月內。一律送交整理紙幣委員會。(以後省稱委員會)檢驗蓋戳委員會之組織。另以章程定之。

(二)凡經蓋戳之紙幣。一律十足兌現。統由整理紙幣委員會辦理。

(三)檢驗辦法。凡送來紙幣一百元。由委員會將其中五十元公開銷燬。其餘五十元。俟蓋戳後。分別交回本人及政府。(即財政部)其交回本人辦法。凡票面一元五元十元者。按十成交回二成。其票面五十元一百元及二毫五毫者。按十成交回一成。餘卽交回政府。餘類推。

(四)按照前項辦法。以省銀行紙幣大數爲三千二百萬餘元計處理如左。(甲)銷燬十分之五。共計一千六百萬元。(乙)交回本人十分之二或一。共計四百八十九萬圓。(丙)交回政府十分之三或四。共計一千

一百十一萬圓。(零數從畧)

(五)除銷燬外市面流通額實減爲一千六百萬圓。此一千六百萬圓除兌現一項預定一年辦畢外。其餘應設法於半年內收回清訖。其辦法如左。(甲)兌現四百三十二萬元。約一年辦畢。(乙)流通券等消納一千二百五十萬元。擬半年辦畢。(丙)銀行股本消納四百萬元。擬半年辦畢。(丁)搭繳欠餉及其他出售官產等。消納一百萬元。擬半年辦畢。合計二千二百八十一萬元。以較市面流通額一千六百萬元。尚多六百八十二萬元。因以上四項。除其一項外。其餘確數難定。或有時互有出入。姑從寬預備如上。

(六)半年以後。尚有存在市面之此項紙幣。以公銷燬。繼續兌現。換發新券。各辦法消滅之。使財政上另開新局。

(七)未完全消滅以前。政府應用下列方法維持其價格。(甲)公私機關出納一律收用。(乙)設法流通於全省各屬。(丙)速組維持信用之金融機關及速辦省銀行之善後。

(八)本總綱目呈奉大元帥核准施行。

(乙)檢驗前廣東省銀行紙幣辦法

(一)受檢驗之省銀行紙幣。暫以省銀行清理處查實報告之數爲準。(約計總數三千二百萬元有奇。)詳細手續。另由財政部定之。

(二)凡持有廣東省銀行紙幣者。自定辦法公布日起。限於兩個月內一律持送整理省銀行紙幣委員會(

以後簡稱委員會）蓋戳。如未蓋戳者。即作廢紙。

（三）如已蓋戳記之紙幣。其兌現由委員會經理之。兌現之詳細辦法。另由委員會議。另呈報財政部核准施行。

（四）政府指定造幣廠餘利。每日約一萬五千元。充陸續兌現之用。

（五）造幣廠應自紙幣開兌日起。每日將此項餘利。逕交委員會公開兌現。每日以兌盡此項餘利之數爲度。如未兌盡。即留存歸次日兌現之用。（註）現在交涉關餘。原備以一部分充整理此次紙幣之用。如有成效。或籌得其他的欵。當提前多兌。

（六）該項紙幣。按照近日市價。從優規定如左。（甲）票面二毫五毫者一折。（乙）票面一元者二折。（丙）票面五元者二折。（丁）票面十元者二折。（戊）票面五十元者一折。（己）票面一百元者一折。

（七）依照上辦法。委員會應將持票人送來紙幣。加蓋戳記後。即按照上列折合成數。交回持票人。以便憑以兌現。其餘分別銷燬。及交回政府。（註）例如送來十元票面之紙幣一百元。於蓋戳後。除以五十元歸該會彙總銷毀外。即照條折合辦法。交回二十元與持票人。以三十元交回政府。餘類推。

（八）凡持票人送來一元及一元以下小毫紙幣。照前條辦法。難於分配時。應另定相當辦法辦理。

（九）凡銷毀及已兌現之紙幣。由委員會會同政府公開銷燬。

（十）凡已蓋戳未兌現之紙幣。在兌現未竣以前。所有政府各徵收稅關。應一律准商民搭繳各項捐稅。其成數另行分別定之。

（十一）本辦法自奉核准施行。

（丙）整理廣東省銀行紙幣委員會章程

（一）本會爲整理前廣東省立銀行紙幣而設。由左列各委員組織之。廣東總商會會長。銀業公會會長。廣州市參事會首席參事。廣東商會聯合會會長。七十二行行商推舉代表一人。九善堂推舉代表一人。總工會會長。政府代表二人。由財政部省長各指派一人。

（二）本會由委員中推選委員長一人。副委員長一人。凡會中一切事務。及對外各事。由委員長副委員長共同負責。

（三）本會之職權如左。（甲）檢驗紙幣及蓋戳。（乙）照整理辦法之分配。（丙）紙幣之保管。（丁）焚燬紙幣之監察。（戊）整理紙幣之報告。

（四）本會委員對於本會執行職務。皆有分担及監察之權責。

（五）本會委員每日公推二人以上輪流到會常川辦事。

（六）本會設秘書四人。事務員若干人。

（七）本會對於檢驗及焚燬紙幣之數目。應以本會名義。按月登報宣佈。

（八）本章程自公佈日施行。

(丁)有價證券銷納紙幣辦法

(一)政府為整理省銀行紙幣起見。發行有價證券三種如左。(甲)廣東市有利息流通券。(以下簡稱流通券)其定額為一千萬元。月息六釐。(乙)造幣餘利憑券(以下簡稱憑券)其定額為三百萬元。月息六釐。(丙)廣東整理紙幣定期有息證券(以下簡稱定期證券)其定額為一千二百萬元。週息七釐。以上三項。須由各該券之基金委員會。蓋戳後。方能發行。

(二)流通券擬規定搭收前省銀行紙幣二分之一。計共收回五百萬元。並收現銀五百萬元。

(三)流通券還本付息之基金。由政府授全權與廣東鹽務稽核分所在廣東鹽稅項下。每月提撥的欵。足敷還本付息之用者。逕自撥存基金委員會所指定之中外殷實銀行專欵存儲。

(四)流通券自發行滿六個月後。每月由抽籤法還本付息一次。分二十五個月還清。每次抽還百分之四。

(五)憑券發行時。擬規定搭收前省銀行紙幣百分之二十五。但應折半計算。計應收回紙幣一百五十萬。並收現銀二百二十五萬元。

(六)前項憑券之基金。由政府提撥造幣廠餘利。每月三十萬元充之。交與基金委員會。特別存儲。預備還本之用。其利息另由政府撥欵充之。

(七)前項憑券。分兩次發行。每次發行一百五十萬元。均自發行後第二個月起。分五個月抽籤。每月還本並付息一次。每次抽還五分之一。

(八)定期證券。擬規定搭收前省銀行紙幣二分之一。計共收回六百萬元。並收現銀六百萬元。

(九)定期證券還本付息之基金。由政府指定省河租捐及全省印花之收入充之。并先指定官產之一部。作為該項基金之担保品。前項省河租捐及全省印花稅由政府完全交與基金委員會經理。並由政府協助其進行。省河租捐。並由廣州公安局實行協助其施行。規則另定之。

(十)定期證券自發行滿一年後。分十年還本。用抽籤法。每半年還本一次。每次抽還百分之五。其利息亦每半年分兩次發給。

(十一)流通券與選券及定期證券。應各組基金委員會。由政府授權與各法團公推代表任為委員會。與政府所派代表共同辦理。(財政部省長各派代表一人)

(十二)基金委員會最大之權責。在維持該券之信用。及保護持券人之利益。監督各該券之發行。及查檢搭收之紙幣數目等。

(十三)搭收紙幣以曾經整理紙幣委員會檢驗蓋戳者為限。應隨時分別送交整理紙幣委員會定期銷燬。

(十四)政府指定之基金作為定案。永不更變。各該券本息未還清以前。無論何項機關或有何項需要。均不得挪借或移用。

(十五)流通券自發行日起。選券自發行日起。定期證券之本票息票到期日起。無論政府機關暨市面一律通用。不得拒絕收受。如有偽造毀損其信用者、依法懲罰之。

(十六)本辦法自奉核准日施行。

(戊)銀行股本銷納紙幣辦法

(一)另設官商合辦銀行一所。擬定名爲廣東民信銀行。按照股份有限公司組織。其章程另訂之。

(二)銀行資本總額定爲二千萬元。先收一半。計一千萬元。官股佔十分之二。計二百萬元。商股佔十分之八。計八百萬元。

(三)官股之二百萬元。由政府照撥。

(四)商股之八百萬元。准於繳納股款時收現銀四百萬元。并收省行紙幣五成。其詳細辦法另以招股章程定之。

(五)除股款搭收紙幣外。銀行應按左列辦法。酌量情形。代政府分別搭收紙幣。其搭收成數。由銀行秉承財政部核定辦理。另以專章定之。(甲)有獎儲蓄存款。(乙)有獎儲蓄券。

(六)凡銀行所搭收或代政府收回之紙幣。由政府以價值相當之有價證券向銀行換回。分期銷燬。

(七)凡行搭收或代收政府收回之紙幣。均以曾經整理紙幣委員會檢驗蓋戳之紙幣爲限。

(八)凡經檢驗蓋戳之紙幣。得存入銀行。作爲存款。由銀行給與存簿或存單爲憑。並酌給相當之利息。其詳細辦法另以專章定之。

(九)此項銀行。五年以內完全授權於商民辦理。政府任提倡保護及監察之責。

（十）政府之官股三年以內。放棄董事被選權。惟監事則由政府派之。官股應得官利。亦可酌量放棄。

（十一）本辦法自奉核准施行。

（己）公欵收入銷納紙幣辦法

（一）左列各項公欵收入。准其按繳省銀行紙幣若干成。（甲）官產之變賣。（乙）欠餉之追繳。（丙）公欵之收入。

（二）政府應速指定價值二百萬元以上之官產。於半年以內。投標變賣。專備收回紙幣之用。前項官產繳價時。准其搭收紙幣五成。

（三）此外於六個月內。標賣官產時。制其搭收紙幣十成之五成以下一成以上。其數各於投標章程內自定之。

（四）凡官產投標時。所繳保證金。准全數以紙幣充之。前項保證金。准其於得標後。繳付正價應搭紙幣之成數內抵繳。

（五）以前積欠政府餉項。在紙幣未停兌以前積欠者。如在兩個月內繳還者。准其全數悉以紙幣繳納。兩個月以外者現定搭繳成數如左。三個月以內繳還者。八成。四個月以內繳還者。六成。五個月以內繳還者。四成。六個月以內繳還者。二成。

（六）積欠餉項。在紙幣停兌以後者。准其搭繳紙幣成數如左。兩個月以內繳還者。五成。三個月以內繳還者。

四成。四個月以內繳還者。三成。五個月以內繳還者。二成。六個月以內繳還者。一成。

（七）積欠餉項。須於六個月以內繳清。方准搭收紙幣。

（八）凡左列各項政府收入。除海關搭稅外。准於一年內。分別按成搭收。成數由各機關擬訂呈報財政部核准備案。但搭收之成數。不得少於十成之一。（甲）田賦。（乙）釐金。（丙）其他各項捐稅。（丁）官營業及其他公欵之收入。

（九）搭收之紙幣。以曾經整理紙幣委員會檢驗蓋戳者爲限。

（十）搭收時所收之紙幣。須呈送財政部。按期轉發整理紙幣之委員。分別銷燬。但官營業及他方公欵收入搭收之紙幣。應由財政部以有價證券交換之。

（十一）畸零數目。或尾數不滿一元者。概不搭收紙幣。

（十二）如收欵機關違背前項辦法。不允搭收者。依違令例懲罰之。

（十三）本辦法自奉核准日施行。

第二十一節　廣西省銀行

廣西銀行。係宣統二年三月。由原設之廣西官銀錢號改組而成。其所發鈔票有一元五元兩種。改革後仍照舊行使。價格並未低落。民國元年七月。又請續印一角五角小票各百萬張。以資輔助金融之用。據二年底之調查。發行總額爲數二百十八萬七千六百餘元。次年春增爲三百萬元。至五年十月底止。約達四百二十二萬元之多云。此該省銀行發行鈔券之大略也。

第二十二節　雲南省銀行

雲南富滇銀行。創辦於民國元年十月。當設立之初。適値庫款支絀。發行兌換券三百萬元。以資周轉市面金融。民國三年。法國滙理銀行。在蒙自開設分行。發行鈔券。滇省爲抵制外幣計。乃向鐵路局借款五十萬元。擴充富滇銀行基金。加發紙幣一百五十萬元。民國五年。滇省舉義。增印紀念紙幣一百餘萬元。然隨時籌備現金。爲無限制兌現。故流通極爲暢達。旋因各券紙質惡劣。六年另印新鈔六百萬元。以備更換。當時規定以五百二十萬元爲截止發行額。現在市面流通者。多係新鈔。舊鈔已有收回殆盡之勢云。此富滇銀行發行鈔券之情形也。

第二十三節　貴州省銀行

貴州官錢局創設於清光緒三十四年三月。至宣統三年九月。始改爲貴州銀行。在前清時。已發行銀兩票五十五萬四千零五十五兩。民國初元。因軍費浩繁。增至二百十餘萬元。至四年年終。銀元票發行額爲二百三十三萬餘元。銀兩票爲七千餘元。制錢票爲二萬餘元。據五年十二月報告。新舊銀元票合計爲二百五十六萬五千五百三十八元。又新舊制錢票爲二萬零七百六十串。旋因政局糾紛價格跌落。由財政廳與貴州中國銀行訂借現欵分期收回。並規定抽籤償還辦法。至民國九十年之間。該項紙幣頗爲市場所歡迎。票價高出現銀約計百分之一二。旋因籌撥抵款無着。飭令停止收兌。查當時未收回之數。約有七八十萬元。然尚能流通如故。至十二年復因餉需緊迫。無法籌措。續印鈔票百二十萬元。發行市面。合計舊有之數。目下在外流通者。約近二百萬元。市價均在二三折左右云。此貴州銀行發行鈔券之略情也。

第二十四節　熱河特區銀行

熱河官銀錢號。開辦於清光緒三十二年十月十八日。其發行紙幣。當前清時。都統廷杰。以該區地面自庚子以來。圜法腐敗。官錢缺少。銀價奇昂。百物亦異常騰貴。推原其故。一由於口外銀價昂於內地。各商進口置貨不以銀易錢。而錢之去路多。一由於歷年禁運糧食。不能出境。而銀之來路少。銀錢兩荒。私錢乘虛而入。以致銀價物價相率奇昂。市面遂大受影響。今欲整頓圜法。惟有嚴禁私錢。欲禁私錢。惟有多備銅幣。曾於求治局礦稅各欵。騰挪湊撥。赴津購運銅幣千五百餘萬枚。發商行使。私錢因不禁而自絕。但在津以銀易銅。兼之幣重路遙、運費繁鉅。不勝虧折。惟有銅幣與紙幣並行。現銀與銀帖互用。方足以濟一時之窮。而行諸久遠。因就求治局原存荒價礦課銀四萬餘兩。又由稅捐項下撥銀數千兩。湊足庫平銀五萬兩。以爲準備。照天津奉天官銀號辦法。開發銀錢洋三項紙幣。計自前清開局。至民國元年十一月止。共計發行銀兩票、銀元票、銅錢票、三種紙幣。約合銀元五萬餘元。據五年六月底之報告。大銀元票爲五萬元。小銀元票爲二萬五千四百元。至民國六年。改組爲熱河興業銀行後。其發行額。增加尤爲迅速。民國十二年冬。該行以前發行舊鈔。係屬石印。花紋形色。甚不美觀。易於作僞。故發生假票頗多。該行爲迅謀救濟發行。避免作僞起見。乃由財政部印刷局印造一元、五元、十元、三種新鈔。發行市面。將舊鈔限期一律收回。據最近調查。該行鈔票自民國十三年冬。軍興以來。被各軍提取三四百萬元。以充軍費後。總計在外流通額。約有五六百萬元之鉅云。此該行發行鈔券之經過也。

第十一章　中外合辦銀行發行之鈔券

吾國與外人合資創辦之銀行。許其有發行兌換劵之特權者。自前清光緒二十二年華俄道勝銀行始。民國以來。凡經中外合辦之銀行。幾無不發行鈔票。其與法國合辦者。則有中法實業銀行。其與日本合辦者。則有中華匯業銀行。又其與美國合辦者。則有中華懋業銀行。此外挪威亦與吾國合辦有華威銀行。均經政府先後核准有發行兌換劵之特權。是爲吾國獨有之特例。而在各國中。所不得見者也。

第一節　華俄道勝銀行

華俄道勝銀行設立於清光緒二十二年。至宣統二年重行改組。總行設於彼得洛格洛。分行之在我國者。計有上海、漢口、天津、北京、牛莊、大連、長春等處。所發鈔票。有金本位紙幣與普通銀元紙幣兩種。銀元紙幣。分一元、五元、十元、五十元、百元、五種。歐戰以前。該行向在我國北方一帶。頗佔勢力。與正金銀行相埒。民國二年。曾製出一種專行中國之金幣。流通於東三省新疆各處。其紙幣形式。兼用漢滿蒙回文字。有新疆票、伊犁票、塔城票、哈什票、諸名稱。嗣因國體變更。失去本國政府之後援。於信用上不免稍有遜色矣。茲將累年兌換券流通數目列表於左。

年次	流通數目
光緒二十六年	八九五、九六九盧
三十一年	一、三四九、二九六
三十二年	一、七七七、八六五
三十三年	八九七、四七七
三十四年	八六九、五〇七
宣統元年	一、二九五、八三三
二年	一、二三五、七〇三
三年	二、八五三、二四八
民國元年	一、四三八、一二七
二年	二、一八三、三〇四

第二節　中法實業銀行

中法實業銀行。創立於民國元年。總行設在法京巴黎。在吾國分行計有北京、上海、天津、漢口等處。由我國政府特許發行兌換券。惟限定中國紙幣則例頒行之時爲止。屆時當如約收回。其發行紙幣有一元、五元、十元、五十元、百元、五百元各種。盛行於我國通商大埠。中交停兌以後。尤佔勢力。民國十年。巴黎總行營業損失甚鉅。遽行停業。而在華各分行亦得總行之命令。於七月二日同時停止兌現。當時北京銀行公會。以該行鈔票流通市面爲數較鉅。忽爾停兌。於各埠金融。關係至大。並奉財政部函。促請該會公共商確。先行籌墊欵項。將中法銀行鈔票登報收兌。該欵由部負責。將來即在部中應付中法銀行欠款內扣還。以維市面。因是該會旋即召集在會銀行。公同議決。合力籌墊。收兌該行鈔票。當經會內公推代表。偕同律師。與駐京法國代辦公使。暨中法實業銀行法經理賽理爾磋實辦法、並前赴該行會同法使委員及該行經理。檢查發行帳目。鎖封庫存鈔票。當據中法銀行京行法經理報告。京、津、滬、漢發行之流通數。共計二百二十四萬八千六百元。濟奉兩埠。則在津數流通範圍之內。京外五處。均經委託各該地銀行公會。會同該埠法領事。查照北京手續辦理。定期開兌。至各地截止日。計北京共兌六十五萬二千三百四十四元。天津共兌四十四萬三千八百六十七元。上海共兌六十五萬七千零七十五元。漢口共兌三十四萬五千八百七十六元。總共兌換二百零九萬九千一百六十二元。由京、滬兩埠在會銀行。共同担任墊款。計二十九家銀行。共墊二百零九萬九千一百六十二元。此項墊款。當由部允儘半年內歸還。月息一分。按自定案之後。除十年九月由公會領到銀元十五萬元外。財部以無款可撥。延未交付。至十一年六月。九六公債發行。復經部發給公債票一百二十三萬零八百七十元。公會方面不允承受謂償還債票與担保原案不符其餘之欵。迄今仍未結束。民國十二年及十三年。銀行公會聯合會議之兩屆大會。均有此項提案。催促政府。早日解決但終未實行。迄十四年復業後。始由該行定出確實辦法籌還云。

第三節　中華滙業銀行

中華匯業銀行開設於民國七年二月。總行設於北京。分行計有上海與天津兩處。經我國政府特許有發行兌換券權。但亦俟中國頒布紙幣條例實行時。即行停發收回。又據該行約規內第三十二條載稱。本銀行得發行銀行兌換券。又第三十三條云。兌換券之細則依重役會之決議定之。考其發行數年來頗日形減少。故在津滬市面罕見流通。此亦受我國抵制日貨之影響所致也。

第四節　中華懋業銀行

中華懋業銀行成立於民國八年。總行設於北京。國內分行計有天津、上海、漢口、濟南、哈爾濱、石家莊、六處。亦經我國政府特許有發行兌換券權。但亦俟中國頒布紙幣條例實行時。即行停發收回。其所出鈔票。以上海分行爲數較多。北京次之。考其在外流通額。於最近一二年來。增加頗爲迅速。據民國十四年上半期營業報告。總計在外流通額爲銀元二百一十二萬九千二百八十九元也。

滙業懋業兩銀行最近數年兌換券流通額數表

行名＼年次	民國七年	民國八年	民國九年	民國十年	民國十一年	民國十二年	民國十三年
中華滙業銀行	日金 八四七、八四七	六五六、四四四	八三五、〇〇〇	九一九、四四四	六五四、八八〇	三五二、六三九	五七八、七七六
中華懋業銀行				銀元 三六八、三七三		二五四、〇四〇	二、〇四六、八六六

第十二章　在華各外國銀行發行之鈔券

清末外人於天津上海等處。紛紛設立銀行。發行鈔票。當時我政府對於銀行兌換券。以爲極平凡之事。故未曾加以制限。嗣知外國銀行鈔票於市場流行極爲暢達。始覺於國家權利上損失甚鉅。而欲加以挽救。則已不及。迨及近今。外人於我國通商大埠。新設之銀行。得自由發行鈔票者。亦莫不執此慣例以相繩。是爲吾國整理幣制之一大障礙也。然自近年以來。吾國銀行事業日見發達。華商銀行鈔票之勢力。已超外商銀行而上之。其原因約有數端。(一)外商銀行之設立分支行等。限於通商大埠。不若華商銀行隨在可設。故於兌現上較爲不便。(二)自歐戰發生以後。外商銀行之金融勢力。漸爲華商銀行所分佔。其聲譽遠不及昔日之盛。(三)五四運動以後。日商銀行之鈔票。頗受重大打擊。恢復不易。(四)民國十年。中法實業銀行歇業。外商銀行對外信用上。亦不免受連累之影響。(五)近年國內各通商巨埠。多通用銀元。而外商銀行仍行用銀兩本位是也。按以上所舉者。係對外鈔在今日中國之情勢而言。(本鈔之推廣、其原因尚有不在此者、)已成強弩之末。茲將在華各主要外國銀行發鈔情形。分述於后。

第一節　滙豐銀行

滙豐銀行創設於清同治三年。總行設於香港。在華分行。計有北京、上海、廈門、天津、廣州、漢口、煙台、福州、靑島九處。所出鈔票。有一元、五元、十元、五十元、百元五種。此外尚發行有銀兩券。分爲五兩、十兩、五十兩、百兩四種。(銀兩券發行極少)此項兌換券。多流通於香港、上海、廣州等處。近年以來。兌換券發行額。增加尤速。實非他行所能比擬。按該行於最近千九百二十二年。由英政府新規定該公司資本總額。得由政府批准由二千萬元增至五千萬元。兌換券流通總額。不得超過當時實收資本兩千萬元以上。發行準備。應等於發行總額兩千萬元三分之二。得全爲硬幣。或全爲證券。或兩項並用。存儲於皇事代辦所。該行如能以與溢額發行相等之硬幣或生貨。存儲於港政府庫內。准其於兩千萬元以上。爲溢額之發行。此項存於港政府庫內之硬幣或生貨。專作溢額發行現兌之用云。英國海外銀行之兌換券流通數、照例以實繳股本數爲限度、故一八六六年之滙豐銀行令、亦明定發行總數以銀行之實繳股本數爲限度、此項規定、在一八九八年七月以後、爲應付一般實情起見、對於舊有則例、却有變更、卽允准可超過實繳股本數而發行兌換券是也、此外對於兌換券持有人。並規定仍得與普通債權人享同等之權利。此爲滙豐銀行之特有制度。其他海外銀行並無此例。

(附註)累年兌換券流通數目另詳後表茲不贅述

第二節　麥加利銀行

麥加利銀行係清咸豐三年創立。總行設於倫敦。在吾國之外國銀行中以此行設立爲最早。綜計在華分行。計有北京、上海、天津、漢口、福州等數處。所出鈔票。有銀元銀兩二種。銀元又分一元、五元、十元、五十元、百元各種。查該行兌換券多由香港上海等處分行發行。印度則無之。近年以來。兌換券在外流通額。畧有增加。然遠不及滙豐銀行發達之速。

(附註)、累年兌換券流通數目。另詳後表。茲不贅述。

第三節　花旗銀行

花旗銀行成立於清光緒二十七年。總行設於美國紐約。在吾國北京、上海、漢口、廣州等各通商大埠。皆設有分行。所出鈔票有一元、五元、十元、五十元、百元五種。係全數流通於中國。其通行地帶。以上海爲中心。然自近年以來。因金融不振。故發行數目。尚不甚多。

(附註)、累年兌換券流通數目另詳後表。茲不贅述。

第四節　東方滙理銀行

東方滙理銀行創自清光緒元年。總行設於法京巴黎。在華分行。計有上海、北京、天津、漢口等處。其發行之兌換券。多在安南各埠通行。據該行近年營業報告。鈔券流通額。頗有逐年增加之勢。但在我國。自光復以來。其發行額漸爲他國銀行及吾國銀行所分佔。故在市面不見有該行鈔券流通。惟自河口至蒙自雲南鐵路開通以後。其兌換券勢力。漸及於我國南部雲南各地云。

(附註)、累年兌換券流通數目。另詳後表。茲不贅述。

第五節　橫濱正金銀行

橫濱正金銀行係清光緒六年創立。總行設於橫濱。在吾國北京、上海、天津、漢口、濟南、大連、青島、奉天、哈爾濱等十餘處。均設有分行。其兌換券流通額。以民國五年至民國八年爲最多。而尤以東三省各地爲最通行。考其原因。厥有數端。(一)當歐戰之時。大連與南滿一帶。竭其全力經營。使各商家往來交易。均以該行鈔票爲本位。以擴充其金融勢力。(二)此項鈔票。滙往東三省各埠。無論額數多少。不取匯費。故自商民視之。終覺其便利省費。凡有三省匯兌。咸視該行鈔票爲需要品。(三)鈔票行市。雖由該行自定。亦隨滬上電匯行市爲漲落。東省封河以後。上海電匯行市跌落。鈔票亦落。開河以後。上海行市漲。鈔票亦漲。商民俟價落時。以小洋購買鈔票。價漲時又以鈔票換回小洋。此數日間鈔票一元。可得盈餘小洋一角餘。鈔票未換小洋以前。又能存放銀行。取利較尋常信用放欵尤爲穩妥。奉吉兩省商人。且有預定鈔票空盤。倒把圖利者。而該行鈔票。遂爲市上之買賣品。(四)大連海關稅。歸大連分號與正金銀行各半徵收。山海關稅全歸正金銀行收存。該行征收關稅時。均須以鈔票完納。不用他行紙幣。大可爲該行鈔票增長之勢力。(五)東三省錢票官帖發行日多。價格日落。均不能如數兌現。且僞幣雜出。無從辨認。故雖有熱心愛國之商人。亦逼而使用正金鈔票。故該行鈔票。遂盛行於市上。(六)中交停兌以後。金融恐慌。幣價日漸低落。而正金鈔票。遂逐漸擴張流暢於京滬各地。惟自民國八年五四運動以後。該行鈔票。悉遭抵制。加以朝鮮銀行之金票。流入日多。因之正金銀行鈔票流通額。驟爲之減少。近年以來。猶力主收縮主義。故鈔券之在外流通者。不如前之多也。

(附註)、累年兌換券流通數目。另詳後表。茲不贅述。

第六節　臺灣銀行

臺灣銀行成立於淸光緒二十五年。總行設於臺灣臺北。在華分行。計有上海、漢口、廣州、福州、廈門等處。其鈔票在吾國流通地域。以福建之廈門及福州爲中心。其他如汕頭等地。亦有該行發行之鈔票。惟數極微。又其所發行之鈔票。亦多隨各地之習慣。發行該地之通用鈔票者。如在福州。則發行龍洋台伏兩種紙幣是也。

(附註)、累年兌換券流通數目。另詳後表。茲不贅述。

第七節　朝鮮銀行

朝鮮銀行創自清宣統元年。總行設於朝鮮京城。分行之在我國者。計有上海、天津、青島、濟南、奉天、吉林、大連、長春、營口、旅順等二十餘處。其鈔票之流通於吾國境內者。以東三省爲最多。該地自民國三年、大戰勃發。歐美貨物之輸入。殆盡停止。因之日本製品之輸入。日益增大。由是金票之需用益多。加之該國商人因避銀市變動之危險。故輸入物品。務以金爲本位。以代銀票之用。至民國六年。正金銀行之金票發行權。移轉於該行後。極力將金票擴充。其年日本因派兵於西比利亞。發行軍用金票於東三省。此種軍票。其後復以朝行金票收回。因之該行金票。流通至哈爾濱以北及西比利亞地方。至最近年間。大連地方。勵行金建政策。希圖伸張其經濟上之勢力。而鞏固其金票之信用也。

(附註)、累年兌換券流通數目。另詳後表。茲不贅述。

第八節　德華銀行

德華銀行係清光緒十五年設立。總行設於德國柏林。在吾國上海、天津、北京、漢口、濟南、青島、廣州等處。皆先後設有分行。開發銀行兌換券。流通於各大商埠。其鈔票有銀圓銀兩二種。銀圓券分一圓、五圓、十圓、二十五圓、五十圓五種。銀兩券分一兩、五兩、十兩、二十兩四種。青島分行。則僅有銀圓券。而無銀兩券發行。當膠濟鐵路通車以後。其兌換券之勢力幾遍山東全省。民國三年歐戰發生。山東分行之鈔票。魯省市面即不能流通。六年八月。我國對德宣戰。德華銀行。由我國收管。即行停止營業。鈔票亦隨時收回殆盡。

(附註)、累年兌換券流通數目另詳後表。茲不贅述。

此外如英之有利銀行。比之華比銀行。美之友華銀行。(現合併於花旗銀行)與美豐銀行、及荷之荷蘭銀行等。在吾國通商大埠。均有兌換券發行。惟數極微。遠不逮上述各銀行勢力之大。其兌換券逐年流通額。亦詳之於後表。茲不贅述。

在華各外國銀行累年兌換券流通額數表

年次＼銀行	滙豐銀行	滙理銀行	麥加利銀行	花旗銀行	正金銀行	台灣銀行 臺灣境內外	台灣銀行 臺灣境外
	圓	法	磅	美金	日金	日金	日金
光緒二六年	一三、五一三、四〇八	二七、七二四、〇二四	七三四、六八四				
二七年	一三、〇〇六、七六一	三三、七七三、二三三					
二八年	一六、五七四、五二一	三六、九四一、〇四一					
二九年	一六、二五九、二四四	四〇、一八七、二八二				四、一六二、一六三	

三〇年	一六、四二二、五九三	四六、四四六、六一七					
三一年	一九、〇五三、九四三	四六、八六一、七九八	五三八、七五二				
三二年	一六、〇七五、八二五	五六、〇七九、八二五	五五三、六〇二				
三三年	一五、七一一、一四七	五二、七四九、四三六	六六九、九一六	一六〇、三四四	六、〇七〇、八九八		
三四年	二〇、〇〇六、七七九	五七、〇〇〇、一三二	四八三、〇七五	一二六、七八五	四、九三〇、五五六	九、七〇四、二一三	
宣統元年	一五、〇三〇、一八八	六〇、二十四、一三四	五一五、五五四	一九一、六三一	三、五六九、九六五	一三、〇〇七、〇〇〇	
二年	一五、九九四、二三六	六三、八一五、四四五	六四七、九九三	二三二、六二九	四、三四一、九一六	一六、〇四九、四一一	
三年	二五、三一八、三一八	六三、一六四、九二三	六二五、九一六	三五六、三六一	七、九〇一、八二六	一九、三八一、九八九	
民國元年	二四、八二六、一六八	八一、七二〇、一〇九	七四五、二九三	五四七、七二三	六、八三三、七二三	二〇、四一四、八五〇	二三九、三七六
二年	二四、八三九、一九一	八六、四六一、〇五三	八二二、五九一	四九六、〇五五	八、一三一、六一五	一八、七八五、六〇八	四九八、七二三
三年	二七、二四七、八二三	七三、三八一、六一七		四八七、三九五	六、二八二、八五五	一四、二四七、八七五	四九一、二六〇
四年	二五、五六二、四八八	八九、一六七、八五七	九七八、一三六	五一五、九九九	七、一九七、九四八	一七、六一一、三一五	一五一、〇七四
五年	二九、二五〇、三二九	九四、〇二四、二六九		七八九、六一四	一八、〇五〇、五四七	二五、四五一、六八六	八四六、五〇九
六年	一〇、三〇五、六四四	一三九、六六九、〇七六	九二五、九九一	一、二〇七、二九四	二〇、〇二三、二〇八	三三、五一二、六六四	一、三三三、七七六
七年	二五、三〇五、六四四	一七四、四二八、六三二	一、五六八、二六三	一、四三九、六四八	二二、六〇二、七四一	四二、一〇八、一〇九	一、九九七、五五四
八年	三〇、五一六、九〇五	四七四、九六八、五一一	一、八〇六、〇九五	四、〇七三、〇八三	一五、一五三、九一四	四九、六五三、九四一	
九年	二九、三三二、六五八	七〇五、三一九、一一七	二、八三七、八一八	三、三九五、二七六	七、五四二、九五九	四〇、二四九、二一九	
一〇年	四四、〇三四、三九二	六一八、〇一五、九六九	一、九二六、九二三	三、九三二、四〇五	八、二七八、四三一	四〇、八六三、七七〇	
一一年	四一、八八三、六五五		二、〇六三、四一八	四、五三六、六二八	五、八三二、五七六	三四、二四四、〇一〇	
一三年	四九、九〇五、九五九	八三一、〇九四、六一四	二、二七六、一二八	三、一八八、一〇一	三、二六三、四四三	三九、七〇二、九四九	

三年	一、七三二、五二二	四、三七一、三五二	五一、二六〇、三一五

在華各外國銀行累年兌換券流通額數表

年次＼銀行	朝鮮銀行 朝鮮境內外	朝鮮銀行 朝鮮境外	華比銀行	有利銀行	美豐銀行	友華銀行	德華銀行
	日金	日金	法	磅	美金	美金	兩
光緒二六年							
二七年							
二八年							
二九年							
三〇年							
三一年							
三二年							
三三年							四四七、七七四
三四年							九七八、四六一
宣統元年	一三、四三九、七〇〇						一、二一四、一九〇
二年	二〇、一六三、九〇〇		九一一、四〇二				一、三三三、二二六
三年	二五、〇〇六、五四〇		九四五、六六〇				一、四六四、六八三
民國元年	二五、五六〇、四〇〇		一、二四一、七五三				二、二〇〇、九八九
二年	二五、六九三、二六〇		一、四三九、〇二三				二、五九五、九六八

三年	二、八五〇、三七〇						
四年	三四、三八七、五二〇						
五年	四六、六二七、〇八〇	一一、五九八、四四四					
六年	六七、三六四、九四九	一八、二九〇、〇八七					
七年	一一五、五二三、六七〇	三四、五八七、八一八	一、一四六、二四三	一三〇、三八八			
八年	一六三、六〇〇、〇五五	九八、五四七、〇九八	一、二二一、八〇五				
九年	一一四、〇三四、六二〇	三一、四九一、二〇一	一、三一五、〇四五	二八四、八八八	三〇〇、〇〇〇	七二一、六二四	
一〇年	一三六、三六〇、五〇〇	二九、九四四、〇七三	一、五四六、九七六				
一一年	一〇〇、五四四、八六四	一七、五二三、三一六	一、六七九、〇一九	二九〇、六二六	九八四、〇〇〇	八五六、六二六	
一二年	一一〇、二三三、〇六八	一二、六九二、七二六	二、四四三、九六四	二九三、七四六			
一三年	一二九、一一八、七一三	一九、七六五、四四二	二、一六三、一三三				

附註、華比銀行係每年以六月底爲結算期、又自民國三年起、至民國七年止、爲歐戰期間、無營業報告。民國七年之營業報告、即包含歐戰全期也、

第十三章　紙幣之法規及其制度

第一節　取締紙幣法規之沿革

第一項　清末制定之紙幣法規

光緒二十四年正月度支部奏定銀行通行則例。有許官設商立各行號。均得暫時發行市面通用銀錢票。而對於兌換準備則絕未置議。因此官商各行號。相率濫發。漫無限制於是紙幣充斥。羣以爲苦。宣統元年六月。乃由度支部奏頒通用銀錢票暫行章程二十條。其原摺略謂東西各國。發行紙幣。大都統其權於中央政府。委其事於國家銀行。間有採用多數銀行發行之制者。而印刷必由官廠。準備必交國庫。其他限制數目。抽查虛實。防微杜漸。督察綦嚴。至若與紙幣類似之物。如支條、期票、滙票等類。各國皆立專法。以示與紙幣之區別。其不載人名期限之票紙。則皆一概嚴禁。不准任便行用。誠以一紙空據。代表金銀。既侵紙幣之特權。更滋架空之弊害。於國計民生。關係甚大。國家政尚寬大。事關商務。向聽商人自行經理。近來行號林立。票紙日多。官視爲籌款之方。商倚爲謀利之具。倘不設法限制。將官款收放。幾無現銀。市面出入。惟餘空紙。物價騰貴。民生困窮。其危害何堪設想等語。摺內又謂此次所訂章程。意在使銀錢行號。專力於存放匯兌之正業。所以保信用。固銀根。亦預爲劃一幣制之地。惟積習既深。似未能一時驟加裁制。故此次定章。一切務從寬簡。俾商人易於遵從等語。茲錄其章程於左。

通用銀錢票暫行章程

第一條　凡印刷或繕寫之紙票。數目成整。不載支付人名。及支付時期地址者。俗名鈔票。銀行則例稱爲通用銀錢票。均須一律遵守此項章程。

第二條　凡繕寫之票。有奇零尾數。或載明支付人名。及支付時期地址。名爲支票兌條者。不必援照此項章程辦理。

第三條　通用銀錢票。必須有殷實同業五家互保。担任賠償票款之責。方准發行。惟官設行號。不在此限。

第四條　凡掛幌錢鋪。發行小錢票及其他紙票者。如有殷實商號五家。出具保結。担任賠償票款之責。暫准照舊發行。惟此項號鋪。除照銀錢兌換所章程呈由地方官彙案報部外。其關於發行紙票之事。仍遵此項章程辦理。

第五條　本章程未經頒發以前。凡向來發行銀錢票之行號。尙未註册領照者。限於文到六個月內。趕緊備集資本。呈請地方官驗實。報部註册。逾限不呈請者。除期限勒令收回此項紙票外。由地方官查照第十八條。酌量輕重處以罰款。

第六條　本章程未經頒發以前。有非銀錢行號發行此項紙票者。限至宣統二年五月底止。陸續將全數收回。其有於限期內不能全數收回者。准其另設銀錢莊號。照章註册。援照此項章程。一律辦理。

第七條　自本章程頒發後。再行新設之官商銀錢行號。概不准發行此項紙票。

第八條　本章程頒發後。凡照章准發此項紙票各行號。只能照現在數目發行。不得踰額增發。

第九條　凡發行此項紙票各行號。須將現在發出實數。按照部訂表式。塡送到部。其現在發出實數。以文到一個月內發出最多數目之日計算。

第十條　凡發出此項紙票。無論官商行號。必須有現欵十分之四。作爲準備。其餘全數。可以各種公債及確實可靠之股票借劵。儲作準備。另行存庫立賬。不與尋常營業賬目欵項相混。以備抽查。

第十一條　凡准發此項紙票各行號。自宣統二年起。每年須收回票數二成。限以五年。全數收盡。

第十二條　凡准發此項紙票各行號。於限期內情願一時全數收回者。准商由大清銀行。以確實之抵當物品。借予低利分年攤還欵項。

第十三條　將來新幣發行地方。凡有碍輔幣之紙票。（如制錢票銅圓票銀角票等）由部臨時專案飭遵。

第十四條　每月發行及準備數目。自宣統二年正月起。須按月遵照部訂表式。填送到部。

第十五條　凡官設行號。均由本部隨時派員抽査。如準備數目不符。或呈報不符。及有他項情弊者。立稟本部査辦。

第十六條　凡商設行號。由各地方官隨時會同商會派員抽查。如準備不符。或呈報不實。及有他項情弊者。報部査辦。

第十七條　抽査章程。由部詳細酌訂。以資遵守。

第十八條　凡有違犯此項章程者。輕則由地方官酌量情形。處以百元以上五百元以下罰款。重則由地方官逕報本部核辦。

第十九條　本章程係爲維持幣制。保全市面起見。如有藉端勒索者。准各該行號逕稟本部及各該省督撫查實。從嚴參辦。至商民之造謠生事者。亦准稟請地方官從嚴懲辦。

第二十條　本章程如有應行修改或停止廢棄之時。由本部臨時斟酌辦理。

宣統二年五月。度支部奏定兌換紙幣則例摺內載稱各省官商行號所發銀錢各票。形式既殊。價値復異。於推行紙幣前途。大有妨礙。除商號所發各票。流行尙隘。仍令遵照度支部上年奏定通用銀錢票暫行章程。按年收回二成。期以五年收盡外。其官銀錢號所發各票。爲數較鉅。似不能不變通辦法。俾收速效。應咨商各省。妥籌收換方法。前此大淸銀行所發通用銀票。亦應陸續收回。以昭劃一等語。（兌換紙幣則例。詳載本編第七章第二節）又附片稱嗣後銀錢行號之票紙。照章按年收回。不准增發。違者無論官商。由部奏參等語。是爲淸末主張統一發行制度及取締紙幣辦法之經過情形也。

第二項　民國制定之紙幣法規

民國成立以來。各省以紙幣充斥。頗感痛苦。其時論者。咸以紙幣之整理及收回爲唯一之急務。因於民國二年一月。由財政部訂定商業銀行條例。限制各官商銀錢行號發行各種鈔票。規定（一）發行總額不得超過資本金總額十分之六。（二）各銀行欲取得紙幣發行權者。必須呈繳政府發行之公債証書於財政部。其發行額不得超過呈繳公債證書之總額。（三）對於發行額須有四分之一以上之現金準備。此項準備金須存儲於中央銀行。又對於各省私立銀行所發行之紙幣。其收回方法。特定限制數條。（一）自財政部規定之紙幣條例公布後。三個月內。各銀行須將紙幣總額呈報於財政部。並須先繳紙幣發行總額三分之一之政府公債證書。一面向財政部領取同額之紙幣。（二）銀行收納紙幣後。三個月內。須收回舊紙幣三分之一。並須呈繳財政部。（三）銀行依前二條之規定。在一年以內。須將三分之二之舊紙幣。全部收回。並須呈報財政部。至民國四年。整理紙幣之議復起。當由財政部另擬取締紙幣法規九條。其大旨略謂各省官銀錢行號。改革以來。濫發紙幣。影響財政。前經本部呈奉明令禁止增發。並由部隨時設法分別收回。惟省立銀行及官銀錢局號。雖經制定發行額。以示限制。而一般商辦銀行號。咸視發行紙幣。爲架空牟利之圖。倘不設法取締。殊於市面大局幣政前途。均有絕大障碍等語。於四年十月二十日批准公布矣。茲錄其條文於左。

取締紙幣法規

一、凡官商銀錢行號。發行紙幣。除中國銀行外。均須依照本條例辦理。凡印刷或繕寫之紙票數目成整不載支收人名及支付時期。憑票兌換銀兩銀圓銅圓制錢者。本條例概認爲紙幣。

二、本條例施行後。凡新設之銀錢行號。或現已設立。向未發行紙幣者。皆不得發行。

三、本條例施行以前。業經設立之銀錢行號。有特別條例之規定。准其發行紙幣者。於營業年限內。仍准發行。限滿應即全數收回。無特別條例規定者。自本條例施行之日起。以最近三個月平均數目爲限。不得增發。並由財政部酌定期限。分飭陸續收回。

四、各銀錢行號。遵照本條例第三條發行之紙幣。至少須以五成現欵準備兌現。其餘五成。准以公債票。及確實之商業證劵。作爲保證準備。其有特別情形。暫時未能依照前項規定者。須呈明財政部核辦。

五、發行紙幣之銀錢行號。應每月製成發行數目報告表。現款及保證準備報告表。呈報財政部。或呈由該管官廳轉報財政部。

六、發行紙幣之銀錢行號。由財政部隨時派員。或託他機關。檢查其發行之數目準備之現欵及保證品。以及有關係之各種帳册單據。

七、各銀錢行號。違反第二條第三條第四條之規定者。應科以五百元以上五千元以下之罰金。其有發行權者。並取銷其發行權。

八、發行紙幣之銀錢行號。違反第五條之規定。並不遵造報告。或報告不實者。應科以五十元以上五百元以下之罰金。違反第六條之規定。拒絕檢查者。應科以一百元以上一千元以下之罰金。

九、本條例自公布之日施行。

民國九年六月。財政部以前經呈准公布之取締紙幣條例。頒行已久。限制綦嚴。乃近日各省官銀錢行號。往往藉口周轉。任意發行。種類旣參差不齊。準備亦虛實難究。金融因之閉滯。奸商得以把持。貽害閭閻。亟宜挽救。惟前項條例。或因現情微有變遷。或因推行不無窒碍。自應按切事情。稍加損益。以期法立令行。不虞扞格。將前所規定各項。重行修正。改全案爲十四條。全文附後按自近年以來。法令雖屢經更改。而實際並未能實行。例如依修正取締紙幣條例第八及第九兩條之規定。則發行紙幣之銀錢行號。有每月造送發行數目表。現款及保證準備表之義務。幣制局及財政部有檢查發行數目準備現狀及保證品之責任是也。

修正取締紙幣條例九年六月二十七日呈准公布

第一條　凡官商銀錢行號。發行紙幣。除國家銀行外。均須依本條例辦理。凡印刷或繕寫之紙票。數目成整。不載支取人名。及支付時期。憑票兌換銀兩、銀圓、銅圓、制錢者。本條例概認爲紙幣。

第二條　本條例頒行後。凡新設之銀錢行號。或現已設立向未發行紙幣者。皆不得發行。

第三條　本條例頒行以前設立之銀錢行號。其發行紙幣。業經財政部依法令核准有案者。仍准發行。但以後不准逾額增發。

前項發行紙幣之銀錢行號。原定有營業年限者。限滿應將所發紙幣全數收回。不得延長年限。其無營業年限者。由幣制局暨財政部得定期限令收回所發紙幣。

第四條　本條例須行以前設立之銀錢行號。其發行紙幣。經財政部核准立案時。附有特別條件者。仍照核准原案辦理。

第五條　本條例須行以前設立之銀錢行號。其發行紙幣。並未經財政部依法令核准有案者。應自本條例須布之日起。六個月以內。呈由地方官查明發行數目及準備金後。轉報幣制局暨財政部核定發行數目。暫准發行。惟幣制局暨財政部得隨時定期限令收回。

第六條　本條例未經須行以前。有非銀錢行號發行紙幣者。限至本條例須行後。一年以內。全數收回。

第七條　各銀錢行號。遵照本條例第三、第四、第五、各條發行紙幣應負隨時兌現之責。前項紙幣。至少須有六成現欵準備。其餘得以政府發行之正式公債票。作爲保証準備。其有特別情形。暫時未能照辦者。須呈請幣制局暨財政部覈辦。

第八條　發行紙幣之銀錢行號。應每月製成發行數目報告表。現欵及保證準備報告表。每半年製收支對照表。財產目錄表。由地方官或監理官逕呈幣制局暨財政部。

第九條　發行紙幣之銀錢行號。得由幣制局會同財政部隨時派員或委託他機關檢查。其發行數目。準備現狀。及保證品。並其他有關係之各種賬册單據。

第十條　各銀錢行號。發行紙幣。除遵照第三條辦理外。遇有破爛。必須更換新票時。應先呈請幣制局核准後。交印刷局印製。並將紙幣樣張。呈送幣制局備案。

第十一條　各銀錢行號。照第十條之規定。更換新票時。其收換辦法如左。

甲如向幣制局呈請發給新紙幣一百萬張。第一批祇准領運三分之一或四分之一。其數目由幣制局核定。俟舊票悉數收清後。方准依次領運第二批及第三批。

乙收回舊票。即責成各地方官派員或由監理官點驗截角封存。轉報幣制局備案。

第十二條　各銀錢行號執行業務之經理人董事。違反第二條至第七條第十條第十一條之規定者。科以五百元以上五千元以下之罰金。違反第三條至第五條第七條之規定者。幣制局暨財政部得隨時取消其發行權。

第十三條　各銀錢行號執行業務之經理人、董事、監察人。違反第八條之規定。並不遵造報告或報告不實者。科以五十元以上五百元以下之罰金違反第九條之規定拒絕檢查者。科以一百元以上一千元以下之罰金。

第十四條　本條例自修正公布之日起實行。

第二節　紙幣發行制度之籌議

按自前清末季。政府對於發行兌換券制度之所採政策。素主統一發行紙票之權。採取單數國家銀行之制。故其規定各項法制。如宣統元年之通用銀錢票暫行章程。及二年之兌換券紙幣則例、對於紙幣之釐定。均頗周詳。而當時度支部執行限制濫幣之法。亦極嚴厲。惜為期短促。國體旋更民國成立以來。政府所採政策。仍沿清制。迨及民國四年。公布取締紙幣條例。載明凡已經發行紙幣之銀錢行號。有特別規定者。於營業年限滿後。應即全數收回。無特別規定者由財政部酌定期限。陸續收回。未發行者。概不得發行。此外並由中行。釐定領用兌換券制度。俾原有發券各銀行。得領用中行兌換券。是為中央政府所採單數發行制度。益加明確矣。惟自民六以後。中央方針。雖未宣明變更。而當時所設各種銀行。予以發行特權者。時有所聞。民國八年。政府曾制定銀行公庫兌換券條例。凡十二條。條例規定。由各地方銀行公會組織之公庫發行。并擬先從津滬漢三處設立公庫。迄未實行。（全文附後）至民國九年。銀行公會聯合會第一屆會議之際。曾建議政府確定發行制度。十年銀行公會聯合會第二屆會議之際。復由漢口銀行公會提出此案。當經一致表決。呈財政部幣制局請予確定發行制度。其大旨略謂幣制爲國家要政。整理不可不先。紙幣與通貨並行。制度尤當確定。嘗考東西各國發行制度。要不外單一銀行發行制。與多數銀行發行制兩種。單一發行制者。其發行權屬於中央銀行。多數發行制者。其發行權屬於多數銀行。其間得失互見。而各國採用亦各有沿革變遷之不同。然必確定施行何種制度。俾全國發行之事。整齊劃一。以免社會金融之紊亂。而保人民資財之安全。則固一定不易之理也。我國發行制度。政府究採何種。迄未明確規定。雖曾頒布取締紙幣條例。而徒託空文。未覩實效。比年以來。新設之普通銀行。特種銀行。以及中外合辦之銀行。經政府特許以發行權者。殆已數見不鮮。就取締條例言。似單一發行制。爲政府所取法。然徵諸歷次特許成案。則又近於多數發行制。民視不定。後患堪虞。應請俯察國內輿情。採取適當學說。詳究兩制利弊。速定發行制度。以垂國家久遠之規。免貽政法兩歧之誚。再當此發行制度尙未確定以前。政府對於任何銀行之請求發行權者。似宜斟酌審愼。或俟制度規定。再行核辦。以昭愼重。而期劃一等語。至民國十二年十二月。幣制局有設立公庫統一紙幣發行權之提議。蓋亦深鑒多數發行之繁雜。而以單一制矯正之。且因紙幣發行制度之宜速定。又迫不容緩。故提倡組織公庫。爲漸謀統一發行之基礎焉。（條文附後）據當時所採用公庫制之理由。約有數端。「（一）國家法令往往不能普及。外交上亦無實力。不得不藉金融勢力。使法外行動漸次居於劣敗地位。就我範圍。（二）國家銀行實力未充。不得不暫取此制。先收羣策羣力之效。俟有相當時機。再實行集中制。（三）規定兌現地點若干處。其餘以滙兌法流通之。準備勢力較爲充實。既可節省硬幣之使用、并可養成不兌現券之習慣。（準備金不使分散。集中一處。力量較厚。今假定漢口爲兌現地點。亦爲準備金積貯地點。其四周爲九江、岳州、信陽、武昌、襄陽、沙市、宜昌、等處。倘其中一處。金融恐慌。漢口公庫即以全力援助。較之準備分散各區自理。固屬易於辦理。（四）集中制現既不能實行。多數制又監督爲難。此制爲折衷辦法。若領券資格從嚴規定。爲數當不甚多。監督檢查。較爲簡易。(五)此制既取公開主義。領券銀行利害相同。所有擠兌風潮及因發行上發生無意識之衝突。均可免除。(六)鈔券信用。全在準備確實。而準備能否確實。尤以發行能否獨立爲斷。吾國發行銀行。往往以營業欵項充作鈔券準備。實含冒險性質。此制倘能實行。公庫與銀行既絕對分而爲二。營業與發行當然不能混合。營業既有失敗。鈔券仍有準備。所有停兌等事。從此摧除淨盡」按以上所舉者。是爲今日救濟時弊最適之良法。但其中亦不免有困難之處。如第一條所規定。由各地銀行公會聯合組織公庫。爲發行機關。於事實上卽不易施行。如已有發行權之銀行。是否贊同。此其一。省有之官錢局及省銀行。在今日中央對於地方未有指揮權之前。能否取消其發行權。尤感有莫大困難。此其二。又如第二條所規定。在今日交通不方便之地。難免不發生貼水折扣等弊。及有力軍閥提取鈔券。凡此諸點。似皆有可加斟酌之餘地。然其最大之障碍。則爲銀行界內部之暗分派別。不能通力合作。一部分人士謂公庫制之難行。不亞於集中制。蓋亦有鑒於銀行界實情之譚。然欲集中制之能實行。又須以政治統一爲前提。是又超乎幣制問題之外矣。

銀行公庫兌換券條例

第一條　銀行公庫兌換券由各地方銀行公會組織之公庫發行。公庫先從津滬漢三處設立。其組織法另定之。

第二條　此項兌換券。流通全國。無論公私欵項。一律通用。不得折扣貼水。

第三條　此項兌換券分爲一元、五元、十元、二十元、五十元、一百元、五百元、七種。按照券面地名。由該地公庫。以國幣或通用銀元隨時兌現。

第四條　此項兌換券。須按照發行額。以國幣或通用銀元或生金銀七成。爲現金準備。以公債票及商業有價證券三成。爲保證準備。前項現金準備之成數。依金融之狀況得增減之。但須經全國銀行公會聯合會之決議。由財政部及幣制局核准並公告後方得實行。

第五條　依照中華民國法律設立之銀行。業經財政部核准註册者。均得按第四條之準備法。向公庫承領兌換券。章程另定之。

第六條　公庫逐日發行兌換券並現金準備及保證準備之數目。每一星期。應於公庫所在地。登報公告一次。每月並應製成上例二項報告表。報告財政部及幣制局。

第七條　財政部及幣制局得會同派員駐公庫監理。或隨時檢查各地方公庫發行帳册。

第八條　公庫所在地之檢察官及商會。得根據公庫登報之公告。隨時要求檢查發行數目現金準備及保證準備并發行帳册。

第九條　公庫違背第四條之規定。發行兌換券。或有其他不正當之行爲時。得由財政部及幣制局酌定期限。停止該公庫之發行權。或對於該公庫董事及經理人。得處以五千元以下之罰金。其有涉及刑事犯罪者。由司法官署依法處斷。

第十條　僞造或塗改此項兌換券者。依刑律之規定處斷。

第十一條　本條例施行後。除依教令之規定。特准發行兌換券之銀行。仍得繼續發行。並得按照本條例第四條之準備辦法。向公庫承領此項兌換券外。其他業經發行兌換券之銀行。應由財政部及幣制局。酌定限期收回。或由該行自行呈請取銷其發行權。在發行權未經取消以前。不得承領此項兌換券。本條例施行後。除依前項規定外。

無論何種銀行。財政部幣制局不再准許有發行兌換券之權。

第十二條　本條例自公布日施行。

公庫制大綱

第一條　由各地銀行公會聯合組織公庫。爲發行機關。凡與有領券資格之銀行。均得按照條例規定領券。

第二條　此券全國一律通用。不載發行地名。但規定若干處爲兌現地點。其餘各地均得滙兌。不取匯費。亦不得折扣貼水。

第三條　現金準備。定爲七成。其餘三成。以公債及商業有價證券爲保證準備。

第四條　前項準備金。由公庫經理保管。政府派員監督。并由該地商會檢查之。

第五條　發行數、流通數及準備金數。每星期由公庫分別公告一次。並每月彙總報告一次。

第六條　中交兩銀行仍得繼續發行。並得按照條例規定領券。其他銀行業經發行之舊券。限期悉數收回。或自行取消其發行權。在未經悉數收回或取消發行權以前。不得領券。

第七條　此制實行後。無論何種銀行。均不得再許其有發行權。

第三節　財政部設立監理官之情形

民國二年十二月。財政部以各省官銀錢行號。濫發紙幣。漫無限制。以致價値低落。國計民生。交受其困。倘不亟爲嚴加監督。匪與特整理幣制。多有窒礙。且恐財政基礎。永無鞏固之日。復查東西各國制度。凡屬有發行鈔票權之銀行。政府得常派專員監視其一切事務。中國銀行則例中。亦有得派監理官之規定。中國銀行則例第二十七條載、財政總長、得派監理官一人監視中國銀行一切事務、民國二年四月十八日、財政部以部令公布中國銀行監理官服務章程、計共十條、內第三條載稱中國銀行監理官、須隨時檢查中國銀行兌換券發行數目及準備狀況、本部現擬援照此例。特派監理官前往各省官銀錢行號。監視一切。特訂各省官銀錢行號監理官章程十三條。於二年十二月二十三日。由財政部部令公布。至三年三月。財政部復呈該章程之規定。僅對於官銀錢行號暨官商合辦者。得派員監理。但查各省紙幣充斥。其由官銀錢行號發行者。固屬多數。而由商辦銀錢行號發行者。亦殊不少。如湖南之礦業銀行。奉天之興業銀行。廣東之信大銀行。浙江之興業銀行等。據各該省調查報告。類皆發行紙幣。爲數甚鉅。其於地方金融關係。與官辦者。殆無軒輊。若監理範圍。僅以官辦暨官商合辦者爲限。而不及於商辦銀錢行號。按諸事實。既多窒礙。揆諸情理。又未公允。殊非本部整理紙幣之初心。茲擬於該章程第十二條官商合辦之銀錢行號句下。加入「及發行紙幣之商辦銀錢行號」一語。以期周密。而臻妥善等語。於是年三月初四日修正。茲錄其章程於后。

各省官銀錢行號監理官章程

第一條　監理官承財政總長之命監視各省官銀錢行號一切事務。

第二條　應派監理官之各省官銀錢行號。由財政總長定之。

第三條　監理官得隨時檢查各省官銀錢行號各種簿記及金庫。

第四條　監理官得隨時檢查各省官銀錢行號鈔票發行數目。及準備狀況。

第五條　各省官銀錢行號。欲換發新舊鈔票。須由監理官轉呈財政總長核准。

第六條　各省官銀錢行號內。尚未發行之鈔票。暨印票印板戳記。均須交由監理官會同封存保管。非奉財政部命令。不得開封行用。

第七條　監理官得隨時檢閱各省官銀錢行號各種票據及一切文件。

第八條　監理官得隨時質問各省官銀錢行號事務一切情形。如認爲必要時。得請銀行編製各種表册及營業概略。前項表册文件。須由各省官銀錢行號總辦。署名蓋印。

第九條　監理官每月十五日以前。須將上月内檢查情形。詳細編製檢查報告書。呈報財政總長。

第十條　監理官對於各省官銀錢行號業務。認爲有違背章程、及其他非法行爲。須從速呈報財政總長。

第十一條　監理官非得財政總長許可。不得擅離職守。

第十二條　官商合辦之銀錢行號。及發行紙幣之商辦銀錢行號。亦適用本章程之規定。

第十三條　本章程自公布之日施行。

第十四章　僞造貨幣禁例

第一節　僞造硬幣禁例

吾國僞造貨幣禁律。漢以前。其制不詳。漢時私鑄錢死。妻子沒入爲官奴婢。吏及比伍知而不舉告與同罪。唐律云。諸私鑄錢者。流三千里。作具已備未鑄者。徒二年。作具未備者。杖一百。若磨錯成錢。令薄小取銅以求利者。徒一年。至永淳元年五月。又規定凡私鑄錢造意人及句合頭首者幷處絞。仍先決杖一百。從及居停主人加役流。各決杖六十。若家人共犯。坐其家長。老疾不坐者。則罪歸以次家長。其鑄錢處。鄰保配徒一年。里正、坊正、村正、各決六十。若有糾告者。即以所鑄錢毀破。並銅物等賞糾人。同犯自首免罪。依例酧賞。宋初令諸州輕小惡錢及鐵鑞錢悉禁之。詔到限一月送官。限滿不送官者。罪有差。其私鑄者。皆棄市。銅錢闌出江南塞外及南蕃諸國。差定其法。至二貫者徒一年。三貫以上棄市。募告者賞之。明律凡私鑄銅錢者絞。匠人罪同。爲從及知情買使者。各減一等。告捕者官給賞銀五十兩。里長知而不首者。杖一百。不知者不坐。又曰若將時用銅錢。剪錯薄小。取銅以求利者。杖一百。清仍明制。其律文與明律同。至康熙十二年。復規定私銷之罪。照私鑄例論罪。雍正十三年。又定翦邊錢禁例。及各官失察處分。謂凡將制錢翦邊毀化。製造器皿貨賣者。拿獲之日。審明翦至十千以上者。爲首之人。擬絞監候。爲從杖一百。流三千里。不及十千者。爲首照毁化小制錢例。枷三月。杖一百。發雲南川廣烟瘴少輕地方爲從減一等。杖一百。徒三年。房主、鄰佑、總甲、十家長、知情不首。皆照爲從例治罪云。

按新式銀銅圓僞造禁例。始自清光緒二十二年。刑部議覆署兩江總督張之洞。奏廣東等省。次第開鑄銀錢。請飭議私鑄罪名一摺。內開私鑄制錢。罪名輕重。以十千以上及不及十千爲斷。向來計贓定罪之案。以制錢一千。合銀一兩。嗣後私鑄銀錢之案。核其所鑄之數。至十兩以上。或雖不及十兩。而私鑄不止一次。後經發覺者。比照私鑄制錢罪名。爲首及匠人俱擬斬監候。爲從俱發新疆給官兵爲奴。至光緒三十一年七月。財政處奏稱銀圓銅元紙幣三項。花紋精細。頗難朦混。一經贋造。則子母相生。層出不已。凡敢於犯法作僞者。其機詐必深。其窟穴必密。較之尋常私鑄。其情罪似加一等。擬請嗣後拿獲私鑄銀銅元僞造紙幣之犯。如其數在十兩十千以上。或數雖不及。而私鑄不止一次者。均比照私鑄制錢例加等治罪。以昭炯戒等語。得旨依議。民國以來。均未明文規定。但適用新刑律之僞造貨幣罪各條欵焉。

第二節　僞造紙幣禁例

宋史食貨志云。宋崇寧三年。立僞造法。凡通情轉用。並鄰人不告者。皆辠之。私造交子紙者。辠以徒配四年。嗣又定僞造會子法。僞造者處斬。告捕者賞錢十貫。不願受者。補進義校尉。金時鈔外篆書曰。僞造交鈔者斬。告捕者賞錢三百貫。元世祖中統二十五年。規定僞造鈔者處死。首告者賞鈔五錠。仍以犯人家產給之。明大明通行寶鈔。其文曰僞造者斬。告捕者賞銀貳伯伍拾兩。仍給犯人財產。又按實錄云。大祖洪武二十七年。令軍民商賈所有銅錢。有司收歸官。依數換鈔。不許行使。犯者以姦惡論。清定鼎後。亦造寶鈔。文云大清寶鈔與銅錢通行。使用違造者。罰銀拾兩。使用者。賞通行寶鈔拾貫云。

自近代銀行發行鈔劵。至光緒三十年。戶部奏訂銀行試辦章程。訂定僞造紙幣禁例。其第二十八條載。僞造紙幣。不獨有害本行營業。兼亦害及行用之人。亟須嚴禁。本行既隸於戶部。所發紙幣。既與國家制幣無異。應稟財政處戶部。奏明通飭各省。出示嚴禁。無論何項人等。如有僞造本行紙幣者。由刑部另立專條。從重辦理云云。宣統二年五月。度支部奏釐定兌換紙幣則例云。其僞造紙幣或變造紙幣者。應由京外各衙門督飭所屬。隨時緝獲。按律從嚴治罪。不容稍有寬貸。（參照第二編第七章第二節兌換紙幣則例）等語。民國以來。關於僞造

變造紙幣之禁律。均未另立專條。但適用新刑律之僞造貨幣罪及僞造有價證券罪各條欸焉、

第三編　現代幣制問題

第一章　幣制問題之經過

中國昔時國家制幣。僅有銅錢一種。其餘金銀。皆未曾範鑄成幣。僅按重量品質流通。無所謂本位單位問題。自通商以來。沿海各地銀兩制錢各種貨幣。逐漸被番洋所壓倒。當局者始竊竊憂之。先是政府嚴禁其流通。卒未能收效。乃提議自鑄銀元以抵制外銀之輸入。是時整理圜法之議。尚未萌芽。迄光緒末年。士大夫漸知改革幣制之必要。復鑑於各國幣制之整齊。而苦本國貨幣之紊敗。既受交易之不便。而又困於運送之艱險。加以國家負債日重。鎊虧（金銀換算之不利）之損失尤巨。乃有主張從速改革幣制之議。仿歐美各國近世圜法。鑄造金銀銅各種貨幣。為全國通用之幣。然當時朝廷尚覺非其時。至光緒二十九年。以庚子之役。償款巨億。而銀價日落。虧累倍蓰。始覺非急謀解決。則不足以圖存。加以光緒二十八年之中英商約。（中英商約第二款、謂中國允願設法立定國家一律之國幣、即以此定為合例之國幣、將來中英兩國人民應在中國境內遵用、以完納各項稅課及付一切用款、）二十九年春之中美商約等。皆加入畫一幣制之明文。政府既負此義務。遂不得不孳孳研求幣制。故二十九年三月上諭。時局艱難。財用匱乏。國與民俱受其病。自非通盤籌畫。因時制宜。安望財政日有起色。即如各省所用銀錢。式樣各殊。平色不一。最爲商民之累。自應明定劃一銀式。於京師設立鑄造銀錢總廠。俟新式銀錢鑄成足敷頒行後。所有完納錢糧關稅釐捐一切公欵。均專用此項銀幣。使補平申水等弊掃除淨盡。部庫省庫收發。統歸一律。不准巧立名目。稍涉紛歧。此舉爲國家要政。上下交益。務令圜法整齊。推行盡利等語。幷派軍機大臣慶親王奕劻、瞿鴻機會同戶部。辦理財政事宜。於是中央有財政處之設置。專爲整理財政及幣制等問題。自是幣制改革之議。漸爲各方所注重。是年秋。總稅務司英人嚇德氏主張採用金匯兌本位制。翌年春。美人精琦氏來朝。亦主行此說。其議論更爲精詳。其時廷臣多非議其說。不敢嘗試在當局者亦多主用銀。綜其理由。約有三端。(一)中國習慣銀銅並用。公私往來。多用銀兩。(二)中國蓄金不多。金鑛亦少。恐採用金本位。供求不能適合。(三)人民生活程度不高。不便用金。是也。自決定用銀本位後。而銀幣單位一兩與七錢二分兩說。亦復聚訟紛紜。迄不得決。國家幣制法令。亦隨之更變。初由兩單位改爲元單位。繼而由元單位而復改爲兩單位。至宣統二年四月。度支部奏定幣制則例。仍採用元單位制度。於是單位問題。

始完全解決。是年八月。度支部奏改原有之幣制調查局爲幣制局。將以之爲督理幣制之機關。三年政府向英美德法四國銀行團。訂借英金一千萬鎊。以作興辦東三省實業及整理幣制之用。並派員往倫敦與四國幣制專家討論幣制。未幾國體改革。兵戈擾攘。幣制之紊亂加甚。不及言整理矣。此清末整理幣制之經過情形也。

民國元年秋間。財政部特設幣制委員會。討論幣制本位單位各問題。咸主張採用金匯兌本位制。謂該制有八利二弊。則自非銀本位與金本位之利少弊多者可比。我國改良幣制。似以金匯兌本位爲最合宜云云。其時有荷蘭博士衞斯林著中國幣制改革初議。主張暫時並用銀本位制及金匯兌本位制說。民國二年春。幣制委員會改組。特設專任之員。詳加討論。於是分爲三說。一主精琦氏之金匯兌本位。一主金本位與銀本位暫時並用。（此說爲劉冕執委員所主張）一主先用銀本位。秋間委員會撤。移其議於國務會議。卒定純粹銀本位制即三年二月間所頒之國幣條例是也。三月間。特設幣制局。任梁起超爲總裁。籌商整理幣制辦法。議借外債。尅期辦理。秋間歐戰忽起。借欵無望。年杪總裁辭職撤局。四年一月。財政部再設幣制委員會。擬定國幣條例修正案。其內容一爲改定一元銀幣之成色。一爲添鑄金幣二者是也。六年九月。梁啓超任財政總長。復欲厲行民國三年之計畫。特向英法俄日四國銀行團。提議善後續借欵英金二千萬鎊。以爲整理幣制之用。事未果而已去職。七年曹汝霖兼任財政總長。呈請厲行民國三年頒布之國幣條例。統一銀幣。發行金券。及組織推行金幣之貿易機關。皆未見實行。近年以來。國內一般趨向。大都主張首先畫一銀幣。然後再討論用金方法。此民國成立以來整理幣制之經過情形也。總括上述沿革。不外本位與單位問題之紛爭。及其事實上進行步驟之不同。茲爲便利研究起見。爰將其利害得失。及其改革之實情。一一分門別類。詳述於后。

第二章　幣制本位問題

第一節　鑄造金銀各種貨幣之首先建議者

主張鑄造金銀貨幣爲全國通用之幣。此說發端最早。其條議雖僅係建議性質。未有具體之規畫。然足以促成吾國日後改革幣制。實具有偉大之勢焉。茲特擇其重要者。分別摘錄於左。

一順天府府尹胡燏棻

清光緒二十一年閏五月。順天府府尹胡燏棻條陳變法自強案內。主張各省通商口岸。一律設局自鑄金銀銅三品之錢。額定相準之價。垂爲令甲。一面於京城設立官家銀行。歸戶部督理。省會分行。歸藩司經理。通商碼頭。則歸關道總核。購極精之器。造極細之紙。印行鈔票。而存其現銀於銀行等語。

二、監察御史王鵬運

同年十二月。監察御史王鵬運奏請變更幣制。謂外人串同內地奸商。以銀易錢。裝運出口。以致京師及各省錢價突漲。銀價愈低。若固守成規。不思變計。則旁有大盜。覬覦盤剝。必至潰敗決裂。窮而思亂。應請飭下戶部。鼓鑄金銀銅三品之錢。金錢輕重。略仿英鎊大小。銀錢用鄂粵鑄成之式。鑄成後。頒發各省。諭天下一體通行。各省亦一律鼓鑄。以資利用。仍特派大臣。總理其事。惟救急之法。則宜先鑄銀錢。銀錢足。則錢價平。而市面亦可以維持矣云云。

三、總理衙門給事盛宣懷

次年九月。總理衙門給事盛宣懷。奏請改革幣制。謂墨西哥國。以九成之銀鑄錢。運行中國。易我十成之銀。歲耗以億萬計。近來廣東湖北北洋南洋先後鑄造銀圓。分兩輕重。悉准墨銀。既不能廢兩爲元。各庫出入。仍需元寶。必致無銀可鑄。擬請在京師特設銀元總局。以廣東湖北天津上海爲分局。開鑄銀幣。每元重京平九成銀一兩。再酌鑄金錢及小銀錢。使子母相權而行。凡出欵俱用官鑄銀幣。各省關收納地丁錢糧鹽課關稅釐金。俱收官鑄銀幣。元寶小錠。概不准用。惟收欵仍照庫平銀十成計算。摺內又謂西人通商惠工之本。其樞紐皆在銀行。中國亦宜仿行。先在京都上海設立中國銀行。其餘各省會口岸。以次添設。由商董自行經理等語。當奉旨責成盛氏俟銀行辦成後。准附鑄一兩重銀元。以十萬元爲率。先在南省試行。如果可以流通。毫無窒礙。再由戶部妥議章程。奏明辦理。

四、通政使參議楊宜治

清光緒二十三年九月。通政使參議楊宜治。奏請仿造金鎊疏稱。鎊價日漲。中國征收所入。使費所出。無不加倍吃虧。借欵一項。吃虧尤巨且久。我國商民交困。皆此鎊價遞昂。耗物力於無形之中。有以致之。欲挽此弊。弭此大虧。非率宇內之權量。整齊而劃一之。定準圜法。以與各國平均往來不可。近來中外臣條陳圜法不知凡幾。或慮其紛更騷擾。而不忍遽行。或偶爾開鑄銀圓。而未能流通收效。意者尚未扼其要領。使舉而易行歟。臣曩年周歷各國。見其圜法。無不自定極準之式。如法之佛郎。德之馬克。俄之盧布。是而尤以金錢爲最便宜。金錢輕重有別。悉以英鎊爲準。同治年間。每鎊合規銀三兩三錢三分。光緒十三年。每鎊合規銀四兩一錢六分五厘。今則每鎊合規銀八兩有奇。燃眉之急。莫切於此。擬請諭旨准予變通。先按先令分兩成色樣式。鑄造銀錢。務令京師直省一律通行。一面飭下各省督撫速採金礦。再仿英鎊樣式。鑄造金錢。銀錢既鑄。金錢續成。由是可仿製鈔票。一俟鈔票展轉流通。則金錢直同土壤矣。

五、駐俄公使胡惟德

清光緒二十九年九月。駐俄公使胡惟德。奏請整頓幣制。添鑄金幣。略謂一國之中。必有一定之國幣。兼用金銀銅三品。必有一定之比例。凡成色形式價値。必須全國一律隨處通行。方能利用於民間。取信於外國。而驅駕乎用金之邦。滙兌不致受虧。交涉亦易措注。西國理財專家。考得世間歲產之金。以濟各國民用。而無慮不足。至歲產之銀。正無窮盡。

產銀愈多。銀價愈落。故近今金貴。實非金貴。乃銀賤也。中國習慣用銀。故以銀爲主。自見金日益貴。外國習慣用金。故以金爲主。自見銀日益賤。當今環球各國。旣皆用金。而吾國豈可獨居其後乎。即世之所謂用金不便。而實不足慮者。試臚舉之。論者謂中國物賤民儉。民間祇行銅幣。未盡用銀。遑論用金。不知現議用金。僅欲示信於外國。不求驟用於民間。民間之用銅用銀。均任自便。譬如今日都市用元寶。而民間仍少見。商埠用洋元。而鄉僻仍少見。用金亦然。先由口岸以漸行內地。先由大省以推及邊隅。各處仍可由銅而進於銀。再由銀而進於金。不必躐等而驟致也。蓋自皮革粟布以來。至於用鐵、用銅、用銀、用金。自有其漸進之理。不容遏、亦不容強。此不足慮者一也。又謂中國地廣民庶。一旦用金。安得如此多金以供鑄幣。不知開辦之初。係欲各國知我確有金幣存儲。以保金銀定價。不致漲落。而免商貨進出失其平均。市上本無多需。鑄數不求充溢。查印度存金較之市上流行貨幣。尚不及百分之十。以金銀互爲周轉之通例計之。金幣視銀幣原不過百分之十五而已足。中國銀幣類皆流行市上。及散布民間。迨積聚而換金。必不及百分之十。有時聚銀換金爲數過鉅。政府付出金幣。即收入銀幣。其時市上之銀必少。銀行又必出金換銀。以應市上之用。政府又必付銀收金。以應銀行之求。自爲消息。即自爲流通。此不足慮者二也。又謂中國錢鋪以兌換扣折私銷等爲生計。以平色缺串小錢等爲利源。國幣定而畫一整齊。剝算已窮。必非所願。不知彼等行爲、適足病商。本法令所應禁。此猶王政之必同律度量衡也。國幣行則此風不禁而禁。而後商務可盛。衆利可興。銀行更在所必需。彼等不患無生業。是禁其小利。正所以開其大利焉。此不足慮者三也。某國議員。又譏中國官吏。於錢糧釐稅收入時。銀塊銅錢種種不一。彼折此算。處處侵呑。養廉既微。賴此挹注。國幣定則生計窮。勢必譁然羣阻。不知整頓要政。原爲利國利民。非爲利此官吏。亦惟幣制不定。是以釀此弊端。若果圜法從同。正可杜其侵食。此不足慮者四也。彼又謂現今各省分鑄銀元。各爲圖得盈餘。以貼本省用項。鑄幣既歸一處。驟缺此欵。又非各省所願。不知新幣本非不可分造。即欲併歸一處。而前此正因國幣未定。銀塊不便通行。故各省暫鑄銀元以利民。初非貪得盈餘以自便。況所得盈餘。仍支公用。即改由一處鑄造。其盈餘一項。亦可分貼各省辦事之需。同爲公家之財。一彼一此。何分畛域。此不足慮者五也。論者又謂現今中國賠欵數萬萬。皆以銀計。一旦有金銀國幣。以與列國之幣相抵算。難保不干預牽制。不知改用金幣。乃各國近今常事。英美德法等國。尤利我之用金。以便其商務。故英訂商約。即有立定國幣之條。美更為我代謀。不遺餘力。既有數國謂然。我更持之以堅定。即有一二國不願中國富強者。亦未便公然阻止。此不足慮者六也。又謂鑄金幣既為見重外國。則每歲貨價出口常不抵進口。洋商以所得貨價。滙歸其國。則我之金幣外流。保無隨鑄隨盡。不知凡進口貨多。出口貨少。其時財入外人之手。而市上財少。財少則貴。財貴則土貨必賤。洋商爭購。而出口自增。出口增而財又聚矣。又市上財少。即覺客貨之貴。而銷路滯。銷路滯則進口減。而財又流通矣。況財貴則息重。息重則本欲滙洋之欵。以留華生息為合算。而財仍留。查美之紐約。現有法幣一萬五千萬佛郎存美生利。不以滙歐。中國每歲出口。不抵進口約千萬至千五百萬兩之多。而未見現銀綑載出口。可見洋商之財仍留在華。以興商業。縱不在華人之手。亦未始非地方之利。又證以俄日兩國用金以來。出入財貨表。更信而有徵。蓋兩國初用金時。亦正患出口貨少。而金幣外流者也、此不足慮者七也。某國議員。又謂中國人好空論而少實功。喜守舊而難圖始。如天津議行印花稅。不久即廢。至今未行。幣法事更重繁。難行必矣。不知印花稅徵取於民。固知不便。尙冀漸漸推行。造幣乃便民之事。利害懸殊、順逆異勢。近者東南財富之區。業已通用銀元。三年來、北省亦通用銀元。非明證乎。是在行之有法。持之有恆。此不足慮者八也。摺內又謂鑄幣辦法。約有六端。一曰定名稱。各國之幣皆有專名。二曰鑄新幣首定鑄幣之數。三曰收舊銀以歸劃一。四曰籌鑄本。五曰廣行用。六曰昭信實是也。嗣經戶部覆奏。謂鑄金幣。應預籌金欵。擬令捐復捐升捐加花樣等項。搭收庫平足金五成。以交金一兩。抵交銀三十二兩。庶可籌集金款等語。詔可。然亦未見實行也。

第二節 金滙兌本位制之建議

按自前淸光緒二十九年。總稅務司𪢮德條陳政府主張採用金匯兌本位制以來。迄今二十餘載。幣制本位問題。迭經討論。大都歸宿於此說。但由銀本位制。過渡於金滙兌本位制之辦法。歷來所擬不外三端。(一)整理銀本位制及實行金匯兌本位制同時幷舉說。(二)暫時並用銀本位制及金滙兌本位制說。(三)暫行金銀兩本位制俟至相當時期實行金滙兌本位制說是也。茲特分別摘錄如左。

第一項 整理銀本位制及實行金滙兌本位制同時並舉說

此說爲即時定單位金幣之重量及銀幣對金幣之法定價格也。

一、赫德氏之建議

清光緒二十九年八月。總稅務司赫德著中國銀幣確定金價論一篇。條陳政府。主張採用金匯兌本位制。並謂英金一鎊。適抵中國庫平銀八兩。如用金匯兌本位制。則兩錢分釐等名目。仍可沿用等說。茲節錄條陳原文大要如左。

一、中央政府自行設廠鑄造新幣。目下散在各省之造幣廠。悉行封閉。

二、新幣名稱重量。仍以兩、錢、分、釐爲宜。

三、新幣價格準照庫平。定爲一兩、五錢、二錢五分、一錢、四種。

四、新鑄當十銅元。及一釐銅幣。

五、造幣廠監督技師及會計。均聘外國有經驗者充當。

六、銀幣成色一兩、五錢之幣爲九成二錢五分及一錢之幣爲八成。造幣餘利。用充造幣廠經費。

七、發行新幣。同時禁用舊幣及生銀。有生銀者。得換給新幣。

八、新幣與外國金幣比價。以上論定之。凡外人持有金幣者。得照法價換取新幣。
九、換得之金幣。宜行存儲。以備支付外債及異日改鑄金幣之用。

二、精琦氏之建議

清光緒二十八年冬。我國外務部飭駐美代辦沈桐照會美外部。謂中國政府因金銀變動之關係。影響及於債權債務非淺。擬會同墨國。請美政府合力補救等語。蓋是時政府未明幣制有本位之關係。祇以銀價日落。洋債賠欵。鎊虧日鉅。故思與各國議定銀價。同時墨西哥亦提此議。千九百三年三月。美政府遂設國際匯兌調查委員會。以高蘭、漢納、精琦、三人爲專使。歷聘歐洲日本諸國。且調查我國內情。是年十一月。該委員等作國際滙兌調查報告。（其內容係用銀國改用金本位之方法、）提出於美國議院。並派精琦氏航來吾國。於三十年春抵京。上圜法條議於政府。力陳採用金匯兌本位制之利益。謂該制最適用於現時之中國。旋被朝士所反對。遂不見用。其中最遭士大夫之攻擊者。爲所擬司泉官用洋員一節。時鄂督張之洞反對尤力。奏稱利弊。頗爲詳明。雖未能準諸幣制原理以立論。而影響幣制前途。良非淺鮮。茲特將精琦氏條議大要。及張氏奏駁金滙兌本位制原文。一並摘錄如左。

精琦氏條議整頓圜法大要

一、中國政府。應速定一有效之政策。以期設立圜法。該圜法以能有一定金價之銀幣為主。其實施以能得賠款國之多數滿意為歸。

二、中國政府應聘任適當洋員。襄助其籌定圜法。并掌其施行運用。

三、中國辦理此事。應派一洋員為司泉官。總理圜法事務。該司泉官有權辟用帮辦數人。管理制錢局及別項事務。為司泉官所指派者。

四、司泉官每月刊造詳細報告書。載明錢幣情形。凡消流借貸及外國信用滙票等項各若干。皆備載之。（查原註之意、當謂所公布者、乃係簡表、並非該局之詳細帳目耳）凡各國之以賠款事。與中國有交涉者。准其所派代表人。遇適當時。許以查看。且有條陳獻替之權。凡此皆為使新幣制昭信於各國起見。

五、中國政府應定一單位貨幣為價值之主。該單位貨幣。應額定含純量金若干。大約所值金價。應兌銀一兩。或比墨西哥之一銀圓。其值稍昂。並定章許民間隨時攜金來託代鑄此單位貨幣之五倍十倍二十倍者。但量收其鑄造之費。或將來政府亦自行採金。鑄此種貨幣。

六、中國應亟鑄銀幣若干萬元。通流本國。該銀幣應有相當之模範。其大小約照墨西哥洋圓。其與金單位貨幣之比價定爲三十二換。設法維持。以後隨時按照下文所指辦法。調查全國應需之數。陸續添鑄。至補助貨幣。（即小銀幣及紅白銅幣）。其分兩價値。亦應劃定。惟以適用爲主。

七、新鑄之金幣銀幣。無論在何省完納賦稅等項。皆照國家所定比價。平等收用。若此等公項。前此原定銀數者。皆准用新定幣價推算。

八、中國政府應飭下各督撫。曉諭各省。限定某月某日起。將所鑄新幣。作民間定付種種債務之用。惟限期以前之債欵。仍照合同支付。至某地自某日起限。由政府審定頒示。

九、中國政府爲維持銀幣定價起見。應在倫敦及別處通商巨埠。置備一信用借貸款。以便出售金匯票。其匯價較平日銀行匯價稍高。譬如按照新制。平日銀行倫敦滙價。應以新銀幣一元兌換英金二先令。政府則俟每一元零百分元之二兌換二先令時。方賣匯票。此等滙兌歸司泉官專理。惟無論何人欲購此滙票。必銀數在一萬兩以上。方許出售。

十、爲設立新圜法。且置備適當支兌之匯款。所需不貲。若政府不能猝備。可以借外債充之。惟應指定一財源作抵。其財源應敷支付利息及償還資本之用。至管理此財源之法。須令各國之有關係於此事者。咸表同情。

十一、所有鑄幣溢利。應另行存貯。一俟貯至五十萬兩。應按照匯票之多寡。攤分外國各埠之代理人欵處存貯。此存貯金欵。最少積有若干萬兩之數方止。

十二、倘滙票出售日多。所存金欵漸乏。准由政府所派駐外洋代理人收買銀匯票。吸回金幣。以補其缺。其價目由司泉官臨時定奪。

十三、應設法頒定銀行律。准由國立銀行。或別種相當之銀行。發行鈔票。與通寶同價並用。統歸司泉官監督。

十四、爲推廣新幣起見。使其流通各省。愈速愈妙。應由司泉官託各省地方官吏或票莊錢莊。及可信之商家。代爲經理此事。

十五、限五年內。各通商口岸。一律須用新章。凡收納關稅。須用新幣。其僻遠地方。逐漸推行。一俟新制通行。則所有賦稅。俱收新幣。並立定章程。凡稅則皆以新幣計數。

十六、俟新幣鑄成若干萬元之時。新章即行開辦。

十七、司泉官及各國代表人。有權爲中國提議整頓財政。

張之洞奏駁虛定金本位制原文摘要（清光緒三十年七月奏疏）

財政一事。乃全國命脈所關。環球各國。無論强弱。但爲獨立自主之國。其財政斷未有令他國人主持者。更未有令各國人皆能干預者。今精琪條議爲第一條云。中國設立圜法。其措當以賠款國之多數能滿意爲準。第三條此法舉行。中國政府。應派一司泉之洋員。總理中國圜法。該司泉有合宜幫辦數人。管理製錢局及別項正司泉所指派之事。第四條正司泉每月刊造詳細報告書。申明錢幣情形。內載消流借貸及外國信用滙票等各若干。其賬目並非中國政府之賬目。准賠款相關國所派之代表人查看。中國政府以此爲善良辦法。該司泉準有條陳及提舉之權。第十三條設法定銀行事業條規。準官家銀行。或別可靠銀行。發用鈔票。與通寶同價。並用歸正司泉官監督。第十七條。正司泉官及各國代表人。準爲中國政府提舉整頓財政之事跡。其所云直欲舉中華全國之財政。盡歸其所謂正司泉洋員一手把持。不復稍留餘地。而又恐各國之議其後。故一則曰使賠款國之多數能滿意。再則曰賠款國之代表人可以查看賬目。而不復問主權之何屬。其悍然不顧。乃至此極。實出情理之外。然其害猶爲有目所共見。當不待臣之瀆陳。臣之所更不解者。則其於新鑄銀幣。強定爲準三十二換之金價。侈然謂鑄頭出息。可獲二分厚之重利。冀以歆動中國也。夫使所定三十二換之金價。中外可以通行。中國即可以此價拆算。兌付各國賠款。誠屬兩得其平之計。乃精琦所定。此項三十二換之銀幣。其限制祗能在中國通行。而在外國買票購金。則價値須由正司泉官臨時定奪。至其續送條議。則明言此銀幣在本國支付欵項。即作三十二換銷用。若用銀元付外國欵項。則須按生銀價銷用。即四十換之譜。等語。是其法不過使中國商民。以値市價四十換之金一兩。納諸政府。祗抵銀三十二兩。而外國持銀三十二兩。一入中國。即可得金一兩之用。及以中國之銀。抵付外國之金。則仍須以銀四十兩。抵金一兩。無論求利太貪。立法太橫。民必不遵。法必不行。即使強迫行之。亦惟罔內地商民之資財。以入之政府。而又括中國政府之利益。以傾瀉於外洋而已。況金磅銀條。行情市價。四海內外。電信靈通。報章具載。若欲以賤價購貴金。則民間舊藏之金器。與華洋各商開礦新得之生金。皆將以善價售諸洋商。運出海外。豈肯賤售與官。是欲求二分之出息。於金價無從得矣。若欲以虛價抬銀幣。其由官發出之欵。強以三十兩之銀。作値四十兩之金。則民間必將以祗値三十二兩之貨物工資。長爲値銀四十兩之價。上下相蒙。虛僞相抵。徒勞無益。是則二分之出息。於銀幣亦無從得矣。又如所議勒令民間以新幣還舊債一節。尤爲橫暴無理。夫按新幣硬抬之高價。以還新債。恐虛頭太多。勢難持久。已患不能通行。況勒還舊債乎。此令一行。必致中國各省商民借貸絕路。追賬倒賬。搶奪紛爭。各行商買。概行歇業。貧民固窮。富民亦窮。大亂立見。是不惟無二分之利。且恐有十分之害矣。況所謂鑄頭出息者。尤爲牽強。凡鑄大小銀幣。不用純銀。可攙用銅鉛雜質十分之一。小元則十分之一零幾。但官鑄民用。總以大圓爲多。而大圓除去工本火耗局用所獲盈餘。並不甚多。然此項鑄頭出息。其利雖微。而其勢甚順。於上有益。而於下無損。果能全國皆用銀幣出納。一律開辦。前廿年內鑄數既多。餘利亦成鉅款。此乃國家權力應有之利。明白無欺之事。切實和平之辦法。並不須用外人主持。亦不須行以罔民病民之政。如彼所說。以民間所入四十換之金價。政府勒折爲三十二換。而以所餘之八換。指爲鑄頭出息。此乃繞昇欺人。勢迫强取。何所謂出息耶。果如所議。其有二分之利。則外洋各國會計最精。其最爲富强之大國。資本雖充。權力亦足。皆將以鑄幣爲國家財政之第一巨欵。坐享工分之利。亦已足矣。何必更徵收各種稅欵。講求各種實業。開通各處商埠耶。其愚弄中國。亦太甚矣。至於行用金幣之說。浮慕西法者。皆持此議。汲汲勸辦。愚臣竊以爲不然。查外國商務殷盛。貨價貴。民業富。日用費。故百年以前。多用銀。或金銀並用。百年以來。歐洲各國專用金者。始漸多。三十年來。各國遂專用金。蓋商日多。費日廣。貨日貴。一物之值。一餐之費。罕有僅值洋銀數角者。中人一日之需。斷無僅值洋銀一圓者。故以用金爲便。中國則不然。民貧物賤。工役獲利微。庶民食用儉。故日用率以錢計。其貧民每人一日口食。僅止一二十文。中人一日口食。僅止六七十文。其沿海沿江通商大埠。尚參用金生銀銀圓。而內地土貨。無論鉅細買賣。皆用銅錢積算。雖大宗貿易。間用生銀折算。然總以錢爲本位。大率兩廣滇黔及江浙之沿海口岸市鎭。則用銀者十之七八。用錢者十之二三。其上游長江南北之口岸市鎭。則已銀錢兼用。若長江南北內地之州縣。則銀一而錢九。至大河南北各省。則用錢者百分之九十九。用銀者百分之一二。今計中國全國。仍是銀銅並用。而用銅之地。十倍於用銀之地。大率中國之用。皆以銀計。民用仍多以錢計。是中國雖外人名之爲用銀之國。實則尚是用銅之國。非若外國物貴財多利於用金之比也。

論目前中國情形。若欲行用金幣。不但少金可鑄。卽有金可鑄。亦非所宜。況精琦之議。並不自鑄金幣。虛縣一金價以抬新鑄之銀幣。而强內地商民之信用。已屬武斷難行。且抑本國固有之金價。驅令出售於外洋。而又按外洋市價。出銀以購外洋之金磅。以付洋欵。則尤無此情理。蓋欲平金價爲付籌賠欵計也。但平中國之金價。而不能平外洋之金價。是能使法令滋章。全國擾攘。而當籌付賠欵。曾未有錙銖補苴之益。亦何苦而爲此哉。至其說欲外洋設滙兌分行。以售金匯票。外商是否信用。所不敢知。而我必先出重息。籌借鉅欵。購儲金磅。以待隱付。己受巨虧。況各國銀行。徧於中華。滙兌之利。彼所固有。而我今欲設滙兌分行。以奪其利。彼必羣起以擠我。彼之力厚而勢衆。我則力薄而勢孤。豈能與之爭衡。夫旣無資本。又少權力。而欲遏一國之定價。籠各國之滙票。冀以取騰空之利。收操縱之功。此固必窮之道矣。抑臣更有進者。磅價日長。人皆悉之。不知中國若甘爲無志之國。專爲還賠欵。借洋債。購外國機器物料計。則磅價之貴。誠有害矣。若欲爲自强之國。講實業。暢土貨。與內地機器製造。則磅價雖貴。害少利多。不足患也。若金貴銀賤。於中國賠欵則有損。於中國商務則有益。洋商購中國土貨用銀。而運至外洋則售金。銀賤金貴。則出口貨本輕。出口貨本輕。則獲利厚。獲利厚。則土貨之出口者日益多。華商購外國洋貨用金。而運銷內地則售銀。金貴銀賤。則洋貨價長。洋貨價長。則獲利難。而洋貨之進口者必較少。夫抵制進口外貨。暢銷出口土貨。實爲富國保民之第一要義。環球萬國之公理。懸諸日月。萬古不刊。今以金貴銀賤之故。賠欵每年雖多二三百萬。而商民獲土貨外銷之利。可多至二三千萬。其無形之益已多。且出口貨多。則稅亦加多。以將來免釐後出口稅七五爲率計之。亦可歲增二百餘萬。約略相抵。所差無多。如目前厘金未撤。則相抵更屬有餘。卽如漢口茶稅改輕減額五十餘萬。而土貨出口日多。關稅收數仍二百餘萬。反多於前數年茶稅未減時。體察情形。以後各國大小洋商。獲利之途日廣。接踵來華者必然日多一日。年盛一年。東事一定。興旺立見。獨因金磅價貴。或者洋貨之多來。洋行之增益。其事殊爲稍緩耳。萬勿慮洋貨來少。以致進口稅減。更勿慮如精琦所云洋商不放本來華。以致洋貨少來。遂不能多換土貨出口也。近來在華洋商深患金價太長。洋貨行銷中國難暢。故此項洋商羣向各國銀行譏誚爭論。勸其勿抬金價。聞美國用銀黨。亦不以金價過貴爲便。故磅價近日漸平。斷不患磅價長至九兩以外。卽使長至九兩以外。則出口貨愈多。出口稅愈旺矣。爲今之計。劃一幣制。已與各國商約訂有明文。自不可不迅速舉辦。惟改用金幣。則國力未充。且於中國情形不宜。萬萬不宜無事自擾。若是無金幣而欲以虛票作金。假使威令所迫。竟能流用此數千萬億兩虛價之銀幣紙票於民間。其害亦爲不細。蓋無實之幣。無實之票。必然擁滯不行。跌價私售。其銀幣則商民仍作四十換之金。其無金本無銀本之紙票。則價尤低賤。勢必如南宋末年之會子。金元明歷代之寶鈔。咸豐年間之戶部官鈔。愈落愈賤。無所底止。繳官則照例價。民用則按市價。其時必有中外巧猾互商。以賤價零星收票。按實數彙總取金之弊。國家必受大累。一旦立形不支。實屬萬分危險。尤不可輕於嘗試。竊謂此時惟有先從銀銅二幣入手。求劃一暢行之策。然後酌定銀錢相準之價。每銀一兩。限定值錢若干。此事若能辦到。其利國利民處。已甚宏多。此乃切實當行之事。循序漸進之法。俟通國幣制統歸一律。銀銅二幣悉遵定價。生銀之用漸廢。服用縻金之禁漸行。開礦出金之數漸多。念年後鐵路大通。銀幣暢行。土貨消流日旺。內地機器製造日多。各省商務日盛。則日用百物之價必日貴。耕夫織婦。虞衡工役。所獲之利必日豐。內地用銀之處必日廣。彼時體察情形。果需參用金幣。再行斟酌試辦。亦未爲遲。五十年後。中國通者益通。旺者益旺。中國已成爲用銀之國。則必可兼用金幣矣。

第二項　暫時並用銀本位制及金滙兌本位制說

此說爲先定一金單位之重量而不鑄金幣。惟發行金劵以吸收生金。俟將來再定金銀比價。完全用金匯兌本位制也。

一、度支部議覆汪大燮奏案中所擬虛定金本位制辦法之建議

清光緒三十三年。駐英公使汪大燮奏請行用金幣。是年三月。由度支部覆奏。備述利害。並參酌情勢。擬定虛定金本位制辦法四種。旋奉旨飭廷臣會議。嗣經內閣各部院會奏。謂鑄金幣、虛定金本位、畫一幣制、三事。必應照辦。限制私店鈔票、禁洋銀入口、二事。難以照辦。推廣紙幣一事。宜詳愼酌辦等語。語多模稜。毫無效果。茲特摘錄度支部覆奏原文如下。

貨幣一物。淺視之不過備易中之用而已。自交通日繁。往往一國之利害。動與他國相倚。此中操縱之法。維持之方。非原本學理。熟察時勢。固無由制定。查英日諸國。爲純金本位。通國皆用金元。銀銅諸幣。用數有限制。法美諸國。爲不純金本位。金元爲主。銀元對於金

元。有比價。用數無限制。但不准民間鑄造。印度非律賓諸國。爲虛定金本位國內不必用金元。但用法定比價之銀元。外國匯兌。或用金元。或用金塊。或用金匯票。此其大較也。然純金本位。積金太多。需數亦鉅。不純金本位。則由各國時勢所趨。漸次發達而成。均非現在我國所能仿行。惟虛定金本位。在向不用金之國。改至金本位。乃必經之階級。但使預備有法。維持有方。舉行較易爲力。用特取彼成規。酌以時宜。刪加裁量。預定年限。參詳其推行次序。并比較其利弊。分爲甲乙丙丁四種。(甲)先劃一全國銀元。逐漸將銀元價值。抬高至二成。然後定兌金之率。印度改定幣制。即用是法。(乙)下手之時。即定金銀比價。國內使用銀圓。照銀元所含銀質抛高二成。設法操縱。惟外國匯兌。仍須用金。非律賓改定幣制。即用是法。(丙)與乙法略同。惟參用紙幣。以代銀元。比之乙法。用款較少。至國外匯兌。兌金或照金價兌銀均可。亦比乙法較便。(丁)前美國議改幣制。其戶部大臣尹頓氏倡議發行兌金紙幣。吸收市面之銀。藏之國庫。凡有人持銀到部或造幣廠交存。即予以此種紙幣。至持紙幣換現之時。政府照金價兌交生銀。是以不需多金。可得金本位之用。而無擾亂市面之虞。但今略爲變通。法宜先鑄新銀元。吸收舊日銀元與生銀。再行推廣紙幣。收回新銀元存儲或變存金塊。俟全國通行。徐將紙幣變爲兌金紙幣。或照紙幣金價兌銀。亦無不可。以上四者。辦法既異。則收功之遲速。維持之難易。利害之大小。均各不同。無論採用何法。其先事之預備相同。蓋未有從事未久。可得預期之成效者也。甲法自劃一銀幣入手。先五六年。無須維持金價。行之我國。似覺平易。但畫一之後。逐漸抬高銀圓價值。其弊害甚多。乙法一面畫一。一面即抬高銀元價值。可免甲法二次搖動之害。但開辦即需欵甚大。維持金融亦甚難。若銀價大漲。貴於法定之比價。以至銀元銷鎔出口。其害於財政者。比甲法爲尤甚。丙法需欵較少。難亦如之。至丁法。有甲法畫一之易。無乙法維持之艱。需欵既少。危險亦輕。其大要。一曰預備施行幣制之機關。二曰畫一銀幣。發行紙幣。三曰推廣紙幣。收存銀幣。四曰改造大銀幣爲小銀幣。其結束則準市面金銀。平均價值。鑄造金元。改紙幣爲兌金紙幣。如存金不敷用。仍可照市面金價易銀付給。事尚輕而易舉。其法較善。惟發行紙幣。須多存金。若善爲節制。積累經營。亦需六七年後始有成效也。

二、衛斯林氏之建議

民國元年。財政部有幣制委員會之組織。其時有荷蘭衞斯林博士。攜其所著中國幣制改革芻議一書。來北京與委員會相商榷。衞氏著斯書之由來、因清末施行幣制則例、與英美德法簽訂幣制實業借款合同、內有附約、政府允聘外國幣制顧問、其始駐京美使欲推薦美人精琦博士、嗣因借款出自四國、而美人獨任顧問、於理未爲平允、爰改薦和蘭衞斯林博士、正蹉商之間、武漢起義、遂暫中止、伊即於此時間、研究關於中國幣制一切事情、大致謂中國改良幣制之始。莫若暫時並用金匯兌本位與銀本位兩制。其法先定一新單位。應含純金〇、三六四四八八三格蘭姆。中央銀行首先設立簿記。往來款項用金計算。並發行一種代表新金單位之兌換券。在本國不兌生金。但在外國存儲金準備之處。兌取外國金幣。從前各省所鑄銀幣。外國銀元、以及生銀。仍照習慣。准其各照所含眞值自由行用。銅幣亦仍照市價使用。蓋以爲一國之中。同時可用兩種本位。並不牴觸。且預備將來採用純粹金匯兌本位之制度也。俟數年後。中國國勢鞏固。有禁止僞造貨幣之能力。然後定金銀比價爲金一銀二十一之比例。鑄造代表金單位之銀幣。以成一純粹之金匯兌本位制度。此衞氏所著全書之概要也。據衞氏主張、首先發行紙幣、而不鑄造實幣、其所持之理由、謂各國貨幣流通之經驗、僞造金屬貨幣、較之僞造紙幣爲易、以故各國通貨中、僞造紙幣之事、殊不多見、而金屬貨幣則不然也、且既採用金滙兌本位制、銀幣之價值、必先行抬高至一定之程度、法價又無限制、尤足引起僞造者之作

弊、以中國警察能力之不充分、防杜更屬困難、故不如發行紙幣、較可免僞造之事也、

按衛氏條議金滙兌本位之實施辦法。於該氏幣制改革芻議書中言之頗極綦詳。茲特摘錄其所擬幣制問題之要點、及改革進行之次序如左。

中國如何可有一穩定之幣制。備有下列各種之特質。

一、當改革之初步。對於現有銀元紋銀銅幣之流通。倘有維持之必要時。即可見其利用。

二、於未能發行銀輔幣之前。即可見其利用。

三、不至因國際貿易或支付之有負差。而有失敗之虞。

四、於新幣單位之價值。未曾確定之先。可減少以銀幣或貨物爲投機之危害。

五、可以有一頗長之過渡時期。使人民可與新訂之幣制相習。於此期內。新舊兩制。務使一律通用。並行不背。以減少幣制改革之阻力。如時機未見成熟。可不必急急採用金滙兌本位或金本位爲惟一之幣制。

六、於此過渡時期內。使中國國際上之關係可有一定之單位而更加穩定。欲圖外資之輸入。此層尤關重要。

七、新定之單位。可以不至與前訂之契約稍有妨礙。以此新單位。實爲一種現今最爲通行銀兩之一部分。凡已立契約之用銀兩者。皆可以新單位折算。事甚易易。

八、此新定之單位價格。不至過高。致輔幣之種類太多。且有增高物價之趨勢。

九、新鑄銀幣之眞值。不至太高。使銀價稍漲。即有眞值浮於面值之虞。致首先爲人銷燬。如南洋羣島。及菲律賓銀元之故事也。

衞氏所主張之幣制改革。其進行之次序如下。

第一期

一、著手之第一步。即須訂定一未來金單位。以爲新制之基礎。藉免宣布金銀比價時習見之投機。且使新銀幣之價值。不致將來因訂定金單位而變動。

二、設立中央銀行。或即將大清銀行。改組爲全國之中央銀行。

三、用新定之金單位。爲銀行交易及轉帳之簿記幣。(即簿記上之欵項。均以此新單位計算)

四、設法請求外國滙兌銀行。及中國私立銀行。以及一般銀行業之協助。使其簿記計算。

亦同此新金單位。
五、發行新金單位之銀行兌換券。
六、貯積金準備。以爲上欵兌換券之兌現。
七、訂定經理金準備之章程。
八、然後定銀行兌換券爲法償。
九、詳細研究中國國際貿易及國際支付差額之狀況。

第二期

十、定各輔幣之重量成色與雜金貨。
十一、發行各種輔幣零幣。
十二、同時儲積金準備。爲輔幣之兌換。並規定經理章程。
十三、如有實際之需要時。鑄造及發行金幣。或暫時承認外國金幣爲法幣。並發行金幣證券。
十四、定（甲）單位及等於單位二倍之銀輔幣。（乙）上述之金幣。及金幣證券。爲無限法幣。

第三期

十五、逐漸收回廢置舊時之銀元紋銀及制錢。惟使銀及制錢之廢置。以事實上之必要爲度。

三、民國七年之金券條例

民國七年八月。財政部爲實行預備改用金本位起見。特擬訂金券條例九條。於是年八月十日公布。惟此制迄今未見實行。其當日提議大要。略謂民國三年頒布之國幣條例。採用銀本位制。乃爲整理銀幣。以爲採取金本位之預備。而非以銀本位爲止境也。就今日之情勢言之。中國預算。每年應還洋債賠款本利約居全數三分之一。皆以金計。而歐戰以來。銀價暴漲。金價大落。中國舉債頻仍。將來歸償期屆。歐戰已了。金銀之價。較爲平復。是借賤還貴。所受損失。竟居兩重。若改用金本位。則可免此種之困難。且以國際貿易言之。改金可減除投機危險之性質。以幣制大勢言之。世界各大國。皆爲金本位制。雖英美論者有歐戰終了之後。世界各國共採金銀複本位之議。然終難成事實。各國既皆爲金本位制。中國終不能獨異。然中國向非產金之國。存儲之生金又少。鑄造金幣。非可驟舉。且金銀市價。以歐戰之影響。逾越常規。金主幣與銀輔幣之重量法價。難以臆定。故金本位制。雖在所必採。而實行之難。亦有不得不變通者。今擬略師美國前度支卿伊頓氏之策。參以荷蘭衞斯林氏之議。復證以吾國今日之實情。先定一金單位幣。名曰金元。含純金〇・七五二二三一八公分。即庫平二分零一毫六絲八忽八。金元之十分之一爲角。百分之一爲分。千分之一爲釐。皆以十進。而特許中國交通兩銀行。發行金兌換劵。中國交通兩銀行。另立帳簿。以金元爲本位。爲存放及其他之營業。務以期收集人民之存金。而養成人民用金之習慣。政府一面提倡國際貿易之發達。推廣金滙兌劵之流通。俾得積儲金貨。將來俟有適當機會。即可定金銀比價。實行金本位制。以金兌換劵或金元代一元銀幣之用。一元銀幣或逐漸收回。或暫作爲金元之代表幣。仍留現行國幣條例之銀輔幣。作爲金本位之輔幣。是市價毫不騷動。而金本位之制實行矣等語。茲錄金劵條例全文如左。

金劵條例

第一條　政府爲便利國際貿易。預備改用金本位起見。得由幣制局指定之銀行。發行金劵。

第二條　金劵之單位爲一金元。每一金元。含純金零七五二二三一八公分。即庫平二分零一毫六絲八忽八二金元之十分之一爲角。百分之一爲分。千分之一爲釐。皆以十進。

第三條　金劵種類如下。一元、五元、十元、二十元、五十元、一百元。政府得令幣制局指定之銀行。發行五角、二角、一角三種之金劵。並得令由造幣總廠鑄造一分銅幣。

第四條　金劵在未鑄金元以前。持劵人得向指定之銀行。滙至本國他處或外國。在金元已鑄之後。得改兌金元。並得滙至本國他處。或外國。金劵得以外國金幣或生金。按所含純金重量。向指定之銀行折合交換之。金器具以生金論。

第五條　金劵與現行國幣。不定比價。但得照指定之銀行各地隨時牌示之比價。以金幣向該行兌換國幣。或以國幣及生銀兌換金劵。

第六條　指定之銀行發行金劵。應有十成準備。該準備爲本國金圓。或生金。或外國金幣。分存中外滙兌商埠。所有準備金之地點及數目。該銀行應每旬公布一次。上項準備。應受幣制局所派專員隨時之檢查。

第七條　金券得照指定之銀行隨時牌示之比價。於公私欵項出入使用之。金券之用數。爲無限制。

第八條　指定之銀行。得以金券爲存放。及其他之營業。

第九條　本條例以公布日施行之。

第三項　暫行金銀兩本位制俟至相當時期實行金滙兌本位

制說

此說係先試鑄一定重量之金幣。藉以保存國內所產生金而試用金貨。其與銀幣兌換先不定金銀比價。而以換幣費視市價伸縮之。將來陸續收回一圓銀幣。代以鈔票。則除去換幣費。即以現在之輔幣爲金本位之輔幣也。

一、民國四年幣制委員會擬修正國幣條例之主張

民國四年八月。幣制委員會呈請財政部修正國幣條例草案說帖。略謂中國現在雖未能遽行金本位。顧不可不作金本位之預備。條例原案係純用銀本位。與將來改用金本

位絶無關係。恐永無用金之望。中國實行金本位。誠匪易事。不妨先從試行金幣入手。以立他日金本位之基礎等語。其修正國幣條例草案如左。
第一條　國幣之鑄發權。專屬於政府。
第二條　以庫平純銀六錢四分零八毫（即二十三格蘭姆又九〇二四八〇八）爲價格之單位。定名曰圓。
第三條　國幣之種類如左。
銀幣四種　一圓、五十分、二十五分、五分、
銅幣三種　一分、五釐、二釐、
政府得鑄十圓二十圓之金幣。但金幣與一圓銀幣之兌換。於未經實行金本位以前。暫照金銀時價。申貼换幣費。
第四條　銀幣一圓析爲一百分。一分析爲十釐。公私兌換均照此率。
第五條　國幣重量成色如左
一、一元銀幣　　總重七錢二分銀八九銅一一

二、五十分銀幣　總重三錢六分銀七銅三
三、二十五分銀幣　總重一錢八分銀七銅三
四、五分銀幣　總重三分六釐銀七銅三
五、一分銅幣　總重一錢八分銅九五錫四鉛一
六、五釐銅幣　總重九分
七、二釐銅幣　總重四分五釐

十圓金幣。含純金庫平一錢六分〇二毫(即五格蘭姆又九七五六二〇二)金九銅一總重一錢七分八釐。二十圓金幣倍之。

五釐二釐銅幣成色另定之。

第六條　一元銀幣用數無限制。五十分銀幣每次授受以合二十元以內。二十五分銀幣。每次授受以合五元以內。銅幣每次授受以合一元以內爲限。但租稅之收受。國家銀行之兌換。不適用此種之限制。

第七條　銀幣一面恭摹大總統肖像。並造幣年分。一面雕印嘉禾花紋。中刊字樣如左。

壹圓、中圓、二十五分、五分、

銅幣中鑿圓孔。一面雕嘉禾花紋。一面雕造幣年分及一分五釐二釐等字樣。

第八條　各種銀幣無論何枚。其重量與法定重量相比之公差。不得逾千分之三。各種銀幣每一千枚合計之重量。與法定重量相比之公差。不得逾萬分之三。

第九條　各種銀幣無論何枚。其成色與法定成色相比之公差。不得逾千分之三。金幣不得逾千分之一。

第十條　一元銀幣如因行用磨損致法定重量減少百分之一者。五十分以下銀銅幣。因行用而磨損減少百分之五者得照數向政府兌換新幣由政府改鑄之。

第三編　現代幣制題問　第二章　幣制本位問題

第十一條　凡毀損之幣。如查係故意毀損者。無國幣之效用。

第十二條　於一定期間內。人民以生銀託政府代鑄一元銀幣者。政府須應允之。但每枚收鑄費庫平六釐。前項一定期間。由財政部酌定之。

以生金託政府代鑄金幣者。政府須應允之。

第十三條　本條例第六條、第七條、第八條、第十條。關於一元銀幣之規定。金幣準用之。

第十四條 本條例施行之期日區域由財政部呈明定之。

第三章 幣制單位問題

第一節 清末之銀幣單位問題

自清光緒十三年粵省仿鑄洋元。嗣後湖北等省先後援例大開鼓鑄。而議者或主張以一兩爲單位。光緒二十五年冬。軍機處電詢各省。銀元應否改鑄一兩、五錢、二錢、一錢、四種。江督劉坤一。鄂督張之洞。閩督許應騤均電覆請暫仍其舊。是爲銀幣單位爭議之始。自此各省鼓鑄銀元。苟且因循者數年。直至光緒三十年精琦氏之建議不行。朝野人士多主張採用銀本位制以來。是年八月。湖廣總督張之洞奏請在湖北先行試鑄一兩銀幣。並力陳兩單位之便益。（原文摘錄於后）翌年那桐等與直督袁世凱商榷幣制。袁亦力主鑄造庫平一兩銀幣。財政處遂於三十一年十月二十三日。奏准幣制單位定爲庫平一兩。據其所持理由。大略謂從來各省所鑄銀幣。係屬一時權宜。未可垂爲定制。詳考各國國幣。如英之先零。俄之盧布。皆各行其國之所宜。彼此未嘗沿襲。中國丁漕租稅征收多用庫平。民間銀兩往來。亦皆以兩錢分釐計算。雖自墨西哥銀元流入中土以來。通商口岸習用七錢二分重之銀幣。然統計全國腹地。尚用銀兩。與其以少數商埠爲標準。不如以多數人民爲指歸。等語。當經部奏定之銀幣分量成色章程十條。茲節錄如左。

一、新式銀幣成色分兩。必須較從前各省所鑄銀元加足鑄造。方合國幣本位之制。查現在中國通用足色銀一兩。以化學法分之。實得純銀不過九錢八九分。今鑄造銀幣。於此數內再去工耗二三分。擬定每元用化淨純銀九錢六分。配合淨銅一錢。定爲庫平足色銀一兩。其次用庫平純銀四錢八分。配合淨銅五分。定爲庫平足色銀五錢。又次用庫平純銀一錢七分。配合淨銅三分。定爲庫平足色銀二錢。最小用庫平純銀八分五釐。配合淨銅一分五釐。定爲庫平足色銀一錢。並酌定每次鑄造成數。以十成計算。准其鑄一兩重者四成。五錢二錢一錢重者三種。各鑄二成。以示限制。如遇有何種銀幣需用較多之時。須令酌核確數。預行商請財政處戶部核覆後。方准鑄造。至總分各廠鑄造銀幣分量成色。均須一律。

一、一兩銀幣一枚。當五錢重者二枚。二錢重者五枚。一錢重者十枚。無論公私各款。均照此計算。不得有貼水折減情事。違者照違制例治罪。

一、一兩銀幣爲本位國幣。不限行用之數。五錢以下銀幣每一次授受以十兩爲限。

一、此項銀幣由造幣總廠及直隸江蘇湖北廣東等局各鑄數萬枚。由戶部銀行。如數精印紙幣定期發行。發出之後。部庫藩庫及輪路電局。一律搭收。不敷始准搭用現銀。嗣後鑄造愈多。則增其搭收之數。務使交欵盡改爲銀幣而止。

一、各省徵收款項。向徵庫平者。均以銀幣照應收之數徵收。經收官員另行明定公費。此外收發向用他項平色者。仍各照原用平色按庫平足色銀數折算經一次折算定准後。久遠按新式銀幣收發。　關稅向用關平。應按照商約改訂一律國幣各國商民在中國境遵用之條。仍以庫平折合關平。核計徵收。

一、新幣發行之日。由各地方官曉諭商民。凡以前新舊賬目及市面貿易均准照其原定銀兩平色折合庫平足色銀數。以此項銀幣付給受者不得異詞。

一、各省官民需用銀幣。均可備銀交各廠代鑄。凡化驗成色純銀在九八五以上。即准照換一兩銀幣幷鑄五錢二錢一錢三種銀幣按照限定成數以銀色所餘抵充鑄費。彼此兩不找付。有以次色銀兩或銀圓交來代鑄者。均照內含實銀之數計算。

一、銀幣發行之初。民間行用未慣。商號兌換。難免無把持折扣之弊。應責成戶部銀行及各省關所設銀行官銀號官錢局等。遇有兌換銀幣情事。均照庫平足色銀公平收兌。不得稍有抑勒。

光緒三十三年三月。度支部以前定一兩銀幣章程。行用不便。奏請先行試鑄通用銀圓。署謂原擬一兩銀幣。與各省舊鑄龍圓。重量不同。奏定以來。外間多以爲不便。鄂廠試鑄一兩銀幣。三十一年八月鄂督奏明試辦未甚行用。旋即收回鎔毀。各省所鑄龍圓。沿江沿海。習用已久。若新幣照此鼓鑄。自可無滯碍之虞。即用以折合銅幣制錢。如大銀幣一圓。折合七分二厘之小銀幣十角。小銀幣一角。折合十文之銅幣十枚。銅幣一枚。折合制錢十文。均以十進位。亦易於操縱。似不如改從七錢二分之制。以便推行等語。得旨依議。是年七月初九日。始奏定新幣分兩成色章程。茲摘錄如左。

一、現在中國通用銀圓。以化學法分之。實得純銀不過六錢四分零。今鑄造銀幣。擬定每圓用九成化淨純銀六錢四分八釐。配合淨銅七分二釐。其重量適合庫平七錢二分。其次補助銀幣三種。（一）五角。重三錢六分。用八成五純銀。（三錢零六厘）一成五淨銅。(二)二角。重一錢四分四釐。用八成二純銀。(一錢一分八釐八絲)一成八淨銅。(三)一角。重七分二釐。亦用八成二純銀。(五分九釐四絲)一成八淨銅。五角二枚。或二角五枚。或一角十枚。作一大銀圓。市面通用。不准任意折扣。違犯者嚴懲。

一、一元銀幣。不限行用之數。五角以下。每一次授受。以十圓爲限。

一、各省需用新幣。准以生銀交造幣總廠代鑄。

一、成色分量公差。均以千分之三爲準。過此以不合式論。抽驗得實。奏明議處。

自銀幣分兩成色章程奏定後。而銀幣單位問題又起。是年十一月二十六日上諭。幣制關係甚重。近來內外臣工。有謂宜鑄一兩暨五錢重十足銀圓。以爲主幣。一錢暨五分重九成銀圓。以爲輔幣者。而主七錢二分之說者。意在不用兩錢分釐名目。祇須以枚計算。與地國之幣相通。二說相歧。莫衷一是。著各督撫體察該省官商軍民市鄉情形。暨銀兩銀圓約計行用孰居多數。何者宜存。何者宜廢。或謂若鑄十成一兩五錢兩種之銀圓。其雜質工耗虧賠甚鉅。宜減成鑄造。以免虧折。又謂既以一兩五錢兩種銀圓爲主幣。必須十成足色。官民出納。方能簡易無弊。交涉欵項。亦免折算受虧。儘可搭鑄九成之一錢五分兩種小圓。以其所餘。補主幣工耗之虧。二說孰是等語。當時各省均有覆奏。主見各有不同。計主用一兩者十一省、主用七錢二分者八省、主鑄七錢銀元者一省、主兩元幷用者三省、內有四省主足色十成、七省主九成、及減成者不等、若以多數論。當以主用一兩九成或減成者爲斷。度支部當具說帖駁之。謂欲順商民之習慣。求貨幣之流通。似不如七錢二分之爲便。又中國寶銀。向無十足成色。以近日化驗。高者尚不足九八五。今擬一面試鑄通用銀元。責成銀行相機操縱。以爲補助金幣之預備。一面設立幣制調查局。寬其期限。廣徵專家。以求至當。議上。得旨。會議政務處、資政院總裁等會同妥議。此光緒三十四年三月間之事也。卒以議論紛紜。未有具體辦法。延數月未覆。至是年八月專使美國大臣唐紹儀回國。奏請實行商約。速定幣制。諭會議政務處速議。九月十一日政務處始會同資政院覆奏。主張先採銀本位。以一兩銀幣爲單位。成色用十成或減成。未定主見。同日上諭。中國兩錢分釐。習用已久。實難廢改。著即定爲大銀幣一枚。計重庫平一兩。又多鑄庫平五錢重之銀幣。以便行用。並附鑄減成之庫平一錢暨五分小銀圓。以資補助。其兩種銀幣。按九八足銀鑄造。兩種小銀元。按八成八足銀鑄造。此項銀幣。除與外國訂有約文照舊核算外。京外大小各衙門。庫款收發。悉歸一律。永不准再有補平、補色、傾鎔、火耗、平餘、各名目至各省市面。銀錢紛歧。成色糅雜。奸商市儈藉以折扣盤剝。久爲商民行旅之害。並著度支部詳定章程。嚴申禁令。計期分年。務將通國銀幣統歸畫一。不得稍有參差。銀幣尚未鑄造充足以前。各省舊有大小銀元。准其與各種生銀。暫時照舊在市面行用。至舊日上庫寶銀。亦暫准照舊兌交。按年搭解銀幣。卽將寶銀按年遞減等語。按是諭頒發後。單位成色各問題。爭論多年者。至此得一結束。然未逾兩月。兩宮賓天。政局迭更。奏案諭旨。多成具文。時民間亦多以兩單位爲不便。有上書政府痛言其利害者也。上海總商會上書度支部、畧謂近改國幣、側聞各大臣持議不一、主張兩本位者、或以主權立論、或謂宜以兩計、商等謂主權之行於貨幣、在有不用外幣之實力、不在故矯外幣之重量、擾國內之物價以徇之、且度量衡各自有法、計兩乃衡法、貨幣則自有圜法、混衡法於圜法、比附無理、而民生日用、實受其弊、鄂鑄之一兩銀幣、終難行用、可爲前車等語、宣統元年度支部尚書載澤再議幣制。謂採行兩單位爲張之洞袁世飭二人之獨斷。非愼重決議者也。其法諸多缺點。難以實行。又進勸行圓單位之說。是年正月十四日度支部奏稱幣制重要。宜策萬全。經會議政務處議准。飭部設局調查。二月十二日。郵傳部右侍郎盛宣懷奏請兼鑄一兩及七錢二分之銀幣。以一圓半合九七庫平實銀一兩。以期一舉兩便。四月初六日度支部奏請暫鑄通用銀幣。得旨依議。二年四月十六日。度支部始奏釐定幣制。酌擬則例。（則例大要附後）於是銀幣單位復改為七錢二分矣。此清末銀幣單位問題紛爭沿革之大略也。

張之洞奏請自鑄一兩銀幣原文摘要（清光緒三十年八月奏疏）

中國向來官民行用俱係生銀。各處平碼參差。並不一律遵用庫平。其成色紛歧。名目繁亂。以致錢商市儈得以上下其手。操縱漁利。於商務民用均有窒礙。現與各國訂立商約。有中國自行釐定國家一律通行之國幣一條。聲明將全國貨幣。均歸畫一。即以此定為合例之國幣。中外人民在中國境內遵用。以完納各項稅課及別項往來用款。惟完納關稅。仍以關平核計為準等語。是釐定國幣。為當今第一要義。惟查從前各省所鑄銀圓。均依照墨西哥銀元之重。合中國庫平七錢二分。中國從前尚未有定畫一幣制之議。所鑄龍元。專為行用各口岸。抵制外國銀貨進口起見。並未為釐定通國國幣起見。本屬一時權宜之計。臣前年與坤一會奏。曾經陳明七錢二分重者。係依傍洋銀辦法。現既與各國定約畫一銀幣。近年來朝廷統籌博議。詢及外人。毅然有改定幣制之思。此誠通商便民之要術。一道同風之盛軌。自當別籌全國通行經久無弊之策。溯查光緒二十五年冬間。京城正擬開設銀元局。以銀元應重若干。慶親王奕劻。軍機處。戶部及盛宣懷與臣屢電詢商。上年臣在京時。財政處戶部復與臣詢商。及此臣均持改用一兩重銀幣之說。而議者或慮一兩銀幣。難於通行。不知各國幣制。皆由自定。彼此不相因襲。中國一切賦稅。皆以兩錢分釐計算。而地丁漕項。為數尤為至纖至繁。每縣串票不下數十萬張。每人丁漕多者幾兩。幾錢。少者幾錢幾分。幾釐幾毫。幾絲幾忽。畸零繁重。若改兩爲元。實難折算。折算較寬。則花戶以爲增加。必然滋鬧。若折算過緊。則積少成鉅。州縣豈能認此賠補之數。種種窒碍。斷難全國通行。計全國人民納銀於官者。以地丁漕糧爲最多。其人數爲最衆。其銀數爲最繁。丁漕不改。是全國畫一銀幣之說。仍係託之空言。竊謂今日鑄全國畫一之銀幣。自當以每圓一兩爲準。出入均按實足紋銀計算。查各國均自有幣制。或用磅。或用馬克。或用佛郎。或用盧布。不相沿襲。其本國境內人民。及外國商人來至其國貿易者。無不遵用。但使國家定其程式。昭示大信。收發一律。均作爲十成。商民斷無不遵用流通之理。如各省通行。共知新定國幣。出入均作爲十成。明白簡便。自然不願更用生銀。迨生銀既廢。能不用此項國幣。其銀自無九成十成之分。若現定者。既名爲國幣。然仍仿墨西哥銀元成式。以庫平七錢二分爲率。則歷年墨元已操積重之勢。中國權力事勢。斷難阻使不行。況幣制既定。每年公家出入。及商民交易。所需不止萬萬。而各局所鑄。至多不過數十萬。我之鑄數有限。而彼之來路無窮。是不啻轉爲墨西哥銀元助其消路。漏卮日廣。流弊無窮。萬萬無此辦法。臣反覆籌思。非實在試辦。但憑議論懸揣。羣疑衆難。辯駁紛紜。莫衷一是。若財政處鑄造行用。章程一定。頒行各省。設有窒碍。殊難更改。悔不可追。莫若先由外省試辦。其操縱更正。較爲活便。查從前中國。從未自鑄銀元。官款亦從未使用。係由臣在廣東時奏用創辦。試行有效。始漸推行。茲擬即就鄂鑄造庫平一兩重銀幣。先行試用。以覘商情民情。兼體察各國商人情形。出納利弊。行之而通。則奏請敕下戶部裁酌推行。利在全國。行之而不通。則湖北當收回另鑄。所有賠耗工火傾鎔之費。湖北任之。虧耗亦尚無多。而從此中國貨幣輕重之所宜。以及改換收發之難易。利病照然。可有定論。茲擬試鑄銀幣。共分四等。最大者重足庫平一兩。其次五錢。其次一錢。文曰大清銀幣。照從前銀元式。清文居中。漢文環之。其餘洋文及省名年分計重若干。龍文花樣。均酌照從前銀元式樣。無論收發。皆照湖北藩庫平核算。出入均着為十成紋銀。歸官錢局經理收發。以杜吏胥挑剔需索之弊。凡民間完納錢糧正賦。及關稅釐金一切捐項。暨州縣報解司道局庫一應款項。均照藩庫平一律折算。與向章並無妨碍。如有向章應解交平餘火耗解費者。照舊補足繳納。則一切官吏胥役。自不致多方阻撓。而在商民。並無新加耗費。俟將各省通行此項銀幣。應准搭解部庫充餉。均計每年扣除工本火耗。必可盈餘數分。自當核明鑄數。將所得盈餘報解戶部。以昭核實。至舊日各省所鑄七錢二分重之銀幣。及墨西哥之銀元。消流民間者。其數至鉅。應仍聽其行用。惟新鑄一兩重之國幣。定價務取畫一。而舊日銀元。既與墨西哥銀元式樣輕重相同。其平色高下。易錢若干。自應仍隨市價漲落。聽其自然。則與新鑄國幣。判然有別。行用各不相妨。於各省銀元局鑄造之工本。亦並不吃虧。自可無容收回另鑄。俾免商民疑慮。致擾市廛。且如此則仿洋式之銀。與國家定制之幣。輕重貴賤。未有軒輊。尤足為道引商民重視國幣。暢行國幣之輔助云云。

宣統二年度支部奏定之幣制則例

一、國幣單位。定名曰圓。

二、國幣種類。銀幣四種。一元、五角、二角五分、一角

鎳幣一種。五分、

銅幣四種。二分、一分、五釐、一釐、

三、一元爲主幣。五角以下爲輔幣。計算均以十進。

四、銀幣重量成色如左。

一元銀幣。 重庫平七錢二分。含純銀九成計六錢四分八釐

五角銀幣。 重庫平三錢六分。含純銀八成計二錢八分八釐

二角五分銀幣。 重庫平一錢八分。含純銀八成計一錢四分四釐

一角銀幣 重庫平八分六釐四毫。含純銀六成五計五分六釐一毫六絲

鎳幣銅幣重量成色另訂。

五、主幣用數無限制。銀輔幣用數每次不得過五元之値。鎳銅輔幣用數每次不得過半元之値。過此限制。受者可以不收。惟向大情銀行及其分行分號代理店兌換之時。不此在限。

六、一元銀幣。一面鑄龍紋。一面鑄大清銀幣一圓字樣。五角以下銀鎳銅幣仿此。

七、一元銀幣。無論何枚。其重量與法定相比之公差。不得逾庫平二釐。其五角以下各種

銀幣。無論何枚。不得逾庫平一釐。各種銀幣。每一千枚合計之重量。與法定重量相比之公差。不得逾千分之三。

八、各種銀幣無論何枚。其成色與法定成色相比之公差。不得逾千分之三。

九、一元銀幣。如因行用磨損。致重量不及七錢一分。及五角以下銀鎳銅幣因行用而磨損顯著者。得照數向造幣廠及大清銀行兌換新幣。

十、凡毀損之銀鎳銅幣。如查係故意毀損者。不得强人收受及兌換新幣。

十一、各種輔幣鑄造之數。由度支部酌量情形。嚴定限制。

十二、大清銀行爲國幣兌換機關。派專員經理。

十三、新幣發行之際。國幣一元五角。准合度支部庫平足銀一兩。

十四、新幣發行地方。所有從前鑄造之大小銀圓。暫准各照市價行用。一面由造幣廠及大清銀行。酌照市價。逐漸收換改鑄。一面由度支部酌量情形。再行明定限期。逾期一律停止行用。造幣廠及大清銀行。即照生銀收換。

十五、所有各省從前鑄造之銅圓制錢。仍准各照市價行用。由度支部隨時斟酌情形處理。

十六、自本則例奏定日起。限一年內。凡官欵出入。向例用銀者。一律照各該處原收原支平色數目。折合庫平足銀。再合國幣。改換計數之名稱。

十七、自本則例奏定後。限一年內。凡官欵出入。向例用制錢或用銀而折制錢者。一律照本則例奏定日各該處市價。將制錢數目折合庫平足銀再合國幣。改換計數之名稱。其向用銀圓或他項錢文者。准照前項辦理。

十八、凡關稅及郵電輪路各種欵目。自本則例奏定後。限一年內。由本管各衙門。按照原收原支平色數目。折合庫平足銀。再合國幣。奏明改換計數之名稱。

十九、凡民間債項以銀兩計者。即照各該處平色。折合庫平足銀。再合國幣。改換計數之名稱。其以舊用銀圓銅圓制錢或他項錢文計者。照本則例奏定日各該處市價。折合庫平足銀。再合國幣。改換計數之名稱。凡未依本條於債券上改明計數之名稱者。嗣後如有爭訴。即照本則例奏定日市價。

作爲標準。判令歸結債務。

二十、自本則例奏定之日起。所有各省現鑄之大小銀銅圓。一律停鑄。

二十一、度支部設立國幣化驗所。聘用專門技師。將造幣廠鑄成之國幣。抽提分批化驗。列表刋布中外。

二十二、凡在大清國境内。以大清國幣交付者。無論何人無論何欵概不得拒不收受。

第二節　民國之銀幣單位問題

民國成立以來。單位問題之紛爭。由一兩與七錢二分兩說。而轉爲大單位制與小單位制之爭辯是也。

一、主張採用大單位一圓制之理由。謂第一、現在國內各省皆通行七錢二分之銀幣。若驟易之以他種銀幣。恐徒滋紛擾。而不能收整理金融之效。第二、歷年各廠所鑄銀幣。爲數已達數萬萬元之多。正宜設法利用。以供兌換準備。而資周轉。第三、人民生活費之奢儉。於單位幣之輕重。無直接之關係。須視其分析之細微若何耳。（參照次章國幣條例及施行細則理由書內第二項、採用六錢四分八釐爲價格單位之理由、）第四、單位數小。其增加級數較單位數大者爲速。蓋普通一般心理。小數往往不甚注意。而數大則反之。其結果小數之增加。爲幾何級數。大數之增加。則爲數學級數也。

二、主張採用小單位制之理由。　謂單位幣之價値高。有使物價騰貴之趨勢。爲經濟學者所公認。生活費之較重要者。如房租、衣服、學費、備直之欵。大概多以單位幣計數。或以單位幣之幾倍計數。故此項物價之增益。亦常以單位或單位之幾倍計數。故單位愈大。物價之增高亦愈甚。如拾級而登者。其目的地之高度同。經二十級者。必二十步。其經十級者。則止十步也。又謂世界各國之單位。如先令、馬克。約等於銀元之半。法之佛郎。與之克郎。約等於銀元十二分之五。日之金元。俄之盧布。約與元相等。美之達拉則倍之。斐律濱南洋羣島及墨西哥均採用與一元相等之單位。而英屬印度之盧比。則僅等於一圓十二分之八。英國之眞單位。就其幣制之系統。與夫大宗貿易所習用而論。固係磅而非先令。然零星日用之欵。其計數實以先令。如物之值一磅六先令者。商店往往標其價爲二十六先令焉。又謂用大單位之國。與用小單位之國。較其生活費必更巨。設有一雇工在用小單位之國。受月薪若干。及至一用大單位之國。如照其舊薪之半數。給與薪金。雖此之半數。實等於小單位國薪金之全數。彼亦未必樂於領受。緣在用小單位之國。其一切費用。實較用大單位之國大爲省也。茲將主張採用小單位制諸說。其重量相互差異之點。一一述之如左。

甲、五錢及五錢五分說。　謂我國社會素用秤量制度。公私授用皆用銀計算。即用銀元者亦多折爲銀兩計算之。是以新定單位。當求其與舊習相適。雖以生活低微之故。不便用兩。則五錢之量適爲一兩之半。將來新舊交替之時。即以二元當一兩。以生銀易銀元者。則以一兩易二元。主用五錢五分者。亦以是爲說。謂其既足以適合銅元之價値。又便與兩爲計算。即以一兩一錢當作二元。由此雙方俱可同時解決。是一舉而有兩全之美云云。

乙、三分之一兩說。　此說爲衞斯林氏所主張。謂我國生活程度低廉。不適用大單位之貨幣。用七錢二分。則非添鑄千分一之小幣。（即一文制錢）不足以資流通便交易。而小幣之鑄造。工本較鉅。使用之者。又多費時。用三分之一兩。則毋庸鼓鑄多種輔幣。祇須用單位十之一、百之一、及二百之一。已與舊單位。（謂七錢二分也）二十之一、二百之一、及四百之一、相等比之英法德各國之最小輔幣。不相上下云云。

丙、十八格蘭姆說。　謂以制錢一千文爲標準。折合新度量衡制度。恰得整數。定銀幣爲總重量二十格蘭姆。約合庫平五錢三分六釐。以銀九銅一配鑄之。其純銀爲十八格蘭姆。蓋即價值之單位也。其意在（一）發揚歷史上之舊物（二）求合生活之程度。（三）消滅外國之舊幣及銀行鈔票。以爲我國向以制錢爲圜法。仍當以制錢爲基礎。擴充之。累十進而定一單位。是即所謂發揚歷史上之舊物也。又謂旣以制錢爲基礎。則十進而爲銅元。銅元百枚。當單位幣一枚。改革後。銅元法價。毫無變動。沿用舊銀元之重量。則不免有抬高銅元法價助長消費之弊。又謂見在外國銀行鈔票充斥。若令收回。須與特別交涉。用十八格蘭姆爲單位。則新制頒定後。外國銀行之舊幣鈔票。自以不適於用而消滅。新幣鈔票。當然不能發行云云。

以上三說。皆在國幣條例頒布之前。被主張採用之單位。

丁、半圓制說。　主張將現鑄之「壹圓」縮小。平分兩半。利用民國三年國幣條例所制定之「半圓」爲國幣。新單位命名曰「中圓」。面上並鐫明「每二枚當一圓」字樣。

由是「壹圓」縮爲「中圓」，只等於一而二或二而一之變化耳。凡舊銀元前數十年與制錢戰與銀兩戰所已據得之勢力，業經歸「壹圓」共有者，嗣後皆可由「中圓」安坐承繼享受之。無論薪價之合算，帳簿之更改，債權債務之契約關係，均易以「壹圓」折半或「中圓」加倍了解之，則及是時改定單位，無何種困難阻礙，可斷言也。查民國六年二月，財政部擬就國幣法草案，呈請提交國務會議議決文，即本諸此意也。民國六年以後，天津造幣廠即實行鑄有少數中圓。

第四章 現行國幣條例與幣制問題

吾國幣制本位單位各問題，如上所述，自清光緒末年以來，紛議至十餘年之久。其間改革之聲，時起時伏，整理之舉，亦數數行之，而收效卒鮮，甚至紊亂之情，有加無已。迄民國三年二月八日頒布國幣條例，該項問題始暫行解決。觀該條例精神，大體仿諸前清之幣制則例，採用銀本位，重國情，便習俗，輕而易舉，藉是以爲過渡辦法也。茲特將條例及施行細則分別列之於左。

國幣條例

第一條　國幣之鑄發權，專屬於政府。

第二條　以庫平純銀六錢四分八釐（即二十三格蘭姆又九七七九五零四八）爲價格之單位，定名曰圓。

第三條　國幣種類如左。

銀幣四種，一圓、半圓、二角、一角、

鎳幣一種，五分

銅幣五種，二分、一分、五釐、二釐、一釐、

第四條　國幣計算，均以十進。每圓十分之一稱爲角，百分之一稱爲分，千分之一稱爲釐。公私兌換，均照此率。

第五條　國幣重量成色如左。

一、一圓銀幣　總重七錢二分，銀八九銅一一。（原定成色銀九銅一）

二、五角銀幣　總重三錢六分，銀七銅三。

三、二角銀幣　總重一錢四分四釐，銀七銅三。

四、一角銀幣　總重七分二釐。銀七銅三。
五、五分鎳幣　總重七分。鎳二五。銅七五。
六、二分銅幣　總重二錢八分。銅九五。錫百之四。鉛百之一。
七、一分銅幣　總重一錢八分。成色同前。
八、五釐銅幣　總重九分。成色同前。
九、二釐銅幣　總重四分五釐。成色同前。
十、一釐銅幣　總重二分五釐。成色同前。

第六條　一圓銀幣。用數無限制。五角銀幣。每次授受。以合二十圓以內。二角一角銀幣。每次授受。以合五圓以內。鎳幣銅幣。每次授受以合一圓以內爲限。但租稅之收受。國家銀行之兌換。不適用此種之限制。

第七條　國幣之型式。以教令頒定之。

第八條　各種銀幣。無論何枚。其重量與法定重量相比之公差。不得逾千分之三。各種銀幣。每一千枚合計之重量。與法定重量相比之公差。不得逾萬分之三。

第九條　各種銀幣無論何枚。其成色與法定成色相比之公差。不得逾千分之三。

第十條　一圓銀幣如因行用磨損。致法定重量減少百分之一者。五角以下銀鎳銅幣。因行用而磨損減少百分之五者、得照數向政府兌換新幣。

第十一條　凡毀損之幣。如查係故意毀損者。不得強人收受。

第十二條　以生銀託政府代鑄一圓銀幣者。政府須應允之但每枚收鑄費庫平六釐。

第十三條　本條例施行之期日。以教令定之。

國幣條例施行細則

第一條　凡公欵出入。必須用國幣。但本細則有特別規定者。依其規定。

第二條　舊有各官局所鑄發之一元銀幣。政府以國幣兌換改鑄之但於一定期限內。認爲與國幣一元。有同一之價格。

右期限。以教令定之。

第三條　市面通用之舊銀角。舊銅元。舊制錢。政府以國幣收回改鑄之。但於一定期限內。仍准各照市價行用。前項舊幣。用以完納公欵時。每月內。各地方公署懸示市價收受之。其市價以前一月該地方平均中價爲標準。

右期限。以教令定之。

第四條　凡以生銀完納公欵。或託政府代鑄國幣者。以庫平純銀六錢五分四釐。折合一元。其他種平色之生銀。折合價格。別依附表所定。

第五條　凡公欵出入。向例用銀兩計算者。一律照各該處銀兩原收原支平色數目。依第四條所規定。改換計算數目之名稱。但向例用銅元、制錢、或他項錢文者。及用銀兩折合他項錢文者。又由錢文折合銀元者。由各地方公署。按照收支實數。呈報國稅廳核准折合改換計算之名稱。

第六條　各項賦稅稅率。依第四第五條所規定。將實徵數目。以釐爲斷。釐以下用四捨五入法。別爲定率布告之。

第七條　凡民間債項。以銀兩計者。依附表所規定。折合國幣。改換計算之名稱。其以舊銀角。舊銅元。舊制錢。或他項錢文計者。依第五條所規定。折合國幣。改換計算之名稱。凡未依本條於劵契上改明計數之名稱者。嗣後如有爭訟。即照本條例公布日之市價。作爲標準判斷之。

第八條　凡在中國境內。以國幣授受者。無論何種欵項。概不得拒絕。

第九條　凡違犯國幣條例第四條。及本細則第八條者。准有關係人告發。經審實後。處以十元以上。千元以下之罰欵。

官吏及經管官營事業人。有犯前項事情時。經同一程序後。處以五十元以上。三千元以下之罰欵。

第十條　本細則施行之地域及期日。以敎令定之。

第十一條　本細則如有應增改之處。另以教令公布之。

國幣條例及施行細則理由書

一、用銀本位之理由。　言幣制者。自當以選定本位爲第一義。本位可供選擇者有四。一曰金銀複本位。二曰金本位。三曰金滙兌本位。四曰銀本位。複本位之不適用、歐美各國。屢試屢挫。鑒彼前車。毋庸置議。金本位之美善。衆所共知。然中國現蓄之金。實不足供全國幣財之用。購諸外國。勞費太鉅。中國現有之銀。驟難處置。或致釀成金融界非常之變擾。且國人性好貯藏。所鑄金幣。得之者常扃諸篋笥。市面媒介。動生窒礙。以此諸原因。故明知金本位之良。而未敢遽採也。金滙兌制在蓄金不富之國。爲調平對外滙價計。誠爲妙用。然行之而著效者。皆屬殖民地。恃母國以爲之卵翼。我國情勢迴異。詎易效顰。即日借一大宗外債。存放外國市場。以爲平準。然偏毗於甲國。即對於乙丙等國失其權衡。利未形而弊且先覩。故法雖善而行之維難也。以上三種。既皆不適用。所餘者唯銀本位制而已。以今日世界大勢論。銀本位固非可持久無弊。雖然、惡本位猶勝於無本位。今日中國所大患者。無本位也。與其夢想最良之本位。而力未能逮。徒致遷延。何如因勢利導。採一較易行之本位以整齊之。而爲之過渡。此條例第二條所以暫行銀本位之微意也。若夫過渡期間。則愈短愈妙。現在雖行銀本位。然未嘗不汲汲注意爲改進金本位之預備也。故國幣法及施行細則。處處常本此意以立案云。

二、用六錢四分八釐爲價格單位之理由。　近來國中談幣制者單位重量問題之爭辦。視本位問題爲尤烈。今條例第二第三兩條。採用六錢四分八釐。即二十三格蘭姆又九七七九五零四。即每枚總重量七錢二分。所含九成純銀之量也。所以如此主張者。並非謂衡以學理。非此不可。不過認為事實上所最便利而已。第一、現在國中用枚數計算貨幣之習慣。沿江沿海一帶。已漸養成。而所用每枚之重量。實以七錢二分為標準。其指取物價之力。日見普及。驟易他量。徒淆亂聽聞。致金融擾亂之範圍太大。第二、歷年官局所鑄銀元。皆用此項重量。其現存於市面者。據最近之調查。已逾二萬萬元之多。改制伊始。最宜設法利用之。以充暫行媒介品。以供兌換準備。使新幣未鑄備時。稍得周轉。（此義別於次節詳論之）以此二理由。故認六錢四分八釐為最適當也。然時流中反對此議者尚不少。甲說謂腹地各省及鄉僻。皆用制錢銀兩。不用銀元。今改幣制時。當注意於多數之習慣。不能專以各商埠為標準。故宜仍以兩為單位。乙說謂若用七錢二分。而強銅圓制錢使比例十進。則物價太昂。與人民生活程度不相應。此二說皆若持之有故。言之成理。惟甲說立意殊欠妥協。蓋各地所謂銀兩者。其平色本無一定。甲地之習慣。不足以概乙地。標其一以馭其他。無論用何種之單位。終不能省與通行之市價相折合。例如用庫平一兩為單位一枚之重量謂可以沿用兩之習慣而省紛擾也然試問全國各地中用庫平足色之地有幾一兩之單位雖定仍不能不將每枚合松江銀若干合規元若干合海關兩若干等詳細折合列表此自然之數也則一兩與七錢二分。其推行時折算之煩勞正相等耳。乙說以經濟之眼光。從貨幣與物價之關係立論。謂單位重量太大。人民生活所需。隨之而侈。故議改爲五錢。或五錢五分以劑之。此論差爲近理。雖然、人民生活費之侈儉。宜以最低級輔幣爲衡。使輔幣而有千分一。或千分二之一級。即與舊制錢相等者雖用七錢二分。何嘗不可以獎儉。使輔幣僅至百分一之一級而止。即以銅元爲最低級雖用五錢五分。猶嫌侈也。然則調劑之作用。不盡在單位之大小明矣。故條例將銅輔幣多分等級。一分以下。尚有五釐、二釐、一釐、之三級。而五釐二釐者。尤須從速多鑄。庶致舊用制錢之習慣不悖。而民間日用零碎之媒介品。亦可無缺矣。或疑據本法第四條之規定各幣計算例以十進。而現在市面銅圓價格下落十之三。幣制既頒。即當檯高使爲十進。物値隨而增劇。小民損失極鉅。此誠不可不慮。然祇有將處分舊輔幣之法。以漸而不以驟也。

三、各輔幣重量成色減輕之理由。 前淸所擬幣制草案。五角輔幣之重量。當一圓主幣之半。一角者當其十之一。此猶爲秤量之觀念所束縛。謂必如此。乃足外表其比價也。殊不知貨幣之性質。惟主幣爲實價。而輔幣皆名價。無論何國。其輔幣所含之成色重量。斷不容與主幣同等。成色既異。而重量必比而齊之。斯亦大惑已耳。今條例第五條所以定五角銀幣之總重量爲三錢六分。其成色銀七銅三者。蓋今日雖暫行銀本位。其實不過爲過渡時代萬不得已之辦法。將來終須歸宿於金本位。而貨幣改造一次。勞費不貲。故今日改革伊始。當預備將來改金本位時。務使現鑄之輔幣。仍可沿用。若銀輔幣之名價。與其實價相距太近。則銀價略漲。而輔幣必被銷燬。自然之勢也。今擬使銀輔幣之名價。爲對於實價十分之七。故五角輔幣所含純銀。爲二錢二分八釐。再附益以三成之銅。故其總重量爲三錢六分也。其二角一角之輔幣。皆準此推算。亦欲免將來改鑄輔幣之勞而已。或疑人民習用秤量。睹此將滋疑慮。不知幣制能否推行。純以其法價能否維持確定爲斷。法價信用既立。則雖以原料僅值數錢之紙幣。猶能代表百元十元之名價。而人尙用之。況輔幣之含有實値者哉。夫輔幣之行使。既有制限。且隨時與主幣兌換無閡。人何疑慮之有。或又疑輔幣減輕平色。政府將藉以牟利。不知前清濫鑄輔幣之流弊。現正疾首痛心。今方不惜糜巨欵以收回之。豈肯復蹈覆轍。將來所鑄輔幣之數。必斟酌情形。務使供求適足相濟。此所當注意者也。

四、主幣准自由鑄造。且收鑄費六釐之理由。　凡主幣必須許自由鑄造。稍治貨幣學者。

皆能明其故。無俟喋述。然各國成例。有收回極輕微之鑄費者。有並此而不收者。今本條例定收六釐。其理由有三。(一)現在市面通行之各種銀元。其實價在所含純銀之上。據天津造幣廠報告而論。今年平均每元市價。約合行化銀六錢九分二釐左右。今本位既定為庫平純銀六錢四分八釐。約合行化銀六錢八分四釐。合與市價相差約八釐。今既欲暫認舊銀元與國幣有同一之效力。非設法平其市價不可。加鑄費六釐。則距離之度甚微。自易為力。(二)查天津造幣廠。現在八八五以至八九成色之北洋銀元。每元鑄費鑄本約加增一分上下。若改制後按九成更加精鑄。則鑄造成本。須合行化銀六錢九分零。今若不加鑄費。或所加太微。則鑄造之工。賠累無極。今試以全不收費計之。則每日鑄幣五十萬元。國家應賠累四千兩左右。每月應賠累十二萬左右。收舊銀元以改鑄。則每月賠累。當在四十萬兩左右。所費殆不貲矣。造幣為國家一種義務。原不容計較勞費。然當茲竭蹶之際。苟能省一分賠累。即間接輕人民一分負担。於我國不為悖也。(三)各國鑄金主幣。其收鑄費最多者。不過千分之二三。揆以本條例所收。相去似太懸絕。不知金之價值。視銀三四十倍。鑄金加千分之三。等於鑄銀加千分之十。使銀幣而收鑄費太薄。

則人民貪其成色之純。不免溶化以作他用。隨鑄隨燬。稽禁何從。且吾國用生銀習慣。不能立即禁絕。此弊尤大。前此所鑄大清銀幣成色較高。今漸絕跡市場。皆坐此故。宜防於豫。其理甚明。此在歐洲舊用銀圓。稍有造幣經驗者。皆能言其故矣。以此三理由。故幾經審度。而認鑄費六釐爲最適。約當千分之九。零較前清幣制則例千分之十三。已減去千分之四矣。

五、從前官局所鑄一元銀幣。暫准作國幣之理由。　施行細則第二條云。舊有官局所鑄發之一元銀幣。政府以國幣兌換改鑄之。但於一定期限內。認爲與一元國幣有同一之價格。其所以如此規定者。蓋於幣制頒定後。一面趕鑄新幣。一面仍借舊幣以資流通。然後陸續抽換改鑄也。其理由有四。(一)幣制頒定後。必須有貨幣可供授受。然後其制乃能推行。此至淺之理也。中國果須有銀元若干。始足充用乎。今雖未能明言。然以中國現有舊銀元計之。各省前此官局所鑄。約合二萬萬元以上。其各種外國銀元。尚不在內。然各該種銀元之市價。尚在所含純銀分量之上。則銀元之供不應求。已有明證。夫現在以大銀元充交易媒介者。不過數省耳。然有二萬萬元以上。猶苦供給不足。則全國需要之鉅。更可推知約略算之。若求全國充用。至少總須有一元銀幣四萬萬元内外。即初辦時。先求各大城鎮商埠兌換流通。亦非有二萬萬元以上不可。以現在全國造幣之力計之。若鑄造稍求精美。每日僅能出五十萬元左右。而新製祖模建造廠基添置機器。尙需時日。計欲鑄成新幣一萬萬元。爲期當在一年左右。安得如許時日以待從容布置。今將官局所鑄舊幣認爲國幣。則幣制頒行後。國中立即有二萬萬元之法幣以資流通。一面使現有造幣廠分科程功。某廠專鑄主幣。某廠專鑄某種輔幣。一二年内主輔兩幣當可鑄成一萬萬元以外。則開辦之始。市面不至以乏幣爲病。而推行可望迅速矣。(一)無論何國改革幣制。必須籍國家銀行兌換券之力。然欲兌換券之通行。必須使持券者立刻有可兌之幣。而無須申水補水之煩難。庶幾民便而信之。而推行之捷。乃可期也。若幣制既頒。而市面尙無此幣。則國家銀行即欲發券。將以何者爲兌換之資。惟有沿用舊幣之重量。即暫認舊幣爲國幣。則所發之券隨時得用以吸收現幣。而所吸得之現幣。一面固當陸續抽換改鑄。一面仍可暫充兌換準備。其於推行之迅速。蓋事半功倍矣。(二)今用銀本位。不過目前不得已之計。當要處處注意。爲將來改金本位之預備。苟銀之流入國中者太多。他日必且窮於處置。此最當戒備也。若改革幣制。而絕對的不利用舊幣。則新幣全額。皆須立求生銀。別爲鼓鑄。生銀之自境外流入者必驟增。將來若改用金。益且以銀多爲患。而銀價之緣此驟漲驟落。擾亂世界金融。又無論矣。此亦不能不暫認舊幣之一原因也。(四)若別鑄一元新幣。與一元舊幣異其重量。而不認一元舊幣爲國幣。當初辦時。鑄成之一元新幣甚少。其力不足以支配市場。則一元舊幣當然通行。其市價高下靡定。且與一元新幣亦生比價。是一元新幣。非惟不能整齊幣制。且以增幣制之紊亂也。若欲用此法而免流弊計。惟有將所鑄一元新幣貯藏之。而不發出。俟數年之後。約算所鑄之數。已足支配市場。然後一舉而發出之。其窒礙良多。且國家籌備此項鑄本所損若干。而其所釀金融界之擾亂。又將若何。此不待智者而知其非計矣。以此四大理由。故暫認舊日官局所鑄大銀元爲國幣。實屬正當不易之法。而一元單位不宜輕改舊規其理亦從可識矣。

六、舊輔幣暫以市價通用之理由。　施行細則第三條。規定各種舊鑄銀銅輔幣。於一定期限內。各照市價行用。夫舊有之主幣輔幣。同爲官局所鑄。乃彼則認爲國幣。而賦予以法價。此則令照市價通用。辦法兩歧。或以爲怪。不知主幣爲價格之尺度。尺度非立刻統一。無以御凡百之物價。尺度既定。百價皆可依之以爲標準。則舊有輔幣之價。雖暫認爲凡百之物價之一種。而於標準之基礎。固不至搖動。故畫一主幣與整理舊輔幣不妨分期程功也。且政府所以必主張分期辦理者。非畏難而苟安也。爲維持金融市面秩序計。有不得不然者。試以銅元一項論之。其現在對於大銀一元之市價。約值百三十枚內外。若欲整理之。非使立改爲十進不可。然此非祇以法律之力所能強制。識者知之審矣。今國家忍受苦痛。將市面過賸之銅元。尅日收回鎔燬。使其供求相濟。勉就十進之系統。然以市面通行最廣之銅元。驟變其價值十之三。試思金融擾亂之程度果何若。而影響於小民生計又何若者。故將各種輔幣。別鑄一套。其重量成色型式。皆使與舊幣殊別。新輔幣之對於主幣。用嚴格的十進法爲法價。而舊輔幣則以儕諸百物之列。不必其與新幣制系統相蒙也。然又非永久放任而不加整理也。一面用市價收回。一面陸續改鑄。俟收回暫多。其市價至有與新輔幣略同之價格時。乃明定期限。全數收回之。則其影響於物價者不甚驟。而民亦可相安無事矣。

七、施行地域酌分次第之理由。幣制既頒本宜全國同時實行。今施行細則第十條。稱施行地域及期日以教令定之者。其理由有三。(一)我國幅員遼廓。各地習慣不同。而其金融待拯緩急之情亦別。大率通商口岸最感幣制不一之苦。交通愈不便之地。其所感覺愈微。稱情以施。合分先後。(二)貨幣之鑄造。兌換劵之推求。雖兼程並進。亦不能使全國供求遽足相抵。懸而久待。窒礙滋多。故不如次第推行。易於支應。(三)各地濫鈔。爲幣制之梗。收回整理。當行以漸。其中不無數區應用特別辦法者。故施行稍分次第。伸縮乃可裕如。察此三端。則本條規定之意可見矣。要之先將通商口岸。實力施行。使滙兌無阻。脈絡靈通。然後以次推行於腹地。期以二年。徧及全國。則改革幣制之大業其庶幾矣。

民國三年幣制局整理幣制計畫概要

民國三年秋。幣制局籌商幣制整理辦法。當預定新幣制。應分三期辦理。第一期、爲統一主幣時期。第二期、爲統一輔幣時期。第三期、爲改革金本位時期。第一期中又分兩步。第一步、統一南北洋及各省雜色銀元之市價、第二步、發行新主幣。改鑄舊銀元。及銷燬各外國在中國通行之銀元。第二期亦分兩步辦理。第一步、發行新輔幣。使與舊輔幣并行。

第二步、收回舊輔幣。使舊輔幣市價。與新輔幣相等。然後定期交換。全數改鑄。第三期亦分爲兩步辦理。第一步、規定金主幣之重量。使一元銀主幣爲金主幣之代表。在通商口岸。設立交換金幣及國外滙兌金貨之機關。第二步、發行金主幣鈔票及金幣。收回一元銀主幣。使中元以下之銀銅輔幣。完全爲金主幣之輔幣云云。

民國六年梁啓超任財政總長期内提議之幣制大綱改革幣制略分三步。

一、劃一銀幣。

二、整理紙幣。

三、採用金滙兌本位。

現擬著手之事如下。

一、改革造幣廠。如減少廠所。不使幣廠含獨立營利性質。

二、造幣廠聘外國總技師一人。

三、設檢查貨幣會時。得約外國人爲名譽會員。

四、依民國三年頒布之國幣條例。嚴定重量成色型式。鼓鑄新幣。其一元主幣採自由鑄造主義。
五、稽查爐房。
六、規定國幣與各地銀碼之比價。由征收機關照定率收之。使國幣與代表國幣之兌換券。得以推行全國。
七、照市價收回舊輔幣。
八、發行對外金滙票。以維持中央銀行北京鈔票價格。
九、以造幣餘利購金存儲外國。補充在外準備金之耗損。
十、以海外金準備爲擔保。發行內國公債。充整理各省濫紙幣之用。

第四編　幣制行政

第一章　造幣機關

第一節　造幣權及鑄錢局沿革

第一項　造幣權

稽考史乘。造幣之權。自三代以降。貨幣之制。實行以來。其爲國家所獨占。固無論已。漢文帝除盜鑄令。吳以諸侯即山鑄錢。富埒天子。鄧通以寵鑄錢。財過王者。所鑄錢滿天下。是爲有史以來。造幣權任民自便。有一無二之特例也。賈誼諫曰、法使天下公得鑄銅錫爲錢、敢雜以鉛鐵爲他巧者、其罪黥、然鑄錢之情、非殽雜爲巧、則不可得贏、而殽之甚微、爲利甚厚、夫事有召禍而法有起姦、今令細民人操造幣之勢、各隱屏而鑄作、因欲救其厚利微姦、雖黥罪日報、其勢不止、至若君權旁落。在臣民者。私鑄濫造。頗不乏例。東晉元帝之世。吳興沈充鑄小錢。而沈郎之錢。名稱一時。劉宋廢帝時。太尉沈慶之啓通私鑄。而鵝眼之錢。風行國內。唐宋以後。禁令森嚴。民間私鑄之弊稍絕。然當鼎革祚移之秋。則私鑄之例。猶比比皆是。蓋大利所在。勢所難禁也。

第二項 鑄錢局

漢代以前造幣機關組織莫由悉考。自漢武帝專令上林三官鑄錢凡郡國前所鑄錢皆廢銷之。輸入其銅於三官是爲鑄錢設官之始。然歷代鑄錢。多即坑冶附近之所置監設官。宋時諸路鑄錢。總二十六監。鐵錢九監。銅錢十七監。明初設錢局。在京曰寶源。在外曰寶泉。亦稱寶源、清定鼎後。內有寶泉寶源之設。亦稱戶工兩局、外則各省多設鑪局。順治十四年。以各省開爐太多。鑄造不精。諭令在外鑄爐。一概停止。專由京局鼓鑄。至十七年復准各省鎮開爐。並定各局錢背分鑄地名。江南江寧府局鑄寧字、江西南昌府局鑄江字、浙江杭州府局鑄浙字、福建福州府局鑄福字、湖廣武昌府局鑄昌字、河南開封府局鑄河字、山東濟南府局鑄東字、山西太原府局鑄原字、陝西西安府局鑄陝字、密雲鎮局鑄密字、薊鎮局鑄薊字、宣府鎮局鑄宣字、大同鎮局鑄同字、臨清鎮局鑄臨字、並增置雲南之雲南府局鑄雲字、其後各省局爐座或設或停皆視其當地需要程度若何以爲轉移。至乾嘉之世各省局鑄造制錢。其輕重厚薄多不遵照原有部頒一定分量。以致官鑄小錢。充斥市面。雖屢有參處責懲等諭。然終未見實效。嗣後各省有停鑄者。迨道光二十一年。戶部奏查明停鑄省分已至十一省之多。因諭令直隸、山西、陝西、江蘇、江西、浙江、福建、湖南、湖北、廣西、貴州各督撫。仍照每年應鑄卯額開鑄。三十年。以戶部寶泉局鑄錢違式。責令整頓。查寶源寶泉兩局、各設監督、以錢法堂滿漢侍郎督率之、又戶部工部各有錢法堂、咸豐四年。議鑄鐵錢。於戶工兩局外。更設鐵錢局四廠。尋廢撤。光緒庚子之亂。二十六年七月間、寶泉局各廠。原設東西南北中五廠十八庫、均爲外國兵隊佔踞。二十七年始交還。是年。諭寶泉局重行開辦。十月。戶部奏四廠開鑄。工部寶源局。亦於二十八年六月開鑄。是時各省已競設銀銅元局廠。而京師猶鑄大錢及制錢。故戶工兩局尚存在。至三十一年八月。戶部始奏裁撤寶泉寶源兩局。停鑄大錢。惟仍留二廠。將現存銅鉛。改鑄制錢。民國紀元後。舊廠乃盡撤。至是鑄錢局遂不復存留矣。

第二節 造幣廠沿革

第一項 造幣局廠沿革概要

吾國以機器鑄造制錢及銀銅圓。均創始於粵省。粵錢局於前清光緒十三年開辦。至十五年經營完備。開始鑄造制錢。次年四月始行鼓鑄銀圓。嗣後各省紛紛設局仿鑄。至二十六年粵局又令加鑄銅圓。同年閩督奏明就銀圓局所有機器。仿粵省成案。鑄用當十銅幣。二十七年四月。江蘇亦仿照辦理。同年十二月。明諭各省督撫。籌欵仿辦。於是安徽、江甯、吉林、浙江、江西、湖北、直隸、山東、奉天、湖南、河南、等省。均先後奏報設局。開鑄銅圓。又北洋、清江、福州等處。亦陸續奏報仿辦。至三十一年桂、滇、黔三省。又奏准設局。時天津總廠亦開鑄銅幣。是年五月戶部奏請限制各省鼓鑄銅圓。其略曰、理財以幣制爲樞紐。幣制以整齊爲要義。銅元自廣東創鑄。各省遞相倣傚。今開鑄十有七省。設局多至二十處。若不明定限制。未辦者仍將援請。已准者復議擴充。鑄局益多。糜費益鉅。且錢品雜出。成色參差。滋不便於民用。爲今之計。各省已成之局。勢難停廢。應由該將軍督撫認眞督造。毋再增設子廠。未鑄之省。並不得仿照設局。如須銅元行使。應令籌欵交隣省廠局搭鑄。又開鑄銅圓各省。應嚴飭局員。按年造報。詔可其議。七月又奏銀幣一項。俟分量成色定准以後。專歸天津總廠及南北洋、湖北、廣東四分廠鑄造。是年九月又奏閩省銅圓三局。歸併一局。至三十二年七月。財政處與戶部以各省鑄造銅圓漫無統系。有礙圜法。乃奏請將已存各局。量爲歸併。除戶部所設總廠外。以山東歸併直隸爲一廠。湖南歸併湖北爲一廠。江西、安徽、江蘇、清江歸併江甯爲一廠。浙江歸併福建爲一廠。廣西歸併廣東爲一廠。合奉天、河南、四川、雲南四廠。共計九處。統歸財政處戶部直轄。並請派大臣前往各省考查辦理。同日得旨。派陳璧前往。嗣經該大臣覆奏。臚陳歸併辦法。均得旨依議。宣統二年四月。度支部奏鑄造國幣。應一事權。斷無任各省自爲風氣之理。東西各國貨幣條例。且以此訂爲專條。顯以示權限之所在。隱以謀圜法之整齊。用能主輔相權。而幣制之基永固。自光緒二十九年。財政處奏准在天津設立造幣總廠以後。各省所設銀銅各廠。仍復錯雜其間。近年迭經奏咨。飭令銅幣各廠停鑄。其兼鑄銀銅或專鑄銀幣各廠。前以幣制未訂。未便遽令停止。致礙民間應用。現在幣制既經釐訂。亟應將各省已設銀銅各廠。一律裁撤。專歸天津總廠鑄造。惟中國幅員遼闊。非一廠所能敷用。擬將武昌、廣州、成都、雲南四處之廠。改爲分廠。統歸天津總廠管轄。分廠祖模。由總廠頒發。又東三省情形與他省不同。擬暫設奉天分廠一處。等語。後南京一廠仍留。計共六廠。民國元年三月間。總廠被燬。乃就北洋銀元局舊址。改建新廠。合東西二廠爲總廠。其他各省已裁之各局廠。以餘利所在。相率垂涎。自是又紛紛開鑄。於是裁併之議又起。民國三年。財政部呈准祗留津、寧、鄂、粵四廠。並暫留之奉、蜀、滇。共爲七廠。其餘一律裁撤。惟重慶、長沙兩銅元局。因銅元票之充斥。未能實行裁去。又江蘇之銀元局雖暫時開鑄。旋即停止。此外各局廠。

均經先後停鑄歸併。未始非整理鑄幣之初步也。民國七年八月。財政部以總分各廠之用人行政。皆處於獨立之地位。天津徒擁總廠之虛名。立法之意。早已銷滅於無形。此後宜實行統一鑄幣機關。將既存之廠。酌加裁併。存天津爲總廠。移南京造幣廠於上海。武昌廠於漢口。加以廣州一廠。爲三分廠。專鑄銀銅各幣。按此項計畫。非獨未見實行。即已裁之各局廠。自是又爭相開鑄。綜計現存之數。共十有五處。内如廣東、湖南、雲南等造幣廠。重慶銅元局。均在省政府勢力範圍之内。不受財政部之指揮監督。各該廠局近來之實在情形。無從懸揣。其形式上。尚受財政部之節制者。爲天津、武昌、南京、安慶、江西、杭州、口北等造幣廠。其籌備已久。尚未開辦者。爲上海、陝西等造幣廠。其已裁撤。尚未結束者。爲山東造幣廠。此外尚有奉天、吉林、河南、山西、福建。於各該兵工廠或機械廠造船廠内。附設鑄造銅元或小銀元機關。不知凡幾。比各廠最近情形之大略也。

第二項　天津造幣廠沿革

該廠沿革。極爲複雜。變遷分合。約分爲三大節。茲分述其始末於后。

一、北洋銀元局　自光緒庚子以前。北洋機器局。附鑄銀元。惟成色低。出數少。及今存者。

爲數有限。庚子之變。局遂廢止。會袁世凱督直。議建專局。二十八年六月。周學熙奉檄籌辦。條陳七事。略謂天津南北交通。華洋輻輳。商務特盛。得隨時消息市面之盈虛。以酌鼓鑄之緩急。尤便轉輸銀源。購運材料。以擇西偏土圍空曠近水之區。距城市三數里爲宜。又前機器局銀元機因陋就簡。更閱兵燹殘缺太半。擬即舊機配製新械。期利鑄造。復擬參酌粤局規模。營建廠屋。位置益求精密。若較準、鎔化、煎鍊、撞光、印花、諸事。胥量繁簡而分合之。銀庫材料庫及造模修機所。悉按機相度尺寸。必期適合。鍋爐引擎之地脚烟突等。由訂購機器行家預繪準圖。經營如式。其餘員司辦公工匠住所。第敷展布。無事恢張。聊復寬留餘地。爲擴充計耳。又以私錢充斥。銀價日疲。僅鑄銀元。不足以紓市面。比年閩粤江甯。並開鑄銅元。有盈無絀。民用稱便。宜請倣鑄。相輔而行。爲益滋大。他如請調粤局人員鄧焯森。以資熟手。選聘化驗洋技師。以校平色。咨取粤鄂兩省章程。及銀銅圓各模。用以折衷參較。均關開創計畫。有足紀者。御書報可。乃檄陳惟壬赴粤局。繪取廠圖。卜地河北西窰窪護衛營址。鳩工庀材。至十月落成。十一月十六日開鑄。是爲北洋鑄造銀圓總局成立之始。其後直督復委張鎮芳贊其事。初銀元議鑄每重一兩爲一枚。託日本正金銀行代刻祖模。已而詢諸日本造幣廠。據謂各國通例。直徑分度。視周緣之厚。宜增十四五倍。視中心則十七八倍。今鑄一兩重銀圓。在五洲銀貨中爲最鉅。其直徑宜增於七錢二舊式者十之一。一以防新舊混淆。一以防厚音濁。奸民且易作僞之弊。至是鎔銀餅二試之。果薄淸而厚濁。因請於直督將圓徑增十之一。試鑄六七千枚。而未發行。所發行者重七錢二分耳。今之北洋造者是也。十二月。議訂章程凡四則。曰辦法總綱。曰收支經費。曰員司職務。曰匠役條規。列上直督批令試辦。至三十一年八月。直督檄孫多鑫充會辦。次年二月。改爲總辦。改周總辦學熙爲兼理。四月改名爲直隸戶部造幣北分廠。先是財政處戶部以銅元流弊日深。致碍滋多。乃奏陳整頓圜法八事。至是本廠銅元鑄數核減。遂罷兼理。十二月孫多鑫卒。以丁象震繼之。三十三年春。考查銅幣大臣檄委主政許某爲本廠會辦。總辦丁象震會辦熙鈺。并奉部檄加委。七月會辦許某調委考查銅幣大臣奏派主政陳斌麟繼其任。時部議更定分廠名稱。八月復將本廠改爲度支部造幣津廠。三十四年正月。直督檄祁頌威爲會辦。詔鑄一文新錢。以接濟市面。宣統元年二月。直督楊士驤。以籌議幣制。機宋育仁為本廠參議。二年四月。奏裁各省銀銅元廠。而津廠亦以被裁矣。

二、戶部造幣總廠　二十九年三月。清廷特派王大臣整理財政。始請於天津設立鑄造銀錢總廠。戶部奏派徐世昌及陳璧張允言瑞豐為提調。主其事。由戶部撥給開鑄成本銀四百萬兩。九月購大經路民地興建。於三十一年竣工。其房舍之設備。較北洋銀元局。更為完美。遂於是年五月初八日開機。先行試鑄銅幣。是為戶部造幣總廠。至北洋銀元局之鼓鑄。仍如故也。部中向未過問。先是財政處與戶部以各省所出銅元。各地或未盡流行。徵收賦稅。又不與制錢同一效用。殊失幣制之本意。乃議建設總廠。以圖整齊畫一。至是遂令總廠造三品之幣。曰大清金幣。曰大清銀幣。曰大清銅幣。通行天下。以歸一律。惟金銀兩種分量成色。尚待通籌。爰擬先鑄銅幣。聿分四種。大者重四錢。直制錢二十。次重二錢。直十。次重一錢。直五。又次重四分。直二。成色定為紫銅九五。配白鉛五。鑄成化驗不符。仍回爐重鑄。毋許參差。鑄出銅幣。無論是否通行地方。並可運往發行。地方官吏。應隨時保護。飭令市面流行。一切公款。與制錢一律照收。敢有阻撓挑剔。查明參辦。議定後。會訂章程凡八條。奏頒施行。（章程附後）九月財政處戶部奏派瑞提調爲總辦。張允言爲帮辦。十月財政處奏定銀兩本位制。總廠於是乎始鑄銀幣。三十三年四月。度支部奏派錫廉爲本廠帮辦。改張允言帮辦爲會辦。是月始置正副監督。會辦如故。詔以總辦瑞豐署正監督。帮辦錫廉副之。五月總廠始鑄四種通用銀幣。八月是項銀幣鑄成之數。凡三百餘萬元。以幣制方議未定。未即發行。因遂停鑄。而銅元雖接濟部庫。搭放俸餉。然市價日落。鑄數寖以益減。會大清銀行發行紙幣。請由總廠鑄造銀元爲兌換基金。三十四年正月。始鑄一元、二角、一角、三種銀元。又値制錢缺乏。部飭鑄造一文新錢。至二年四月。度支部奏定幣制則例。總廠始根據新制。籌鑄銀元。是月又奏裁各省局廠。改粤鄂川滇奉爲分廠。隸於總廠。五月由部奏派分廠總帮辦。以副監督錫廉兼廣州總辦。並稽察各分廠。奏以部郎錢承志試署副監督。始頒定造幣廠章程十八條。三年二月。以監督瑞豐去職。乃簡葉景葵署正監督。尋又詔以沈邦憲署正監督。時銀幣祖模次第告成。寧鄂兩廠定期先行開鑄銀幣。總廠則先鑄銅輔幣。以期早日實行新制。九月武昌起義。度支部以籌餉故。本廠鑄本悉被提用。以應需餉矣。

三、民國成立後兩廠之合併　民國元年三月二日。亂兵夜攻總廠。勇拒不支。於是內廠悉成灰燼。劫失生銀及銀銅元。約值三十萬兩而弱。加以大清銀行停辦。存款不能提用。本廠歷奉部劄。提撥成本。及罹燹劫。爲之一空矣。因罷正副監督。部派夏偕復爲總辦。籌畫規復。即舊日停辦之北洋銀元局舊址。開辦分廠。以刦餘銅片鼓鑄銅幣。十二月夏偕復調任。部檄坐辦阮貞元爲廠長。二年十一月。廠長阮貞元調委。部令吳鼎昌接充廠長。三年一月。始頒造幣廠官制。以吳鼎昌爲造幣總廠監督。二月復頒行造幣廠章程。自是總分各廠之組織。判然分明矣。先是總廠以工廠狹隘。即餘地更闢新廠。未落成而舊廠罹燹刦。益加工興築。五月新廠工程瀕蕆。乃請於部。由駐外財政員陳錦濤。就歐訂購鑄造新機。是歲一元及中元祖模。次第製就。進呈大總統鑒定。十二月二十四日。始鑄一元新幣。因時制宜。與原條例略有出入。然幣制規模。因以大定矣。自總廠肇造。而天津始有總分二廠。津廠裁而僅一總廠。總廠燬而復有分廠。官制既頒。乃合二廠胥謂總廠。而爲之別。其在西窰窪者爲西廠。在大經路者爲東廠。將以西廠專鑄銅幣。東廠專鑄銀幣焉。

天津銀錢總廠簡明章程 光緒三十一年七月二十二日奏准

一本廠係奉特旨設立。與各直省所設不同。惟因運煤運料之便。是以前經部奏定在天津設廠。現在廠屋業經造齊。宜定名稱曰戶部造幣總廠。所造三品之幣。即文曰大清金幣。大清銀幣。通行天下以歸一律。

一本廠之設。原以整齊圜法。本須鑄造金銀銅三品之幣。惟圜法關繫重要。不厭詳求。金銀兩種分兩成色。尙須通籌定議。而近年以來。制錢短少。京師當十大錢。亦苦不敷行用。是以擬先鑄銅幣。現定銅幣計分四種。大者重四錢。値制錢二十文。次重二錢。値制錢十文。又次重一錢。値制錢五文。最小者重四分。値制錢二文。成色均定爲紫銅九十五分。配白鉛五分。以上銅鉛成色。均須配足。鑄成之後。仍隨時提出化驗。設有不符。即應回爐重鑄。俾免參差。

一前奉旨由戶部撥給銀四百萬兩。作爲開鑄成本。現在購地建廠工料各費。幷購備機器銅鉛雜料。即係由戶部隨時商撥。其創辦員司匠役薪水工食。係由財政處生息項下暫行撥用。銅幣開鑄之後。所獲餘利。除本廠開支各項。幷留公積及花紅各一成外。

其餘全數提存戶部。嗣後擴充鑄務。增廠添機。及籌備鑄造金銀幣成本。屆時需用欵項。仍由戶部照數撥給。

一本廠鑄出銅幣。自應先儘京師行用。有餘再發行各省。無論是否通行銅元地方。均可將本廠所鑄銅幣運往發行。該地方官均應隨時保護。飭令市面商民流通行用。一切公欵并須與制錢一律照收。不得稍分畛域。如有阻撓挑剔者。即由財政處戶部查明參辦。

一本廠隸於戶部。部庫調取銅幣。搭放俸餉。本應照成本核算。惟本廠與各省不同。各省不過戶部偶然調取。本廠須供戶部常年之用。若均照成本核算。則局用薪紅。將無所出。且本廠除成本外。餘利本係全歸戶部。自無庸沾沾於此。擬嗣後鑄成銅幣。解交戶部。搭放俸餉者。即照戶部搭放扣回銀數作價。以保餘利。

一本廠事務重要。必須在事各員實心實力。方能日起有功。勸懲之方。不可不設。查廣東吉林兩省。因鑄造銀銅各元。獲有餘利。業經該將軍督撫將出力各員擇尤保奬。況本廠事屬創辦。頗費經營。尤應酌定功過規條。以昭懲勸。擬請俟開辦二三年後。著有成效。即將實在出力各員。由部擇尤酌保。其在廠不及二年者。不得列入。其有不甚得力之員。則當隨時撤換。儻查有舞弊營私劣迹。即行據實糾參。

一各省鑄造銀銅各圓。所得餘利。除近年有認解練兵經費并浦江工程外。其餘多稱留辦地方新政之用。作爲本省外銷。經戶部催令將詳細章程報部。至今多未開報。今本廠辦理各事。出入均係部欵。自應實用實銷。自未便以歷來各省造冊報銷之成例相繩。嗣後每屆年終。應令該提調等督飭員司。該廠一年出入欵項。據實開具簡明清單。報知財政處戶部。覆核具奏。以歸簡易而昭核實。

一本廠每屆年終。將鑄出銅幣收回欵項。除去銅鉛煤炭各項價值。以及添修工程薪水局用各項支欵外。合計淨利若干。分作十成。提一成作爲本廠公積。一成作爲花紅。下餘儘數撥交戶部。其所提一成花紅。參酌各省章程。以十之三。分給提調各員。以十之五。分給全廠員司匠役。以十之二。分解財政處戶部。作爲飯食銀兩。至公積一成。仍按年列入公欵。作正開銷。

以上各條。係體察現在情形。分別酌擬。其餘未盡事宜。或有應行增改之處。當隨時斟酌損益。奏明辦理。俾臻妥協。

第三項　南京造幣廠沿革

自粵鄂設幣廠後。寧省撥欵在粵局附鑄制錢。鄂局易換銀元。光緒二十二年正月。江督劉以制錢缺乏不敷周轉。洋元行銷。利權外溢。仰給外省。終非久計。因遵照戶部議復陳侍御條陳。沿江沿海各省自行仿辦之案。即行撥欵遴員購機建廠。仿鑄銀元。兼鑄制錢。二月初一。委江藩司瑞爲總辦。委江蘇候補道劉式通先行考究製造銀元銅錢各機器。飭營務處桂道嵩慶。勘地建造廠屋。初議建廠應在省城內近北一帶或濱江。以便起運機器。嗣於省城西水關內雲台閘南岸沿河收買基地四十四畝有奇。繪圖興建廠舍。三月啓用關防。文曰江南鑄造銀元制錢總局。時劉督飭籌防局暫行借銀八萬兩以資應用。七月副將劉長泰禀請以廢銅砲改鑄制錢。八月擬定銀元圖樣及大小輕重厚薄。悉照鄂局成式。惟將省分字樣。改爲江南省銅錢。每文重七分。漢文宜用宋體。九月報部議可。十一月以署江藩司桂嵩慶爲督辦。十二月以藩司松壽爲督辦。二十三年二月。以唐際昌接辦。并派桂嵩慶會同辦理。三月派劉世芳赴鄂抄取章程。四月會議銀元廠員司章程二十條。制錢廠章程四條。兩廠工匠章程十六條。六月派工匠八人赴鄂廠學習。十月初一日委任玉森爲總辦。初二日委秦令基馮令璋及司事二人前往湖北詳究機器。添募工匠。是月工竣。十月二十八日開鑄。分東西兩廠。東廠爲鑄造銀元之地。西廠爲鑄造制錢之地。開鑄之初。祇鑄銀元。是時鑄本皆借諸江南籌防局。而銀條則由上海道蔡代購。每月計需銀條十五萬兩。鑄成銀元後。由籌防支應各局以銀二成龍元八成搭放。而八成中又以大六小四分配安西兩省。次第通行。十二月十五日開始鑄錢。錢皆直一。二十四年三月徐州礦務局以生銀至寧局易換銀元。礦局嚮由粵局購易。每百兩津貼費二兩。改於寧局購易自茲始。閏三月小洋印花機不敷應用。由粵局借來印花機八副。四月檢大小銀元共百元送部核察。是時補用知府劉慶汾請鑄造當十當二十當五大錢。司道議改鑄銅元。皆未果行。五月小銀元價漸低落。江督示大元一兌小元十。出入一律。不准強貼補水。兌換制錢。亦照英洋市價。未幾以江藩司胡家楨爲督辦。是時西廠鑄錢虧本停鑄。六月祥雲輪船兼爲銀元局運銀條解龍元。九月上海道蔡因洋銀條稀少難購。參購上海新寶。十二月復借粵局造錢印花小機器四副。二十五年四月。奉旨各省設局太多。如有需用銀元之處。均着歸併粵鄂兩省代鑄。江督劉以寧廠試造一年。頗著成效。奏請與粵鄂一體照辦。是時各營餉項。請以銀元五成配發。六月淮安府解當百當五十當三十當二十當十大錢五種。共一百八十三萬八千八百八十七個。又另解大錢一百八十四萬三千四百七十一個存局。九月將淮安府所解大錢。由匠包工用土鑄法。全數改鑄制錢。每文計重七分。十月高郵解來大錢共十一萬一千八百六十八斤半。十一月軍機處電有人奏宜改一兩重銀元及五錢二錢一錢小銀元。江督電復銀元不宜改製。委趙詒書爲帮辦。十二月二十一日。委趙詒書爲總辦。是月徐州解到所收廢銅二千八百二十八斤一兩。二十六年正月。江督鹿以局內亟須整頓。派候補道劉思訓督率各委員查照粵局章程先行試辦。是月以祥雲輪船專歸局用。四月委劉思訓爲總辦。趙詒書仍留局帮辦。嗣因北方起衅。洋價日跌。銷路稽滯。禀請暫行停鑄。九月初一。停鑄銀元。十一月十六日。改委劉錫庚接辦。布政恩督之時。止鑄角洋。二十七年正月。詳請江督電商廣東湖北兩省。角洋到滬。每小洋十角合大洋一元。價值須同歸一律。二月擬造銅元。蘇省前因錢少。奏明在寶蘇局開爐鼓鑄。數年來出錢頗多。無如耗蝕成本。勢難持久。

巡撫聶亟籌變通之法。電飭廣東丁藩司抄錄廣東鑄錢全案到蘇。三月蘇布政司陸。電福建藩司。將閩省鑄錢章程寄蘇仿辦。每枚重二錢。鐫明當錢十文。以制錢計數便民行用。與粵仿香港先士隨洋價爲漲落者不同。四月初一日開工重鑄銀元。是時延請頭等化學洋員到廠。銀元皆加戮記以爲取信中外之計。七月蘇撫聶飭將西廠停鑄機器。照閩省改鑄二等銅元。每枚當錢十文。每次由蘇藩司撥銀一萬兩。購料鑄成。儘數解蘇。查西廠機器本係造錢之用。祇有印錢文鋼錘五十具。無印花紋機車。乃由廣東借來印花紋機車六架。復修整舊車。共成七架。每架日印四萬枚。十二月寧藩司亦仿照蘇藩辦法。由是東廠爲本局鑄造銀元。西廠爲寧蘇兩藩司代鑄銅元。二十八年三月初六日。委志鈞爲總辦。五月二十三日。因角洋滯銷。停鑄銀元。改鑄當十銅元。以後銀元一季止鑄數日。東廠亦遂改鑄銅元。由司代售。故東廠銅元爲代銷。西廠銅元爲代鑄。是時代善後局鑄當十九百五十七萬。代徐州道鑄當十一百七十萬。八月以任道玉森、劉道思訓經鑄足制錢。及採購江西足制錢共一萬八千四百零二千一百四十文。堆積串朽。無濟實用。初擬由藩司吳札發文闈供給所使用。至是吳去而供給所亦換員。改由商銷。十月添購鑄造銅機器五架。十一月初六江督張以銅元暢銷。可補制錢不足。亟宜設法推廣。添機擴廠。委許寶芬楊鏵吳大藴爲差委。是日會同布政李稟江督張現西廠鑄機一付每日出二十八萬枚。合上月添購之機。每日得四十八萬枚。近來銅元日暢。不敷周轉。雖有東廠銀元機借鑄銅元。每月可多七百數十萬枚。究係一時權宜。將來仍須改鑄銀元。甚非持久之道。如再添每日可出四十八萬枚之機器。方能足用。預計購機建廠。及機器運裝等費須銀二十餘萬兩。十一日奉督批。於鑄本項下。先行撥欵應用。將來新舊機合銀元機所出。每日可得一百二十萬。除照舊每月解蘇附鑄三百二十餘萬。餘均解交司庫。以二成餘利。提作司庫一切外銷雜款。及善後局各用。存八成盈餘。專充興學練兵之用。二十九年二月。浙省來寧仿查章程。三月霍教習因商酌成色稟請魏督飭加整頓。四月初一委沈邦憲爲總辦。是時代屯墾局鑄當十三百四十八萬。五月初一。委陳希藩謝三益監修新廠工程。是月沈邦憲會同藩司李稟魏督。本月初旬因上海袁道復稱銀條來源甚少。改用足色寶銀入爐。每鎔一罐。計重一千二百兩。如九成銀條。照章每罐發一千八十兩。配銅珠一百二十兩者。今則減銅。加發銀十三兩。其八二成銀條。每罐發九百八十四兩。配銅珠二百十六兩者。今則減銅。加發銀十一兩。務求銀色高足。照舊用霍敎習戳名。九月二十四日。委潘汝杰爲總辦。是時代屯墾局鑄當十三百五十六萬。十二月初一日。江督奏改新章。飭將西廠代鑄名目收回。西廠所鑄銅元。概交藩庫。每解銅元二百萬。解回鑄本銀一萬。月終核算盈餘。存藩庫。作爲興學練兵之用。是月杪。新廠工竣。是日中廠。三十年正月。會同藩司黄稟江督。東西兩廠。每日加工。可得一百萬枚。所出銅元。除撥交官錢局行銷外。尙須分撥鎭江道淮運司淮徐海等處領兌每處不敷。即將來新廠開工。亦難免缺乏。應請於每日百萬當十銅元中。攙鑄當二十銅元二成。則每日可多得盈餘。約合當十銅元九萬餘。江督是之。是月稟裁祥雲輪船。仍歸上海捕盜局用。二月十八日開工鑄造。二十一日委鄧矩爲會辦。定整頓章程。每日鑄銅元百萬枚。(火耗)約銅四千六百兩。以每枚重二錢計算。每銅千兩。約耗二十三兩。(焦煤)應用十二噸。(煙煤)二十五噸。四月議就上海製造局添機鑄造銅元。二十二日以張廷杰爲總辦。七月派鄧矩至滬購辦機器。時已議於揚州府城擇地建局。增鑄銅元。九月欽差鐵良至寧。奏明江南銅元餘利。每百萬枚約得銀三千二百餘兩。十月十四日。委潘學祖爲總辦。薛振基爲正提調。改名江南戶部造幣分廠。十一月江督周擬添廠擴充。定辦法十條。二十五日。委秦炳禮赴揚籌辦揚州銅元局。勘地已定。稟請撥欵。周督謂多一局廠。多一煩費。據將上海製造局添購機器及預備揚州建局所購機器。全數運寧。歸併寧廠。添局鑄造。以一事權。十二月奏明上海揚州機器歸併寧廠。三十一年正月。周督添辦法八條。派黃布政爲督辦。潘學祖爲總辦。原有會辦銷差。時周督飭添建大廠。就南東二面展拓。由候補縣王雲章勘估。共收地七十七畝有奇。二月開工、設洋式工程處。以知府崔鼎監造。華式工程處。以知府徐棠監造。修改老廠。以千總任廷琇經管。三月委徐乃光會辦銅元局事。五月滬揚機器運到。就南門機器局安裝者。係揚州撥來十六部。由徐乃光暫時權宜代鑄。先行查照合同。點收機器。不足之數。由徐道添配。八月更換關防。文曰江南銀銅元總局。三十二年工竣。是日新廠安設新廠之機器。係滬來四十五部。二月改名江蘇江寧戶部造幣分廠。是時周督請免限制鑄數。三月初六日。新廠開鑄。四月十六日。江督端委布政朱爲督辦。匡翼之爲總辦。李壽仁爲帮辦。薛振基爲提調。潘學祖銷差。時匡翼之會同布政朱。釐訂章程十六條。銅元舊用九五紫銅四釐白鉛一釐點錫。三十一年七月。財政處會同戶部議奏整頓章程。有願用點錫一釐者聽等語。查點錫每石須銀六十餘兩。白鉛止十餘兩。擬於九五銅中加用五釐白鉛。不配錫。俾本輕利厚。於銅幣成色亦無損。五月南廠開鑄銅元。時奉部飭限鑄數。計寧三廠。蘇二廠。清江一廠。每日共百萬。時蘇州一處已稱每日不足百萬。飭令停鑄。江寧清江兩處每日共不得過六十萬。嗣老新各廠皆停鑄。七月商務局稟銅元不敷周轉。請開鑄。初二日先開中廠。每日鑄銅元六十萬枚。時適清江停鑄。故歸併鑄數。是時借籌防局鑄本已百二十二萬餘兩。未還者仍四十餘萬。八月初七日。開東廠。每日造銅元四十萬。十七日。暫開新廠。時新廠機可日出二百萬。以現存條片盡鑄。以供新政費之取給。十二月南廠停鑄。自五月至是月。共鑄銅元七千五百八十萬。三十三年正月。考查銅幣大臣陳璧至寧。提調薛振基呈遞條陳。請添造當二十銅元。及一文制錢。批准照辦。是月定整頓章程十六條。併老廠於新廠。裁減人員。限定鑄數。每日二百萬枚。內以一百萬枚爲本廠鑄額。四十萬枚爲賑捐加鑄。統交官錢局銷售。額鑄盈餘。四成解部。爲練兵費。三成解司。爲新政費。三成分還籌防局暨上海製造局欠款。加鑄盈餘。全數解賑捐局。以應賑需。時部派主事景凌霄爲會辦駐廠視事。總辦匡翼之由財政處戶部會同督撫加札留辦。二月初六日。新廠開工。每日鑄當十銅元一百四十萬。當二十銅元三十萬。共二百萬。是月陳璧請更名曰度支部造幣江廠。由部換給關防。六月十五日。暫停鑄銅元十五日。七月初二日。仍舊開工。每日鑄銅元二百萬。度支部議奏前財政處臣部奏定江蘇每日鑄數一百萬。江西三十萬。安徽三十萬。合併爲一廠。應一百六十萬。議加一百二十萬。乃係辦賑之需。現據該廠報稱每日可鑄二百萬。近因幣價低落。停鑄半月。復行開鑄。若幣價未平。仍令隨時停鑄。三十四年二月二十七日。度支部奏銅元太多。奉旨京外各廠停鑄銅元數月。三月二十一日。江督端會同湖廣督奏請暫緩停鑄。不准。二十九日停鑄。六月初二日開鑄一文新錢。每日四十萬枚。每枚三分二厘。六銅四鉛。七月江督端會同鄂湘兩院陳夔龍岑春煊電請將已購之銅。悉數開鑄當十當五當二各銅元。銅盡即止。奉旨依議。嗣因一文新錢。耗折太鉅。停鑄。十一月初七日。度支部奏明。明年正月造幣用宣統年號。宣統元年四月初一。以知府應德閎管理廠務。五月二十三日。以補用同知胡世延管理江廠事務。二年四月。度支部以幣制釐定。專歸總廠鑄造。令江廠造冊候裁。時止留漢口廣州成都雲南分廠。嗣因新幣欲在上海漢口發行。復設寧分廠。五月度支部定造幣廠章程十八條。三年二月初一。部簡蔡康爲總辦。度支部主事景凌霄仍爲帮總辦。五月總廠派藝士張葆亨紀鍾淇王國弼到廠。時英化驗師華振亦到。六月初一。用新一元祖模開工鼓鑄。八月總廠擬訂辦事細則四十四條。經度支部核准移廠。八月二十六日奉江督札開鄂省事起。市面震驚。鈔票失信。援廣東成例。趕鑄舊式銀元。二十九日。開工鑄舊式銀元。九月初六日。部頒江寧造幣分廠新關防到廠。十九日委匡翼之代辦。二十四日先開銀廠鑄成銀幣。概交財政公所。十月初一日。銅廠開鑄。鑄成銅元。亦交財政公所。初八日奉都憲札。銅幣仍用舊模。已成新式銅幣。既不合用。應即回爐。十二日事定。所鑄新銀幣。盡數發行。十八日匡翼之辭職。時臨時大總統以余成烈爲監理。林景爲協理。二十一日開鑄。仍用清模。民國元年元月。改稱中華民國江南造幣廠。刊木質關防。時暫定簡章。分二科。曰總務。曰管理。廠以內管理科長主之。廠以外總務科長主之。統計科附屬焉。另設衛兵隊。專司保護稽查之任。二十七日。詳財政部。本廠性質。宜隸中央。時陳錦濤爲財政部長。二月十日。更換關防。文曰中華民國財政部造幣總廠印。是時以廠隸財政部。故曰總廠。三月以王秉善爲廠長。趙家蕃爲帮長。

監理協理名稱。一律取消。十四日王秉善辭職。十五日以趙家蕃代理廠長。四月留守府以軍法科長張孝準兼廠長。時鑄紀念銅幣。鏤五穀紋。紀以開國字樣。五月鑄紀念銀幣成。八月續鑄二角紀念新幣。二角金幣。以二角銀幣一千枚。金幣十枚。呈財政部。九月部令夏翊宸爲廠長。帮長裁。二年一月。因銀元市價低落。停鑄銀元。加鑄銅元。每日約二百六十萬枚。二月改名曰財政部江南造幣廠。是月請財政部頒發袁總統像紀念幣新模。五月於東廠暫行開鑄銀元。每日四萬枚。七月寧亂。廠長屢有更換。九月事定。都督張以車慶雲爲廠長。甫十日。財政部派潘斯熾爲廠長。十月部飭收併蘇浙兩省機器。三年二月。銀元暫行停鑄。六月部飭酌限銅元鑄數。每月不得逾三千萬枚。八廠部飭用北洋模鑄造銀幣。九月財政部以各分廠關防。頗不一律。特刋頒關防。文曰財政部南京造幣分廠之關防。十一月部飭停鑄銅元。四年二月。收舊幣改新幣。四月任命夏翊宸爲廠長。五月財政部派葉景莘鈕倫至寧。調查成色重量。八月十四日詳財政部。逐項整頓共二十六條。十月東廠開鑄銀元。每日額出四萬。加工一萬。新廠日出十萬。加工二萬。漸有增益矣。

第四項　武昌造幣廠沿革

該廠自前清宣統三年收歸度支部。其時銀元局案卷。均送交藩署度支公所存貯。迨辛亥之秋。藩署被攻。悉遭兵燹。銅幣局案卷雖存。本廠亦以秩序大亂。遺失綦多。欲考其沿革歷史。苦無根據。茲僅就賸餘之公牘。舊人之見聞。撮其大要著之於篇。以備參考。

一、湖北銀元局　湖北銀元局創始於清光緒十九年。總督張之洞任內。就省城三佛閣街舊守備署改建。委候補道蔡錫勇爲總辦。二十年開始鑄造湖北省銀元。二十九年。提調候補知府齊耀珊禀稱。自到局後。考查局中鑄欵。以商人附鑄爲來源。近來銀根奇緊。商人裹足不前。月僅附鑄官欵。工作無幾。機器停則鏽滯。匠徒閑則怠生。局用坐耗公款。適承其弊。考核市面情形。錢荒之弊。尤甚於銀荒。雖銅幣局日鑄三四十萬枚。合三四千串。亦不過少資補救。前者憲台飭令銅幣局提調高守添廠購機。多加鑄數。仰見憲慮精詳。非此不足平市情。抒商困。便民用。籌巨欵於鼓鑄。幷不取之於商民。惟是銅幣局現須多鑄。而限於機器。銀元局現有機器。而絀於鑄欵。若畧爲變通。銀元局於無銀鎔鑄日期。兼爲銅幣局附鑄銅元。酌扣工火。以抵局用。機器免停鑄之虞。公欵無慮糜之慮。銅幣日增多數千串。兩局均有裨益。并將銀銅界限劃清等語。旋奉署督端方批。該局每月應以十日鑄銀元。二十日鑄銅幣。務將銀銅界限劃清等語。乃於舊鑄銀元廠機外。添建工廠十一間。辦公及員司匠役住房六十六間。鎔烘等爐六十八座。水井二口。水櫃一具。大烟筒一座。引擎二副。鍋爐三座。舂餅機四架。光邊機四架。印花機三十九架。各項零星機件皆備。自是年閏五月起至三十二年二月初一日止。共鑄當十銅幣十二萬一千一百六十五萬三千二百九十九枚。行銷無存。三十年十一月端署督札開。照得銀元局從前鑄造銀圓。係專爲抵制外國銀元而設。故名之曰銀圓局。現經本部堂奏准。就湖北試鑄一兩重銀圓。名曰大清銀幣。奏內聲明此項銀幣。即爲將來中國全國畫一之銀幣。是此後所鑄銀元。即爲國幣。應飭將銀圓局改名銀幣局。以符名義等語。隨將原領湖北銀元局關防繳消。於十二月初一日開用湖北銀幣局關防。查此局自開辦以來。雖與銅幣局毗連。且曾附鑄銅幣。然始終劃分兩機關。直至宣統二年五月。收歸部有。始歸併爲一。名武昌造幣分廠。

二、湖北銅幣局　湖北銅幣局。自清光緒二十八年八月。張督之洞任內奏設。就銀元局東舊鑄錢局廠屋開辦。委候補知府高松如爲提調。二十九年。擴充庫房。及鎔銅輾片兩廠。並大水池各項工程。三十年。擴充電燈房馬力房。印花搖洗兩廠。及庫房各項工程。三十一年。擴充數錢處鎔銅輾片印花等廠。及汽爐各項工程。計廠房十七間。庫房三所。辦公及員司雜役住房四十四間。鎔銅及烘片烘餅等爐二百四十口。水池一口。水櫃二具。大小烟筒二十九座。引擎十一副。鍋爐十一座。輾片輥三十副。舂餅機二十三架。光邊機十三架。印花機一百五架。電燈機二架。各項零星機件皆備。開鑄之始。日出銅元祇四萬枚。二十九年冬。增至日出百萬枚。三十一年後。日夜趕鑄。最多數時。可日出四百萬枚。出數之多。得力之厚。爲各省廠冠。緣武漢爲長江樞紐。近年京漢路成。商務日見繁盛。故銅幣銷場。較他省爲大。以上係三十二年侍郎陳璧來鄂考查時之情形也。迨考查後。擬定廠名爲度支部造幣鄂廠。由部委會辦一員。來廠會同省委總辦。辦理廠務。每年提盈餘四成歸部。宣統元年。有收歸部辦消息。爰於五月停鑄。十月。將員司工人全體解散。二年五月。度支部奏准各省造幣廠均歸部管轄。遂由部派前戶部郎中廉州府知府李經野爲總辦。分部員外郎張德薰爲幇辦。歸併銀幣局。改爲武昌造幣分廠。民國元年。歸鄂軍都督府管轄。更名武昌造幣廠。三年收歸財政部。更名財政部武昌造幣分廠。

三、兵工廠附設銅幣局　兵工廠附設銅幣廠。在漢陽西門外梅子山下。自清光緒三十一年二月。建廠購機。計廠屋六所。辦公員役住房庫房等三十七間。鎔烘等爐一百一十六座。水池一口。水櫃一具。烟筒七座。引擎三副。鍋爐四坐。輾片輥十二副。舂餅機八架。光邊機八架。印花機五十架。各項零星機件皆備。委候補道兵工廠總辦桑寶兼管開鑄銅幣事。自三十一年二月起至三十二年二月止。共鑄當十銅幣五萬二千七百五十四萬四千七百枚。行銷無存。其後侍郎陳璧來鄂。調查限制銅元鑄數。遂與銀元局附鑄銅幣同時停辦。嗣將廠屋改辦針釘廠。舊置鑄幣機件。均歸兵工廠存貯。

第五項　廣東造幣廠沿革

溯自前清光緒十三年正月兩廣總督張之洞籌議購辦機器。試鑄制錢。其規畫先設局於廣州。次設局於瀘州。以廣州爲南方華洋輻輳之區。瀘州爲川滇黔交通之中心點。先由廣州試辦。銅鉛原料暫取給於外洋。成效稍著。即在瀘州設局范冶雲南之銅。貴州之鉛。及四川本省之銅。以爲原料。興鑛務而塞漏巵。其計畫甚爲宏偉。奏上。清廷議可。乃於是年四月。電駐英公使劉瑞芬。向英國喜敦廠定購機器。擇地大東門外黃華塘。建築場所。册報購機及運載保險等費三十一萬五千餘兩。購地及建築費一十四萬六千餘兩。均向弛禁闈姓商人借撥。由藩司籌還。是時以蔡錫勇薛培榕爲監修工程員。於光緒十三年七月興工。十五年二月竣工。顏曰廣東錢局、規模仿英國喜敦廠式而變通之。局成。以藩司爲督辦。設提調坐辦以佐之。下置文案委員。並雇英匠四名。十五年四月二十六日開爐鼓鑄制錢。每枚重量一錢。一面鐫光緒通寶四字。一面鐫庫平一錢四字。成色銅六鉛四。於八月初三日開始行用。此爲吾國以機器鑄造制錢之始。

試鑄制錢。所以整齊內國之錢法。而外洋銀元流布國內。利權外溢。漏巵無底。故於錢局內附設銀廠。並向喜敦廠購辦鑄銀機器。原欲與制錢同時並鑄。爲部議所梗。往返磋商。於光緒十六年四月初二日。始行開鑄。在洋欵項下提銀十萬兩爲鑄本。銀幣計分五種。一號庫平七錢二分。配純銀九成。二號三錢六分。配純銀八六成。三號一錢四分四釐。四號七分二釐。五號三分六釐。均配純銀八二成。一面鐫光緒元寶四字。漢清文合璧。一面鐫蟠龍紋。周圍鐫廣東省造庫平七錢二分等字樣。市面行用。商民稱便。此爲吾國鑄造銀圓之始。

同年兩廣總督李瀚章以原鑄制錢重量一錢。銅價日昂。銷燬日多。改鑄每枚重量八分。去庫平一錢字樣。改鐫淸文廣寶二字。厥後銅鉛價値遞年加增。鑄錢虧折。爲數甚鉅。至光緒二十年。兩廣總督李鴻章飭局於是年底停鑄制錢專鑄銀幣。

光緒二十六年。因停鑄制錢。錢價日漲。銀價日落。本局會同善後局。詳請督院李鴻章撫院德壽。以粵省地隣港澳。商民習用外洋銅仙擬自行仿造。以救錢荒而挽利權。報可。於是年六月開鑄銅仙。先行試鑄二等銅仙。即每枚當制錢十文。以紫銅九十五分。白鉛四分。點錫一分配合。每枚重量二錢。一面鐫光緒元寶四字。內加淸文廣寶二字。周圍鐫廣東省造。並分鐫每百個換一圓字樣。一面中鐫蟠龍紋。周圍英文。譯曰廣東一仙。此爲吾國鑄造銅圓之始。

光緒三十年。以銅圓原鐫每百個換一圓字樣。頗有未協。仿部鑄當十錢法。改鑄每個當制錢十文。以期通行無碍。

光緒三十二年。兩廣總督岑春煊以停鑄制錢。改鑄當十銅圓。市廛零用不便。飭廠鑄造有孔小錢。每枚重量三分二釐。中穿圓孔。一面鐫光緒通寶四字。一面鐫清文廣寶二字。商民稱便。是有孔小銅錢。亦始創於粵省。

按自光緒二十五年清廷第一次奏准限制各省鑄幣。歸併局廠。至三十一年又復奏准第二次限制及歸併。而粵廠均得以存留。至是三十二年又以各省銅圓鑄數太濫。應亟謀整理之策。乃實行歸併各省銅幣局。將本局改名爲度支部造幣粵廠。歸部管轄。由部派會辦一員。監察廠務。每年餘利。以四成歸部。六成撥充廠費。於光緒三十三年四月初十日開用新關防。此爲本廠變更廠名之第一次。亦爲清廷第三次限制各省造幣歸併局廠。而粵廠得以留存者。

其初試鑄銀幣。原大小兼鑄。後因鑄造大圓。不如小圓之利便。故鑄造小圓。爲數日多。小圓中之一角銀幣。花紋略淺。易致光滑。商場動多挑剔。因鼓鑄二角。爲數獨多。粵省商場貿易。迄今仍以銀毫爲本位。其原因實基於此。光緒三十三年。總督周馥以粵省市面銀毫充斥。實於圜法有碍。飭令停鑄小圓。改鑄大圓。在關務處借撥大圓三十萬兩。交善後局購買元寶。於是年二月二十五日停鑄小圓。三月初一日開鑄大圓。嗣因粵省習用小元已久。所鑄大圓。市面流行甚少。大都運滬購買元寶。六月間復行開鑄小圓仍搭鑄大圓四成。

光緒三十四年美公使以香港地隣粵省。粵鑄小銀圓。因無限制。香港商務大受影響。照會度支部咨粵停鑄小銀圓。文到當即駁覆。略將鑄數稍爲變通。每日改鑄大圓四萬兩。搭鑄小圓八千兩。

同年度支部以各省銅圓鑄數日多。民間減折行用。奏請分飭各省暫行停鑄數月。遂於是年四月十八日停鑄銅圓。八月初一日復行鼓鑄。

宣統改元。銀銅各幣改鑄宣統年號。於宣統二年正月初一日開始行用。是年度支部飭停鑄銅圓。復鑄有孔小銅錢。以濟市面。

同年度支部請釐定幣制。改鑄新幣。將所有舊式銀銅圓。一律停鑄。新幣形式。一面鐫龍。一面鐫大淸銀幣一圓字樣。五角以下銀鎳銅各幣仿此。遂於是年四月二十九日。將舊幣停鑄後。因新幣祖模尚未頒到。七月復行鼓鑄舊幣。

宣統二年四月。度支部裁併各省局廠。將本廠改名爲度支部廣州造幣分廠。此爲本廠變更廠名之第二次。亦爲清廷第四次限制各省鑄幣。裁併局廠。而粤廠得以留存者。本廠既歸部轄。由部派專員以主其事。並撥銀一百萬兩。以爲鑄本。查本廠自開創至宣統二年。所有鑄本及購辦原料。並各種物料。均由善後局管理。本廠祗任鑄造。鑄成各幣逐日解交善後局行銷。所得盈利。作正開銷。部撥專欵自是年始。

宣統三年八月。開鑄新幣。鑄數無多。武昌起義。度支部允粤督之請。電飭暫停新幣。仍鑄舊幣。復將一百萬兩鑄本提回京師。未幾廣東改革。胡漢民爲都督。派員到廠點收餘存銀銅物料等。計八十三萬餘兩。改名爲中華民國軍政府廣東造幣廠。此爲本廠變更廠名之第三次。

民國改元。所有前清龍紋銀銅各幣舊模。一律銷燬。改用新模。一圓銀幣。尙未開鑄。先鑄一角二角銀幣及銅幣。銀幣式樣。一面鐫壹毫或二毫銀幣字樣。上列中華民國年號。下列廣東省造字樣。一面鐫亞拉伯文10 20等字。旁鐫英文譯曰廣東十仙二十仙銅幣。一面鐫壹仙銅幣。上列中華民國年號。下列廣東省造字樣。一面鐫亞拉伯文1。字旁列英文譯曰廣東一仙貳毫銀幣及一仙銅幣於民國元年一月行用壹毫銀幣於元年七月開鑄。

民國二年。廣東獨立。本廠於八月十三日。被亂軍搶刼。據報搶去銀毫銀餅銀條邊碎等。共值銀四十萬〇六千三百九十兩〇九錢六分。本廠鑄本此次又受一大虧損。是時銀銅各幣。一律停鑄。粵事既定。於八月二十一日復行開鑄。

民國三年。財政部將本廠收歸部管。五月二十日結算歸部。改名財政部廣東造幣分廠。總辦改稱廠長。分總務工務化驗三科。辦事公文直接達部。免由天津總廠及巡按使承轉。十月十三日開用新關防。此爲本廠變更廠名之第四次。是時鑄本缺乏。電部與省吏交涉。撥回前督胡漢民接收八十三萬餘兩之鑄本。卒無效果。

民國四年二月。財政部令鼓鑄新幣。多鑄大圓。少鑄小圓。由部頒模範。一面鐫前總統袁世凱側面肖像。上列中華民國年號。一面鐫交互嘉禾二本及壹圓字樣。本廠以鑄本缺乏。與中國交通兩銀行及各銀號息借商欵。於是年八月二十三日開鑄大圓新銀幣。小圓及銅幣祖模未奉頒發。仍用舊模鑄造。是年擬復鑄一文銅幣、模範已成。一面鐫民國銅幣四字。一面鐫一文兩字。中穿圓孔。又擬開鑄二仙銅幣。因趕鑄大圓。二者均未開鑄。

民國五年。袁氏稱帝。廣東獨立。本廠又歸省管。改名爲廣東造幣廠。四月二十七日。開用新關防。此爲本廠變更廠名之第五次。未幾取消獨立。又歸部管。復名爲財政部廣東造幣分廠。十月十一日。開用新關防。此爲本廠變更廠名之第六次。是年因鑄本缺乏。於四月間停鑄銀幣。由軍署及廣西解來廢銅炮及彈壳。搭鑄二等銅圓。重量改爲一錢八分。成色銅六鉛四。

民國六年。仍續鑄銅幣。並擬開鑄銀輔幣。以新輔幣祖模未奉頒發。欲用舊模鼓鑄新成色七三之銀輔幣。部議未准。祇准鎔鍊制錢。經派員赴津調查仿辦。是年廣東自主。本廠又歸省管。名爲廣東造幣分廠。仍用原有關防。此爲本廠變更廠名之第七次。

民國七年一月。龔政接廠長位。以本廠停鑄銀幣已久。專鑄一分銅幣。虧折甚鉅。市面銀根日形短絀。於五月二十三日。開鑄二仙銅幣。每枚重量二錢八分。成色銅六鉛四。一面中鐫二仙銅幣四字。上列中華民國年號。下列廣東省造字樣。一面鐫亞拉伯文2字。旁列英文。譯曰廣東二仙。本廠自民國五年四月停鑄銀幣後。銀幣價值日漲。銅幣價值日落。乃息借商欵鼓鑄二角銀幣。模樣成色重量。與民國初年本廠所鑄二角銀幣相同。惟改鑴民國七年字樣。於六月二十一日停鑄銅幣二十二日開鑄銀幣。至鎔鍊制錢。及擬鑄鎳幣。尚在籌劃之中。此民國七年六月以前之沿革情形也。

綜而言之。本廠自前清光緒十三年開辦。所有吾國機器制錢及銀圓銅圓。均始創於本廠。而管理慎密。鑄造精細。又爲國內見許。故本廠自開辦迄今三十有二年。其中清廷限制各省鑄幣。裁併局廠。凡四次。屢經改革。變更廠名。凡七次。始終未嘗停辦。惟近日原料日昂。燃料價値。又復飛漲。連年虧折。必須籌措專欵。以爲鑄本。然後可以擴充之也。

第六項　成都造幣廠沿革

竊查成都造幣廠之成立。雖在前清光緒二十二年。但其時尚稱銀銅元局。附設成都機器局內。各自爲政。門戶判然。清宣統二年。始由前度支部派員接收。定名成都造幣蜀廠暨改成都造幣分廠。其中之開辦原起。組織顛末。事實變遷。與夫現在之狀況。頭緒紛如。條述如左。

一、銀元局　各省之有銀元局舊矣。川廠發端。係前清光緒二十二年。總督鹿傳霖以銀價過低。制錢缺乏。奏准創辦。旋就機廠餘地建築廠房。於二十四年六月落成。洋匠艾文瀾強必爾亦適送機器來川。當由成縣道庫借銀十一萬五千五百餘兩。藩庫借銀三千兩。作開辦經費。詎至二十五年六月。遵奉朝旨令將各省銀元。改歸鄂粵代鑄。川廠因而停止。所鑄銀元。及所餘鑄本。幷交藩庫收存。二十七年。川督奎俊。復以川省地僻道險。求鄰靡易。奏准復設。委員赴鄂考查成色重量。兼辦銅模。並由藩庫借鑄本三十五萬兩。又撥經費銀二萬一千兩。於是年十月開局專鑄七二銀元。酌擬行使章程。定大元一枚。值市平銀六錢九分。二十八年。設成都重慶兩分局。專司行銷回換事宜。十月川督岑春煊。改每大元一元。值銀七錢一分。幷仿鑄三錢二分藏元。行銷關外。流通無滯。彼時滇省尚未設有銀元局。並由本局搭鑄云。

二、銅元局　川省之鑄銅元也。開工於光緒二十九年六月。其初具體而微。就原購鑄小制錢廢機。改修應用。廠房則就機器局壓銅廠。及舊有之銅錢廠。裝置鑄料。以機器局鎗彈廢殼邊渣。並寶川局存銅。炉煉淨盡。配以銅九五鉛四錫一。試鑄當五當十兩種。每日出數。合制錢五六百釧。七月在本局設櫃兌換。行銷甚利。旋探寧遠會理等處紫銅。添鑄當二十一種。出數較多。其經管員司。及工匠炭料。均借用於機器局。成效既著。遂議擴充。三十年川督錫良始奏咨立案。添建廠房。續購機件。設印花廠壓銅炮銅化銅各廠。專派員司經理。規模遠大。然每日出數。亦只二千釧上下。是時川銅未旺。鑄本尤虛。乃由藩鹽兩庫及各署局各銀號借銀壹百萬兩。委夏口廳同知馮啓鈞在鄂採購洋銅銅餅。並手搖印花機等件。三十一年。銅元因出數日多。事繁任重。始與機器局劃分。各立各帳。旋併銅元銀元兩局爲四川銀銅元總局。另刊關防。委員接辦。又因川江水險。搬運機件。每多沉失。始設滬漢宜渝嘉五轉運局。續在江口添設一局。均派專員經理。挨次接運。以專責成。鼓鑄既多。需炭自廣。於是在嘉定崇慶大邑江口等處設局收買。或派員赴蒲江灌縣等處採購。乃敷應用。至銅鉛兩項。本省則取於甯遠之瓜別廠哈。及彭縣所出爲大宗。兼買滎經洪雅天全木坪雷波越嶲屏山等處商銅。旋又將彭縣銅局歸本局自辦。委員專管。是年五月試辦黃銅元。以銅七三配鋅。民間樂用。利益較厚。甫行數月。奉文以黃銅不合部章。飭即停鑄。仍用紫銅。兼飭派員赴天津造幣廠承領祖模。光緒三十二年六月。領回當二當五當十當二十四種模質。奉改四川銀銅元總局爲四川戶部造幣分廠。另刋關防。銀元局。照舊仍隸兼管。其名稱曰銀元股。銅元股。一切收支欵項。仍各歸各帳。不相混合。是年考查銅幣大臣陳璧派司員葛毓芝余晉芳王宗元等來川考查事竣。隨派王宗元爲本廠會辦。並留丁昌燕仍充總辦。又改廠名爲度支部造幣蜀廠。其時廠仍省有也。但銅幣餘利。提四成解部。作爲練兵經費。以六成留廠備用。曾將三十三年四成餘利派員解部。並請頒發度支部造幣蜀廠關防。三十四年十月賫回啓用。宣統元年。因邊藏需用銅元。由廠鑄造。運藏行銷。又以純用洋銅。利權外溢。川銅又苦無多。乃請截留雲南京銅。以資鑄造。並代鑄雲南銅幣。遂在鹽源會川兩處設局。收買銅鉛。至每月收支各項欵目。及各轉運局各銅炭局支銷各數。自經考查後。均按月造册報部。

三、本廠成立之組織　宣統二年。經度支部奏改造幣蜀廠。爲成都造幣分廠。頒發關防。並派主事蔡鎮藩爲總辦。王宗元爲帮總辦。六月初二日到廠接收。於是銀銅兩股。始合而爲一矣。所有從前收支欵項。及機器物料資產帳據。均經逐一清理。省廠應收應付各欵。仍由本省藩司自理。隨將蜀廠存欵現銀三十餘萬。暨六成餘利十餘萬兩。送交藩司抵除借項。以清部省界限。其原有廠房機器。悉歸部有。當是時度支部曾撥來鑄本庫平銀八十萬兩。因新幣祖模未到。並未動支。悉交大清銀行天順祥各號存放。但就蜀廠餘存現欵。及銅鉛銀元邊渣等項。以資鼓鑄。於是與機器局劃清界限。各立門戶。並在鐵板橋街。購置基地。建修辦公房舍。及國幣庫房。整理廠務。次第將轉運各局撥歸兵工廠兵備處管理。並將嘉定大邑蒲江等處炭局裁撤。又將彭縣礦局交歸勸業道管理。並將出洋學費及幼孩廠苦力病院工藝學堂經費貼欵。均撥歸川省自認。又將成渝銀元兩分局。交歸藩司經理。本廠僅留鹽源會川兩銅局。繼又添木坪銅局。採購觔銅。均改爲招商自集資本。採辦解廠。按觔照値付價。

四、事實之變遷　辛亥十月十八日之變。各署局及藩庫。俱遭刦掠。本廠防禦甚嚴。保護無損。斯時軍餉不濟。異常恐慌。本廠銀銅元及邊渣等項。存欵共有四十餘萬。概行撥作四川政府軍需之用。政府逐日到廠撥取銀元銅元。供不給求。於是趕鑄。隨將銀銅幣模。改爲民國新式。並改銀條重量爲九七平七錢二分。改藏元成色爲七五成。改銅元成色爲三七成。黃銅當二十者。原重四錢。改爲三錢。又以錢荒特甚。添鑄當五十一種。重量五錢。時銀根奇緊。苦無鑄料。緣定掉換銀元法。每生銀一千兩。外敷銀二十元。民間爭換。鑄本賴以不乏。並收集廢銅砲五十餘尊。廢銅器四萬餘觔。並將會川鹽源兩處銅局。改歸商辦。由商集資採運售廠。復委員在木坪設局採銅。亦係自集資本辦法。本廠遂自行督工修理。當五十當二十印花機器各二部。又在重慶銅元廠提回壓銅輥八對。打胚機一部。洋磅稱二架。滚邊機二部。剪刀機一部。印花機擺輪一個。飭工裝配。以擴鑄造。並本廠附設鑄印局。代鑄印信徽章。從前每日所出銅元僅五千釧之譜。自添鑄當五十銅元。每日加工趕鑄。增至七千釧有奇。民國元年十二月。部委謝正權到廠接收。於是造幣廠復歸部有焉。

五、復歸部有之概況　本廠之歸財政部也。一切事件。仍照舊章。至接收之鑄本。除虛存一百二十三萬八千有奇。及合同款並抵存數共十萬七千餘外。實只接得現欵十六萬一千餘金。旋接部令改總辦爲廠長。科長爲僉事。科員爲主事。現遵部章再行改組二年八月重慶變亂。省城錢荒。軍票低落。川公署飭添鑄當百當二百銅幣。維持市面。旋委軍職曾承業劉公篤爲總會辦。於四門添設交易分所各一區。此民國二年十二月以前之情況也。

第七項　雲南造幣廠沿革

昔者中國幣制。未倣西法以前。滇省僻在西南一隅。通用生銀。與各省無異。嗣因地與法屬安南接壤。法人又得建設滇越鐵道。法幣流入。利權外溢。秉政者急籌而救濟之。先於鄂省協滇欵內搭撥銀幣銅幣。則在蜀局附鑄。又於省垣設立官銀錢局兌換。以開風氣。迨民間漸知銀幣之便。而專恃輸入之數。已形不足。清滇督丁振鐸。飭由善後局籌款建廠開鑄。咨部立案。當委候補知府謝宇俊湖北直隸州知州吳本義。於三十一年七月。往滬信義洋行。定購德國蘇勒廠製造銀幣各種機器。購運來滇。先於是年二月委候補知府魏廷春設備。同時頒發管理銀元局之關防一顆。就省城大西門內錢局街原有之寶雲錢局地址。並添購民地。建築廠房。計自光緒三十二年二月興工。至三十三年二月工竣。三月部派余晉芳爲會辦。四川滇督錫良。調委川省候補道趙鴻猷總辦廠務。魏廷椿改委監督。並由川廠調匠目及工匠數人來滇。以資熟手。安裝機器。又由本省添招匠徒。以期推廣。六月奉部咨管理雲南銀元局。改爲度支部雲南造幣分廠。十二月向藩庫領欵。開鑄大小銀銅各幣。重量配合。悉遵部章。所得餘利。除坐支本廠開支外。餘均批解藩庫。其原有機器。較新式者。頗欠敏活。由廠工自行修改。惟碾機壓力過小。無法改造。函致上海坐探兼採買機器委員包家吉。於光緒三十四年八月。向地亞士洋行。購買大碾片機一坐。碾輥五對。宣統二年二月以杜慶元爲總辦。五月地亞士洋行所購碾機碾輥先後運到。正値市面銅幣缺乏。隨即搭鑄銅元。十一月以丁彥爲總辦。二年十月收歸部辦。由部頒發鑄本銀八十萬兩。並派陳度爲總辦。李佛肩爲帮總辦。先由北京總銀行借撥開辦經費二萬兩。便購器具到滇。旋委廠員葛源遠赴津總廠請領祖模。又飭總匠目王成甫往甯浦兩廠提運機器。並修理廠房銀庫銅鉛物料等庫。又添設較準化驗各所。停鑄數月。員司酌留。匠徒全留。均暫支半薪。三年一月。整理完備。部發鑄本。亦陸續匯滇。因廠員葛源遠請領新祖模未到。暫用舊模開鑄。籍攷求銀幣成色重量公差之良否。如大元者。中含純銀九成、五角者中含純銀八成六。二角者中含純銀八成。一角者中含純銀七成五。則較幣制所定爲加。而化驗尤爲認眞整理。若成色不足法定千分之三者。即棄而重溶。故市面之流通。信用頗著。九月滇省光復。本廠暫歸雲南軍政府管理。頒發雲南造幣廠木質關防一顆。總辦名稱改爲正廠長。仍委陳度。幫總辦改爲副廠長。仍委李佛肩。至陳度改委他職。李佛肩亦辭去。以孫琳爲廠長。自光復後。時勢不同。辦法亦異。成色較前稍低。所有大元。一概停鑄。專鑄五角輔幣。而原料生銀。如川錠作九九較配。（實在成色不過九八）公估作九七較配。（實在成色不過九六）銀條則作爲十一成較配。此爲時勢所迫。化驗不得不然。至元年七月。孫調他職。周傳性爲廠長。市面生銀將罄。無法籌備鑄料。每月僅鑄五角銀幣數批。餘則概鑄銅元。計日出可得八萬餘千枚。成幣既少。銅價復高。（每百斤價合三十餘兩）除全廠員司工匠薪餉及物料消耗各欵外。獲利甚微。再以鑄本經滇政府提作軍餉。去銀四十七萬九千餘百兩。而所存者。僅重慶前大清銀行二十萬兩。雲南前大清銀行十萬有奇。均係奉部令停付之欵。其實存廠者只有九萬兩有奇。二年二月。復歸部辦。須發財政部雲南造幣分廠關防。以陳度爲廠長。經陳廠長將困難情形電部。暫就現狀維持。仍鑄銅元。收獲生銀。兼鑄銀元。業經奉電照准。然所獲利益。除開支外。所獲甚微。再於三年三月。奉部令飭由廠存項下暫發墊滇軍由黔回省服裝費銀七萬二千兩。廠內鑄本。更難週轉。幾於不能開鑄。籌商至再。權由富滇銀行息借銀三萬六千兩。暫行接濟。仍銀銅兼鑄。勉強敷應。嗣後屢次呈部撥還。未經允准。不得已呈請縮小範圍。裁減員司匠役人等。以節開支。又將各種生銀。格外升色。以廣招徠。故每月鑄銀元。原料未致缺乏。較搭鑄銅元。獲利稍優。漸將借欵陸續歸還者。實爲前故。至四年十一月。滇省舉義。收歸省辦。頒發雲南造幣廠木質關防。又將廠長名稱。更爲總辦。仍以陳度充之。以李琪爲會辦。三月琪調他職。以張含英爲會辦。是月經滇政府提去銀三萬六千兩。飭以後由富滇銀行認供鑄料。維持原狀。七月陳度因公北上。以李琪爲廠長。旋仍以本廠隸屬中央。即呈部另行頒發關防。以符通案。

第八項 奉天造幣廠沿革

奉天造幣廠。創設於清光緒二十九年。但其時尚未開鑄銀銅幣。初係本省設立。由官欵項下撥貲興辦。至光緒三十年。日俄戰事發生。曾被外人佔據。至三十一年。方交還。始陸續鼓鑄銀銅各幣。當時廠內。並設有電燈廠。以便供給廠中應用。至宣統二年。部議整理幣制。將各省造幣廠收歸部轄。奉廠亦於是時改隸中央。本省乃將電燈廠截留。劃分爲本省營業。但供給造幣廠電力。由廠給與電費。先是東三省由來行用小洋。故廠內機器一切設置。祇能鑄造小銀元或銅元。至宣統二年。乃由該廠總辦呈請度支部。由閩廠調運大銀元印機兩部。到廠備用。民國六年。奉省以日人私燬小洋甚鉅。鑄造又虧折成本。遂改行奉大洋票。廠中是時曾代銀行錢號。略鑄大元。但以奉票係不兌現紙幣。而當地生銀又甚缺乏。市面旣不行使現洋。鑄造自難望多額。旋即改鑄銅元。以濟工作。嗣又倣財政部設立天津煉銅廠辦法。特於造幣廠內附設提煉廠。採買制錢提煉。以煉出之銅鉛。即作爲本廠鼓鑄銅元之用。至民國八年。奉省已久行不兌換紙幣。無需現貨。廠中工作無多。維持正不易易。是年奉省擬行擴充軍備。乃向部索取本廠房基。作爲擴充軍械廠之用。部以奉廠現已無留存之必要。乃允照辦。即將奉廠裁撤。以廠房機器交由該省暫行保管。此奉天造幣廠沿革之略情也。

第九項　重慶銅圓局沿革

前淸光緒三十一年。四川總督錫良由川路公司撥銀二百萬兩。在重慶距城十里兜子背之對山蘇家埧地方。建築銅元分局。購買機械物料。正擬開鑄。忽接部飭中止。嗣議改爲煉鋼廠。亦未開辦。迄辛亥革命。凡從前購存之物料。損失殆盡。機械亦多損毀。民國元年。蜀軍鎮撫府。委伍廷蘭承辦。未能出幣。嗣由四川財政司改委李成志接辦。二年五月。始陸續出幣。三年八月。財政部復派吳夐赴川接收局事。迭與川巡按使磋議。及至四年三月。始由成都馳赴渝城。接收廠房機械物料。至於文卷賬據。概由前任李成志送交川財政廳自行清理。旋接部電。准將餘銅鑄盡停工。嗣經軍政商界電部。懇請續鑄。以維市面。復電照准。當時該局文報。均由成都造幣廠核轉。迴折需時。是年九月接部電。渝局改歸財政部直轄。吳夐十二月交卸。由部派吳政修接任局長。繼續開工。五年四月底。吳夐復由部派爲局長。此創修停辦開辦歸部以來之經過情形也。

第十項　湖南銅圓局沿革

清光緒二十八年。湖南當局以各省先後奏報試鑄銅圓。湘省亦應仿照各省成案。奏請鑄用當十紫銅圓。以蘇商困。旋得旨依議。乃就省城西長街設局開辦。嗣於三十二年七月。財政處戶部奏准歸併各省局廠。湖南亦在歸併之內。即於是年九月。遵令停鑄。並將原有機輪車鉗等件。交由善後局派員點收封存。僱役看守。辛亥武昌起義。湘省市面金融緊迫。當局乃將舊有銅圓局重行恢復。藉資接濟。旋因該局接近商場。不易擴充。加之原料等項。於運轉上尤感不便。乃改設於省城南門外。以策進行。民國三年。財政部呈准裁撤各省局廠。是時湘省以紙幣充斥。銅圓希少。允准暫時存留。繼續鼓鑄。嗣因銅價飛漲。鑄數減少。至民國七年。省政府將該局大加擴充。並添購新機。以致鑄額驟增。每日可達六萬串以上。按在民國六年以前。該廠鑄造銅圓數目。每日至多不過數千串。其間比例之差。頗有天淵之別。至於銅圓餘利一項。（從前幣廠月解三十餘萬串、近因銅元換價低落、每月僅十餘萬串云、）幾爲省政府近年來收入中之唯一大財源也。

第十一項　杭州造幣分廠沿革

民國九年。浙省當局。以該省市面銀圓。向恃上海接濟。自歐戰發生。現銀減少。東三省及湘鄂等省。近又均往該埠裝運。以上海一隅。供給各省。斷難徧及。轉瞬絲繭上市。需用現銀。尤恐周轉爲艱。上海既形缺乏。一時無從籌措。而滬廠籌備。尚需時日。非另行設法趕鑄銀圓。無以救目前之急。乃召集滬商組織浙裕公司。募集資金一百萬兩爲鑄本。由該省長官與公司訂立合同。並擬就該省舊有廠屋機器。暫設造幣分廠。專鑄銀圓。咨請財政部幣制局核准。旋由部局准如所請。會派張德薰爲廠長。並規定俟將來滬廠成立。該分廠無存在之必要時。即行停止。又造幣祖模。由總廠頒發。其重量成色。以及檢查辦法。悉照定章。以歸劃一。嗣爲鄭重幣制統一事權起見。於十年二月。商准該省長官。將該廠收歸中央辦理。所有省辦期間。虧耗十四萬三千餘兩。由中央承認償還。改派沈寶瑩爲廠長。另組規章。鑄本一項。因當時庫欵支絀。未能如期籌撥。由該廠長自行設法向銀行商店借墊鼓鑄。至十年年終。計虧折中國交通兩銀行墊欵七萬四千餘圓。旋由部局改派俞人蔚接辦。澈底整理。向中國交通兩銀行。另立合同借欵三十萬兩爲鑄本。開工鼓鑄。據呈報結至上年底止。除償還前任虧欠七萬餘兩並開支外。計全年盈餘洋二萬九千餘圓。按自該廠開辦以來。滬地金融日趨緩和。一圓新幣。通行益廣。該廠實與有力焉。

第十二項　山東造幣廠籌設及停辦之經過

山東造幣廠。籌設於民國十年。先是該省於民國九年。當局以市面銅圓供不敷求。擬就兵工廠空間房屋機器。鼓鑄銅圓。並呈請財政部幣制局派員監鑄。當經財政部幣制局核准。並由部局派定于鼎源爲山東監鑄員。旋因該省以兵工廠非鑄幣機關。兼鑄銅圓。究屬一時權宜辦法。復商請中央專設一廠。當時財政部幣制局。以事關國家要政。重量成色。一有參差。其影響幣制前途。良非淺鮮。乃准如所請。是時陝西。亦擬設廠鼓鑄銅元。與日商東亞興業株式會社。訂立日金三百萬元借款合同。旋因各方羣起反對。未克實行。而債權方面。以合同早經簽訂。訂購機件材料。運送在途。函請財政部速定辦法。其結果將前項借欵轉移財政部接收。並由部將該機件等。移至山東開辦。除陝省已用去日金一百十餘萬元及購辦機件費外。尚餘日金一百餘萬元。亦移至山東爲購地建廠及鑄本之用。十年一月。由財政部與幣制局會派張德薰爲廠長。前往籌辦一切。共先後領到日金十五萬元。陸續購得廠基地址計六十九畝餘。計地價及遷墓移居費用等共銀幣五萬餘元。此外廠內開支及運機費等。在在需費。欵已無幾。復因財政部對於該會社借欵。屢經流用。及該會社在未付之欵中。扣去利息若干。遂致無款可撥。不惟廠屋不能建築。即訂購機件。亦留滯青島。不能搬運至濟。後雖由部與該會社商議續借欵項。卒無結果。該廠以坐耗員司工資。呈奉幣制局令准暫行收束。除酌留員司七人。勇役六人。辦理未了事件外。其餘一律遣散。此十二年六月間之事也。據呈報自籌辦日起至十二年六月結束止。共收息借山東銀行並東亞會社交來欵項及存款息金。共洋十五萬七千九百餘元。共支付經常費廠基費運料費圍墻等費及還山東銀行等。共洋十五萬五千二百餘元。除支尚存二千七百三十餘元。內除大倉行預支運機費二千元外。實存洋七百三十餘元。至於機件材料廠基房屋。作何處置。當時幣制局。亦未擬有確定辦法。適於此時。察哈爾都統。擬在張家口設廠鼓鑄銅元。並請將山東廠機件。轉售該廠。當經財政部幣制局核准。並由部局規定。將山東廠結束費用。亦由該都統署墊付。將來即在機價內扣除。按該廠結束期間。每月開支須一千數百餘元。均由銀行息借而來。該項結束費結算至今約須二萬數千元。口北廠屢以未經正式開鑄爲詞。迄未照撥。又山東廠基地由幣制局派員前往辦理變售。至今尚未照辦。亦未呈報到部。此該廠籌設及停辦之經過情形也。

第十三項　口北造幣廠籌設及開鑄之經過

民國九年。財政部以改革幣制。首在推行新幣。一圓銀幣自鑄發以來。全國通行。民用稱便。新銀輔幣。亦經陸續鑄發。尚能流通無阻。惟新銅輔幣以內地舊銅元過多。收回換鑄。既非一時之財力所能。新舊並行。又慮十進之法價易破。是以鑄發數年。爲數尚少。然銅幣最切於民生日用。新者發行愈遲。則舊者勢力愈大。收拾愈難。謀所以推展之道。貴在因地因時。次第舉辦。查西北邊地一帶銅元稀少。供不敷求。中外商民。交受其困。若於該處。一面發行兌換券。一面鑄發新銅輔幣。厲行十進。實較內地爲易。非惟免金融紊亂之虞。且可收事半功倍之效。惟西北土地遼闊。銅幣需要之數。當必不少。津廠日鑄銀幣。爲數甚鉅。兼顧既力有不逮。轉運亦實屬爲難。再查張家口地方。密邇京津。接近邊地。購運物料。尙稱便利。且得消息邊市之盈虛。以酌劑金融之緩急。部局再四籌商。擬就該地創設邊蒙造幣分廠。專鑄新銅輔幣。由造幣總廠。頒發祖模。其重量成色。以及檢查辦法。悉照定章。以歸統一。暫以內外蒙古青海等處及三特別區一帶爲發行區域。俟辦有成效。再就他處。次第推行等語。當時財政部。以籌款爲艱。議而未成。至民國十二年夏季。察哈爾都統。復擬根據邊蒙造幣廠成案。在張家口設廠。鼓鑄銅元。並請將山東廠運存青島機件。照當日購買原價。轉售該廠。旋經財政部與幣制局雙方核准。會派崔慶鈞爲廠長。幷由局函知察哈爾都統署。前項機器。照原價轉售。價款自該廠開鑄日起。每月匯交幣制局兩萬元。至付清機價爲止。從前東亞公司所墊各款。及山東造幣廠結束費用。均由察哈爾都統署墊付。即在機價內扣除。鑄期屆滿時。應將購機未交餘欵。悉數交局。該廠應每月協濟局中經費三千元。嗣經該署函稱機價每月撥還一萬元。協濟局費二千元。當經部復認可。一面由幣制局察哈爾都統與東亞會社訂立運機墊欵合同。該合同爲民八陝西省與該會社訂立之定貨合同、及民九財政部與該會社之繼承合同之追加合同、欵額八萬元。由會社借與口北廠爲付還大倉洋行。已付該機器之進口稅。租棧費。運費等及由青運張各項運裝費等之用。利息按月一分。六個月還淸。由天津懷遠銀行。發出期票。如到期不付。由幣制局及都統署負責。又該廠開鑄情形。聞已由銀行墊欵購買紫銅。專鑄雙銅元云。此該廠籌設及開辦之經過情形也。

第十四項　江西造幣廠籌設及開鑄之經過

本廠倡議於民國九年秋。初由本省財政廳撥欵二十餘萬元。作爲修造購機之用。至民國十一年。省當局與贛省銀行協商。將該廠改爲官商合辦。並將前財政廳已墊之欵。由該銀行次第償還。贛省銀行撥墊之欵。則由該銀行發行紙幣爲該廠之資本。而以所鑄之銀銅幣。則充該行之準備金。股本官商各半。權利義務。平均享受。所有廠內事務。由廠長及會辦四人主持。廠長由官方委任。會辦則官商各半。按自民國十二年。贛省銀行開幕後。該廠遂積極籌備呈請財政部頒發銀銅幣各祖模。以便早日開鑄。惟適值安徽造幣廠有鑄造輕質銀幣之嫌。於是政府允給之祖模。亦僅銅幣。加因鑄幣材料。未能如期購就。以致遷延復遷延。直至十三年九月底。始着手鼓鑄當十銅元。嗣又添鑄雙銅元。並具呈軍民兩署。請通令推行。略謂該廠自開鑄以來。竭力整頓。循序漸進。已略有端倪。惟所鑄係當十銅元。其當二十銅元。尚未開鑄。此種綱模。既經財政部頒發。自應量予搭鑄。以符部令。懇請轉飭財政廳飭各屬暨商會並布告商民一律通用。並嚴禁外省銅元入口。以維市面。當經軍民兩署指令照准。迨及十三年冬。贛省政變。造幣廠亦自是停頓云。

第十五項　上海造幣廠籌設之經過

上海造幣廠之設立。倡議於民國八年冬。是時社會輿論。以滬地爲吾國金融之中心。貨幣之需要最廣。應有造幣廠。以資調節。且英龍洋市價既歸統一。而收回各種舊幣。改鑄新幣。亦勢所必行。政府曾雖有南京造幣廠移滬之計畫。但終難實現。故不若另創新廠。較易爲力。其時總稅務司安格聯。亦有建議。請求政府設造幣廠於上海。以鑄全國通用之幣。國人韙其言。未幾滬地銀行界。深慮我不自辦。人將有越俎而代謀者。乃由上海銀行公會積極進行。爰將上海宜設造幣分廠理由具文公呈財政部。暨江蘇當局。當時政府以改革幣制。推行本位銀元。力求統一。而擴充鑄幣機關。亦認爲必要。乃於九年二月。派鍾文耀籌畫建廠事務。惟因庫帑支絀。無從撥款舉辦。而滬地銀行界。又恐幣制權落於外人之手。乃邀同銀錢業。共組銀團。以借款於政府。並託中國銀行副總裁張家璈與財政部就近接洽一切。十年三月銀團與財政部訂立上海造幣廠借款合同。總額通用銀元二百五十萬元。此項借款。專充滬廠購地建築及購置機械等項之用。並一面由財政部依照設立上海造幣廠特種國庫券條例。發行特種國庫券。交由銀團發售。（除按月由鹽餘項下撥出七萬元以備還本之用外。並將所有之地基房屋機械等項爲担保。共分三十八期還清。當時此項國庫券。稱爲担任發售。與普通由銀行一手承受者。大有不同。蓋此原爲公益之舉。使資金得早日籌集。以促造幣廠之進行也。）自該借款成立後。乃在蘇州河附近。購置廠地。興工建築。並一面向外洋各廠定購機械工具等。照豫定計畫。每日可鑄造銀幣約六十萬元。如遇市場需要。則不難增至百萬元。同時銀團對於造幣制度。及維持幣廠獨立方法。就所籌及。亦擬有七條。函請財政部採擇。（條文摘錄於後）是年四月由部改派薩福楙主持籌備事務。賡續進行。至十一年十月羅鴻年到滬視事。當以廠屋布置大致完成。惟預算經費尚不敷用。以致無形停頓。預計所有機器建築等項未付各款。及籌備開鑄之費。尚需二百四五十萬元之譜。擬向銀團續商借欵。以竟全功。每月增撥鹽餘爲十萬元。並延長償本付息期限。事未果而已去職。十二年四月部改派朱有濟。亦未能進行。以達早日開鑄之目的。至所訂購機器等項。則封存於關棧。其他因工事停頓。所受損失。亦不在少。至十三年四月銀行公會第五屆聯合會議之際。有鑑於斯。乃集議請求政府。迅速將該廠成立。其大要略謂該廠久經擱置。機械黴壞。若不早日成立。以前所投資金。勢將化爲烏有。而於統一幣制前途。亦殊多窒碍。故應從速促其成立。而前因預算不符。目前業已積欠機價及廠屋工價。以及過期利息爲數甚鉅。約需三百萬元。擬由各地銀錢行莊。繼續加借三百萬元。仍以鹽餘爲担保。并以全廠財產爲抵押。所有廠務。交由借欵銀團辦理。廠長亦由銀團公舉。其鹽餘担保手續。與財政部接洽辦理。總期該廠早日成立。鞏固幣制等語。嗣後互相商酌。仍不見有若何發展也。至是年八月。財政部復以籌欵困難。無法進行。呈准將該廠行政事務。暫行停止。自監督以下。在事各員。一律裁撤。

藉省糜費。財政部仍隨時籌欵。以策進行。因函達上海造幣廠借欵銀團。由廠開明細帳。將所有廠基廠屋機器等項。交由上海銀行公會。暫行派員保管。其每月開支。由部發給。所有對外債務。及一切糾葛。仍由部完全負責。直接辦理云云。觀此將來上海造幣廠之正式成立。固有待於財政部隨時籌欵。以策進行。並需俟續訂借欵。有無成議。至正式開鑄之期。以及需要該廠開鑄之緩急程度。殆與整理幣制有密切關係。以目前情形而論。政府有無實行整理幣制之意。頗含有極大疑問也。茲將該廠借欵收支表。及財產一覽表。列之於左。以資參考。

一、上海造幣廠借欵銀團致財政總長暨幣制局總裁意見書

（一）國幣成色　查民國三年頒布國幣條例。原定庫平純銀六錢四分八釐。即二十三格蘭姆又九七七九〇四八爲價格之單位。其成色銀九銅一。此項國幣並未開鑄。現通用之袁總統像新幣。均係銀八九銅十一。此項新幣流通。已有四萬萬餘枚。此後上海造幣廠所鑄新國幣。似宜仍用銀八九銅十一成色。計合庫平純銀六錢四分零八毫。即二十三格蘭姆又九〇二四八〇八。以免紛更。而期劃一。一面並請將民國三年

頒布之國幣條例。重行修正。以大總統命令公布之。俾法律與事實相符。

(二)國幣型式　現在所用新幣。均係民國三年袁前總統肖像之祖模。此後上海造幣廠所鑄新國幣。擬另立型式。并加用暗記。以示區別。此項型式。應請以教令頒定之。並聲明與舊幣一律通用。

(三)公差　國幣重量及成色之公差。仍照民國三年國幣條例規定。每枚之重量與法定重量相比之公差。不得逾千分之三。每千枚合計之重量與法定重量相比之公差。不得逾萬分之三。每枚之成色與法定成色相比之公差。不得逾千分之三。

(四)鑄造制度　爲廢除銀兩確定本位起見。上海造幣廠自宜以自由鑄造爲原則。查民國三年國幣條例。原定每枚收鑄費六釐。以照條例每元含純銀六錢四分八釐。加六釐鑄費共爲六錢五分四釐。約合天津行化銀六錢九分。上海規元七錢一分强。當時用意。取其與市價相近。並無一定之理由。英商會之主張。取鑄幣稅百分之二。以一元銀幣含純銀六錢四分零八毫計。應取鑄幣稅一分二釐八毫。即較之原定鑄費增一倍餘。未免過大。若照六釐收取鑄費。原尙公允。唯近來各物騰貴。上海造幣廠若不即開鑄輔幣。僅收六釐鑄費。恐不敷維持。且將來改鑄舊幣。亦有種種虧耗。不能不略增鑄費。以資貼補。即民國四年五月間。造幣總廠報告。亦曾謂每元合純銀六錢五分零一釐爲不可少之成本。即每元須加鑄幣費一分。故如若定爲改收費鑄一分約合百分之一五左右。最爲允當。即改作以庫平純銀六錢五分零八毫折合一元。將來認爲必要時。得隨時以教令輕減之。

至實行自由鑄造時。應限定非有八九成色生銀。幣廠一律不收。且爲手續便利起見。仍仿照英國辦法。由上海中國各銀行公推代表代爲收付銀洋。至應鑄各幣數目。由上海銀行公會斟酌情形。與造幣廠商定之。

顧欲實行自由鑄造。有一先決問題。即廢止銀兩是也。若銀兩依然存在。則銀元日有市價。必至價高則人人爭鑄。價低則全廠停止。自由鑄造。必至窒碍難行。故欲實行自由鑄造。必與廢止銀兩同時並行。此事宜由政府委託中國銀行公會中國商會錢業公會。邀同外國銀行公會及海關人員等組織特別委員會討論之。能於幣廠開工以前解決。固又敝團所希望者也。

設於銀兩尙未廢止。自由鑄造不能實行之時。得暫照目下津總廠甯廠成例辦理。在團各銀行之附鑄辦法。得自行與中交兩行協定之。

（五）上海造幣廠組織　上海造幣廠直隸於財政部及幣制局。設廠長一員。由部局簡派。必須遴選確能勝任者。事前並須先得銀行團體之同意。旣派之後。不可時有更動。以免妨碍廠務之進行。

上海造幣廠聘用外國專門化驗師一人。專事檢驗成色公差。由廠列表刋布以昭信用。

（六）上海造幣廠規畫　估計目下上海（每日）需要鑄數。約每日能鑄五六十萬元已足。以日鑄六十萬計。已月需銀一千二百萬兩。故目下佈置先預備日出五六十萬元之數。但廠基及一切設備。仍預備可以隨時擴充至日鑄百萬以外。俾有伸縮。將來擴充時如需款項。僦銀團仍願盡力協助繼續借款。

（七）特別委員會　爲籌備廢除銀兩起見。上海造幣廠應設一特別委員會。不分中外。凡與銀兩問題有密切之關係者。均聘爲特別委員會會員。如中國銀行公會人員、錢業公會人員、中國商務總會人員、於中國各地將來廢兩用元關係極繁。海關人員、則於海關收稅。將來廢除關平銀兩改征洋元。及償付外債直接改用洋元本位。修正條約時。尤有關係。外國銀行公會人員。則以經理中國外債之關係。每年收付數目甚鉅。自宜邀同一併討論。以利進行。凡上述各機關。均與改兩用元有密切之關係。應加入會員之列。專事討論廢除銀兩辦法。檢查鑄幣成色公差。監察鑄務進行並發表對於鑄幣及鑄費之意見。此項委員會。應俟全國幣制完全整理之後。方可撤消。

二、上海造幣廠借款收支表（民國十三年十二月）

（一）收九三實收洋	二、三二五、〇〇〇、〇〇圓
（二）收存欵利息洋	六一、四六三、一一
十年六月三十日結收利息洋	二三、七一二、七七
十年十二月三十一日結收利息洋	二三、五二一、六二
十一年六月三十日結收利息洋	一三、三三〇、八八
十一年十二月三十一日結收利息洋	五八九、六二
十二年六月三十日結收利息洋	一〇〇、二一
十二年十二月三十一日結收利息洋	一〇三、八九

十三年六月三十日結收利息洋	一〇四、一一二
上兩項共收洋	二、三八六、四六三、一一一
(一)付廠基地價洋	三〇七、五九三、一一四
(一)付建築費洋	七〇七、一四二、七二
姚新記建築費四期洋	四八三、八三二、六〇
通和洋行廠屋打樣費二期洋	二三、五二三、二五
又修改辦公室打樣費洋	二、〇七一、八二
姚新記食堂及廚屋工程洋	六、二四五、八六
華昌庫門及保險費一期洋	一九、九三六、八〇
新孚洋行裝設電線二期洋	三三、九五五、三五
亞州公司裝設水管二期洋	一三五、二九〇、五〇
允元公司裝設電線打樣費一期洋	二、二八六、五四
(一)機器費洋	八三七、〇六四、七四
茂生一期華昌公司三期洋	八〇八、六四八、四七
華昌添購機器配件兩期洋	三、三七六、一九
華昌機器一部份關稅洋	二三、四一一、八六
又保險費兩批洋	一、六二八、二二
(一)特別費洋	六二、一二三、三四
銀團一厘佣金洋	二五、〇〇〇、〇〇
撥還甯廠借欵本息洋	三七、一二三、三四

(一)籌備經費洋	四八、〇〇〇、〇〇
(一)零記戶經費洋	七五、〇〇〇、〇〇
(一)預扣三十六期利息洋	三四四、二五〇、〇〇
上列七項共付洋	二、三八一、一七三、九四
收付兩抵結餘洋	五、二八九、一七
現存中國銀行洋	二、六八〇、四一
現存交通銀行洋	二、六八〇、九四
兩共計洋	▲五、三六一、三五

(註)▲內多餘洋七二、一八元係利息餘額收入酬費戶項下

▲附鈔銀團墊欵項下欵目(此項墊款均奉部令自還本餘額項下抵還)

(一)十一年十月二十七日籌備經費洋	二四、〇〇〇、〇〇
(一)十二年二月六日零記戶經費洋	二五、〇〇〇、〇〇
(一)預扣上兩項九三折扣及十三年五月十日止利息洋	九、五七九、三五
(一)還本延期補息三十四期共洋	二六、六一七、一〇
(一)十三年十一月五日墊付造幣廠仁昌棧租洋(自銀團一厘備金項下撥出)	八、〇一一、三二
以上共墊洋	九三、二〇七、七七
還本另戶項下連息滚存洋	二〇、九二九、六五
淨墊洋	七二、二七八、一二

查上海造幣廠借款特種庫券二十五百張每張計洋一千元分三十六期攤還每千元按每月十日攤還二十七元七角七分（第三十六期每千元應還二十八元零五分）結至十二月十五日止已付過三十四期尚欠三十

五二十六兩期未付共計十三萬九千五百五十元連上列淨墊欵項七萬二千二百七十八元一角二分統共淨欠二十一萬一千八百二十八元一角二分按照合同尚應撥鹽餘四個月每月七萬元計二十八萬元相抵應餘六萬八千一百七十一元八角八分除扣後兩期還本延期補息及墊款欠息外交還部廠全債結淸特此附註

三、上海造幣廠財產一覽表

(甲)已經付款各項(單位銀元一圓)		
(一)廠基		三〇七、五九三、一四
(二)姚新記工程		四九〇、〇七八、四六
(三)通和洋行打樣費		二五、五九五、〇七
(四)茂生第一期華昌第三期機器費		八〇八、六四八、四七
(五)華昌庫門		一九、九三六、八〇
(六)華昌機器配件		三、三七六、一九
(七)華昌關稅保險費		二五、〇四〇、〇八
(八)新孚電料		三三、九五五、三五
(九)亞洲管料		一三五、二九〇、五〇
(十)允元打樣費		二、二八六、五四
共計		一、八五一、八〇〇、六〇
(乙)已定合同未經淸付各款		
(一)茂生洋行(機器水管)	美金	五三八、二七八、九〇
	規元	八、〇九〇、二五
(二)華昌洋行(機器庫門)	美金	一一八、一六八、八〇

(三)姚新記工程	規元	一二一、四一〇、一二
(四)通和洋行打樣及監工	規元	六、二九四、六五
(五)新孚洋行電線	規元	二九、九七二、七二
(六)允元公司打樁費	規元	一、〇八九、九二
六欵共計　美金六五六、四四七、七〇　規元一五六、八一二·六五	合計	一、五三〇、六九〇、七五

(說明)以上六款有已付一二批者有已付三四批者每餘款額如數

(丙)開標未購各款

(一)圍墻駁岸	規元	八四、八一八、四〇
(二)造幣用木器		一〇、一〇〇、〇〇
(三)鋼質煙渠		二、三二〇、〇〇
(四)發電室四週洋灰地板		二、五七九、〇〇
(五)抽水機	美金	一、四三二、〇〇
五欵共計　規元九九、八一七、四〇　美金　一、四三二、〇〇	合計	一四一、四九九、二七

第二章　造幣廠之官制及其組織

自各省援粤例。先後奏請開辦局廠。其組織大抵各自爲制。無系統之可言。即光緒三十一年奏定之天津銀錢總廠簡明章程。亦專指本廠而言。而不涉及於他局廠也。至三十二年。戶部奏准裁併各廠時。將督辦一職。改爲總辦。仍由督撫遴派。由部加札。部中祗派員會辦。監督廠務。是造幣廠之造幣權。仍操之於各省督撫也。至宣統二年五月。度支部以裁併各廠。既歸中央直轄。所有總分各廠。內部如何組織。權限如何劃分。亟應明定規則。以資遵守。當擬定造幣廠章程十八條。奏准施行在案。（原文詳附錄一）自是總廠正副監督。由政府正式簡派。統轄各分廠一切事宜。民國元年三月。總廠被燬。因罷監督。設總辦。旋又改總辦為廠長。三年一月。頒定造幣廠官制。復設總廠監督。（原文詳附錄二）同時並由財政部頒行造幣廠章程。已而由部更頒修正章程。改鑄造科為工務科。撤秘書及總稽查員額。而增一部派會計員。其餘各條。微有增減。（造幣廠修正章程詳附錄三）至九年十月。財政部幣制局以造幣總分各廠。同為鑄幣機關。受中央之指揮監督。論其性質。原無區別。前定官制。特於天津一廠。以總廠命名。並設置監督。其餘均為分廠。各設廠長。所以專責成。而便考核也。但施行以來。往往與事實不能符合。茲經部局會同商酌。竊以為各廠總分字樣。應予刪除。仍冠以各廠所在地名。統歸中央直接管轄。並將津廠監督一職。改薦廠長。俾與各廠一律。至幣模一節。應仍由各廠呈經部局轉令津廠頒發等語。十二年十月。財政部幣制局呈稱本部局直轄各鑄幣機關、計有十一處之多。各該廠局。所掌職務。繁簡不一。

而列爲同等。各該廠長局長。所負責任。輕重懸殊。而同屬薦任。似非所以愼重幣政之道。查上海天津兩廠。一則海陸要衝。莞金融之樞紐。一則京畿密邇。繫中外之觀瞻。一則規模宏大。組織完備。一則原係總廠。開辦較早。均非其他廠局所可比擬。擬列爲一等。廠長改簡任職。命名監督。其餘廠局。均列爲二等。廠長局長。仍薦任職舊制。以示區別等語。此造幣廠之官制及其組織變更之大略情形也。

一、造幣廠章程宣統二年五月十六日奏准

第一條　造幣廠歸度支部管轄。掌鑄造國幣一切事宜。

第二條　造幣廠設總廠於天津。設分廠於武昌、成都、雲南、廣州四處。並暫設奉天分廠一處。其分廠統歸總廠直轄。

第三條　總廠設正副監督各一員。由度支部開單請簡。管理總分各廠一切事宜。各分廠各設總辦一員。幇總辦一員。總廠設正坐辦一員。副坐辦一員。均由正副監督遴選委員。呈部核准奏派。秉承正副監督。分理各該廠一切事宜。

第四條　總分各廠。設工務長一員。由正副監督遴選委員。呈部核准派充。其餘藝師、藝士、及各員司。由各廠酌定員數。呈部核定。

第五條　度支部籌備鑄幣專款。發給總廠。分派各廠應用。所有各省舊設銀銅圓廠機器廠房材料。准總廠選擇提用。

第六條　部庫所有各種銀兩。准總廠隨時呈領。鑄成銀幣。照國幣則例第十三條。解交部庫。

第七條　各省藩運關庫等處所存銀兩。與別項銀圓。應次第交大清銀行。轉交造幣廠代鑄。鑄成國幣後。由各省照章行用、

第八條　前條銀兩銀圓。由大清銀行運交就近總分各廠化驗。內含純銀在九八五以上。准照國幣則例第十三條。換給各種新幣。所有由廠運往該省費用。准其作正開銷。至由該省運往總分各廠運費。由大清銀行核實計算。仍歸該省擔任。

第九條　總分各廠。於鑄出之幣。運往各省。該地方官均應切實保護。其經由火車輪船運道。應請飭下郵傳部。通飭鐵路招商各局。一律減收半價。以重國幣。而利推行。

第十條　總分各廠。應鑄輔幣數目。由大清銀行斟酌市面情形。隨時擬定數目。呈由度

支部核准。飭廠照鑄。開鑄之始。暫定爲主幣八成。輔幣二成。飭廠照鑄。

第十一條　總分各廠鑄成國幣數目。每十日一次。呈報度支部查核。

第十二條　總分各廠鑄造新幣重量成色公差之類。必須遵照奏定則例辦理。並遴派精通化學人員。隨時化驗。如有不符。即回爐重鑄。以免參差。

第十三條　總分各廠所鑄各幣。由總廠呈送度支部化驗。度支部亦得隨時任抽各廠所鑄各幣化驗查核。

第十四條　造幣廠出入款項。由總廠按季詳造表册。呈報度支部。按年總結。除表册外。並應呈報預算决算清册。各分廠應將該廠收支數目與銀銅等幣出入情形。每月一次。呈報總廠。仍每日將帳簿結算清楚。以備總廠隨時查核。

第十五條　各分廠如雇聘外國人員。應先呈由正副監督核准。方可派充。其餘藝師藝士及各員司。由各分廠總辦帮總辦遴派妥員。呈報正副監督核准。加劄派充。仍六個月一次。開列名單。並履歷到差年月。呈報總廠。總廠按年一次。彙報度支部查核。

第十六條　造幣廠所有在事各員。由度支部照前財政處原定章程。每屆三年。將實在出力各員。擇尤酌保。其在廠不及二年者。不得列入。在事各員。倘有舞弊營私情事。由度支部隨時查明。據實糾參。

第十七條　各廠有緝訪私鑄防衞廠料等事。應請各省督撫協助者。隨時呈請督撫施行。

第十八條　總分各廠辦事細則。由總廠擬訂。呈由度支部核准遵行。

二、造幣廠官制民國三年一月十九日公布

第一條　造幣總分廠。統隸於財政部。掌理貨幣之鑄造。及銷燬生金銀之精鍊分析。及徽章之製造。與金屬鑛產之試驗事項。

第二條　總廠設於天津。分廠處數及地點。以財政部部令定之。

第三條　總廠設監督一人。分廠設廠長一人。

監督　簡任

廠長　薦任

其他技師技士廠員之名額職掌。以財政部部令定之。

第四條　監督承財政總長之命。廠長承監督之命。管理廠務。並指揮監督各職員。

第五條　本制自公布之日施行。

三、造幣廠修正章程民國三年六月六日公布

第一章　職掌權限

第一條　總分廠設左列各科。

一、總務科

二、工務科

三、化驗科

第二條　總分廠置左列各員。

一、總廠技師四人。

分廠技師二人。

技師由監督廠長開列詳細履歷。詳請財政總長核准後委任。

二、科長三人。

但分廠總務科長。即以廠長自充之。
總分廠鑄造化驗兩科科長。皆以技師充之。
三、科員若干人。技士若干人。由各廠查看情形。酌定人數。詳部核准。
總分廠科長。由監督廠長開列詳細履歷。詳請財政總長核准後委任。
總廠科員由監督委任。分廠科員由廠長委任。但須詳部核准。
四、司事若干人。由各廠查看情形。酌定人數。詳部核准。
總廠司事由監督委任。分廠司事由廠長委任。詳部存案。
五、臨時雇員。由監督廠長隨時酌定。月終報部一次。
第三條　總務科職掌如左。
一、關於文牘事項。
二、關於會計及統計事項。
三、關於收支廠用款項事項。
四、關於生金銀及各種鑄幣之出納事項。

五、關於收發生金銀及條片餅幣之校準事項。
六、關於物品之購買出納保管事項。
七、關於營繕事項。
八、關於稽查事項。
九、關於不屬於各科事項。

第四條　工務科職掌如左。
一、關於生金銀及舊貨幣之融化事項。
二、關於生金銀及舊貨幣之精鍊事項。
三、關於國幣之鑄造事項。
四、關於機器之使用配置修理及保管事項。
五、關於鋼模之雕刻事項。
六、關於徽章獎牌等之製造事項。

第五條　化驗科職掌如左。

一、關於生金銀及各種貨幣成色事項。
二、關於試驗鑛質事項。
三、關於煤炭及其他材料之試驗事項。
第六條　總廠科長承監督之命。分廠科長承廠長之命。管理各主管事務。
第七條　技士科員及未派充科長之技師。承監督廠長暨科長之命。分理各科事務。
第八條　司事承各科科員之命。助理各科事務。
第九條　總務科科員分別如左。
一、文牘員專掌撰擬文牘。收發保存文件。監印校對及翻譯事項。
二、會計員專掌簿記稽核計算統計事項。
三、收支員專掌現金出納事項。
四、校准員專掌收發鑄本及條片餅幣之校准事項。
五、倉庫員專掌保存出納鑄本材料物品事項。
六、工程員專掌一切營繕事項。

七、巡查員專掌稽查工役警衛全廠事項。
八、庶務員專掌廠中庶務事項。
第十條　工務科科員分別如左。
一、鎔鍊員專掌鎔化及精煉生金銀舊貨幣事項。
二、鑄造員專掌輾片烤片舂餅烘洗光邊印花之各工作及其機械之使用配置管理事項。
三、機械員專掌原動機之使用管理。及各種機械之修理事項。
四、鋼模員專掌新鋼模之製造保存。及舊鋼模之保存銷毀事項。
第十一條　各科人員由監督廠長酌看情形。擬定員數。詳部局核准。
第十二條　各員辦事權限。除照本章程第四十四條詳細規定外。其應於本章程訂明者如左。
一、凡關於廠務之文件信札等。皆須由文牘員收發登記。否則不得爲憑。收發簿每日須呈監督或廠長閱畫。

二、凡簿記除各處之補助帳外。皆須由會計員登記。他員不得侵及。凡各處之補助帳。皆須由會計員稽核後。呈監督或廠長核准。

三、凡出納廠用欵項。無論多寡。皆由收支員直接辦理。他員概不得經手。凡收支員發款。悉付存欵銀行支票。由領欵人自取現金。惟每月得向存欵銀行預支若干。存儲收支處。以備廠中零用。又發放工食。得由收支員照工食總數。開一支票。領取現金發放之。凡支票未經收支員及監督或廠長簽名蓋章者。概不得爲憑。

四、巡查員專掌巡查。不得發放工食或工人需用之物品。

五、庶務員購辦物品。不得經手付欵。

第十三條　會計員必須熟習新式簿記。各廠改組時。應由中央特派技師技士。必須曾受高等之工業或理化教育畢業。得有文憑。或曾有技術上之經驗。歷五年以上。而成績優良者。凡工務化驗事項。皆須以技師或技士充之。

第十四條　各種貨幣之祖模。皆由總廠鑄發。

第十五條　各種貨幣之成色重量。分廠除詳部局備核外。應並送總廠考核。彙表附樣。

詳部局覆核。

第十六條　總廠爲調查統計起見。得隨時飭分廠報告一切情形。

第二章　月俸旅費及雜給

第十七條　監督廠長月俸。照官俸支給。另給公費每月一百元。廠員月俸照左列等級。由監督廠長詳部核定。但凡初任者。其叙級至高不得過每等第三級。

一等一級二百四十元。　二級二百二十元。　三級二百元。　四級一百八十元。

五級一百六十元。　六級一百五十元。　七級一百四十元。　八級一百三十元。

二等一級一百二十元。　二級一百十元。　三級一百元。　四級九十元。　五級八十元。

六級七十五元。　七級七十元。　八級六十五元。　九級六十元。　十級五十五元。

三等一級五十元。　二級四十五元。　三級四十元。　四級三十五元。　五級三十二元。

六級二十九元。　七級二十六元。　八級二十四元。　九級二十二元。

十級二十元。　十一級十八元。　十二級十六元。

第十八條　工匠月給及日給。總廠由監督。分廠由廠長酌定。報部存案。

第十九條　月俸月給日給計算法。凡遇錄用辭退及增減薪俸。概照日數扣算。

第二十條　支月俸者每月十五日支付。支日給者每半月支付一次。

第二十一條　凡因公受傷患病者在醫治療養中照給全俸但領月俸者。不得過三個月。領日給者。不得過二個月。

第二十二條　廠員因公出差。旅費一切照左列等級支付。

一等月俸在二百元以上者。汽車一等。汽船一等。

膳宿費日費五元。

二等月俸在五十元以上者。汽車二等。汽船二等。

膳宿費日費三元。

三等月俸在五十元以下者。汽車三等。汽船三等。

膳宿費日費二元。

汽車汽船不通之處。照實價支給。

第二十三條　各廠在他處調用人員。到差旅費。按照前條支給之。

第二十四條　本章規定以外人員。如應支給旅費時。概照實數支給。

第二十五條　廠員及工匠。因公受傷。得酌給醫藥費。其受傷身死者。照左列等級。給予葬費及撫恤費。

支一等俸者。葬費二百元。撫恤給每年月俸或日給總額四分之一十年。

支二等俸者。葬費一百六十元。撫恤同上

支三等俸者葬費一百二十元撫恤同上

支日給者　葬費六十元　撫恤同上

第二十六條　廠員及工匠因公受傷。致成殘廢者。給月俸日給原額三分之一。至終身爲止。

第二十七條　自本章實行之日起。凡廠員辦事勤愼。每滿一年時。總廠由監督。分廠由廠長。考核其成績。詳請部核准。照本等俸給。晋升一級。

第二十八條　每年終由監督廠長查看總分廠辦事成績。詳部核准。分別酌給廠員及工匠慰勞金一次。但監督及廠長不得支給慰勞金。

第三章　進退及賞罰

第二十九條　各廠廠員。監督廠長。得隨時監核考督之。

第三十條　技師及各科長辭退時。由監督廠長。自行核定後。報部存案。

第三十一條　技師科長以下廠員之進退。由監督廠長自行核定後。報部存案。

第三十二條　除懲罰條例以外。總廠廠員如符左列各項情事。監督得辭退之分廠廠員。如符左列各項情事。廠長得辭退之。

一、請假逾限一月不銷假者。但驗明因公致病。請病假者。不在此限。

二、認爲身體病弱。不能任事者。

三、認爲性情不宜廠務者。

四、考查廠務情形。可以辭退不用者。

五、因私事屢請假者。

第三十三條　廠員獎勵。分左列三種。

一、升等進級　一、慰勞金　一、獎狀

第三十四條　廠員如符左列各款。監督及廠長得酌給相當之獎勵。
一、勤慎耐勞。可爲他人模範者。
二、發明廠務上有益之機械器具者。
三、防禦變故。或防杜未發生之危害者。
四、於廠務有特別之功績者。
第三十五條　廠員勤慎辦事。歷三年以上。得酌給假期兩個月。不扣薪俸。
第三十六條　廠員懲罰。分左列之四種。
一、記過。一、罰俸。一、停止升等級年數。一、免職。
第三十七條　廠員如犯左列各款。監督及廠長得處以相當之懲罰。
一、違犯本廠規則者。
二、職務廢弛者。
三、辦事錯誤致本廠受損失者。
四、毀損或遺失本廠重要物品者。

五、營私舞弊者。
六、結連黨徒爲不規則之行動者。
七、品行有虧者。

第三十八條　廠員受三十三條前兩種之懲罰。如能悔過自新。攷察屬實。得銷去其懲罰。

第四章　款項

第三十九條　造幣廠欵項。除照第十二條第三節所定。廠中每月零用費得存放收支處備用外。皆須存於由部指定各廠所在地之銀行。

第四十條　造幣廠與銀行往來帳目。分爲二種。第一種。專登購買收入鑄本。及鑄存販賣各幣之帳。第二種。專登廠費收支之帳。兩種帳目之欵項。分別存放。彼此不相混淆。

第四十一條　造幣廠廠費。未經另行規定以前。得照預算款數。每月由第一種帳過撥第二種帳支用。此外第一種帳欵項。非經詳部核准。不得動用。

第五章　販賣及採買

第四十二條 幣制未規定以前○總分廠所鑄貨幣○應由部局指定造幣廠所在地之銀行○經理販賣事宜○但銀行經理販賣之細則○由部協商規定○詳局核准○

第四十三條 總分廠採買物品○包定工作○價在一千元以上○應照審計規則辦理○其在一千元以下○由總務科照市價定之○但價在一千元以上○有不能投標之情形者○說明理由○詳部局核辦○採買細則○由總廠另行嚴密規定○詳部局核准○分行各廠○

第六章 預算及決算

第四十四條 每年九月底以前○總分廠各科長○應將次年度一切收支預算表册製就○分別呈請監督及廠長○於十月底以前報部核定○

第四十五條 每年七月底以前○總分廠總務科長○應將全年決算表册製就○分別呈請監督及廠長查核○總分廠決算表册○並須於八月底以前○報部核准○

第四十六條 總分廠每月應辦收支計算書二份○詳部○一份存部查核○一份由部轉送審計處查核○該項每月計算書○至遲須於下月杪送出○

第七章 帳簿及表册

第四十七條　總分廠應用簿記。由總廠規定式樣。一律照辦。其種類如左。
一、屬於會計者。　日記帳。　分清帳。　總結帳。
一、屬於各科者。　各種補助帳。
第四十八條　總分廠每月應造收支簡明總表。鑄造貨幣種類數目分表。化驗分表各一份。分詳部局查核。

第八章　附則

第四十九條　各科各項細則。由總廠規定。詳部局核准。總分廠一律遵行。但不得與本章程違反。
第五十條　本章程若須修改。應由部局核辦。
第五十一條　本章程施行之廠所及日期。由財政部會商幣制局。以部飭定之。

第三章　造幣之化驗與稽查

第一節　化驗新幣暫行章程

新幣之化驗。即所以檢驗鑄幣之成色。保證其流通。於國家信用。市面金融。均有密切關係。爲政府應有之責任。民國三年。財政部擬訂化驗新幣暫行章程五條。於是年十月三十一日公布。茲錄其章程如左。

化驗新幣暫行章程

第一條　造幣總分廠所鑄新幣。每萬枚中由該總廠監督廠長隨意提出一枚。送部化驗。

第二條　造幣分廠所送新幣。經部化驗後。將化驗單。行知總廠存查。

第三條　總分廠所鑄新幣。每星期送部化驗一次。並將化驗單附送。

第四條　本部收到新幣化驗後。應留存十分之一備查。其餘每月發還。

第五條　本部所留十分之一之送驗新幣年終酌留若干。其餘仍發還。

第二節　稽查造幣總分廠簡章

民國四年。財政部爲稽查全國各造幣總分廠起見。訂定稽查造幣總分廠簡章十一條。於是年一月十二日公布。現在尙繼續有效。茲錄原章於左。

稽查造幣總分廠簡章

第一條　造幣總分廠總稽查員。承部長之命。隨時往各該廠稽查管理會計鑄造化驗及物料財產等事宜。

第二條　總稽查員稽查廠務時。各該廠監督廠長。應詳密接洽。不得藉故掣肘。

第三條　各該廠事務。有應行改良或變通辦理之處。總稽查員得單銜或會同各該廠監督廠長詳部核辦。

第四條　稽查各項事務。均須實地親查。不得假手他人。或僅憑該廠報告。但遇有繁重事務。得調用各該廠員司輔助辦理。

第五條　總稽查員。查有違背定章及部飭之事。應即商該廠更正。並詳部核奪。

第六條　總稽查員。查明各該廠有營私舞弊及用人失當諸情事。應即電部究辦。

第七條　總稽查員。查有物料幣樣。可供參考者。得隨同報告詳閱。

第八條　凡稽查事竣。所有該廠利弊。應詳細報告。或另具圖表說明之。

第九條　因稽查事務。需用筆墨簿紙物料等件。應由各該廠供給。此外不得需索供應。

第十條　總稽查員川資旅費。在部定範圍內。據實開支。事竣具報。

第十一條　本簡章自公布日施行。

第三節　貨幣檢查委員會章程

民國九年。幣制局呈稱我國幣制。夙稱複雜。自民國三年頒布條例。著手統一。賡續進行以來。所有舊幣及外幣銷燬因之日多。流通漸少。而一圓新幣。鑄數已達三萬三千餘萬元。約占大銀元全數百分之六十四。比較民國七年八月增加百分之十七。近來銀圓需要。頗增於前。而各廠鑄數。亦遠過平昔。繼此以往。假以時日。則主幣一項。不難先收統一之功。惟是新幣推行浸廣。鑄造日多。難保其成色重量絕無參差。而造幣會計。關係尤重。允宜杜漸防微。嚴加稽考。以肅幣政。查幣編局向設有技正處。專行考驗各廠送驗之銀銅各幣。惟考驗祇限樣幣。檢查不及於各廠。實不足以昭完備而示精密。茲擬由局另設貨幣檢查委員會。慎選深諳化驗通曉簿記人員。隨時分赴各廠。就地檢查。凡各幣之成色重量以及各廠之鑄造方法。會計情形。均應實地考求。務使成色重量。不逾公差。會計欵目。顯若畫一。庶幾廠務日以進行。信用益加彰著。於國幣統一前途。不無裨益等語。並由局擬訂貨幣檢查委員會章程六條。於是年三月七日公布。惟迄今尚未見實行。茲錄其章程如左。

貨幣檢查委員會章程

一、幣制局貨幣檢查委員會設委員長一人。副委員長一人。委員八人。

二、幣制局貨幣檢查委員會委員長副委員長及委員均由幣制局遴選精通幣制人員。呈明派充。

三、委員會之職務。爲檢查各種貨幣之成色重量。並稽考造幣各廠會計情形。暨其他關於貨幣信用各項事務。

四、委員須分赴各廠檢查前項事務。如幣制局總裁對於某廠認爲有特別檢查之必要時。得令委員會爲臨時之檢查。如委員長或委員之多數認爲對於某廠有特別檢查之必要時。亦得呈經總裁核准。爲臨時之檢查。

五、檢查之結果。由委員長呈報幣制局總裁核辦。並隨時由幣制局送登公報刊布。

六、委員會辦事細則另定之。

第四章　財政部印刷局造紙廠沿革

第一節　印刷局造紙廠設立之由來

清光緒三十二年五月。財政處戶部會奏。請分建造紙印刷局廠。以資預備。其略曰東西各國。於發行紙幣以及一切簿籍契券各項官紙。凡有價値者。皆由政府主其權。嚴防民間之私製。其有私造者。從重科罪。而尤恐人心徇利甚於畏法。故於造紙印刷之事。特意注重。精益求精。務使民間無從仿效。其造紙也。選料程功。必得質地勻潔堅韌。與尋常東楮迥異。更以水印暗花。爲特別之記認。是未經印刷之先。已隱寓防弊之法。其印刷也。以機器精鐫銅版。極求工細。煉製印色。備極鮮明。又益以電鍍銅版。鍍出分印。雖累萬億。而毫釐不爽。務使製作精工。人人能辨眞僞。是皆預求立於不敗之地。而無作僞之虞。惟造紙之與印刷。其體則合而爲一。其事則分而爲二。必各設一局。以求精進。造紙必擇原料最富。與水性相宜之地。建廠漉造。印刷一事。其工作均從事於機器。而電鍍製色二種。尤係專門科學。非得有專精此藝之技師教習。不易措手。則其建設自以購運機器延聘技師。於適中便利之地爲合宜。而尤必與戶部及發行紙幣之總銀行相近。庶便稽查。以上二局設立之地。應各求其宜。不必定合於一處。考之各國。莫不皆然等語。當經奉旨依議。

由部派員經理一切。茲將其情形改節分述於後。

第二節　印刷局辦理之經過

自戶部奏准發行紙幣宜設印刷官局。至次年三月。始奏定建局地方於京北清河。旋因地點不便。乃改設於北京南城白紙坊。由部撥銀五十萬兩作爲開辦經費。當規定建築房屋式樣。約分九大端。一爲雕刻繪畫。一爲電鍍板片。一爲凸板印刷。一爲凹板印刷。一爲石板印刷。一爲鉛板印刷。一爲配製顏料。一爲綜覈各項印刷。一爲調查各項印刷。迄宣統二年五月。該局建造房屋。安置機件。及雕刻鋼版等物。始略具規模。從事工作。並由部酌擬局章二十八條。奏准施行在案。（章程附後、現制總辦改爲局長、幇辦改爲會辦、事務工務二所、改爲總務工務二科、其他昔日稱之曰科者、今名之曰課）辛亥政體改革。該局舊所規畫。多不能實行。加以辦理不得其人。故開辦數載。關於兌換券之印造。雖能勉強從事。而技術上究多缺點。防弊之設施。亦欠周密。致大部分之兌換券。不得不委託外國印刷局印造。至民國七年一月。該局爲擴充整理計。特向日商三井洋行。借日金二百萬元。（此款財政部與印刷局各用一半）以充此基金。惜未能如期舉辦。以致局務毫無起色。甚至借款利息。亦無按期交付之力。近聞該項借款展期二年。合計本息將近三百萬元。所負債務已達如是之多。而辦進口之一切原料。均受債權之牽制。與局務進行上。殊多窒礙。曾請財政部設法騰挪。還清此債。或另易担保。惟因庫欵支絀。終未見諸實行也。近年財政部幣制局對於兌換劵之印造。雖三令五申。嚴令各省區銀行局所發行鈔票。必須由財政部印刷局印刷。而其設施不周。仍未能取信於社會。固不待言。且政治敗壞。積重難返。故實際上之奉令者仍少。今後似宜切實整頓之也。

印刷局章程宣統二年五月二十九日奏定

第一條　印刷局由度支部奏設。辦理全國紙幣及各項有價證劵。將來各種報牘簿籍印刷事務。得由本局臨時擴充辦理。

第二條　印刷局設總辦帮辦。稟承度支部。主持全局一切事務。

第三條　印刷局分事務工務二所。每所酌分科股。依次列左。

事務所所屬各科。

書記科

會計科

庶務科

存儲科

守衛科

工務所所屬各科。

製版科

鋼版股　電版股　管版股

印刷科

凹版股　凸版股　溼紙股

制色科

配合股　製造股　洗濯股

完成科

機器科

第四條　印刷局設事務所長一員。暫由帮辦兼充。工務所長一員。由總帮辦遴派。凡關於事務工務事宜。由各該所長稟承總帮辦核辦。

第五條　事務工務所屬各科。每科設科長一人。由總帮辦督同所長節制一切。

第六條　每科視事之繁簡。酌設科員股員。不定額數。

第七條　印刷局每日作工時候自午前八時起。至十二時止。午後一時起。至五時止。各員司人等。均須依規定時刻。經理職務。

第八條　每逢星期。萬壽聖節端陽中秋節各休假一日。年節自臘月除日起。至正月初四止休假五日。

第九條　印刷局員司。除例假外。每年請假。不得逾二十日。違者按日扣算薪水。

第十條　印刷局員司。遇有疾病及有要事告假者。當將假期內應辦職務。告知直接管理員。且薦人代理。由所長遴選。告假至三日以上。應由管理員回明所長轉請總帮辦委人代理。凡所遴委之員。如適係該員薦引之人。該代理人如有過失。仍歸該員擔任。

第十一條　凡員司初入局者。須有官紳保證。此外工匠藝徒一切人等。其初入局時。除取具甘結照片之外。亦須有資本三千金及開設在五年以上之殷實店鋪。或同鄉京官担保。惟該同鄉官如請假回籍或改放外官。該工匠藝徒。須另請有相當資格之人。換立保單繳局。

第十二條　印刷局所辦印刷有價證券。事屬創舉。所有彫刻過板各技。向無專門熟習之人。所以不惜重貲。延聘外國專門技師來局。招集學徒。分門教授。又復優給學徒薪膳。原期造就人材。以供將來任使。各學徒果能專心研究。學有心得。本局當酌予獎勵。如有中途輟業。或干犯局章等情。斥退後。仍勒令具保人追繳薪膳各費。以示懲儆。

第十三條　各學徒受本局教育及優給薪膳。畢業後應在本局服義務六年。每年仍酌給津貼銀兩。義務滿後。由工務所長臚列技藝程度。呈請總幫辦分別核定薪水。如有畢業後。不肯遵章在局當滿義務者。除勒令具保人追繳薪膳各費外。仍須酌量處罰。以儆效尤。

第十四條　凡初入局一切人員。其前三個月均作爲試用之期。本局祇酌給津貼若干。如果品行端正。辦事勤奮。再由該管所長轉請總幫辦定給薪水。

第十五條　印刷局員司薪水。視事務之輕重而定。現當開辦伊始。例額未定。一切從廉給發。

第十六條　印刷局工作分爲藝徒工徒兩項。分隸於各科股。於未入局之先。曾受有中小學教育者爲藝徒。否則皆作爲工徒。藝徒工徒又各分三等。視學業之優劣爲定。

第十七條　各科股進退各工匠藝徒。均由該管所查明開單。呈請總帮辦核奪施行。

第十八條　印刷局日行事件。由書記科逐日登記。呈請總帮辦核閱。分飭該管各科辦理。其事體重大者。由總幫辦呈明度支部核定。再行飭辦。

第十九條　印刷局欵項材料出入。每日由該管科股開列簡明清單。呈請總帮辦查核。每月總結一次。列表呈核。每半年大結一次。並將現存機器材料版面。開列存簿。以備點驗。每年辦理次年預算。本年決算。由總幫辦呈請度支部核辦奏銷。

第二十條　印刷局員司辦事。各守權限。遇有彼此交涉之件。須和衷商辦。倘各員有意見不同之處。須禀告所長。轉請總幫辦核定。

第二十一條　各科股如有提議事件。均由兩所長妥商後。再請總幫辦核定施行。

第二十二條　各科股應辦之事。除本局章程規定外。如有特別事項。各科長應商同所長。稟請總幫辦裁奪。

第二十三條　工務事務所屬各科。彼此如有交涉之件。須先行通知所長。轉飭各科接洽。以明權限而杜爭執。

第二十四條　凡工務所所屬各科股。如需用物料。先由工務長核定蓋戳。轉送事務長蓋戳。再發交庶務科照辦。

第二十五條　印刷局員司有異常勤奮者。每屆年終。由該管所長呈報總幫辦酌予獎勵。每屆三年。由總幫辦擇尤爲出力者。請度支部奏獎一次。其關係工務之員。如能技藝精熟自成專家。或發明新法新機器。有益於國家印刷事業者。由總幫辦徵集證據及證明書。呈請度支部優予奏獎。

第二十六條　印刷局員司有因循誤公。隨時由所長呈報總幫辦。酌量輕重處罰。其罰則如下。

一、訓誡　二、罰薪　三、更換　四、追繳賠償

第二十七條　印刷局員司如有洩漏機要。以及所犯情節重大者。由總幫辦密呈度支

部按律治罪。

第二十八條 以上各條均係試辦章程。嗣後如有應行修改之處。及未盡事宜。得隨時酌議改訂。其各所各科辦事詳細章程。另訂專章辦理。

第三節 造紙廠辦理之經過

光緒三十三年三月。戶部賡續年前計畫。奏設造紙廠於通州。當以該地運河。下達天津。素爲漕運通衢。加以鐵路亦已開通。運煤運料以及運交造就紙張。水陸通行。均極便利。乃派員前往察勘地址。調查原料等項。以便舉辦。旋據該員報告。略謂該地雖有倉基兩處。可以爲建廠之需。惟不近水源。囿於城內。諸多未宜。城外又復地多低窪。此次河決。且遭水患。加之兵燹之後。百物缺少。一切造紙原料。均須仰給南方。查造紙廠。務當以地勢水利原料人工爲建廠之關係。尤以其中水利原料爲造紙之命脈。通州建廠。實不相宜。一再綢繆。自以漢陽之漢口一帶最爲得宜。該處濱臨江漢。水源既無枯竭凝凍之虞。造紙原料。南產尤多。隨地取材。用之不竭。人工物價。較北更廉。京漢鐵路交通轉運。亦屬便捷。等語。當經部奏請。奉旨依議。並由部遴員前往酌選地基。旋據報告。以漢口諶家磯最爲適中。乃由庫撥銀七十萬兩爲建築設廠之用。迄宣統二年十二月。該廠建造房屋。安置機件各事。始略具規模。從事製造。並擬有廠內規章三十六條。（章程附後）奏准施行。辛亥武昌起義。該廠即停止工作。民國四年二月。由部再派員前往整理。繼續開工。計每年所出各種紙張。總額約近七百萬磅。惟鈔票需用之特別紙張。則不免尚欠精美。自上年由該廠以機器房產向日商抵押借款後。旋因欵額用罄。無法維持。停止工作。至今未能開工。聞每月開支。仍復不少。所負債額。亦有百餘萬元之鉅。雖屢經該廠廠長催請財部設法維持。迄未聞有若何辦法云云。

造紙廠章程 宣統二年十二月二十七日奏定

第一章 總則

第一條 造紙廠歸度支部管理。專造各種有價證券及官用普通紙張。其尺寸式樣。均遵照度支部頒發。

第二條 造紙廠分機製手漉兩項工場。機製工場。暫置甲乙兩機。甲機專造有價證券官紙。乙機專造普通用紙。其手漉工場。製造商用有價證券。及繪圖複寫等優美紙張。

第三條　造紙廠出紙以精緻華美爲主。並不攙造粗劣紙貨。以妨小民固有利益。但漉餘粗料亦得隨時製造合宜紙張。

第四條　造紙廠製造官用有價證券之紙。應先請度支部核定數目。如數漉造。一經製成。即行呈部。不得擅自製造。亦不得造逾定額。其有價證券之非爲官用。與雖屬官用而非有價證券之紙。不在此例。

第五條　造紙廠製造紙張。供官用外。積有餘紙。得以隨時發行銷售。

第二章　職權

第六條　造紙廠設總辦一員。帮辦二員。坐辦一員。

第七條　造紙廠設營運、監造、文案、收支、庶務、五科。分理一切事務。科各分所。依次列左。

營運科

採辦所　主採購各種原料藥品事宜

核議所　主核議所造之紙質種類及核定紙張暨廢料廢物等價值

發行所　主承接定造及發售紙張收取紙價事宜

轉運所　主經理裝載車船及報關納稅與赴關提取購到一切之物品事宜

監造科

清理所　主分檢原料及截切批剝等事

調劑所　主配合原料劑成原質事宜調劑原質之技師屬之

分晰所　主化分紙質試驗質料煤炭以及製造上各種應用藥品化學之技師屬之

漉造所　主漉造事宜機製手漉之各技師屬之

整理所　主裁切上光整理打包一切事宜

營繕所　主管理鍋鑪配給煤炭及修配機件等事機器專門技師屬之

器具所　主製造紙簾板箱及漉造上應用之木質器具等類製簾之技師屬之

圖畫所　主繪畫紙張上所用花紋牌號等事

文案科

函牘所　主公牘函件及繕錄册報收掌檔案等事

繙譯所　主譒譯東西文件帳單造紙應用書籍並隨時記述語言等事

支應科
銀錢所　主銀錢之收發守護事宜
質料所　主質料之收發守護事宜
雜儲所　主紙張雜件之收發守護事宜
統計所　主造具統計事宜平時兼查各種物料時價
庶務科
稽查所　主稽查工匠丁役出入時刻及物品進出事宜
守衛所　主警衛巡邏及演習消防救護等事宜
診察所　主理全廠衛生及診治疾病災傷等事
雜務所　主管全廠僕役及不屬於各科各所之一切事務

第八條　造紙廠各科設科長一員。由總幫辦等遴派。各所視職務之繁簡責任之輕重。分別派人管理。或一所數員。或一員數所由總帮辦等督同科長隨時斟酌選派。

第九條　一切員司薪水。仍以職務繁簡責任重輕爲衡。並不拘定科所名目。以昭核實。

第十條　造紙廠一切事務。由科長稟承總帮辦等。分交各所。照本廠辦事細章辦理。遇有特別事件。各所員司應商同科長。稟請總帮辦等核奪。情節重大者。由總帮辦等請示度支部辦理。

第十一條　各科各所。遵照本廠辦事細章。各有權限。遇有兩科以上或兩所以上。互相關聯之事。自當和衷商辦。設有各執一是。難期融洽。事涉兩科或兩所者。由各該科科長。各該所員。稟請總帮辦等核奪。

第十二條　各科設有提議事件。應由各科長妥商後。再請總帮辦等核議施行。

第十三條　各所技師。應照本廠辦事細章及工場規則。按時到所。指揮工匠藝徒等操作一切。遇有意見。應商同所員。經科長稟請總帮辦等核奪。

第十四條　各科所下隸工匠藝徒三項。由各所所員及技師督率指揮。從事工作。

第十五條　造紙廠員司技師藝士人等。不得在廠外兼營他種事業。以分心志。

第十六條　工匠藝徒工徒。設有互相爭執之處。應由所長隨時察其情事。妥核辦理。或事涉裁判者。由科長稟請總帮辦等。交由地方官核辦。

第三章　黜陟

第十七條　造紙廠各科所員司。無論紳商推薦。俱須另覓妥實担保一人。立有保證。經總幫辦等允准後。酌給津貼。到廠試用三月。果其品行端正。辦事勤奮。職務相宜者。由該管科長再行稟請總帮辦等核定薪水。

第十八條　造紙廠技師。藝術精深。不得不暫聘洋員。所有職務權限。除詳載工事細章及辦場規則外。當由廠另行各訂妥適合同。

第十九條　造紙廠工匠分長僱短僱兩種。長僱應有妥實保證。短僱則臨時招募。按日給值。

第二十條　造紙廠藝徒工匠。由廠隨時招集。擇其氣體堅凝資稟聰潁者。試習一月。果其品行才力。堪以造就留廠者。由所長稟請科長。囑令邀同妥實保人。立具保證。

第二十一條　各科所進退工匠藝徒工徒。俱由該管所長商同科長稟請總帮辦等核奪施行。

第四章　作息

第二十二條　造紙廠作工時刻。春夏兩季。自晨卯正起。至午正止。未初起。至酉初止。秋冬兩季。自辰初起。至午正止。未初起。至戌初止。遇有異常炎熱。勢難工作。及廠務繁簡情形。隨時由總帮辦等察酌變通辦理。不在所定限內。

第二十三條　除甲機製造官用有價證券之紙。事極鄭重。不作夜工。以昭愼密外。他種工場得以晝夜分班工作。期多出貨。

第二十四條　夜工時刻。春夏兩季。每夜酉正起。至亥初止。子初起。至卯正止。秋冬兩季。每夜戌初起。至亥正止。子初起。至卯正止。

第二十五條　每年逢萬壽、上元、端陽、中秋、及星期日。各休假一日。年假自臘月除日起。至正月初四日止。休假五日。但星期日。凡技師及應行擦洗機件各工匠。仍須俟機件擦竣後再行休息。

第二十六條　凡員司匠役等。除例假外。每年請假。不得逾二十日。逾者按日扣除薪水。惟婚喪大事。及別有因公事項者。不在此例。

第二十七條　凡員司匠役等。因病因事告假。在三日以內者。須將假期內應辦職務告知直接管理員。並囑託同事代理。逾三日後。由管理員。轉請總帮辦等派人代理。如代理者。適係該員囑託之人。則設有疎失。仍歸該員担其責任。

第五章　賞罰

第二十八條　造紙廠員司如有異常勤奮者。年終由直接管理員。呈請總帮辦等酌予獎勵。每屆三年。由總帮辦等擇尤呈請度支部奏獎。其關於工務之員。如能技藝精熟。自成專家。或發明新法、新器。有益於造紙事業者。由總帮辦等徵集證據及證明書。呈請度支部優予奏獎。

第二十九條　造紙廠工匠藝徒工徒等。如有言行篤實操作勤勉者。年終由所長呈報科長。轉請總帮辦等。酌量給獎。其有發明新法新器者。照前條例呈請度支部優獎。

第三十條　造紙廠員司人等。如有舞弊營私。因循誤公者。隨時由直接管理員呈報總帮辦等查實、分別輕重懲處。　一記過　二罰薪　三追償　四斥退

第三十一條　造紙廠員司工匠藝徒等。如有漏洩機要情節重大者。由總帮辦等密呈度支部。治以應得之罪。

第六章　雜則

第三十二條　造紙廠款項。材料出入。每日由該管科所開列簡明表。呈請總帮辦等查核。每月總結一次。列表呈核。每半年大結一次。並將現存機器材料紙張等項。造具清册。以備點驗。每年辦理次年預算。本年决算。由總帮辦等呈請度支部核辦奏銷。

第三十三條　造紙廠各所員司。應各具有簡明日記。每日將既辦事件。酌量摘載。錄爲簡表。送交科長。轉送統計所。彙成統計報告表。以驗成績。

第三十四條　造紙廠運輸官用有價證劵紙張。經過關卡。免稅放行。其由火車輪船裝載者。應請飭下郵傳部通飭鐵路輪船各局。一律減收半價。

第三十五條　造紙廠雖係官立。實含營業性質。一切事務。仍按商業辦理。不得徒事鋪張。致涉糜費。

第三十六條　造紙廠各科所辦事細章。及工場規則。另行詳訂外。以上各條。均係試辦章程。如有應行增改之處。當隨時酌議改訂。以期完密而臻妥善。

第五章　幣制局設立之始末

第一節　創立之由來

民國七年八月。財政部呈稱本部泉幣司之規模狹隘。頗不足以盡其責。而財政長官之更迭。涉及幣制政策。尤不足以保方針之始終貫澈。自非特設專局。不足以專責成。而求完善。擬請即設幣制局。直隸於國務總理。以崇體制。而利實行。仍設督辦一員。以財政總長兼任。庶於財政幣制相關之處。仍有聯絡貫穿之實。幣制整理方始。於各國改革之經過。借鏡自多。中外學識擅長經驗卓著之士。尤當禮聘。備充顧問。以收集思廣益之效。期以十年。整理幣制之效。當可稍覩等語。當經大總統批准。於是有幣制局之設立。并同時公布其官制如左。

幣制局官制

第一條　幣制局直隸國務總理。整理全國幣制。其職掌如左。

一、關於泉幣事宜。

二、關於鈔券事宜。

三、關於其他幣制事宜。

第二條　幣制局置職員如左。

督辦一員。財政總長兼任。

總裁一員。特任。（九年三月修正幣制局官制第二條增副總裁一員簡任之）

顧問一員。聘任。

名譽顧問無定額聘任。

第三條　幣制局應酌設員司。分科辦事。但各科未經組織成立之先。得先設調查委員會。置委員若干人。以局令定之。

第四條　幣制局爲繕寫文件及其他庶務。得酌用雇員。

第五條　凡財政部所屬造幣總分廠。印刷局造幣廠。及各銀行監理官應受幣制局之監督及指揮。

第六條　幣制局得發局令。必要時得請發院令或會同財政部發布命令。

第七條　幣制局設立期間。定爲十年。

第八條　幣制局辦事規則另定之。

第九條　本官制自公布日施行。

第二節　職掌之劃分

同年十二月。財政部訂定幣制局員司分處職掌。定爲泉幣鈔券兩處。各設處長一員。另設參事兩員。秘書四員。調查員等。其規定之職掌如左。

(甲)泉幣處職掌　(一)關於全國貨幣之整理事項(一)關於全國造幣廠之指揮監督事項(一)關於印刷局造紙廠公估局之指揮監督事項(一)關於金屬貨幣及生金銀出入事項(一)關於全國貨幣之統計事項(一)關於外國貨幣之統計事項(一)關於國內外造幣廠之統計事項(一)關於其他泉幣事項

(乙)鈔券處職掌　(一)關於中交兩行發券之監督事項(一)關於中交兩行準備金之稽核事項(一)關於各省紙幣之整理事項(一)關於各省官銀錢行號發券之監督事項(一)關於各省官銀錢行號準備金之稽核事項(一)關於其他發行銀行發券之監督事項(一)關於其他發行銀行準備金之稽核事項(一)關於各省官銀錢行號監理官之指揮監督事項(一)關於印刷局印刷鈔券之指揮監督事項(一)關於各省

發鈔之統計事項（一）關於其他鈔券一切事項

（丙）秘書職掌　（一）關於撰擬及保管機要文件事項（一）關於局令宣達事項（一）關於監用印信事項（一）關於記錄局轄內外各職員之進退事項（一）關於保存並收發各項公函文件之事項（一）關於會議錄之記載事項（一）關於彙編統計及報告事項（一）關於本局經費之管理并預算決算及會計事項（一）關於購辦物品及保管事項（一）關於其他不屬於各處事項

（丁）調查員職掌　（一）關於全國造幣廠之調查事項（一）關於印刷局造紙廠之調查事項（一）關於全國使用貨幣及生金銀情形之調查事項（一）關於銀兩平色之調查事項（一）關於國內外金屬貨幣及生金銀進出口之調查事項（一）關於中交兩銀行發券之調查事項（一）關於各省官銀錢行號發券之調查事項（一）關於其他銀行發券之調查事項（一）關於外國造幣廠印刷局造紙廠制度之調查事項（一）關於外國銀行制度及發券之調查事項

按該局設立以來。其初頗勵精圖治。嗣因各省造幣廠多由地方長官把持。局中亦無權監督。事實上僅成爲承轉之機關。民國十二年十二月。財政總長王克敏以中央政費支絀。財政部預算甚大。乃呈請將該局裁撤。由財政部泉幣司接收。此項機關遂歸消滅矣。

第五编　金銀銅統計

第一章　金銀銅進出口統計

第一節　金銀銅累年進出口情形

吾國金銀進出口之有統計。始自清光緒十六年。以前並無確切之稽考。且自十六年至二十七年。僅於貿易論中約略舉其數。亦無精密之統計。二十八年以後。關册中始別立金銀銅貨幣進出口表。金銀條元寶貨幣之進出口。乃有細數可稽。

金銀銅之進出口情形。金則恒出超於入。銀銅則入超於出。其原因則由金在各國爲本位貨幣。在中國則視同貨物。價高則售出。價落則購入。出入多寡。恒視金銀比價高低爲轉移也。查自清光緒十六年以迄二十九年底止。金價逐漸增高。故金恒爲出超。三十年至三十三年。宣統三年至民國元年及五六八各年間。金價低落。則一時呈入超之現象。反之銀銅在國內爲主要之貨幣。需要頻繁。加以內地銀銅產額有限。恒仰給於海外之輸入。以濟社會一般之用。故除金之輸入超過。必需銀之輸出以爲抵補。及一二債務之原因外。則恆爲入超也。總計自光緒十六年起。迄民國十三年底止。金之出超爲九千一百餘萬兩。銀之入超爲三萬五千餘萬兩。此外紫銅錠塊入超亦在一萬一千餘萬兩。然則此數十年中中國國際貿易虧差之鉅額。不但幷未運出鉅額金銀以爲償付。且外國復運進鉅額之銀銅。揆之學理。所謂國際差額遲早終須以現金淸償者。顯然相反。此其故安在。推其原因。厥有數端。(一)歷年借入之外債。(二)外人投資於國內工商業。(三)華僑滙款歸國。(四)外人在國內消費之金額。如旅行慈善等項是也。是以現銀雖爲入超。貨物仍爲入超。而於金銀統計上。並不生若何反動也。茲將金銀銅三項。據海關貿易冊報告。各列表於左。

一、金累年進出口額數表(單位海關兩)

年次＼進出口	進口			出口			入超	出超
	條砂等	幣	共	條砂等	幣	共		
光緒一六年							—	一、七八三、三二八
一七年							—	三、六九三、二四六
一八年	一〇〇、七二七	二四四、九九〇	三四五、七一七	六、九三七、一二八	七四八、二〇三	七、六八五、三三一	—	七、三三九、六一四
一九年	二一〇、一八一	二五〇、九〇二	四六一、〇八三	七、九一九、一二五	一、八九三	七、九二一、〇一八	—	七、四五九、九三五
二〇年	二三、四六五	一六、〇一二	三九、四七七	一三、八一〇、五四八	一、七九一	一三、八一二、三三九	—	一三、七七二、八六二

二一年	二六三、三四二	四一、四三三	三〇四、七七四	七、一三三、八三二	四八、五九〇	七、一八二、四二二	—	六、八七七、六四八
二二年	七六一、四五二	六、七一四	七六八、一六六	八、八八二、七五五	—	八、八八二、七五五	—	八、一一四、五八九
二三年	一、〇四五、七九四	八〇、三〇八	一、一二六、三〇二	九、六三四、九五〇	三、〇九四	九、六三八、〇四四	—	八、五一一、七四二
二四年	八五九、六二二	九、〇〇四	八六八、六二五	八、五六六、三〇四	六、一六四	八、五七二、四六八	—	七、七〇三、八四三
二五年	六九三、三八八	二、六四八	六九六、〇三六	八、三二七、五四三	八、二七三	八、三三五、八一五	—	七、六三九、七七九
二六年	八六三、〇五九	五、三三〇、五六二	六、一九三、六二一	四、五四三、四四七	四四七、八五九	四、九九一、三〇六	一、二〇二、三一五	—
二七年	一四一、〇一四	七六八、七七一	九〇九、七八五	五、五一〇、三七八	二、〇三四、七二〇	七、五四五、〇九八	—	六、六三五、三一三
二八年	五、九〇〇	一八七、三七七	一九三、二七七	九、三三一、五九四	二七一、九〇四	九、六〇三、四九八	—	九、四一〇、二二一
二九年	一、〇四五、六一一	二、九五八、三六九	四、〇〇三、九八〇	三、六六六、一六六	二三三、〇九九	三、八九九、二六五	一〇四、七一五	—
三〇年	五、六六九	九、九二五、一八一	九、九三〇、八五〇	一、三七九、七一四	一〇四、七二一	一、四八四、四三五	八、四四六、四一五	—
三一年	六、一〇七	一一、一〇三、五〇一	一一、一〇九、六〇八	二、四三九、一〇五	一、六一一、四三九	四、〇五〇、五四四	七、〇五九、〇六四	—
三二年	七、六三三	六、九九八、八八三	七、〇〇六、五一六	二、二六四、〇五三	九〇二、三四〇	三、一六六、三九三	三、八四〇、一二三	—
三三年	一、一七二、七七三	七、一〇一、二四八	八、二七四、〇二一	五、三七〇、三四一	四七三、四三三	五、八四三、七七四	二、四三〇、二四七	—
三四年	一〇六、五〇〇	一、四〇七、九二五	一、五一四、四二五	一〇、五八八、二七〇	二、四四三、七四〇	一三、〇三二、〇一〇	—	一一、五一七、五八五
宣統元年	四五、八〇二	九六七、九九五	一、〇一三、七九七	七、二三八、〇一四	六一七、一五三	七、八五五、一六七	—	六、八四一、三七〇
二年	五、九〇六	三、五五三、五一八	三、五五九、四二四	四、〇六八、六一〇	四六七、六四三	四、五三六、二五三	—	九七六、八二九
三年	四〇、八二三	三、九八二、七〇七	四、〇二三、五三〇	二、一〇三、五一五	三八七、一三三	二、四九〇、六四八	一、五三二、八八二	—
民國元年	二八四、四三七	九、〇一二、〇九一	九、二九六、五二八	一、八二七、二六七	一一、一五六	一、八三八、四二三	七、四五八、一〇五	—
二年	八四、一四三	二、九八一、一四七	三、〇六五、二九〇	二、七三〇、七四八	一、七二〇、一四二	四、四五〇、八九〇	—	一、三八五、六〇〇
三年	一一、一〇六	八五〇、〇六一	八六一、一六七	一三、七五七、七四一	一、一〇四、一七六	一四、八六一、九一七	—	一四、〇〇〇、七五〇
四年	四七、四八五	七七一、三四二	八一八、八二七	一七、九五九、九〇四	二五一、一三六	一八、二一一、〇四〇	—	一七、三九二、二一三
五年	八、四四七、九九七	一一、四五五、一二〇	一九、九〇三、一一七	七、九七七、九八二	一二四、二八六	八、一〇二、二六八	一一、八〇〇、八四九	—
六年	七二一、〇三六	一三、一六〇、七四二	一三、八八一、七七八	四、七〇〇、四二四	三三四、一五一	五、〇三四、五七五	八、八四七、二〇三	—
七年	四〇八、九五五	八一九、三八七	一、二二八、三四二	二、二六四、〇八一	一七、五七八	二、二八一、六五九	—	一、〇五三、三一七

年次	进口 条及元宝	进口 币	进口 共	出口 条及元宝	出口 币	出口 共	入超	出超
八年	三二，九一〇，四九三	一八，一六八，一五〇	五一，〇七八，六四三	四，九六六，二七六	四，九三〇，一五三	九，八九六，四二九	四一，一八二，二一四	—
九年	二三，〇二二，一五二	二七，九四四，七二八	五〇，九六六，八八〇	三五，二二八，一五一	三三，二四一，二〇九	六八，四六九，三六〇	—	一七，五〇二，四八〇
一〇年	三，〇七九，八五七	二六，四一九，三七五	二九，四九九，二三二	三五，九九七，五二三	九，九六二，一〇四	四五，九五九，六二七	—	一六，四六〇，三九五
一一年	一，五四八，六〇三	八，二五九，一五七	九，八〇七，七六〇	一，四三二，八二二	四，二五二，〇四七	五，六八四，八六九	四，一二二，八九一	—
一二年	九九八，五九〇	九，一四七，三〇八	一〇，一四五，八九八	八，一八一，三三九	七，六三一，七八二	一五，八一三，一二一	—	五，六六七，二二三
一三年	二五九，五一二	一，七八七，二四九	二，〇四六，七六一	七，八六七，八五二	三，九一四，三七二	一一，七八二，二二四	—	九，七三五，四六三
合计							九八，〇四七，〇四三	一八九，四五五，一三四

二、银累年进出口额数表（单位海关两）

年次	进口 条及元宝	进口 币	进口 共	出口 条及元宝	出口 币	出口 共	入超	出超
光绪一六年							—	三，五五七，七七二
一七年							—	三，一三一，八八六
一八年	一，一〇一，六九九	九，二三四，〇一三	一〇，三三五，七一二	三，七六一，一一一	一一，九四九，三三三	一五，七一〇，四四四	—	五，三七四，七三二
一九年	八，二六七，二八六	一一，七二一，四五二	一九，九八八，七三八	六六九，三九四	九，五四八，一一三	一〇，二一七，五〇七	九，七七一，二三一	—
二〇年	二四，一二四，五一六	一二，二八一，一八四	三六，四〇五，七〇〇	九一六，五〇一	九，七三七，八九〇	一〇，六五四，三九一	二五，七五一，三〇九	—
二一年	三三，三二一，二八七	一三，六一四，九二二	四六，九三六，二〇九	三，五三八，一八八	七，四八一，二四九	一一，〇一九，四三七	三五，九一六，七七二	—
二二年	二，九四八，九五一	一四，七〇三，六四〇	一七，六五二，五九一	二，三三二，三八九	一三，六一〇，七九五	一五，九四三，一八四	一，七〇九，四〇七	—
二三年	五，三五〇，六七一	一五，〇五四，四八七	二〇，四〇五，一五八	一，四八五，六四三	一七，一〇九，九五一	一八，五九五，五九四	一，八〇九，五六四	—
二四年	一六，三七二，二三二	一四，九八五，一三八	三一，三五七，三七〇	六，〇八四，七六九	二〇，二八七，三七二	二六，三七二，一四一	四，九八五，二二九	—
二五年	一〇，六四三，三〇三	一四，〇五八，五六二	二四，七〇一，八六五	三，二八四，三六八	二〇，〇六七，七〇〇	二三，三五二，〇六八	一，三四九，七九七	—
二六年	二〇，四五三，五四五	一八，七〇五，二二一	三九，一五八，七六六	四，四五六，四九四	一九，二五七，二六〇	二三，七一三，七五四	一五，四四五，〇一二	—

二七年	六、七二三、八〇三	七、六四九、六九五	一四、三六二、四九六	三四四、五四九	二〇、一一五、七四九	二〇、四六〇、二九八	—	六、〇九七、八〇二
二八年	四、七六八、五六九	一三、六四八、九一〇	一八、四三七、四七九	五、八二二、五七一	二六、四六〇、五六二	三三、二八二、一三三	—	一三、八四四、六五四
二九年	六、八三三、七二〇	一六、一七八、四四五	三三、〇〇一、一六五	四、一五二、八八〇	二四、八九三、六五三	二九、〇四六、五三三	—	六、〇四五、三六七
三〇年	四、七一八、四六〇	一八、八〇〇、一七八	二三、五一八、六三八	九、一八六、五六四	二七、九四一、八〇四	四七、一二八、三六八	—	一三、六〇九、七三〇
三一年	七、八一五、八八八	二三、六一三、八四六	三一、四二八、七三四	四、八一九、四八九	三三、八〇五、四三三	三八、六二四、九一一	—	七、一九六、一一七
三二年	五、五五八、〇六〇	一三、七七四、六七八	一九、三三二、七三八	七、四九四、四四五	三〇、五一六、一六一	三八、〇一〇、六〇六	—	一八、六七七、八六八
三三年	四四五、四五〇	六、六二四、一七〇	七、〇六九、六二〇	一三、四七四、四九二	二四、八〇三、二五八	三八、二七七、七五〇	—	三一、二〇八、一三〇
三四年	一〇、五四三、七七四	九、五七三、八二八	二〇、一一六、六〇二	三、六八九、二二六	二八、六九四、二九二	三三、三八三、五一八	—	一二、二六六、九一六
宣統元年	三、〇五五、〇〇八	八、八〇九、三〇〇	三〇、八六四、三〇八	三、七一二、三四〇	二〇、三一一、三三一	二四、〇二三、六七一	六、八四〇、六三七	—
二年	三〇、六四四、七二八	一三、九五三、八〇六	四四、五九八、五三四	六、八八五、一三三	一五、九一八、七五五	二三、八〇三、八八七	二一、七九四、六四七	—
三年	三五、一四九、〇八一	二五、九三三、八七六	六一、〇八二、九五七	三、五二九、四七九	一九、二四七、四七八	三三、七七六、九五五	三八、三〇六、〇〇二	—
民國元年	二八、四〇七、七七五	一六、六九〇、五三三	四五、〇九八、二九七	一一、一四四、四九九	一四、七〇五、一四六	二五、八四九、六四五	一九、二四八、六五二	—
二年	四六、六〇八、八二四	九、一〇三、六六六	五五、七一一、四九〇	六、一三二、四七四	一三、六一〇、六五三	一九、七四三、一二六	三五、九六八、三六四	—
三年	七、六六一、八五二	八、八三六、八九二	一六、四九八、七四四	五、七四六、一四三	二四、三七五、五五〇	三〇、一二二、六九三	—	一三、六二二、九四九
四年	一一、五六四、一二六	九、一五三、三八〇	二〇、七一七、五〇六	一〇、九八九、八六〇	二八、二二九、九六〇	三九、〇九九、八二〇	—	一八、三五二、三一四
五年	一三、三〇〇、六九一	二三、七八七、六二九	三七、〇八八、三二〇	四二、七五三、八六九	二三、〇二三、五七七	六五、七六六、四四六	—	二八、六七八、一二六
六年	一六、一九七、九六六	一一、三〇九、三二六	二七、五〇七、二九二	三三、〇八〇、五八六	一五、四〇九、八〇四	四八、四九〇、三九〇	—	二〇、九八三、〇九八
七年	三、六二九、一七五	一三、四九五、〇五四	三六、一一四、二二九	五、四五七、四五二	七、一七一、八五〇	一二、六三九、三〇二	二三、四九七、九二七	—
八年	四九、〇一四、六〇一	一三、〇七九、一〇六	六二、〇九三、七〇七	六、九九〇、五九二	六、九七七、八二六	八、九六八、四一八	五三、一二五、二八九	—
九年	一〇〇、六〇二、七八五	二五、七五一、六〇三	一二六、三五四、三八八	一〇、〇一五、八三六	二三、六九九、五七四	三三、七一五、四一〇	九二、六三八、九七八	—
一〇年	七五、四七一、三一八	一四、〇七三、二三九	八八、五四四、六〇七	二三、六〇七、三八三	三三、五〇六、五一一	五七、一一三、八九四	三三、四三〇、七一三	—
一一年	五九、四八八、七九〇	一六、一九七、七一八	七五、六八六、五〇八	六、六三九、八六五	二九、四七四、六三一	三六、一一四、四九六	三九、五七三、〇一三	—
一二年	七〇、八三一、四三五	二三、一〇九、三六九	九三、九四〇、八〇四	三、六五一、八三三	二三、〇九三、七四四	二六、七四四、五七七	六七、一九六、二二七	—
一三年	三四、三〇一、九一三	一五、二二七、一九六	四九、五二九、一〇八	五、四八六、九六七	一八、〇三九、六〇三	二三、五二六、五七〇	二六、〇〇二、五三八	—
合計							五五三、三六八、二九七	二〇三、六八七、五二二

三、銅累年進出口額數表

進出口	進口			出口		
年次　類別	紫銅錠塊數量及價值總額 担	兩	銅幣 兩	紫銅錠塊數量及價值總額 担	兩	銅幣 兩
光緒一八年			一、一〇四			—
一九年			六、一三四			—
二〇年			二、八六六			—
二一年			四、七八五			—
二二年			一八四、七九三			—
二三年			八五、六〇〇			—
二四年			一四九、一二七			三三、六六六
二五年			九六、六六〇			—
二六年	一七、八七八	五二七、五三一	二七、九七〇			—
二七年	一〇、二三六	三〇九、四三四	三、〇八八			—
二八年	三三、〇一三	六五六、九七三	一八、三四六			—
二九年	七五、一一一	一、九二四、四七九	四五三、一五〇			二二七
三〇年	二四二、八七七	七、〇四六、六八五	六七〇、三一三			六〇、一六九
三一年	七三〇、三一八	二、三九二、九七〇	三八〇、六二七			—
三二年	九、〇七四	二二一、五一六	九四、八二八			八、七八九

三三年	一三八、六五七	四、二〇四、二六二	一三五、九一八			七、一四〇
三四年	二〇四、三七二	五、八五一、三〇四	一、九〇六			—
宣統元年	四、二五六	一二九、一四八	一、四二七			八三
二年	二〇、五二〇	六六六、二九三	七〇、六五七			八五
三年	五五、七九六	一、五〇一、二九二	一三、五四九			—
民國元年	一〇九、〇〇九	三、一二三、二七二	三、二九五	二、三三九	三六、四一四	七、六〇〇
二年	二〇〇、七三六	六、一二九、五二一	八、七〇〇	二、〇九一	二四、五一〇	四、〇二九
三年	二六一、七六二	六、六五八、三三七	一、一四〇	一、八二九	二八、一三六	七〇、三三四
四年	三四、五六〇	一、〇二三、〇九六	二、七二四	四五、〇八四	八一二、三八九	八、五〇六
五年	二六、〇五五	七三一、一二一	三六、一四八	五六四、八一八	九、〇六六、六八一	一、一〇二
六年	二七、六五八	一、一三五、六六〇	二六、七三三	六八九、八二三	九、九四六、七五六	二六
七年	一二一、四〇八	四、二七二、九二四	三九、七五七	四四、七一〇	八三三、六四九	三九三
八年	三一七、七六九	七、四〇七、九一四	一、七三三	九、一五三	一八六、三七二	三
九年	四一六、六八九	九、三〇二、一四六	七、二七二	三、一六二	七九、九六九	四一三
一〇年	四七七、五三三	一二、〇六四、九三五	三、八五一	一五、八三三	二四〇、一九九	二二四
一一年	五九六、五三二	一三、三六三、八七九	八四、七五八	五、一七六	九四、一八九	四四一
一二年	二三〇、四六四	五、八一四、一五二	四一七、六〇五	一四、〇三四	二八四、五〇一	二、八五〇
一三年	五六四、九七〇	一三、一七八、二七七	四六三、七七二	一三、九一八	三〇六、〇三一	三、〇五二

第二節　金銀銅類別及其國別進出口情形

金銀銅進出口情形。以國而別。大抵國內出產之金。多運往歐洲各市場。其他各國輸入之金。則多假吾國市場爲一時存留地。遲早終須轉送於金價較高之國也。銀爲吾國鑄幣必需之品。其輸入地。則多由歐美兩洲。又其輸出則爲南洋及印度等地是也。銅之輸入。以日本爲主。美國次之。然在歐戰時期。金銀銅三者。頗呈奇特現象。其原因則由美國當時需金最急。故運往美洲最多。銀爲歐戰各國添鑄輔幣之用。故運往歐洲最多。銅之輸出反超過輸入。由需要而轉爲供給。是爲一時特有之例外也。茲將金銀銅三項進出口情形。根據海關貿易報告册所載國別數量列表於左。

一、金條砂等累年進口及其國別額數表（單位海關兩）

年次＼國別	美洲	香港澳門	日本臺灣	西貢東京	朝鮮	西比利亞	其他
光緒三〇年	—	二、二六七	一、二八二	—	二、一二〇	—	—
三一年	—	六、一〇七	—	—	—	—	—
三二年	—	二、七三三	四、九〇〇	—	—	—	—
三三年	—	二四、七九三	—	—	四、〇七五	—	一、一四三、九〇五
三四年	三六、五〇〇	—	七〇、〇〇〇	—	—	—	—
宣統元年	—	一、七三三	—	—	—	—	四四、〇六[illegible]

年次	歐洲	美洲	印度緬甸	香港澳門	日本臺灣	朝鮮	其他
二年	—	五、九〇六	—	—	—	—	—
三年	—	四〇、一七三	—	—	—	—	六五〇
民國元年	一三、二〇〇	一八、九〇四	三三、三三三	—	—	—	—
二年	—	八四、一四三	—	—	—	—	—
三年	—	一一、一〇六	—	—	—	—	—
四年	二一、一九〇	二六、二九五	—	—	—	—	—
五年	七、一五二、六〇五	二九八、二一六	九九七、一一五	—	六一	—	—
六年	—	六二六、四七七	八〇、八五六	六四〇	二、四〇三	—	六六一
七年	—	三七六、九五五	—	三、〇〇〇	—	—	—
八年	一九、四六七、〇三三	一、九二三、三三六	一、八九八、二七五	四三五、九五六	三七五	—	九、一八六、五一九
九年	八、三九六、六二九	三、八七八、五四三	三六五、八〇六	一一、四六〇	一三七	一〇、三六九、五七七	—
一〇年	—	一、六一五、四八七	—	—	—	一、二九四、一八一	一七〇、一八九
一一年	—	七九、七四三	—	—	—	一、四六八、八八〇	—
一二年	—	七、六六七	一六九、五四七	—	—	八二一、三七六	—
一三年	—	七三、二六三	—	—	—	一八六、二四九	—

二、金條砂等累年出口及其國別額數表（單位海關兩）

年次＼國別	歐洲	美洲	印度緬甸	香港澳門	日本臺灣	朝鮮	其他
光緒三〇年	—	—	—	一、二七六、八二五	一〇三、八八九	—	—

三一年	七二三、九七五	—	三六〇	一、五三一、四九二	一八一、六三三	—	二、六四六
三二年	一、八三八、九三三	—	—	三九三、六七〇	三一、四五〇	—	—
三三年	四、七四〇、一三一	—	—	二八二、一〇四	三二八、一二七	—	—
三四年	九、八九七、八二九	—	—	二八六、三四六	三、六六五	—	四〇〇、四三〇
宣統元年	五、二八九、四三八	—	—	一四八、〇〇六	一、七六八、五八〇	—	一三、〇〇〇
二年	四、〇〇八、〇四六	—	—	四五、七六六	—	一四、七九八	—
三年	二、〇〇六、二〇二	—	三九、三六一	四、一三四	五三、一七八	六四〇	—
民國元年	一、二九四、〇九七	—	—	四七一、三五〇	五七、二〇〇	四、六二〇	—
二年	二、三七二、一九二	—	—	四三、五五七	三〇八、八〇一	五、五三二	六六六
三年	二、三一八、七一六	四、三九〇、八五一	一六七、七七四	三七一、五八一	五、四九九、五九六	八、二〇七	一、〇一六
四年	—	一一、八二〇、三三三	七八、八〇〇	一、五二六、五五六	四、〇〇九、二三七	四〇六、五六七	一一、四一一
五年	—	—	七一三、三一一	五、九一五、五八八	八八〇、一二六	四六九、三六三	五九四
六年	三一四、二六八	—	五九六、六〇八	二、六五六、四〇三	八四〇、四七九	二八一、四〇三	一〇、二六三
七年	—	四、四八八	—	二、二一六、四六八	一三、九四一	一〇、三一七	一八、八六七
八年	九三六、四三六	—	四四四、七〇四	三、三八三、二二四	—	一、二六三	二〇〇、六四七
九年	—	一、四二三、六〇〇	三、八八五、九四一	一、四〇六、九一六	二三、七九〇、八四四	四、四七五、七〇二	二四五、一四八
一〇年	一一、三一〇	八、〇九一、九七九	二、六九六	二、三七五、三三三	二五、一二九、五七六	一三、八八〇	三七三、七五九
一一年	—	—	四八九、七〇三	五五七、一二八	二、一一七	—	三八三、八八五
一二年	—	五、九五七、四一六	七七七、八二二	一、一一六、七七三	—	一三、二三一	三一六、〇八八
一三年	—	四、五三九、八九九	—	三、三〇八、五九六	—	五七〇	八、七八七

三、金幣累年進口及其國別額數表(單位海關兩)

年次 \ 國別	美洲	日本臺灣	香港澳門	新嘉坡等處	西比利亞	朝鮮	其他
光緒三〇年	一八七	九、六七七、一五二	一九〇、七三一	—	—	五四、六一〇	二、五〇〇
三一年	一三、七四七	一〇、六九二、三四三	八八、三四〇	—	—	一九〇、〇七一	—
三二年	二三五、八〇九	六、五三七、三八九	三八、八四四	—	—	一四九、二二三	四七、六一九
三三年	七八、八〇〇	六、八〇一、六七四	一八、〇〇〇	—	—	一八五、九八四	一六、七九〇
三四年	—	一、二四七、四九〇	一四三、一三一	—	—	一七、三〇四	—
宣統元年	—	八七一、三三二	九二、二七四	—	—	四、三八九	—
二年	—	三、三五四、七七三	一九五、七四五	—	—	三、〇〇〇	—
三年	三六、七六五	三、六三〇、三三三	二三二、七三三	七四、二〇〇	—	—	八、六七七
民國元年	—	八、七八三、七四一	一九七、〇五〇	三一、三〇〇	—	—	—
二年	六六、三四六	二、八四四、八七四	六六、六一七	三、三一〇	—	—	—
三年	—	七九八、〇七二	四二、三三三	九、六六六	—	—	—
四年	—	七一一、九三八	五九、四〇四	—	—	—	—
五年	三、四六三、九四〇	七、九二三、七九二	六八、三八八	—	—	—	—
六年	一〇〇、〇〇〇	一三、〇〇八、三八五	五二、三五七	—	—	—	—
七年	—	四一、四〇〇	七七六、六八七	一、三〇〇	—	—	—
八年	九、五五〇、五七六	七三〇、六八〇	七、四九二、四四二	—	—	—	三九四、四五一
九年	一〇、八五八、一三七	三、五一六、一一五	一三、四七二、〇五〇	六、〇四〇	一、〇九二、三八六	—	—

年次	歐洲	美洲	印度緬甸	香港澳門	日本臺灣	西比利亞	其他
一〇年	—	—	一八、三三八、三九二	—	八、〇八〇、九八二	—	—
一一年	—	—	六、九二五、六四三	—	一、三三二、〇〇九	—	一、五〇五
一二年	二、八五八、六五三	—	六、二六〇、九〇三	—	二七、七五三	—	—
一三年	五、〇〇〇	—	一、五〇九、九八四	—	一九、〇五八	—	二五三、二〇七

四、金幣累年出口及其國別額數表(單位海關兩)

國別／年次		歐洲	美洲	印度緬甸	香港澳門	日本臺灣	西比利亞	其他
光緒	三〇年	—	—	—	九、八三一	九四、八九〇	—	—
	三一年	—	—	—	三〇、七五五	一、五八〇、六八四	—	—
	三二年	—	—	—	七八、六四〇	八二三、七〇〇	—	—
	三三年	—	—	二、二〇〇	一六、四二九	二八八、三九三	—	一四七、四〇〇
	三四年	一、三四八、三二九	四、一一六	八一〇	八七、九四三	九五六、一二四	—	四六、四一八
宣統	元年	五一、六三〇	—	—	三九、一六四	五二一、九五九	—	四、四〇〇
	二年	一四六、一五三	—	—	九、六二六	三一一、八六三	—	—
	三年	—	—	—	一七、四八七	三六八、三一四	—	一、三三三
民國	元年	—	六七〇	—	五、六九二	三、一九二	—	一、六〇二
	二年	一、四八二、四〇〇	一四、三一一	—	一、六〇〇	三三一、八三一	—	—
	三年	三八五、七三一	六、六八〇	—	一三、三〇〇	六九八、四六五	—	—
	四年	—	一八七、一〇〇	—	一三、四三四	五〇、六〇二	—	—

五年	—	—	—	一〇三、九〇〇	二一、二〇七	—	一七九
六年	—	—	六、三五四	三〇一、五八一	一六、二二六	—	—
七年	—	—	—	一七、五七八	—	—	—
八年	—	—	—	四、九三〇、一五三	—	—	—
九年	—	—	三九六、六〇〇	一四、五八〇、三四七	一七、六八五、七三八	—	五七八、五二四
一〇年	二、一七八	一、一八七、二四四	—	六、九三六、六八六	一、七八二、八三六	—	五三、一六〇
一一年	—	六二一	三九八、一三六	三、四一七、七九五	二、九七二	四三二、五一三	—
一二年	四、〇五〇	七六五、六八三	—	六、七五六、八四二	—	一〇五、二〇七	—
一三年	—	一、〇九二、四二一	—	二、七五二、五三四	五、五〇〇	六六、六一〇	七、三一七

五、銀條與元寶累年進口及其國別額數表(單位海關兩)

年次 \ 國別	歐洲	美洲	香港澳門	日本臺灣	印度緬甸	朝鮮	其他
光緒二八年	一、五八五、九〇〇	二、〇七八、八八四	五九七、五二三	四九六、三九三	—	一、五〇五	二八、三六五
二九年	三、四六一、九六〇	一、五五六、二〇六	四一六、四七三	八六〇、八〇九	四九五、二三〇	二〇、三一二	一一、七三〇
三〇年	五三九、〇〇〇	一、一三五、七二四	六八三、一一三	五二一、五七九	一、七四九、八〇〇	—	八九、二四五
三一年	四、三〇二、九八七	二、五〇四、九四二	三五〇、九六三	四二〇、五五六	四〇、〇〇〇	八、二〇〇	一八八、二四〇
三二年	四六、五七〇	八二三、一〇〇	六二一、二四六	九五〇、〇二〇	六五二、二〇〇	二九、〇五九	二、四三六、八六五
三三年	一七六、〇〇〇	一五七、二六一	六六、一二九	—	三三、四九八	一一、六三八	九二四
三四年	四、〇五五、七五三	二、六五〇、一一七	三、七七三、四九二	五三、二三八	—	一〇、二五〇	九二四
宣統元年	一〇、三一三、二六九	四、三三五、〇〇二	五、五二三、九九五	一九二、三七三	一、三八六、二五三	三、七三八	三〇〇、三七八

二年	一四、七九八、七八八	四、八六七、八〇七	四、七九一、二九一	九二四、二九〇	四、七七一、四〇六	五、五三七	四八五、六〇九
三年	一六、九二五、二九六	二、七八〇、七二七	八、七七八、六五九	一、九四一、四八九	三、一三三、四四六	—	一、六〇〇、四六四
民國元年	二一、六五二、五一八	四、七一三、七九二	九、四〇二、七二六	三三六、九九〇	二、二九九、五七八	二、一七一	—
二年	一九、〇九六、二三三	五、四七〇、七四八	一三、二九二、四九二	四、六四五、一〇六	三、九二一、四六五	—	一八二、七八八
三年	二九五、七九一	八〇七、二三一	五、六三四、七六五	九一八、〇九九	五、一一一	八五五	—
四年	一五〇、七三三	四、一九九、〇二七	四、〇〇二、一一三	三、二一二、二四六	—	—	—
五年	一六八、一五二	九、一九五、六六七	四二四、四五八	三、二七三、二三一	二三七、〇九六	二、〇八七	—
六年	—	七、五五五、八三三	五二七、九七六	六、三七四、五三三	三五、一四八	—	一、七〇四、四七七
七年	—	一四、八二八、二〇五	一、九二一、三六九	五、四九〇、三六二	二〇、二三九	—	三六九、〇〇〇
八年	六三〇、九〇四	三九、八一五、六二五	三、九〇九、七八九	二、六五三、一三六	—	—	二、〇〇五、〇九三
九年	二一、二二〇、六四一	四六、五八七、二五七	三九、七九〇、八三〇	二、四四九、七一七	四七二、一四七	—	八二、一九五
一〇年	二一、四二二、一八〇	二一、三九八、〇二二	四〇、八四一、四六一	—	六三一、九八四	—	一、一八七、七二三
一一年	二一、一六〇、二六三	一七、三八一、三五七	三〇、一五八、四〇六	—	七三七、七三六	—	五一、〇二八
一二年	一四、一五五、一七五	四四、六一七、三三八	六、〇二六、〇三一	三、〇三二、〇〇八	二、九二六、八一三	—	七四、〇七〇
一三年	四、九三八、五三七	二〇、〇二七、一五八	六、一〇八、二八五	二三二、六九八	二、四五七、九七六	—	五三七、二五八

六、銀條與元寶累年出口及其國別額數表（單位海關兩）

年次／國別	歐洲	印度緬甸	香港澳門	新加坡等處	日本臺灣	朝鮮	美洲	其他
光緒二八年	七九〇、八〇九	三、八七〇、七二〇	二九六、〇八六	—	八四九、九〇六	—	—	一四、〇五〇

二九年	三七九、六六三	二、二二四、九九六	二六、四〇〇	—	一、二五八、〇五四	—	二二四、四一七	三九、三五〇
三〇年	三五四、六一九	九〇一、九四五	三九八、五五二	一五、〇〇〇	七、三六八、三七三	二九、五〇〇	—	一一八、五七五
三一年	二八三、〇〇〇	八三、〇九〇	六四、八〇一	—	三、八六二、五九八	二〇一、三〇〇	—	三二四、七〇〇
三二年	六九五、二七二	六、三三九、二三一	二〇五、九四一	六〇〇	四六、三一八	九、六〇〇	一九〇、〇〇〇	七、四八三
三三年	二、六一八、〇八六	一〇、二九四、七三五	四五二、七〇四	六四、六三三	—	四四、二〇〇	一三五	—
三四年	一、六二四、七〇〇	七九七、九五〇	三七、五一九	三四一、九四〇	二四八、二〇六	三八五、六九四	三三、三三三	二一九、八八四
宣統元年	一、四一三	一、四八六、四一〇	一、二三九、二一八	六〇六、五三八	五、三二〇	七、二七〇	—	三七六、一七一
二年	一三六、〇四〇	四、九五九、〇〇七	一、五六二、〇〇〇	八、一三〇	二四五	一五、四二五	—	二〇四、二八五
三年	四五二、九六六	五六四、九六〇	六二六、八〇六	二四、七五〇	八八二、七一〇	一五、三〇〇	—	九六一、九八七
民國元年	八、四五三、九八九	七五三、八九〇	一、三五二、六二九	一六、八〇五	四九六、〇六七	七一、〇一七	—	一〇二
二年	二、一四七、五二〇	二、七九〇、七九六	九八八、五二八	一三六、八九九	一、〇六七	五二、五八三	—	一五、〇八一
三年	一、八〇九、一六七	一、六七一、六六三	四五、三〇〇	二三六、三七九	一、八九七、〇六二	三〇、〇五四	—	五六、五一八
四年	一八四、一六〇	一、〇一八、二三一	八七五、二四〇	三六七、五五二	九五〇	五二、四六三	八三、〇四〇	八、三八八、二二四
五年	二、八九一、六〇六	二〇、七八四、三六八	一、〇八九、五九六	五一七、九六一	—	二六、六〇六	二、八九〇	七、四四〇、八四二
六年	七〇〇、九四九	三三、九九八、七二五	二、一一八、〇八〇	八四、九四八	二、〇四四、五四三	三一、五二三	—	五、一〇一、八一八
七年	—	二、三三八、八〇八	一、六七三、六一四	二一、九七〇	八一六、四五九	二	一、〇七七	六〇五、五三三
八年	—	—	一、五二〇、七〇二	—	四五三、一〇四	—	九、一八二	七、六〇四
九年	—	四〇八、九九四	七、九九五、四四一	二四、八九九	一、五一五、七八七	—	—	七〇、七一五
一〇年	—	五、六〇〇、七七三	一七、三四一、一七九	三三九、四九九	二一三、一九六	一、一〇七	—	一一一、六二九
一一年	—	二、九一三、八三二	一、九八七、〇〇二	二三八、三一六	七六、四五六	一四、〇〇〇	—	一、四二〇、二六〇

一二年	—	一、六五六、一一五	一、一〇五、〇九五	一九〇、五八二	四、三四二	一二、〇〇〇	—	六八四、六九九
一三年	三九二、九二五	二、八〇四、六〇二	一、九八八、三七六	二三七、一七八	—	—	—	六三、八八七

七、銀幣累年進口及其國別額數表（單位海關兩）

年次＼國別	歐洲	美洲	印度緬甸	西貢東京	香港澳門	日本臺灣	朝鮮	其他
光緒二八年	一七五、八三〇	四九、一二〇	一六、七三三	一、〇〇八、八九九	一一、二九二、六五四	七四四、二七一	一四〇、三〇二	三三一、一〇一
二九年	三五九、四四五	一三一、二三〇	一一、五〇一	四一二、〇三三	一二、九〇〇、〇六九	九四〇、八二五	一六二、三七一	一、二六〇、九七一
三〇年	—	—	一五、二六〇	一、三七〇、六九八	一六、〇八一、〇八九	七七一、一二四	二四、三九八	五三七、六〇九
三一年	三三、六六七	一、一七五、七九〇	五、六七二	二、一七四、九二七	一九、〇六五、三七一	五七六、九六七	四五、五七八	五三四、八七四
三二年	—	—	六、七五〇	二、三九三、五八二	七、八五七、〇七一	一、七六一、〇四八	三三二、〇一五	一、四三四、二一二
三三年	二五、五五五	—	—	九、九六〇	五、九二三、〇八三	二五八、三四五	一八一、三七三	三五、八五四
三四年	七、一一〇	四〇、八二〇	—	二六九、八二七	八、八〇九、八一六	三六七、六五二	七二、九八二	四、六二一
宣統元年	—	—	一、三四五	三二、七八一	七、九一七、三一三	六六五、四四二	一七一、九〇三	二〇、五一六
二年	一〇七	—	二六二	二三五、六〇二	一三、一八二、七七一	四三四、二二八	一〇四、七二三	六、一一四
三年	一、二〇〇、〇〇〇	二、一七〇	—	四、七九一、一九九	一九、七五〇、三四二	一七三、八四四	一六、一八五	一三六
民國元年	—	三、〇九三	二六、六六六	二、三四七、〇一二	一三、三五七、二五九	九三六、八三六	一九、四四八	二〇八
二年	七八四、九二六	二九、五九九	三七、五三三	三五〇、〇九三	七、四六七、四七四	四二四、九七三	八、〇六八	—
三年	九二、七八七	三九、三三三	三六、三一五	一八、四〇〇	八、二八八、六五二	三五五、〇三〇	六、三七五	—
四年	—	—	二六、七〇二	一三、〇〇〇	八、六七七、六三〇	四三二、六〇一	八七七	三、五七〇

五年	—	—	一九六、二九四	一四、〇〇〇	一九、一五六、五六三	一、二三七、〇六三	三、八七九	三、一七九、八三〇
六年	—	一、〇〇〇	五六八、六三二	六三八、三三三	九、七〇八、六八四	二七一、九八一	九、六一五	一一一、〇八一
七年	二、四九五	四七〇、八二五	八五六、四三九	一九八、四〇〇	一一、九〇二、七一〇	三六、一八五	—	二八、〇〇〇
八年	三、二三五	三、九一九、五〇八	一八八、二九九	一四九、五〇〇	八、七一四、四三八	一、八四七	—	八二、三三三
九年	九、〇二二	一六、四五三、四八三	一、〇三五、七四一	—	七、一〇五、六二〇	一、〇九二、八四八	四〇〇	五四、四九〇
一〇年	—	一一、三九八	—	一、〇〇〇	一三、八六三、七二九	三一、五六五	—	一六五、五四七
一一年	—	—	—	一、六六七	一五、二九〇、〇〇五	二二、二〇八	—	六八四、八三八
一二年	—	三、八四〇	—	三、六六五	二二、五一八、五九九	四二二、一〇八	四六、六六六	一一四、四九一
一三年	—	四〇、三二九	三三五、七九三	一〇、〇〇〇	一四、七三三、一四五	四七、九〇〇	—	六〇、〇二九

八、銀幣累年出口及其國別額數表(單位海關兩)

年次＼國別	歐洲	香港澳門	印度緬甸	西貢東京	暹羅	美洲	日本臺灣	其他
光緒二八年	一七五、七〇〇	三三、三九八、三七七	八〇、六三六	八二三、三七二	—	—	一、七一〇、〇八四	二七三、三九三
二九年	七、五〇〇	二一、二九〇、二八〇	一三四、八七四	六六、一八〇	—	—	八〇〇、五三五	二、五九四、二七九
三〇年	四一、〇〇〇	三三、三五一、九〇六	八一、四九三	三六、七三五	—	—	五、三三九、一四一	九一、五二九
三一年	一〇〇、八一七	三三、四九一、九四八	六〇、三六〇	三、八〇〇	—	四、七九二	四七一、九九〇	六七一、七一五
三二年	五一五、九〇一	二七、〇〇八、六六六	一、四八二、〇二九	七六八、九六五	—	—	二七七、四一一	四六三、一八九
三三年	四〇九、〇九六	二三、四一〇、七五七	一八四、四六六	三六、七一〇	八四、八九四	—	四七三、二四七	二〇四、〇八八
三四年	三三六、八五四	二六、三八九、八三一	二〇七、三八八	三、四七七	五〇三、七〇九	二六、六六三	一、〇九七、〇三六	一二九、三三四

宣統元年	一	一九、五四〇、五九二	一八九、四七三	六四、三〇八	一四六、六六六	四九、九九九	二八〇、三八二	三九、九一三
二年	二、七〇二	一五、二三九、一四〇	一八九、八四〇	一一五、三三三	六五、六六七	一一六、六六三	一四六、七三八	四二、六七三
三年	二、九一七	一八、七四〇、九一一	一三三、二二七	一	二三〇、四六七	一〇三、三三三	一〇、八〇〇	二五、八二三
民國元年	八、二九二	一三、八七六、八五九	三三〇、三四四	一	二九七、九三三	一	一五八、〇五四	三三、六六四
二年	八、〇六七	一二、一三六、七一七	七四四、七六四	一三三、六三三	五二六、九三三	一	五一、七一四	一八、八二四
三年	三、三三四	二一、一一六、八八〇	一、六六七、〇〇八	四〇八、一三三	一、〇〇三、六六七	一	七六、四八六	一〇〇、〇四二
四年	四八、三九二	二四、八〇七、九八五	二、一一四、三四三	二五六、七三三	四三七、〇〇〇	二七六、六六六	一三六、〇六三	五二、七七八
五年	一〇六、六六七	一八、七四四、三七二	三、一〇八、二三八	三八六、〇〇五	一八九、〇〇一	四三五、三二五	一六、一三九	二六、八三〇
六年	一	八、一六八、二五一	六、五八四、四五三	五七九、九九八	五七、〇〇一	一	一八、三二八	一、七七三
七年	一	六、四六一、五〇五	一、五五八	六〇〇、〇〇一	一三、二〇〇	一	八、六一七	八六、九六九
八年	一	五、五六三、五〇四	一〇〇	一、一九七、六三二	六八、六六六	一	三五、九一二	一二、〇一三
九年	一	二一、一三七、六五八	五九一、三九七	六四七、〇〇〇	一二八、一三三	一、〇三九、四九〇	三六、六三七	一一九、二五九
一〇年	一	三二、二九四、四二五	一	六六二、〇〇〇	三九七、〇〇〇	一	一三三、〇八七	二九、九九九
一一年	一	二六、三三五、七五三	一	一、六九九、七三一	一、二八三、七八七	九、九一八	一二七、三七四	二八、〇六八
一二年	三〇	二〇、八二八、二九七	一	七九三、〇〇〇	六三九、一三三	七、六一五	七一三、一六〇	一二、五〇九
一三年	一	一五、九七七、八八一	六六九、五〇四	三五八、五五五	四〇八、三三三	一九、二三四	一二〇、二二一	四八五、八七五

九、紫銅錠塊累年進口及其國別額數表（單位海關兩）

年次／國別	香港澳門	英國	俄國	日本臺灣	美國及檀香山	澳洲紐絲綸等處	德國及比國	其他
宣統二年	三三、二二四	一、五七二	一	四八四、五四八	一	一二六、五九三	五四、八一六	一

民國三年	二四六、四六九	六、八一八	一、三五二	一、三六四、四〇七	—	一〇三、九四八	二五二	—
元年	一七六、七六九	三、〇〇〇	—	二、八五六、九八一	四八、八三九	九二、一三七	五、七九一	一三
二年	八三、一一三	四、一五三	—	五、九七八、六五八	—	六四、三〇九	五〇一	三二
三年	一一三、六二七	九九二	一、四三五	六、五二七、四一九	—	五二、一六一	二五、一八三	—
四年	一九、五九六	二、〇七四	二、五八六	九九八、五三五	—	—	—	—
五年	五二	六、三〇〇	—	六七二、七九四	五二、一二五	—	—	—
六年	一、八二三	—	—	一、一二四、六七八	一五、六四〇	—	—	—
七年	八五、七二八	—	—	四、二六二、六一六	一、〇二〇	—	—	—
八年	二三三、九一八	六五、二三三	一、二六五	六、六八三、一七八	四四二、一四四	—	—	—
九年	三六四、六二六	三〇七、九一六	七三、八四〇	七、六四五、五六八	一、二四四、五〇八	—	—	—
一〇年	三五六、九四一	一九九、五一二	二一、八一四	七、五五八、二八〇	三、八二五、二四四	二一、七六〇	一五、六七三	七八、一二四
一一年	二七九、〇三九	九二、〇七七	二三、七〇八	一、七六二、二五一	二、三二一、四八四	—	—	六〇七
一二年	一〇九、七三三	二一三、八二六	五、九二五	七六八、七四七	四、六九七、六三二	—	二一、一七八	二五〇
一三年	八四、二七八	四六、三七四	六六	一、一九一、九六四	二、七九六、〇六〇	—	四八、二二四	一一、四四六

十、紫銅錠塊累年出口及其國別額數表（單位海關兩）

年次＼國別	印度安南	俄國	朝鮮	日本臺灣	香港	英國	德國及法國
民國元年	五、〇四五	—	—	二五、三一五	—	一、四七五	四、五七九
二年	七、七四九	—	—	一三、八八六	—	—	二、八七五
三年	三六〇	—	一三五	四、五一九	—	四、〇二二	一九、一一二

四年	一六	—	—	八〇九、二四六	二、一四六	一、〇八一	—
五年	四九〇	—	一一、九七八	九、〇三八、一七三	一六、〇四〇	—	—
六年	二、九二三	—	一〇〇、一三一	九、八四三、七一三	—	—	—
七年	一四五	—	六三、二五四	七七〇、二五〇	—	—	—
八年	一、二〇七	—	七五、五一三	一〇九、六五二	—	—	—
九年	一、五三六	—	七七、九二五	五〇八	—	—	—
一〇年	—	一一六	二六、五五八	二一三、五二五	—	—	—
一一年	—	—	三〇、〇〇一	六四、一八八	—	—	—
一二年	五、三〇五	四九九	一一、二九八	二六七、三九九	—	—	—

十一、铜幣累年進出口及其國別額數表（單位海關兩）

年次 \ 國別 \ 進出口	進口：香港澳門	進口：日本臺灣	進口：其他	出口：香港澳門	出口：日本臺灣	出口：朝鮮	出口：其他
光緒三〇年	五一三、二四七	一五七、〇六六	—	四、三三〇	五五、八二四	—	一五
三一年	三六八、四七〇	三、一五七	—	—	—	—	—
三二年	九四、八二八	—	—	八、七八九	—	—	—
三三年	一三五、四五〇	—	四六八	五、〇九五	—	一、九一四	一三一
三四年	一、八五〇	—	五六	—	—	—	—
宣統元年	一、四二七	—	—	—	八三	—	—

二年	六四、一三三	五、〇四二	一、四八二	—	—	八五	—
三年	—	一三、五四九	—	—	—	—	—
民國元年	一、八七二	一、四二三	—	—	七、六〇〇	—	—
二年	六、三三七	二、三六三	—	—	八二九	三、二〇〇	—
三年	一、一四〇	—	—	四四、七七四	一九、二六〇	六、三〇〇	—
四年	一、八四〇	八八四	—	四八四	七、七四三	二七九	—
五年	三五、三〇九	八三九	—	—	七四七	三四八	七
六年	一九、四九八	六、〇三三	一、二〇三	—	—	二六	—
七年	三三、六五九	四、五一二	二、五八六	—	一九三	—	二〇〇
八年	六、五八三	五、一一七	三	—	—	—	三三
九年	一、二三四	六、〇三八	—	一七三	一〇八	—	一三三
一〇年	—	三、八五一	—	—	二三四	—	—
一一年	七八、五二五	六、二三三	—	—	四四一	—	—
一二年	四〇五、七四六	二、八五九	—	三三	二、八一七	—	—
一三年	四六三、七七二	—	—	一三	一、九五九	—	一、〇八〇

第二章 金銀銅比價

第一節 金銀比價

金銀銅三項進出口情形已於前述。究其所以移轉無常者。皆由金銀銅三者間發生比價變動之結果也。溯自吾國與歐美各邦互市以來。國內金銀銅比價之變動。遂不能不與世界各國發生極密切之關係。惟吾國自無一定幣制制度。以致環球各國間。金銀銅比價偶有變動。吾國民莫不直接間接受其影響也。今試將金銀比價變遷約略言之。吾國漢時黃金一斤。值錢萬。銀八兩爲一流。值錢千。依此計之。則金銀比價爲一與五之比。宋時金五十兩。銀八百兩。即金一與銀十六之比。（唐宋以來佛敎大盛、以金鑄像、金遂日少、而日昂矣、）又據顧亭林日知錄所考歷朝金銀比價。謂元時金價十倍於銀。明初金一兩當銀四兩五兩至七兩五錢。萬歷中赤金亦止七八換。崇禎時已至十三換。又明書食貨志謂太祖時銀千兩爲金二百五十兩。（即金一兩當銀四兩）永樂中銀十二兩爲金二兩五錢。（即金一兩當銀四兩八錢）自清初至咸同間。皆不過十四五換而極矣。惟自光緒初年以來。未及三十年間。而金價已增至四十換。其原因實基於此期間內各國皆以用金較用銀更爲有利。故多採用金本位制。由是金之需要日廣。銀之行用。反日形減縮。金銀間之比價。益趨懸殊。固無疑也。然自民國三年以後。歐洲大戰期間。金銀比價幾有復古之勢。迨及近年。仍恢復十年前之故態。此亦時勢所使然也。茲將最近二百餘年中。世界金銀之比價。及吾國關平銀一兩累年換算金磅之平均匯率。各列表於左。

一、金銀比價變動表

中曆年次	西曆年次	最高額	最低額	平均額
康熙 二六	一六八七			一四、九四 此後七年中除康熙二八年爲一五零餘皆一四零
三四	一六九五			一五、○二 此後三年皆一五零
三八	一六九九			一四、九四 次年仍一四零
四○	一七○一			一五、○七 此後二十七年皆一五零
雍正 七	一七二九			一四、九二 此後二年皆一四零
一○	一七三二			一五、○九 此後五年皆一五零
乾隆 三	一七三八			一四、九一 此後七年皆一四零
一一	一七四六			一五、一三 此後二年皆一五零
一四	一七四九			一四、八○ 此後十二年皆一四零
二七	一七六二			一五、二七
二八	一七六三			一四、九九 此後二十六年皆一四零
五五	一七九○			一五、○四 此後十七年皆一五零
嘉慶 一三	一八○八			一六、○八
一四	一八○九			一五、九六 此後二年皆一五零
一七	一八一二			一六、一一 次年仍一六零

一九	一八一四			一五、〇四 此後十八年皆一五零
道光一三	一八三三	一五、七四九四	一六、〇六八〇	一五、九三三三
一四	一八三四	一五、五二二五	一五、七八二三	一五、七三三九
一五	一八三五	一五、七一六五	一五、九一五五	一五、七九八八
一六	一八三六	一五、五二二五	一五、八一五四	一五、七一六五
一七	一八三七	一五、五八九一	一五、九八二九	一五、八三二〇
一八	一八三八	一五、六八三九	一五、八八二〇	一五、八四八六
一九	一八三九	一五、五五四五	一五、七一六五	一五、六一九〇
二〇	一八四〇	一五、五二二五	一五、六八三九	一五、六一九〇
二一	一八四一	一五、六一六三	一五、七八二三	一五、七〇〇二
二二	一八四二	一五、七一六五	一五、九一五五	一五、八六五三
二三	一八四三	一五、八一五四	一五、九八二九	一五、九三三三
二四	一八四四	一五、七八二三	一五、九一五五	一五、八四八六
二五	一八四五	一五、七四六七	一六、〇一四一	一五、九一五五
二六	一八四六	一五、六八三九	一五、九八二九	一五、八九八七
二七	一八四七	一五、六一九〇	一六、〇一四一	一五、七九八八
二八	一八四八	一五、七一六五	一六、一一九五	一五、八四八六
二九	一八四九	一五、七一六五	一五、八四八六	一五、七八二三
三〇	一八五〇	一五、三三三二	一五、八四八六	一五、四四三一
咸豐一	一八五一	一五、三〇二一	一五、七一六五	一五、四五八九

二	一八五二	一五、二三七八	一五、七四六七	一五、五八六七
三	一八五三	一五、二三七八	一五、五五四五	一五、三三三二
四	一八五四	一五、二三七八	一五、四八八一	一五、三三三二
五	一八五五	一五、三〇二一	一五、七一六五	一五、三八〇一
六	一八五六	一五、一四八五	一五、五八六七	一五、三八〇一
七	一八五七	一五、一一八一	一五、四五八九	一五、二七〇〇
八	一八五八	一五、二三七八	一五、五二二五	一五、三八〇一
九	一八五九	一五、〇二七八	一五、二七〇〇	一五、一九四二
一〇	一八六〇	一五、一一八一	一五、三九五八	一五、二八六六
一一	一八六一	一四、八七九七	一五、六八三九	一五、五〇六六
同治一	一八六二	一五、一七九〇	一五、四五八九	一五、三四八八
二	一八六三	一五、二七〇〇	一五、四五八九	一五、三五八三
三	一八六四	一五、〇八七九	一五、五五四五	一五、三五八三
四	一八六五	一五、三〇二一	一五、五八六七	一五、四四三一
五	一八六六	一五、一四八五	一五、八一五一	一五、四二七三
六	一八六七	一五、三九五八	一五、八一五四	一五、五七〇六
七	一八六八	一五、四二七三	一五、六八三九	一五、五八六七
八	一八六九	一五、四五八九	一五、七一六五	一五、六〇二八
九	一八七〇	一五、五二五五	一五、六五一三	一五、五七〇六
一〇	一八七一	一五、四五八九	一五、六五八二	一五、五八六七

一一	一八七二	一五、四二七三	一五、九一五五	一五、六三五一
一二	一八七三	一五、七三二九	一六、二九〇八	一五、九三二三
一三	一八七四	一五、八四八六	一六、四七一五	一六、一七一四
光緒一	一八七五	一六、三六四三	一六、九九〇九	一六、六四一六
二	一八七六	一六、一一九五	二〇、一七一〇	一七、七五〇五
三	一八七七	一六、一八八七	一七、七〇八八	一七、二〇四〇
四	一八七八	一七、〇六七七	一九、〇五〇四	一七、九一九一
五	一八七九	一七、五四四一	一九、二九四〇	一八、三九九九
六	一八八〇	一七、八五五五	一八、三一〇五	一八、〇九〇八
七	一八八一	一七、八三四四	一八、五三五五	一八、二六六二
八	一八八二	一八、〇〇四六	一八、八五九九	一八、二〇〇一
九	一八八三	一八、四二二四	一八、八二七四	一八、六五〇一
一〇	一八八四	一八、三五五一	一九、〇五〇四	一八、六〇四一
一一	一八八五	一八、八五九九	二〇、一一七二	一九、四一七二
一二	一八八六	二〇、〇六三七	二二、四五二二	二〇、六九九六
一三	一八八七	二〇、〇一〇五	二一、八〇三三	二一、一〇一九
一四	一八八八	二一、二〇三二	二二、六五四五	二一、九九四〇
一五	一八八九	二一、二五〇六	二二、四八五七	二二、〇九〇六
一六	一八九〇	一七、二六三〇	二一、六一五九	一九、七四八六
一七	一八九一	一九、七四八六	二一、六七八〇	二〇、九二六三

一八	一八九二	二一、五五四一	二四、四九七五	二三、七二三一
一九	一八九三	二四、三三五三	三〇、九一五八	二六、五一六五
二〇	一八九四	二九、七〇〇六	三四、九二五七	三二、五八七三
二一	一八九五	三〇、〇五五六	三四、六八四八	三一、六三〇八
二二	一八九六	二九、五二六二	三一、六九七三	三〇、六〇四三
二三	一八九七	三一、六三〇八	三九、九一五一	三四、二二二九
二四	一八九八	三三、二三三一	三七、七一九八	三五、〇〇六七
二五	一八九九	三二、五一七〇	三五、四一七六	三四、三六八八
二六	一九〇〇	三一、一七三四	三四、九二五七	三三、三〇六六
二七	一九〇一	三一、八九八三	三七、八一四三	三四、六八四八
二八	一九〇二	三六、二六九〇	四三、四八一〇	三九、一八九三
二九	一九〇三	三三、〇八七五	四三、四八一〇	三八、一〇〇八
三〇	一九〇四	三三、〇二五一	三八、五八八〇	三五、七一一〇
三一	一九〇五	三一、一〇九一	三七、〇七一〇	三三、九〇五四
三二	一九〇六	二八、四六七七	三二、五一七〇	三〇、五四二三
三三	一九〇七	二九、〇七一一	三八、八八六四	三一、二三七九
三四	一九〇八	三四、九二五七	四二、八六三四	三九、一九一四
宣統 一	一九〇九	三七、九〇九三	四〇、八八八六	四〇、二八八一
二	一九一〇	三五、九二三六	四〇、六六八二	三九、二九一四
三	一九一一	三六、〇九五五	三九、八〇九八	三八、三四二八

民國一	一九一二	三一、七八四〇	三七、五三二一	三三、六〇三四
二	一九一三	三二、一〇一九	三六、一八二〇	三四、二一二九
三	一九一四	三四、六〇五三	四二、六二三六	三七、三四六三
四	一九一五	三四、六〇五二	四二、二六三一	三九、九一五一
五	一九一六	二五、四〇〇五	三五、三三四七	三〇、一一五六
六	一九一七	一七、一四五四	二六、四二三七	二三、〇七〇二
七	一九一八	一九、一六六六	二三、一八八二	一九、八二六四
八	一九一九	一一、九一六五	一九、七四八六	一六、三四六六
九	一九二〇	一〇、五三六二	二四、二九七一	一五、三一七七
一〇	一九二一	二一、七四〇五	三〇、七九一七	二五、五七二八
一一	一九二二	二五、二三〇六	三一、〇四五一	二七、四三二六
一二	一九二三	二七、九九二四	三〇、九一五八	二九、五二六三
一三	一九二四	二六、一四八九	二九、九三六四	二七、七三五二

附註　本表所列金銀比價自一千六百八十七年至一千八百三十二年係根據漢堡交易所所定一千八百三十三年以降爲倫敦地金銀商賈之制定於市場者

二、關平銀累年換算金磅之平均匯率表

中曆年次	西曆年次	關平銀一兩平均合金磅匯率（先令・辨士）
同治元年	一八六二年	六・一〇 1/2
二年	一八六三年	七・一 1
三年	一八六四年	七・五 1/4
四年	一八六五年	六・二 1/4

五年	一八六六年	六.一二 一/二
六年	一八六七年	六.九 三/四
七年	一八六八年	六.八 |
八年	一八六九年	六.七 三/四
九年	一八七〇年	六.七 一/二
一〇年	一八七一年	六.六 |
一一年	一八七二年	六.七 三/四
一二年	一八七三年	六.五 |
一三年	一八七四年	六.四 一/八
光緒元年	一八七五年	六.二 一/五
二年	一八七六年	五.一二 二/五
三年	一八七七年	六.〇 |
四年	一八七八年	五.一二 一/二
五年	一八七九年	五.七 一/三
六年	一八八〇年	五.九 五/八
七年	一八八一年	五.六 一/二
八年	一八八二年	五.八 一/二
九年	一八八三年	五.七 一/四
一〇年	一八八四年	五.七 |
一一年	一八八五年	五.三 一/二
一二年	一八八六年	五.〇 一/八
一三年	一八八七年	四.一〇 一/四
一四年	一八八八年	四.八 三/八
一五年	一八八九年	四.八 三/四
一六年	一八九〇年	五.二 一/四
一七年	一八九一年	四.一二 |
一八年	一八九二年	四.四 一/四
一九年	一八九三年	三.一二 一/四
二〇年	一八九四年	三.二 三/八
二一年	一八九五年	三.三 一/四
二二年	一八九六年	三.四 |
二三年	一八九七年	二.一二 三/四
二四年	一八九八年	二.一〇 五/八
二五年	一八九九年	三.〇 一/八
二六年	一九〇〇年	三.一 一/四
二七年	一九〇一年	二.一二 九/一六
二八年	一九〇二年	二.七 一/五
二九年	一九〇三年	二.七 二/三

	三〇年	一九〇四年	二·一〇二/五
	三一年	一九〇五年	三·〇一/一〇
	三二年	一九〇六年	三·三一/二
	三三年	一九〇七年	三·三
	三四年	一九〇八年	二·八
宣統	元年	一九〇九年	二·七三/一六
	二年	一九一〇年	二·八五/一六
	三年	一九一一年	二·八一/四
民國	元年	一九一二年	三·〇五/八
	二年	一九一三年	三·〇一/四
	三年	一九一四年	二·八三/四
	四年	一九一五年	二·七一/八
	五年	一九一六年	三·三三/一六
	六年	一九一七年	四·三三/一六
	七年	一九一八年	五·三七/一六
	八年	一九一九年	六·四
	九年	一九二〇年	六·九一/二
	一〇年	一九二一年	三·一二七/一六
	一一年	一九二二年	三·九
	一二年	一九二三年	三·五三/四
	一三年	一九二四年	三·七一五/一六

第二節　銀銅比價

第一項　銀兩與制錢比價

吾中國銀銅比價在宋以前。末由稽考。宋時銀一兩。合錢若干貫。求之史書。絕不可得。長洲嵇氏謂金時銀兩折錢二貫。（案當時每貫百文、）元代以錢一文準銀鈔一厘。明代銀兩直錢五十五至百文不等。崇禎時至易錢五六千文。（是時之錢、銅祇二三、鉛砂七八、惡濫已極、）明書食貨志曰。太祖時鈔千貫。則爲銀千兩。永樂中千貫猶作銀十二兩。及弘治時鈔三千貫。僅銀四兩餘云。此所謂貫者、鈔初行時、與錢無異、其後則與錢離矣、清初。議以銀一分爲錢七文。即每銀一兩抵錢七百文、順治四年。以每分爲十文。即每銀一兩抵制錢一千文、垂爲定例。務使轉移出入上握其權。並於錢背鑄一厘二字。古半兩五銖、皆紀銅之輕重、清初錢背一釐字樣、則紀直銀之數、定制不爲不善頗與西國幣制主輔相權兌換一定之義相近。惜法令爲具文。未能實行耳。雍正七年上諭。嗣後每銀一兩止許換制錢一千文。以爲經久平準之定則。亦係申明舊制。又大清律例。凡計贓定罪。以制錢一千文合銀一兩。咸豐三年上諭。有稅課應交銀者。准其按照制錢兩串按每串爲一千文、折銀一兩之數抵交之語。同時戶部奏推廣鈔法。以錢準銀。凡地丁雜稅。及一切解部之欵。均請以錢鈔二千。抵銀一兩。得旨允可。按咸豐初、厲行鈔法、此所謂二千抵一兩者、紙與現貨、尚未相離、咸豐五年、豫撫奏河南商民票銀一兩、實鈔一千、均止易制錢四五百文、是一二年間、戶部所奏、即無效矣、七年上諭內引王茂蔭之奏稱江浙銀價。向來每兩換至制錢二千有零。現在每兩僅易制錢一千一百餘文等語。同時馮桂芬有用錢不廢銀之議。謂二十年前每兩易制錢一千一二百文。十年以前易制錢一千五六百文。在嘉慶年間今易制錢幾及二千文。案王馮兩說相及、王說當係一時一地之情形、以全國論、自以馮說爲近、馮氏此議、主張收款放款、起數一以錢計、一切文案、凡載銀一兩、酌改爲一千八百文、下及民間一切票券、嗣後一皆以錢起數、不准以銀起數、犯者將其銀入官云云、案馮氏欲以銅錢爲惟一之幣而將銀兩革去錢幣之職、在閉關時代、或可行之、當時中外通商已久、豈復能行此、同治六年。主事鍾大焜上變法鑄錢議。稱現今各直省銀價。每兩值錢一千五六百文。較國初時每兩貴至四五百文等語。光緒二十八年三月。戶部奏請旗餉搭放大錢。以當拾京錢一吊。扣銀七分。案當時京城當十大錢、雖名爲當十、實祇抵制錢二文、故京錢一吊、乃當十大錢五十枚、即等於制錢一百文、是銀一兩、約合錢一千三百餘文、三十年三月。漕督陸元鼎奏。清淮一帶。每銀一兩易錢一千一百文至數十文。洋銀一元。易錢七百六七十文至三四十文。官無由制其貴賤、三十一年二月。翰林院侍讀翁斌孫副都統希璋。均奏稱日來銀價益落。每銀一兩。僅易大錢十一千有奇。案京城所謂一千即一吊、即大錢五十枚、大錢十一千、合制錢一千一百文、三十二年七月。財政處戶部議覆粵督奏請改鑄一文銅錢摺內。稱新造庫平一兩銀幣。合制錢一千四百文。一律合算。不准私爲增減。三十三年十一月。直督楊士驤奏京津銅元紛雜摺內。有近時京師銀價漲至十六七吊。即銀一兩合制錢一千六七百文之語。嗣後各省銅元增鑄日多。制錢之地位。國家既不設法維持調劑。由是各地各隨其需要供給之不同。其間比價大小亦互懸殊日甚。更無一定之標準可言也。茲將稅務司所報告銀兩與制錢之比價變遷。特列表於左。

一、銀兩與制錢比價變動表

年次＼銀單位	海關銀一兩	上海銀一兩
同治九年	一八七五文	一六八三文
一〇年	一八七五	一六八三
一一年	一八七五	一六八三
一二年	一八〇八	一六一六
一三年	一八〇五	一六二〇
光緒元年	一七七八	一五九八
二年	一七二三	一五四五
三年	一六五五	一四八五
四年	一五九八	一四三四
五年	一六二〇	一四五四
六年	一六五三	一四八三
七年	一六九〇	一五一七
八年	一六八五	一五一三
九年	一六八五	一五一三
一〇年	一六五一	一四八二
一一年	一六五〇	一四八一
一二年	一六四八	一四七九
一三年	一五五七	一三九七
一四年	一五八〇	一四一八
一五年	一五八五	一四二三
一六年	一四八八	一三三六
一七年	一四九六	一三四三
一八年	一五五二	一三九三
一九年	一五五二	一三九三
二〇年	一五〇八	一三五四
二一年	一四六五	一三一五
二二年	一三七八	一三三六
二三年	一三七八	一三三六
二四年	一三〇五	一一七一
二五年	一三二五	一一八九
二六年	一三二八	一一九二
二七年	一三〇五	一二一二
二八年	一三四五	一三〇七
二九年	一二七八	一二四七
三〇年	一二二五	一一〇〇

第二項　銀元與銅元比價

清光緒二十八年七月。戶部奏請官俸搭放銅元。每銅元百枚。抵庫平銀七錢二分。（此摺內並聲明銅元一枚、抵制錢十文、）二十九年閏五月。又奏銅元搭放官俸。每京平銀一兩。合當十銅元一百三十枚。仍以銅元百枚。抵銀元一枚。銅元一枚。抵現行當十大錢五文。（即係當十錢抵制錢二文）是年七月。又奏凡鑄造銅元省分。其行使章程。均令照錢上所鐫當五當十當二十各數。永遠遵守。三十一年四月。戶部奏旗餉搭放銅元。每當十銅元二十枚。扣回銀一錢四分。（案此即準前奏京錢一吊扣銀七分計算、）三十二年七月。奏歸併銅元局廠辦法摺內。亦列有一條云。銅元發售價值。照現在各處市價。牽合綜計。應定為每新造之庫平一兩銀幣。合當十銅幣一百四十枚。制錢一千四百文。庫平足銀亦如之。公私行用。一律照此價值。不准私為增減等語。三十三年三月。度支部奏試鑄通用銀元摺內。規定銀元、銀角、銅元、制錢四者。均按照十進位出入等語。終未見實行。近年以來。各造幣局廠濫鑄銅元。由是銀銅比價。益趨極端。最近銀幣一元。約換銅幣三百枚矣。茲將銀元與銅元比價。及紫銅錠塊價值關平銀之平均漲落。各列表於后。

一、銀元與銅元比價變動表

年次／月別＼地域	上海行市每銀一元兌換銅元數目 六月底	上海行市每銀一元兌換銅元數目 十二月底	北京行市每銀一元兌換銅元數目 六月底	北京行市每銀一元兌換銅元數目 十二月底
	枚	枚	枚	枚
光緒二八年		八〇、〇		
二九年		八四、〇		
三〇年		九〇、〇		
三一年		一〇七、〇		
三二年		一一〇、〇		
三三年		一一六、〇		
三四年		一二三、〇		
宣統元年		一二七、〇		
二年		一三一、〇		
三年		一三四、〇		
民國元年	一三二、〇	一三三、〇		
二年	一三〇、〇	一三〇、〇		
三年	一三五、〇	一三九、〇		
四年	一三九、〇	一三六、〇		
五年	一三九、〇	一二七、〇		一二一、〇

六年	一三一、〇	一二九、〇	一三一、〇	一三〇、〇
七年	一三一、〇	一三二、九	一三四、六	一三六、六
八年	一三五、五	一三六、〇	一三九、六	一三九、五
九年	一三八、〇	一四一、五	一三九、五	一四八、〇
一〇年	一五〇、三	一五四、六	一五五、〇	一五七、〇
一一年	一七一、六	一七四、七	一七二、〇	一九三、〇
一二年	一七八、四	一八一、六	一九〇、〇	二〇六、〇
一三年	一九三、八	二〇六、四	二三五、〇	二八一、〇
一四年	二三七、一		二八四、〇	

附註、本表年月在清光緒與宣統年間、均以陰歷爲計算標準、又自民國七年以後、各造幣廠多鼓鑄當二十文銅幣、迄今上海等地方、該項銅幣、概不能行使、故市場換價、與通用當二十文銅幣地方、廻有差異、

二、紫銅錠塊累年價值關平銀之平均漲落表

中歷年次	西歷年次	紫銅錠塊每担值關平銀平均率
		兩
同治元年	一八六二年	二八、〇〇
二年	一八六三年	三〇、七七
三年	一八六四年	二六、〇〇
四年	一八六五年	一九、一八
五年	一八六六年	一七、一〇
六年	一八六七年	一五、六三
七年	一八六八年	一三、〇六
八年	一八六九年	二〇、〇〇

九年	一八七〇年	一五、二六
一〇年	一八七一年	一五、〇五
一一年	一八七二年	一四、九七
一二年	一八七三年	一八、〇〇
一三年	一八七四年	一六、二二
光緒元年	一八七五年	一六、六一
二年	一八七六年	一六、六六
三年	一八七七年	一六、六五
四年	一八七八年	一七、〇〇
五年	一八七九年	一四、九七
六年	一八八〇年	一五、二四
七年	一八八一年	一四、二七
八年	一八八二年	一五、〇〇
九年	一八八三年	一五、〇〇
一〇年	一八八四年	一五、〇三
一一年	一八八五年	一三、四七
一二年	一八八六年	一二、一三
一三年	一八八七年	九、六一
一四年	一八八八年	一四、〇〇
一五年	一八八九年	一四、〇〇
一六年	一八九〇年	一四、〇〇
一七年	一八九一年	一六、一三
一八年	一八九二年	一六、〇〇
一九年	一八九三年	二一、九九
二〇年	一八九四年	二〇、〇一
二一年	一八九五年	二三、一一
二二年	一八九六年	一八、八三
二三年	一八九七年	二四、六五
二四年	一八九八年	三二、二五
二五年	一八九九年	三一、〇〇
二六年	一九〇〇年	三二、三〇
二七年	一九〇一年	三〇、〇二
二八年	一九〇二年	三六、〇五
二九年	一九〇三年	二七、九七
三〇年	一九〇四年	二八、一五
三一年	一九〇五年	二九、三五
三二年	一九〇六年	三一、〇〇
三三年	一九〇七年	三五、〇〇
三四年	一九〇八年	三〇、〇〇
宣統元年	一九〇九年	二九、〇二
二年	一九一〇年	二九、六六
三年	一九一一年	二八、七七

第三章　銀銅鑄幣額數

第一節　各種舊型銀銅鑄幣額數

現今各省行用之銀銅各幣。約可分爲新舊式二大種。舊者係自前清光緒末年鑄發以來。迄今仍未遵照民國三年二月所頒之國幣條例鑄造之各種銀銅幣。新者係準據該條例鑄造之各種貨幣是也。據民國七年。財政部所發表之幣制節略內載舊型大小銀圓。總計合銀元六萬一千餘萬元。其中一元銀主幣約占二萬三千五百餘萬。五角以下銀輔幣。約占三萬七千四百餘萬。內二角者、實占二萬七千七百餘萬、又大小銅幣。總計合當十銅元三百四十二萬一千七百餘萬枚。內十文者。實占三百一十六萬八千二百餘萬枚。與一元銀主幣相較。銀銅輔幣。實各有過剩之嫌。況自近年以來。各造幣廠局貪圖造幣餘利。濫鑄雙銅元及雙毫。遺害社會。更非淺鮮。惜其確數。無從稽考。但據關册所載紫銅錠塊進口一項。自民國七年起。迄民國十三年底止。總計合關平銀六千五百餘萬兩。約占累年進口全數之半而強。且所鑄者。多係當二十輕質銅幣。故其鑄數。約計合當十銅元。當在四五百萬萬枚之間。有報告者、僅津寧鄂三廠、鑄造最多者、爲湘廠、再就銀銅輔幣觀之。各處市面流通最多者。二角之小銀元。及當二十之銅元是也。其次爲一角之小銀元。（表內列二千四百餘萬）及當十文之銅元。市面流通亦多。查津粵鄂川寧奉滇吉八廠均鑄一角二角小銀元。五角者市面流通甚少。蓋祇滇吉兩廠鑄數較多。故沿江沿海各省不常見。二角五分者。惟津廠曾鑄。旋即收改。故市面絕無。五分者。則爲粵川吉三廠所鑄較多。各處不甚通行。至於銅元十文者。在前清各局廠。均有鑄造。民國成立以來。二十文者。亦漸次增鑄。但自七年以後。湘鄂等廠。則專注重鑄造當二十銅元。銷行市面。現仍有少數地方。不行用該項銅幣。二百文、一百文者。惟川廠鑄造。五十文者。則川廠與重慶銅元局各有鼓鑄。在川鄂邊境。尙可通行。他省概不見行用。五文者。惟津鄂川閩皖浙五廠曾鑄。二文者。惟津閩吉魯浙五廠曾鑄。一文者。惟津鄂寧豫閩五廠曾鑄。至一文制錢。（有孔）由機器鑄造者。惟粵省一廠而已。統計前後各局廠。銀銅幣兼鑄者。爲津粵鄂川寧奉滇吉八廠。其餘各局廠。均祇鑄銅幣。茲將各造幣局廠。鑄成各種舊型銀銅幣數量。各列表於左。

一、各造幣廠鑄成各種舊型銀幣額數表

廠別 / 開鑄日期 / 結算截止日期 / 幣別	津廠	寧廠	鄂廠	粵廠	川廠	濱廠	奉廠	停辦各廠	合計
開鑄日期	光緒三十年	光緒二十九年	光緒二十八年	光緒十六年	光緒廿九年	光緒二十四年	光緒三十一年		
結算截止日期	五年底止	同上	同上	同上	六年十一月底止	六年八月底止	六年底		
一元	七七、一五三、〇四三枚	六八、〇二一、〇四三枚	二三、五〇三、一七七枚	一八、八〇九、〇一〇枚	三九、五一七、八〇〇枚	二、九五〇、一五七枚	一一、七〇九、二五九枚	四、七三四、七一七枚	二三五、三九八、〇五〇枚
五角	一、五七二、二五八	八七〇	七〇一、六九八	三三九、一〇〇	九七〇、八七六	一三九、三八九、一七四	—	二、七一九、一五三	一四五、五八二、一二九
二角五分	一、一四〇、〇〇〇	—	—						一、一四〇、〇〇〇
二角	七、七九七、六四五	一〇八、六七四、〇二五	五七、八六四、一三六	九六八、九九九、四〇〇	一、〇三七、三三五	五三三、五一三	二六九、二九九、一三三	三、五〇八、五六一	一、三八六、六二三、五一六
一角	七、五九三、四九三	四九、四〇九、三八五	五四、九六一、七九三	一三八、一三八、八五〇	一、九二七、四九三	九〇二、八三三	一、〇七九、四五〇	九三、八七五	二四、九六七、一六一
五分	—	六三九、〇八七	八五、五一八	三、六〇三、〇〇〇	一、二四〇、〇五七	—	—	一、一〇七、四九七	五、六八四、一五九
三錢二分藏元	—	—	—	—	一八、〇四五、四五四	—	—	—	一八、〇四五、四五四
一錢六分藏元	—	—	—	—	一三六、三三六	—	—	—	一三六、三三六
八分藏元	—	—	—	—	一三五、六一三	—	—	—	一三五、六一三

二、各造幣廠鑄成各種舊型銅幣額數表

廠別 / 幣別	當二百文	當一百文	當五十文	當二十文	當十文	當五文	當二文	當一文	備考
津廠	—枚	—枚	—枚	一、四七五、七〇一、九五三枚	三、〇三六、九四七、九八三枚	三一、一七〇、一三三枚	三三、三五三、八七七枚	九二、二三六、一四九枚	自光緒三十年開辦至十二年底止
寧廠	—	—	—	—	四、五七六、九六一、五〇三	—	—	—	自光緒二十九年開辦至十二年底止

鄂廠	—	—	—	三、六三〇、四三七、二五七	九、一二二、七八二、七三三	七、七六三、六〇〇	—	四六、三八二、〇〇〇	自光緒二十八年開辦至十二年底止
粵廠	—	—	—	—	一、二三七、七九四、三七五	—	—	—	自光緒十六年開辦至六年底止
川廠	三、〇六四、八六三	一五、六九九、三三七	二三九、六八一、〇二三	一〇三、五五六、五一九	七四八、四五三、九八三	八五、〇四八	—	—	自光緒二十九年開辦至六年七月底止
滇廠	—	—	—	六四五、四七五	三六、七〇一、〇五七	—	—	—	自光緒二十四年開辦至五年底止
奉廠	—	—	—	八五、九八六、七七八	二三七、八四四、七二八	—	—	—	自光緒三十一年開辦至七年六月底止
重慶廠	—	—	六一、一二四、五〇〇	三一、三八〇、三三五	—	—	—	—	自光緒二十九年開辦至六年底止
湘廠	—	—	—	五一、三三八、二〇〇	二、〇九〇、九九五、六二五	—	—	—	自光緒二十八年開辦至六年底止
晉廠	—	—	—	一三、二五七、〇二三	四五一、六〇八、四七二	—	—	—	自民國八年起至十一年四月止
停辦各廠	—	—	—	一〇、四四五、二六三	五、三九九、九四四、五三三	八、九一三、七三九	一五、三六四、七六六	二、九七九、五一三	
合計	三、〇六四、八六三	一五、六九九、三三七	三〇〇、八〇五、五二三	四、四五二、七三九、〇一三	三五、九三九、〇四四、八九六	三七、九四二、五〇九	六八、七一八、六四一	一六〇、四八七、六六一	

附註 皖廠鑄成之各種銅幣在清光緒三十二年停鑄以前係合算於停辦各廠之內但自民國八年開鑄以來迄十年六月止總計前後鑄數當十銅幣爲八七二、〇〇八、一九三枚當二十銅幣爲四四八〇六枚又粵廠在清光緒年間鑄造一文制錢爲數五、二一五〇、一〇二、〇〇〇枚

第二節　各種新型銀銅鑄幣額數

自民國三年國幣條例頒布後。津廠首先開鑄一圓新銀主幣。次年甯鄂兩廠。相繼開鑄。其後粤奉浙等廠。亦次第倣鑄。據歷年各廠所報告一圓新銀主幣鑄數迄民國十二年底止。總計爲七萬五千餘萬元。其中甯廠約占四萬零八百餘萬元。皖廠因鼓鑄之銀元。成色過低。頗受各方攻擊。卒至停鑄。其他各廠所鑄者。成色均佳。至若中元二角及一角三種新銀輔幣。自民國五年由津寧兩廠開鑄後。其他各廠皆未經中央頒給祖模。准予鑄發。計截至民國十二年底止。中圓爲三百二十二萬餘枚。二角爲八百六十六萬餘枚。一角爲九百二十四萬餘枚。其中津廠鑄造之二角銀幣。約占五百四十八萬餘枚。一角銀幣八百九十九萬餘枚。此外一分及五厘兩種新銅輔幣。惟津廠鑄發。通行範圍頗極狹小。在民國十二年底止。一分鑄數爲一千二百七十八萬餘枚。五厘鑄數爲一百七十八萬餘枚也。茲將各造幣廠鑄成各種新型銀銅幣數量。各列表於左。

一、各造幣廠累年鑄造一圓新銀主幣額數表（單位枚）

年次＼廠別	津廠	寧廠	鄂廠	粵廠	奉廠	浙廠	皖廠	總計
民國三年	三、六四八、五八三	—	—	—	—	—	—	三、六四八、五八三
四年	三四、二六八、一六五	二九、七〇〇、二五〇	一、〇四二、五〇〇	—	—	—	—	六五、〇一〇、九一五
五年	三三、五五五、四六七	二四、〇八九、二五〇	一一、三四九、〇〇〇	—	—	—	—	六八、九九三、七一七
六年	一〇、五〇六、七五六	一九、九八〇、〇〇〇	六、五一五、〇〇〇	五、八三五、九三三	—	—	—	四二、八三七、六八九
七年	二〇、五五一、一〇八	三四、八九一、五〇〇	一五、二三七、五〇〇	—	一七三、六九四	—	—	七〇、八四三、八〇二
八年	四一、六〇三、九〇二	三七、八六八、〇〇〇	二三、一二五、三六〇	—	—	—	—	一〇二、五九七、二六二
九年	三〇、五一五、三〇二	一五八、七八〇、〇〇〇	一六、四〇〇、〇〇〇	—	—	—	一、二二七、〇六八	二〇六、九二二、三七〇
一〇年	九、六七三、八七一	一九、三三六、〇〇〇	四、五〇〇、一四八	—	—	—	—	三三、五一〇、〇一九
一一年	六、七七五、八八三	二五、六八三、八〇〇	二、八二一、二五〇	—	—	—	—	三五、二八〇、九三三
一二年	四、五四二、九一三	五八、〇二七、〇〇〇	八四五、〇〇〇	—	—	六一、〇〇〇、〇〇〇	—	一二四、四一四、九一三
合計	一九五、六四一、九五〇	四〇八、三四五、八〇〇	八一、八二五、七五八	五、八三五、九三三	一七三、六九四	六一、〇〇〇、〇〇〇	一、二二七、〇六八	七五四、〇四〇、一〇三

二、各造幣廠累年鑄造中元二角及一角三種新銀輔幣額數表(單位枚)

廠別	幣別＼年次	民國五年	民國六年	民國七年	民國八年	民國九年	民國十年	民國十一年	民國十二年	合計
津廠	中元	二九七、六七八	三三、七三三	九、九七四	五四、九九七	三七、六七五	一三六、一八六	六七三、三四五	—	一、二一〇、五七八
	二角	六一〇、七四五	五〇一、三三五	三五〇、九四九	七六二、八六四	一、〇〇〇、二五九	七九九、〇三八	一、四六一、四九八	—	五、四八六、五八八
	一角	一、二七一、一九三	七五一、三〇四	五九二、九九五	一、一三八、五四三	二、〇九九、六〇三	一、三三三、六八六	一、八一七、〇八七	—	八、九九三、七一〇

寧廠 中元	寧廠 二角	寧廠 一角	總計 中元	總計 二角	總計 一角
三三一、四〇一	—	—			
二三七、〇〇〇	一六六、〇〇〇	一九三、〇〇〇			
—	—	—			
二〇、〇〇〇	—	—			
—	—	—			
一六、〇〇〇	七、五〇〇	二一、〇〇〇			
—	—	—			
一、三九三、〇八六	三、〇〇五、一四八	四〇、一九四			
一、九八七、四八七	三、一七八、六四八	二五四、一九四	三、二三八、〇六五	八、六六五、二三六	九、二四七、九〇四

三、各造幣廠累年鑄造一分及五厘兩種新銅輔幣額數表（單位枚）

年次	津廠 一分	津廠 五釐
民國六年	二、八二三、〇四三	一、七二八、三八〇
民國七年	二六八、二六八	—
民國八年	六二一、三六〇	—
民國九年	二、八四五、四七五	—
民國十年	五、六四七、〇七三	—
民國十一年	九〇、〇〇五	—
民國十二年	七三三、三六一	六一、一一〇
合計	一三、七八七、六〇四	一、七八九、四九〇

第三節　各種舊型銀銅幣銷燬情形

按自清末以來。各省鼓鑄之銀銅幣重量成色互不一致。以致純分重量較好者皆莫不漸次銷滅殆盡。所謂格蘭舍姆作用。惡貨逐出良貨。應有之結果。例如往者張之洞督兩廣時。所鑄造銀幣有一元、半元、二角、一角、五分、五種。一元與半元兩種。所含純分。皆較二一角一角等爲高。鑄發後。一元半元盡被驅逐。市場所流通者。盡二角以下之幣。嗣又有私鑄之新雙毫。而其所含之純銀。則更較舊二角爲低。此幣一出。市場舊有之二角。遂被驅逐矣。民國七年以後。全國各造幣廠。多鼓鑄輕質銅元。而舊有之當十與當二十銅元。幾絕跡市面。川省行用當二百當一百等銅元。於是舊有之當十與當二十等銅元。則又皆銷滅無餘。此皆最顯著之情形也。

民國四年財政部爲實行新銀幣起見。飭各造幣廠收兌各種舊型銀幣實行銷燬。茲將各造幣廠。近數年來業經銷燬額數。報告有案者。特列表於左。

一、各造幣廠銷燬各種舊型銀幣額數表

廠名	開始期	結算截止期	銷燬數目			
			壹圓	五角	二角	一角
津廠	四年一月	十二年底止	一六、二四九、七四四枚	二一〇、八三〇枚	三、三〇七、八五一枚	二、八三二、四〇〇枚
寧廠	四年一月	十三年六月中旬止	四八、六一七、三四九	—	—	—
鄂廠	四年十一月	十三年底止	八、六五一、七四六	—	—	—
合計			七三、五一八、八三九	二一〇、八三〇	三、三〇七、八五一	二、八三二、四〇〇

第四節　上海市場現銀流通情形

上海爲吾國金融市場之中心。寶銀與銀元及外國貨幣之進出。多由該口總其成。故銀兩與銀元存底之豐嗇。其影響於我國幣制前途者極大。至於大條雖不直接流通於市面。但因係供熔銀鑄幣之原料。其存底之多寡。亦堪注意。按自滬上銀錢業有銀兩與銀元及大條銀存底之統計以來。迄民國十三年底止。其間現銀消漲情形。約可分爲三大時期。第一期、係自宣統二年起。迄民國三年底止。爲銀兩與銀元存底遞增時期。第二期、係自民國四年起。迄民國八年底止。爲銀兩與銀元存底遞減時期。第三期。係自民國九年起。迄民國十三年底止。爲銀兩與銀元存底遞增時期。即仍恢復民國四年以前之狀況也。但此時期中。銀元遞增之速度。實較之銀兩更爲迅速。又第二時期。適値歐戰期間。各國需銀鑄造輔幣甚急。我國市場現銀多被其吸收。故上海等處。頓起恐慌現象。茲特將上海市場銀錢兩業累年存銀數量列表於左。

一、上海銀錢兩業累年庫存現銀額數表

年次＼種類	銀圓（圓）	銀兩（兩）	大條銀（條）
宣統二年	五、五九〇、〇〇〇	一三、一二〇、〇〇〇	六、三七〇
三年	一三、〇七〇、〇〇〇	二三、六七〇、〇〇〇	一、六六二
民國元年	一〇、〇七〇、〇〇〇	二〇、九二〇、〇〇〇	一、一六五
二年	一三、五九〇、〇〇〇	四〇、五九〇、〇〇〇	二、四五二
三年	二〇、七五〇、〇〇〇	五八、三一〇、〇〇〇	—
四年	二一、九〇〇、〇〇〇	四二、七五九、〇〇〇	
五年	一三、八三〇、〇〇〇	一六、七五〇、〇〇〇	
六年	一三、七四〇、〇〇〇	二三、二四〇、〇〇〇	三五七
七年	一三、九六〇、〇〇〇	一八、一三〇、〇〇〇	四
八年	一三、一三〇、〇〇〇	一七、九三〇、〇〇〇	一、七三〇
九年	三二、九〇〇、〇〇〇	三四、一八〇、〇〇〇	三、一三〇
一〇年	二四、一〇〇、〇〇〇	三〇、〇九九、〇〇〇	二、二〇七
一一年	三一、四四〇、〇〇〇	二七、五五〇、〇〇〇	四八四
一二年	三五、六〇〇、〇〇〇	一九、九五〇、〇〇〇	—
一三年	四一、一九〇、〇〇〇	四七、四五〇、〇〇〇	九、三三四

附註　大條銀每條重量約計千兩上下

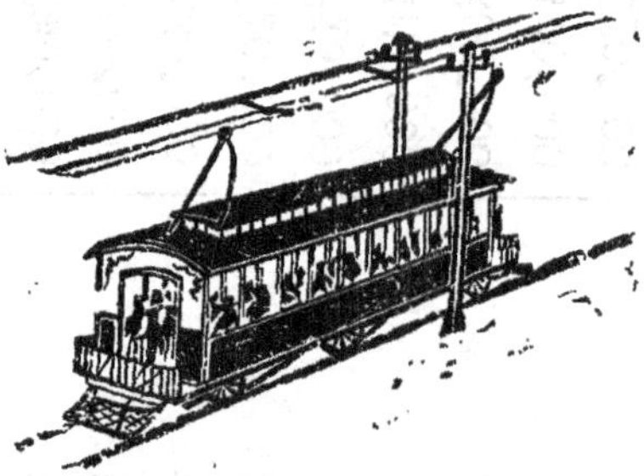

第六編　附錄

一、清宣統三年幣制實業借欵始末

自宣統二年四月頒布幣制則例後。政府以整理幣制計畫需欵浩繁。特向英美德法借欵一千萬磅。作爲整理幣制及興辦東三省實業事務之用。於三年三月十七日。度支部奉旨與四國銀行團訂立合同。並定自簽字後。可先提一百萬磅用之於東三省。其餘須俟四國銀行團於六個月內將幣制則例用欵單式。詳細研究。認其可爲發行債票之根據後。墊交一百萬磅。作爲起首整理幣制之用。其餘當俟債票出售後陸續交付。但審查幣制。必需專家。於是同年夏間由四國銀行團各派代表一人。中國政府方面派陳錦濤等四人。會同各外國代表在倫敦會議。四國專家。對於幣制則例。大致均表贊同。爲以一元銀幣。既不許自由鑄造。即不得稱爲銀本位。在我國代表方面所持之理由。以爲採用銀本位。不過暫時一種過渡辦法。若許自由鑄造。恐數目太多。抬高其價格。不易於將來改金本位時。加許多障礙。以故雙方略有爭持。閉會後。陳錦濤電詢度支部可否乘此機會與幣制專家討論金滙兌本位制。度部復毋庸討論。未幾武漢起義。改革之議。因之而止。所訂借欵合同。亦僅交四十萬磅。作爲東三省實業經費云云。茲將幣制實業借欵合同原文抄錄於左。

本合同爲度支部奉旨代大清政府與紐約。摩根公司、昆勒貝公司、第一國立銀行、國立城市銀行、合稱美國資本家。滙豐銀行。德華銀行。東方匯理銀行。以後即簡稱曰銀行等。訂立。

茲因大清政府。欲按照已定幣制章程。整頓畫一幣制。及興辦東三省實業事務。擬商訂借欵。爲辦理以上各事之用。據此發售大清政府遞還之金磅債票。以後即簡稱曰債票其總額不逾一千萬金磅。所商訂借欵情形。照後開章程辦理。

又因上開各項事務借欵草合同。業於宣統三年九月二十五日。即西歷一千九百十一年十月二十七號。在北京簽押。並奏奉諭旨。允准商定本正式合同。

又因現大美國資本家。聯合匯豐銀行。德華銀行。東方滙理銀行。已經大清政府允准該銀行等。會同美國資本家。辦理本合同之借欵。所商訂各節。開列於左。

第一欵

以上所言草合同。必按照此正式合同條欵解釋。方能遵守實行。

第二欵

大清政府允准銀行等。承辦五釐利息遞還金磅借款。總數一千萬金磅。名爲一千九百十一年大清政府整頓幣制及興辦實業五釐遞還金磅借款。其限期由債票發售之日起算。

第三款

此借項所得之款。係爲以下所載各事使用。

甲　爲大清國整頓畫一幣制用款。

乙　爲興辦擴充東三省實業事務用款。

第四款

此借款係大清政府所直接担任。是以大清政府。以其信實及其還債之權。爲保使該借款本利一准屆期清還。並按照本合同所開大清政府應行各節辦理。

第五款

一、本合同第八款第四、五、六節所開預支之款。並此項借款還本付利。以及關於此項借款經理各費。即以以下所載餉源作爲頭次之抵押。

東三省煙酒稅。每年共庫平銀一百萬兩。

東三省出產稅。每年共庫平銀七十萬兩。

東三省銷場稅每年共庫平銀八十萬兩。

各省鹽斤新加價。每年共庫平銀二百五十萬兩。（係光緒三十四年五月、奏准加收、）

以上指定抵押餉源。每年共計庫平足銀五百萬兩。

二、以上各省餉源。特此聲明。並無牽連於他項借款徵納抵押情事。

三、倘若以上所載之餉源。屆期不敷交付到期之利及應還之本。則大清政府先將東三省他項餉源補足應付之數。如有不敷。再用他項補交。

四、此項借款本利。並他項費用。按期交付。則不得干預各該省之餉源。惟其本利倘屆期拖欠。除展緩公道時日外。則應將各該省餉源。或足敷抵還所欠之一部分餉源。卽行交與海關。並由海關管理。以保執票人之利益。

五、此項借款未還清以前。倘再有將以上餉源作他項借款抵押或作質保等用。總須先儘此項借欵還清。更不得有他項借欵抵押或徵納各事。加乎此次借款之上。或與平行。無論如何。不能損害該餉源担保此借款之利權。又在此借款之後。他項借欵抵押或徵納各事。由上文所指定各餉源支付者。必儘此借款先行支付。乃能支付。並須於在後他項借款抵押或徵納各事之約內載明。

六、此項借款期限內。倘大清政府議定修改海關稅則。並訂明減免釐稅。銀行等不得因以上所指各餉源。係爲此項借款之抵押。而阻止修改稅則。減免釐稅。並議明此項借款質保所指定之餉源。未曾與銀行等商妥以前。不得減免。倘若減免。必須指定數目相等。銀行滿意之他項餉源以補之。作爲儘先之抵押。

第六款

一、此項借款。准該銀行等。按總額數目。發售金磅債票與承購之人。其債票每張面額。由銀行等斟酌定奪。債票式樣文字。由銀行等與度支部或大清國駐華盛頓或倫敦或伯林或巴黎出使大臣核定。

二、此項刻印債票。大清國度支部尚書簽名字樣及其關防。均摹印於上。以省其親自簽押。各票未發賣債票以前。可聽憑銀行等。請大清國駐華盛頓或倫敦或柏林或巴黎出使大臣。逐張蓋印。並其簽名字樣加印於上。以爲大清政府允准及承認發售此項債票之憑證。

三、銀行等之駐紐約或倫敦或柏林或巴黎代表人。亦須在債票上加簽。以證其爲發售債票經理人。

第七欵

一、所有借欵招帖。以及付利。還本。祜關。贖回債票。一切詳細辦法。未經本合同詳細載明者。由銀行等會商大清國駐華盛頓或倫敦或柏林或巴黎出使大臣核定。

二、現允准銀行等。俟本合同第八欵所載未發行借欵以前。應辦各節實行後。卽行分發此次借欵之招帖。並由大清政府飭知駐華盛頓或倫敦或柏林或巴黎出使大臣。遇有應會同辦理之事件。卽與銀行等協商酌辦。並簽押此項借欵招帖。

第八欵

一、本合同簽押之日。度支部卽交與銀行等。

甲、奏定畫一銀本位幣制章程後。卽簡稱曰整頓幣制章程。

乙、幣制用欵單。其中載明辦理幣制各項所用此次借欵數目。

丙、東三省用欵單。其中載明擬辦何種實業。並載明由此次借欵撥與東三省該項用欵數目。

二、於簽押本合同之日。須將上節所言幣制章程。並兩用欵單。交與銀行等。准予期限不逾六個月。籌畫一切一經銀行等知會度支部。以該章程與兩用欵單。爲發售此項債票之基礎後。務必從速將此項借欵發行。

三、債票之價。係按虛數。每百以九十五交付大清政府。銀行等卽在中國美洲歐洲一律招人承購。倘大清政府。

亦願承購若干。可先儘其認定。惟須於借欵招帖未發出之四天以前承認方可。至分發招帖日期。銀行等應於七日前預報度支部。

四、如大清政府急需欵項。爲與辦東三省各事之用。可於簽押合同後。交一單與銀行等。載明在東三省擬辦何事。並需欵數目。一經銀行等。視爲合宜。即應允在美國與歐洲備欵一百萬金磅。爲東三省之用。聽候大清政府之便。由度支部出單。或全數提用。或分次提用。

五、本欵第二節所言。經銀行等知會度支部。即應允未發售債票以前。在美國及歐洲另備款一百萬磅。爲起首佈置整頓幣制之用。聽候大清政府之便。或用全數。或用若干。由度支部按以下第九款第五節所開出之單提用。

六、上開預支之款。二百萬金磅。大清政府隨時或全用。或用若干。均按週年六釐起息。自度支部由銀行等提用之日起算。俟第一次債票發售後。即先將此款連應有之息。一併交還。或交還之期限。除由度支部與銀行等另行商定外。無論如何。須於簽押本合同後。十八個月之內交還。

第九款

一、此項售票所得之款。其淨數應存於美國紐約資本家。或其所指定在中國之經理人。現爲花旗銀行。將來或另指定他銀行。或倫敦之匯豐銀行。或柏林之德華銀行。或巴黎之東方匯理銀行。或其在中國之各分行。歸入大清政府整頓幣制存項。與大清政府振興東三省事務存項兩帳。至歸入各該帳數之多寡。以上開第八款所載整頓幣制用款單。與東三省用款單。所定兩數之比例爲定。撥入該帳之款。其分批及分期。均按照承購章程。與交票價各日期辦理。所撥入之款。由銀行等收存。聽候度支部提用。

二、大清政府。欲照整頓幣制及東三省兩用款單所列數目。滙寄款項來華。可由度支部知照本款第一節所指之上海各分行滙寄。每一星期內。不得逾三十萬金磅。如該款不止由一家銀行滙寄。則其滙價須與各該銀行同於一日訂定。匯到之款。仍分存於上海之各該銀行。俟辦理整頓幣制及東三省兩用款單所列各事之時提用。

三、銀行等應允歐美存款。按週年三釐付息。在中國暫存之款。照上海銀行往來帳付息。

四、大清政府。欲照整頓幣制。及東三省兩用款單。所列數目。提用借款。可由度支部知照銀行等。將存放於中國之款。撥交上海或北京之中國銀行。或各銀行。爲度支部所隨時指定。爲辦理本合同所擬辦各事之機關銀行者。收入整頓幣制。及振興東三省事務。兩項帳內。

五、此項撥款憑單。以知照銀行等。將存在中國之款。撥交與所指定之上海或北京之中國銀行。或各銀行。須由度支部簽押。須於撥款三天前。在上海或在北京交與銀行等。該單內須聲明該款。爲何項支用。其格式。須在前第八款第一節所載之整頓幣制。及東三省兩用款單內列定。銀行等驗明憑單之格式無錯。卽應將所提之款。撥交與所指定之中國銀行。或各銀行。歸入整頓幣制。及振興東三省事務兩項帳內。不得躭延。

六、倘度支部照整頓幣制。與東三省兩用款單。需在外洋付用金款。欲由歐美存款中撥付。可出一撥款憑單。卽上面第五節所載者。於撥款前五天。交與上海或北京之該銀行。或該銀行等。驗明單式無錯。則該銀行或該銀行等。卽應電致美國或歐洲之行。照撥電費。由度支部認還。

七、凡由歐美匯寄借款來華。以及在中國由銀行等撥交款項。與所指定之中國銀行。或各銀行。其數目須設法使各銀行相等。倘不能使其均平。則度支部應與銀行等。定一彼此以爲完美之撥匯款項辦法。

第十款

大清政府並可自行斟酌。將存於歐美售票所得之款。在外洋由銀行等代付一千九百零一年九月七號所訂條約應付之款。總共不得逾此項借款二百五十萬磅之數。在外洋付出金款若干。該銀行等即在上海合成規銀數目。收入幣制與東三省兩項帳內。其兌價按前一月賠款滙價均平合算。此項銀款即存放該銀行或銀行等。聽候辦理幣制與東三省各事之時。照第九款四五節辦法提用。

第十一款

度支部因欲堅銀行等之信用。並爲保護執票人之利益。以表明此項借款。確係爲本合同所擬辦之事。而用。允准於支用此項借款辦理兩用計款內所列各事期內。每滿中歷一季後三十天之內。將以下所開之報告。送與銀行等。

甲、每季辦理幣制章程內。所列各事支用各款之華英文報告。

乙、每季東三省興辦擴充各事業。支用各款之華英文報告。

此項報告之格式。應在幣制與東三省兩用款單內列定。度支部於此項報告之外。並將刻印與資政院或議院之年屆報告。送與銀行等一本。

第十二款

一、此項借款常年利息。應照票面之數。百分之五計算。由借款發售之日起算。每半年一次。將利息交付承受債票之人。照本合同所附之清單數目辦理。

二、此項借欵債票期限爲四十五年。由發售債票之日起。第十一年始還本。按照本合同所附清單數目。每半年一次。付還欵本。

三、度支部須於每半年。在美國或歐洲還本付利之期前十二天。按金數籌備足還該期本利之規銀或新國幣。一俟此項國幣。行有實效。按其總數。均分交於上海美國資本家現所指定之花旗銀行。或將來另行指定之他銀行。滙豐銀行。德華銀行。東方滙理銀行。

四、此項滙價。由銀行等與度支部於交付規銀或新國幣之日商定。惟度支部亦可於交還本利前六個月之內。任選一日或數日。與銀行等預行商定滙價。

五、大清政府。如有金款實在存於美洲或歐洲。並非爲還此欵而滙去者。亦可於前十二天。用以付還此借欵到期之本利。

六、銀行等爲經理此借欵付利還本各事。按每年經手所付利還本之數。度支部允給與銀行等。每千分之二分半。作爲經理費用。

第十三欵

一自立合同十五年後二十五年以內。無論何時。大清政府欲將欠款全數清還。或照本合同所附清單應還數目外。另還若干。則此項清還之數。每百分須加二分半。即每百磅債票須加付二磅半。惟立合同二十五年後。則無須加價。但每次擬另還若干。須於六個月前。由大清政府知會銀行等。以便於招帖載明拈鬮之日期。多加號數。

第十四款

倘此借款發出之債票。或遺失。或被竊。或經焚燬。資本家或銀行等。隨即知會度支部。以及大清國駐華盛頓或倫敦或柏林或巴黎出使大臣。由各該大臣。允准資本家及銀行或銀行等。在報紙刊登告白。聲明已失之票。不能憑以取欵。並設法按各該國律例辦理。倘所失之票。已過銀行等所定之期限。仍未覓回。則大清國駐華盛頓或倫敦或柏林或巴黎出使大臣。應照原數重發他票。加蓋關防。交與資本家及代表該票主之銀行或銀行等。所有一切費用。概由資本家及銀行或銀行等代失票主担任。

第十五款

所有此項借款之債票息票。以及收付各款。於合同未滿期內。不納大清國各項釐稅。

第十六款

倘大清政府因辦理本合同。所擬辦之事。款項不敷。欲續辦借款。除在中國自籌外。大清政府允先與銀行等商辦續借所需之款。如與銀行等商辦不成。則大清政府可另與他資本家商辦。如大清政府欲請外國資本家與中國合辦東三省。以此借款與辦之事。或與其有關聯者。應先請銀行等承辦。

第十七款
倘於未發此次借款招帖以前。遇有政治上或財政上意外之事。震動美國、英國、德國、法國市面。以致大清政府債票之價値因之有礙。銀行等以爲此項借款。未能照本合同條款辦理。大清政府准銀行等自前第八款第二節所言。知照度支部之日起展緩六個月。設或屆時市面仍屬不佳。銀行等可請大清政府續展公道期限。如大清政府不允展期。則此借款合同。卽行作廢。大清政府應照前第八款第六節所言。將預支之款連其應有之息。交還銀行等。此外毫無他項酬費。

第十八款
此項借款。由美國資本家及匯豐銀行、德華銀行、東方匯理銀行、均分承辦。惟彼此均無互相担任之責。

第十九款
美國資本家或匯豐銀行或德華銀行或東方匯理銀行。可將本合同。應有之權利及責任。全分或一分過割。或託付美國他公司、英國他公司、德國他公司、法國他公司。或董事等。或經理人等按辦。並有權可以再行過割。或託付代辦。惟此種過割、託付、按辦、代辦。均須先請大清政府核准。

第二十款
本合同係宣統三年三月十七日。卽西曆一千九百十一年四月十五號。度支部欽奉諭旨。允准簽字。並由外務部用正式公文。照會美國、英國、德國、法國、駐北京大臣。

第二十一款

本合同繕寫華英文各八分。度支部執收四分。資本家及銀行等各執一分。如文義有疑難之處。以英文爲準。宣統三年三月十七日。卽西歷一千九百十一年四月十五號。在北京簽字。

二、幣制委員會會議幣制報告書

民國元年。幣制委員會。討論幣制。其報告共分爲兩大部分。其一、論本位之利弊。其二、論金滙兌本位之施行方法。所論本位之利弊如左。

一、論銀本位之利弊

甲、銀本位之利　銀本位之利。約有二端。分論之如左。

一、推行之便易　金滙兌本位。以輕値銀幣或兌換劵。代表金單位。兌換劵全無眞値。輕値幣之法價。大過於眞値。故發行之始。須先得人民之信用。方能流通於市面。若銀本位。則無是弊。因銀主幣之法價。等於其眞値。人民收用。自然無疑。且中國習慣。一向用銀。因仍舊慣。通行自易。此其利一。

二、無維持主幣法價之困難　國家採用金滙兌本位。則必鑄造輕値銀幣。而輕値銀幣之法價。與其眞値相去甚遠。欲維持法價。在法律之規定。及國際滙兌之管理。稍或不愼。金銀之法定比例。卽不能維持。而滙兌制度。因之失敗矣。若用銀本位。則所鑄銀幣法價。與眞値相等。市面通用。一任自然。非若輕値幣之法價。必須用人力以維持之也。此其利二。

乙、銀本位之弊　銀本位之弊約有四種。分別論之如下。

一、國際滙兌之障害　銀價漲落無常。銀本位國與金本位國之國際滙兌。滙價無定。不能預計。有時銀價低落。則國家付償外債。必受磅虧。人民滙付欵項。亦多不利。此其弊一。

二、國際貿易之妨碍　國際滙兌之價格。漲落太大。中外貿易。遂有兩重投機。譬如洋人在中國。或華人在外國。購貨物價有上落。購時與售時市價不同。而盈虧無定。此一層投機也。匯價上下無定。將來滙兌金銀。不能預計其多寡。此又一層投機也。故金本位國與金本位國貿易。祇有一層投機。而商務易興。銀本位國與金本位國貿易。因有兩層投機。而商業不能發達。此其弊二。

三、銀本位國以多數貨物。易金本位國之少數貨物　銀價賤。則銀本位國出口貨之市價跌落。金價貴。則金本位國出口貨之市價增高。所以兩國貿易。銀本位國每至以多數之貨物易少數之金錢。（以銀計算。不見其少。以金計算。則見其少矣。）再以此少數之金錢。易外國之貨物。是間接以多數貨物易少數貨物。不利莫大也。此其弊三。

四、外資輸入之阻礙　金銀之市價。漲落無常。金本位國之資本家。以其資本輸入於銀本位國。一旦銀價跌落。則所得之利息。不敵其所失之金數。是以金本位國。雖有資本。除非用金計算。如我國現今息借外債之辦法。則皆觀望不前。莫敢以資本輸入於銀本位國。此其弊四。

銀本位之弊有四。而其利僅二。則中國不應仍用銀本位。彰彰明矣。故論者謂久用銀本位。固無此理。惟現在幣制淆亂。絕無統系。宜先將銀幣統一。然後仿照印度辦法。停止銀幣之自由鑄造。將銀價抬高。定一金銀比例。卽成爲金匯兌本位。所以主張仍用銀本位者。不過爲過渡時代之暫行制度而已。然此說非也。先畫一銀幣。再改用金本位。比起首卽改本位。不利之處較多。昔印度未改幣制之先。其盧比已供過於求。故用此辦法。中國若欲仿行。則須先鑄大多數之新銀幣。且先鑄銀幣。再定金銀比例。將銀幣之法價抬高。則商民可先行囤積銀幣。以謀厚利。印度前車可爲殷鑒。且起首卽用金匯兌本位。經濟祇受一次影響。若先劃一銀幣。再改金匯兌本位。是經濟上須受兩次之影響也。故以銀本位爲過渡時代之暫行制度。實非計也。銀本位既不宜採用。於是有主張金本位者。但起首卽用金本位。反不如用金匯兌本位之較有利益。蓋用金本位。則起首卽須鼓鑄金幣。現今財政困難。不能籌備鉅欵。爲此項基本金。其難一也。用金本位。則鑄成金幣之數目。必俟全國足用。方能開始發行。此預備時期內。必有多數生金及金幣存積在庫。而利息坐失。卽或以此項金欵爲準備而發行一種票據。然新幣制既未實行。則此項票據不能以新單位爲準。則其難二也。本位與生活程度有密切之關係。生活程度高者利用金。低者利用銀。照中國現在程度。國內不能不用銀。若强發金幣在市面。既不需用。勢必至銷鎔爲他用。或輸出至外國。其難三也。有此三難。金本位非特不能採用。抑且不必採用矣。

二、論金匯兌本位之利弊　銀本位與金本位既屬利少弊多。不當採用。則我國所宜注意者。莫若金匯兌本位也。

甲、金匯兌本位之利。約有八種。分論之如左。

一、國際匯兌之穩固　世界各國類皆用金。若中國改用金匯兌本位。則彼用金。我亦用金。匯價之漲落。不能高過或低過金貨進出口之點。而國際匯兌漸臻穩固。國家償還外債。不受磅虧之損失。此其利一。

二、國際貿易之發達　中國既改金匯兌本位。則國際貿易無銀價漲落之影響。從前有兩層投機者。現在祇有一層投機。國際貿易較爲穩固。而商務有發達之望矣。此其利二。

三、以多貨易少貨之損失可以消滅。　改用金滙兌本位。則國際貿易物價均以金計算。而銀本位之第三弊。自然消滅。此其利三。

四、外資輸入之踴躍　中國地大物博。外人本願投資。惟本位不定。銀價漲落無常。故不願冒此危險。若改用金滙兌本位。則外人不但願以借債方法博去利息。抑且願以營業手續輸入資本矣。昔俄國從紙幣本位改爲金本位。而外資輸入數累鉅萬。即明證也。此其利四。

五、隨時可改爲金本位之便利　金滙兌本位國。如生活程度漸高。即可停鑄銀幣。照所定金銀比例。鑄造金幣。以資流通。墨西哥即照此法。以改良幣制。此其利五。

以上五利。將金滙兌本位與銀本位。相對待而言之也。

六、國內仍用銀幣之便利　生活程度較低之國。其內地貿易非用銀不可。因金幣數目太大。不能用以支付小欵項也。惟金匯兌本位制度。物價雖改用金計算。而貿易仍以銀授受。不必强發金幣。至與事實相柄鑿。此其利六。

七、國內銀價不致驟跌　若採用金本位。則國內所有銀貨向爲易中之媒介者。除鑄造輔幣外。頓失其效用。未免供過於求而市價跌落。惟採取金滙兌本位。則仍鑄輕值銀圓以爲主幣。銀價不至因改本位而驟然低落。至經濟上受極大之影響。此其利七。

八、金欵不必多儲至失利息　用金本位則須多儲生金及金幣。以待全國足用。然後發行。但儲藏勿用。即失利息。若採取金滙兌本位。則此項金欵無須積儲。國家不至坐失其利息。此其利八。

以上三利。將金滙兌本位與金本位相對待而言之也。

乙、金滙兌本位之弊。約有二端。分論之如下。

一、維持金銀比價之困難　國際滙兌用金計算。國內貿易以銀授受。欲維持銀幣之法價。須有完善之機關。嚴密之辦法。倘政府謀近利。而多發銀幣。則金銀之比價。即不能維持。而金滙兌本位之制度失敗矣。此其難一。

二、起首推行之困難　金滙兌本位制度。在國內並無金幣流通。使欲一般人民明白輕值銀幣或兌換券所以代表金單位之理。固有所不能。且輕值銀幣之法價。超過於眞價。我國人民之習慣。每欲計較貨幣之眞值。見新幣之眞值不敵法價。恐發行之始。不願收受。必多閱時日。方見信用。此其難二。

金滙兌本位既有八利二難。則非銀本位與金本位之利少弊多者可比。我國改良幣制。似以金滙兌本位爲最合宜矣。

金滙兌本位之主要問題有三。一爲金單位之代表問題。一爲金準備問題。一爲金銀比例問題。分別論之如左。

一、金單位之代表問題　按金滙兌本位之制度既無金幣在國內流通。而一切物價帳目均須以法定之金單位計算。則必有一種易中之媒介。以代表此單位。此金單位之代表之所以命名也。代表金單位之物約有二種。

甲、起首即以輕値銀幣代表金單位　輕値銀幣者。金滙兌本位國所鑄之一種銀元。其法價超過眞値。有無限之法償。用以替代虛懸之金幣。即代表法定之金單位者也。照菲律賓與墨西哥辦法。於改革幣制之始。即以輕値銀幣代表金單位。

乙、起首先以中央銀行之兌換券代表金單位。　先以銀行兌換券替代虛懸之金幣。即代表法定之金單位。然後揆時度勢。再發行輕値銀幣。此衛斯林博士之説也。試比較甲乙二法。而論其利弊如左。

甲法之利

一、輕値銀幣之推行。比代表金單位之銀行兌換券爲易。蓋輕値銀幣之法償。雖超過於眞値。然較兌換券全無眞値者相去甚遠。故推行之時。較兌換券爲易。

二、恐慌之時。持有輕値幣者。未必欲向銀行兌換。一如兌換券之兌現。其理由與前條同。

三、兌換券與銀幣有不變之兌換。若照乙法。以銀行兌換券代表金單位。則此項兌換券。祇能以舊銀元兌現。舊銀元之市價漲落無常。故券與銀元之兌換。必須隨時變更。若起首即發行輕値銀幣。則中央銀行之兌換劵代表金單位。並代表輕值幣。金單位雖虛懸。輕值幣則恃有兌換劵與銀幣交換。可以一成而不變也。

四、改革幣制之始。卽有劃一之新幣。若用乙法。則改革之始。祗發行一種代表金單位之兌換劵。並不發行新幣。而流通於市面者。仍爲從前之各種舊幣。紛紜雜亂。並未改良。若用甲法。則起首卽發行輕值銀幣。而幣制可以從速統一。

五、舊幣可從速收回。輕值幣之推行。既較代表金單位之兌換劵爲易。則所有舊幣。卽可迅速收回。不至多延時日。而經濟上受久遠之影響。

甲法之弊

一、新幣小於舊幣。而法價反大。人民或有疑慮。輕值銀幣之法價。較大於其眞值。則新幣與舊幣相比較。大小懸殊。人民或生疑慮。而不願受用。反不如用兌換劵代表金單位。使人民無從比較。卽末由窺測其大小也。

二、法定金銀比價之困難　銀與金之比價若稍小。則生銀漲價時。新幣卽出口。或被銷鎔。菲律賓可爲前車之鑒。若太大。則私鑄可獲大利。外國莠民以及租界奸商。隨時僞造。而我國有不及防範之勢。但此種困難。卽用乙法。將來亦不能免。因輕值幣終不能不發行也。

乙法之利

一、易防僞造　僞造兌換券之利益。雖較輕値銀幣爲大。然製造精緻之紙幣。比鼓鑄硬貨難至數倍。故兌換券之僞造。較易防範。此衛斯林採取乙法之唯一原因也。

二、籌備金準備比甲法稍易　鑄造輕値幣。雖有餘利可作爲準備金。然鑄本實居其大半。若兌換券則並無眞値。製費甚微。所有售出兌換券之現欵。可悉數作爲金準備。

三、無新幣小而舊幣大之比較　甲法之第一弊。已明言之。若用乙法。以兌換券代表金單位。則人民無從窺測新單位之大小。不至與舊幣相比較。而起疑意。

四、以兌換券爲易中媒介。比用輕値銀幣。更爲撙節。紙幣之使用。比硬貨更爲撙節。乃經濟學家所公認也。

乙法之弊

一、兌現之困難　若採用乙法。並無新幣發行。兌換券之兌現。仍用舊銀幣。而舊銀幣之金價。時有漲落。故兌現時所得舊幣之數。或多或寡。無一定之標準。人民將誤以爲兌換券之價値。時有高下。而不願受用。

二、推行之困難　因有第一弊。發行之始。人民恐不願收受。故推行必甚困難。

三、舊幣不能從速收回　兌換券既不易通行。則國內仍須用舊幣以爲貿易。故舊幣不能從速收回。

四、恐慌時兌現之困難　兌換券全無眞値。而準備又存在國外。則恐慌之時。人民爭先兌現。恐中央銀行有不能應付之勢。

比較甲乙二法。似以甲法爲愈。因乙法之最長處。在易防僞造。然僞造兌換券。雖比銀幣爲難。然仍不能保其絕無僞造。而防範可以不事也。甲法之最短處。在易致僞造。然果能精其花紋。嚴爲偵探。與外國專訂條約。在租界嚴禁私鑄。令海關從嚴稽查。僞造之弊。未必不能杜絕也。至於其他利弊。則甲法視乙法利較多而弊較少。故與其取乙法。不如取甲法。

二、金準備問題　金準備可分爲兩種。一爲匯兌準備。即用以匯兌代表金單位之輕值幣。或兌換券之金欵是也。一爲償債準備。即用以償還外債。或國際清算之負差之金欵是也。因金準備可分兩種。其辦法亦遂有二如左。

甲、匯兌準備辦法　籌備金欵。等於代表金單位之輕值幣。或兌換券發行之數。存於國外之大市場。凡以輕值幣或兌換券。購買外國金匯票者。即在此金欵內支付。但售賣匯票。以輕值幣或兌換券。悉數收回爲限。悉數收回後。如國家或人民尚須清償外欵。則仍用銀支付。

乙、匯兌兼償債準備辦法　起首即籌大宗金欵。除以輕值幣或兌換券購買外國金匯票者。即在此金欵內支付外。並用以償還外債及國際清算之負差。試比較甲乙二法而論其利弊如左。

甲法之利

一、準備金。即以鑄造輕值銀幣之餘利。或發行兌換券之現欵充之。不必息借外債。

二、償還外債。或國際清算之負差。仍舊用銀。則國內之銀。不至因供多於求。而價值驟落。致有經濟上之變動。

甲法之弊

一、設改革之初。國際清算之負差甚巨。人民必須匯款出外。所有全數輕值幣或兌換券盡用以購買國際匯票。則在外既無金準備。在內又無代表金單位之物流通於市場。所謂金匯兌本位者。至此僅存一金單位之虛名矣。

按國中不可一日無易中之媒介。如新幣流通既廣。舊幣一律收回。自無前項弊端。惟改革之初。新舊並行。難保人民不以全數輕值幣或兌換券盡購金匯票。而以舊幣及生銀。爲國內易中之媒介。

二、償還外債。或國際清算之負差時。必須用銀。則外國銀行家可强抑銀價。而我國所受之損失與現在用銀本位時無異。

三、償還外債。仍須用銀。而銀價隨時漲落。政府編制預算時。不能確定應償外債之實數。

乙法之利

一、既有大宗金準備。則償還外債。或國際清算之負差時。金銀可以並用。債權者不能强抑銀價。致我國受極大之損失。

二、償還外債。既可用金。則預算案中能確定一年度應付之實數。

三、無甲法之第一弊。既有大宗金準備。則改革之初可多發輕值幣或兌換劵。將舊幣收回。生銀禁用。則國外之金欵。既不至支付一空。國内之新幣。亦不能悉數折回矣。

乙法之弊

一、政府預籌大宗金準備。則不能不借外債。

二、償還外債或國際淸算之負差。既少用銀貨。則國内之銀。或因供多於求。而價值驟落。致經濟上有大影響。

比較甲乙二法。似以乙法爲愈。因乙法利多弊少。且施行之時。必較甲法爲迅速故也。

三、金銀比例問題　金銀比例者。卽金單位所應含之純金。等於代表金單位之輕值銀幣所含之純銀若干。爲採用金匯兌本位之國。銀幣與虛懸金幣之比例。非生銀與生金之比價也。所謂金銀比例者。質言之耳。採用金匯兌本位時。定金銀之比例。必使銀幣之法價(卽面價)高過於眞值。此一定之理也。但抬高若干。卻無定例。故辦法有二如左。

甲、抬高輕值銀幣之法價甚大　使與其眞值相去極遠。如現今日本之金銀比例。一比二十一零六。印度一比二十一零九。菲律賓與英屬南洋群島一比二十一零三是也。

乙、抬高輕值銀幣之法價畧小。使與眞值相去稍近。如從前日本之金銀比例。一比二十九零一。菲律賓一比三十二零二十四。墨西哥一比三十二零五十八有奇是也。

試比較甲乙二法。而論其利弊如左。

甲法之利

一、銀幣無出口或鎔化之患。 法價與眞值相去旣遠。即使生銀之市價增高。終不能大過於法價。故可免出口或鎔化之患。

二、由鑄造餘利而得之準備金較多 銀幣抬高旣大。則鑄造之盈利。可作爲金準備者。自比乙法爲多。

甲法之弊

一、法價與眞值相去太遠。大利所在。易致僞造。防之必較困難。

二、法價與眞值相去太遠。恐起首發行時。人民不願受用。

乙法之利

一、法值與眞值相去不遠。僞造少利。人民少起貪心。防範或稍容易。

二、起首發行時。人民見信較易。

乙法之弊

一、生銀市價漲大。過於法價時。則輕値銀幣。必出口或鎔化。國家須改定金銀比例。重鑄輕値銀幣。與再改幣制無異。昔菲律賓採用金匯兌本位時。定金銀比例爲一比三十二零二十四。後因生銀之金價漸高。至所有銀幣盡行鎔化或輸出。此其明証也。

二、由鑄造餘利而得之準備金較甲法爲少。

比較甲乙二法。乙法之弊固極重大。然甲法之第一弊亦宜深慮。因我國之國防警察勢力薄弱。且租界林立。爲我權力所不能達。防範僞造非常困難。故主張乙法者。誠有見地。惟銀幣之法價雖不宜去眞値太遠。致僞造之餘利太大。奸民之嘗試較多。然不宜使之太近。至蹈菲律賓之覆轍也。

要而言之。我國改革幣制。與其用銀本位或金本位。不如用金滙兌本位。至金滙兌本位之主要問題。則以輕値銀幣代表金單位。似比銀行兌換券較易實行。金準備之數目。須足以應付匯兌並償還外債及國際淸算之負差。方爲穩固而無意外之虞。金銀比例。則須僞造與鎔化雙方兼顧。銀價枯高。既不宜太大。亦不宜太小。此其大略情形也。

三、中華貿易公司章程

民國七年八月。財政部爲推行金幣起見。特訂中華貿易公司章程十八條。其大旨略謂此項金幣發行伊始。欲策推行之盡利。貴有運用之機關。此貿易公司應設之理由一也。吾國內外貿易權漸外移。輸入超過。虧損日巨。誠宜自設機關。獎勵輸出。以謀挽救。此貿易公司應設之理由二也。又謂一該公司係由政府特許設立。所有股東自應以中國人民爲限。故本章程特爲明定。並純用記名股票。以示限制。一該公司股本均收金元。所有出入欵項亦應以金幣結算爲原則。且支店分所遍設於全國重要商埠。則金劵流通之數量與區域。自必日加推廣。一該公司辦理各項貨品之進出口貿易。創立之初。經營匪易。自應由政府准予各項獎勵。以資提倡。惟按照成規。須經該管官署特許或特准者。仍令該公司分別呈請以符定章。一奬勵國貨。當務所亟。徒以政府未加注意。遂成空談。故本章程規定由政府指明種類。詳定辦法。責成該公司極力增進輸出。以期實行。一辦事人員。理宜久任。故本章程除董監事任期。准照現行公司條例規定外。其担任經理一切事務之總理一員。任期定爲五年。以策成效等語。其公司章程如左。

中華貿易公司章程 七年八月二十二日呈准公布

第一條　本公司定名爲中華貿易股分有限公司。所有股東責任。均爲有限。

第二條　本公司股本定爲金元五百萬元。分作五千股。每股金元一千元。第一次繳股。每股先收四分之一。即金元二百五十元。

第三條　本公司股分。第一次繳收足四分之一時。即開始營業。

第四條　本公司股東限於中華民國人民。所有股票。概用記名式。

第五條　本公司以直接辦理各種原料品、製造品、與其他貨品之進出口貿易。及代理政府、公司、商店、個人進出口貨品之買賣。爲營業範圍。

爲經營上項必要之附帶事業。本公司亦得經董事會之議決辦理之。

第六條　本公司得呈請政府准予下列各項奬勵。以爲對外貿易之提倡。

甲　經政府特許。始可輸出或輸入各物品。得特許本公司輸出或輸入。

乙　政府及所屬機關之各種用品。本公司得政府及所屬機關之許可時。可訂立合同。爲其特許代理人。專歸本公司代爲購買經理。

丙　由國內輸出之各種原料品、製造品。輸入之原料、機器、及其他特種物品。經政府特准者。交通部得按其應繳國有運輸機關之運費數目。酌定補助金額。以獎勵之。

第七條　政府認爲應提倡之國貨。得指明種類。詳定辦法。責成本公司極力增進輸出。爲應盡之責任。

第八條　本公司應設總店於北京。並於國內國外之重要商埠。酌設支店及分所。並得委託他公司商店或個人爲代理所。

第九條　本公司應由股東。就五十股以上之股中。選舉五人爲董事。由三十股以上之股東中。選舉二人爲監事。董事任期三年。監事任期一年。幷得連舉連任。

第十條　本公司設總理一人。由董事會選聘之。任期五年。又協理一人。由總理聘任之。但須得其他董事同意。

第十一條　本公司總店之營業會計二科主任。由總理派充之。但營業科主任。得由協理兼充。

第十二條　本公司支店及分所。應各設店長所長。由總理派充之。本公司之代理所。由總理委託之。

第十三條　本公司每年開股東總會一次。以推舉董事監事。並由總理報告帳目及營業情形。

附則

第十四條　本公司所有創辦事務。應由中國交通兩銀行。設立創辦委員會。會同財政部農商部所派創辦委員辦理。

前項創辦委員會。由財政部農商部指揮監督之。

第十五條　創辦委員。按照本章程擬定細章。呈請財政農商兩部核准後。即行募集股本。

第十六條　創辦委員。照章收足第一次股欵時。即行召集創立總會。

第十七條　創立總會終了後。創辦委員。即將所有事務。移交本公司董事及總理。董事及總理應即呈請農商部註冊。

第十八條　本章程自批准日施行。

四、各省區銀行紙幣發行總額累年比較表

地方	年次	總行		分行	
		行數	紙幣發行額	行數	紙幣發行額
			圓		圓
京	民國元年	二	一、五三一、五〇〇	一	—
	二年	二	七、一五四、八二四	一	—
	三年	五	四六八、五一〇	—	—
	四年	六	三一〇、二六〇	二	—

兆	五年	一〇	四六、四五一、〇六〇	三	—
	六年	一三	七三、〇五〇、七三五	三	—
	七年	一三	五〇一、九一四	六	—
	八年	一六	一、一〇〇	五	—
	九年	二三	八〇〇、〇〇〇	五	—
直隸	民國元年	一	六、〇四九	—	—
	二年	二	七、三八八	—	—
	三年	二	四九六、一六五	一	一三〇、〇〇〇
	四年	二	四七五、九七〇	六	四、〇〇〇
	五年	三	六四八、〇一二	八	三〇、〇〇〇
	六年	三	七四七、〇四九	一五	三三、〇〇〇
	七年	四	一、二三九、八八〇	一四	三一、〇〇〇
	八年	五	八〇四、二〇〇	一六	五三〇
	九年	八	六五九、六九三	一三	四五二、〇〇〇
奉	民國元年	四	九、〇八五、七二七	六	一五〇、〇〇〇
	二年	六	一、三九七、〇〇〇	七	一、二八〇、〇〇〇
	三年	五	九、三六七、〇〇〇	一一	一、二八〇、〇〇〇
	四年	五	六、七〇六、八一一	一一	七七八、〇〇〇

天	五年	七	八、二五四、八一一	一四	八、七三〇、〇〇〇
	六年	五	六、二九九、八一一	二〇	一〇、三九七、六二三
	七年	五	七、三七二、一一一	二	一〇、六三八、五六七
	八年	—	—	—	—
	九年	—	—	—	—
吉林	民國元年	—	—	一	—
	二年	一	一四、一八七、七二五	三	二二二、一六〇
	三年	—	—	四	五七四、〇〇〇
	四年	三	五三、七〇五	五	一〇〇、〇〇〇
	五年	四	五四、七一九	七	八六五、〇〇〇
	六年	六	七八、七一九	八	一、六三九、五三三
	七年	六	二四八、〇〇〇	三	一〇、〇〇〇
	八年	四	四五、〇〇〇	五	一三、〇五五、九六四
	九年	一	—	五	—
黑龍	民國元年	—	—	—	—
	二年	—	—	—	—
	三年	—	—	—	—
	四年	—	—	—	—
	五年	三	—	三	二九五、〇〇〇

江	六年	四	—	一三	一〇〇、〇〇〇
	七年	一	—	一	—
	八年	二	—	七	三〇〇、〇〇〇
	九年	—	—	—	—
山東	民國元年	三	四八〇、〇〇〇	三	—
	二年	一	二六六、四〇〇	九	三〇二、七四四
	三年	二	二九三、二三〇	九	三二、二七五
	四年	四	五八、〇〇〇	一三	一六〇、五四二
	五年	三	四六、六二〇	一〇	一三八、九〇五
	六年	六	八四、二一〇	九	七五、七七二
	七年	八	七二四、五〇〇	九	七八、七〇四
	八年	四	一六、二五〇	七	一七、二六三
	九年	一〇	一、七一八、七六八	七	二二〇、〇〇〇
河	民國元年	一	—	一	一九〇、〇〇〇
	二年	一	—	三	一六、〇〇〇
	三年	—	—	六	—
	四年	—	—	七	六五、〇〇〇
	五年	—	—	一二	六七、〇〇〇
	六年	—	—	八	六五、〇〇〇

南	七年	—	—	九	三二、〇〇〇
	八年	—	—	七	三二、〇〇〇
	九年	—	—	七	—
	一〇年	—	—	四	—
山西	民國元年	二	?	一	?
	二年	三	四四二、四三〇	三	一、三五〇
	三年	六	五五五、五〇〇	三	—
	四年	二	一〇四、二五〇	四	—
	五年	三	七四、〇七一	三	三、一〇〇
	六年	三	七八、〇七一	六	—
	七年	三	七四、〇四四	六	—
	八年	八	三七、〇二五	六	三、八六六
	九年	八	六八、四四四	九	—
	一〇年	八	二、〇一三、二〇二	一一	六二、一三四
江	民國元年	八	七二、三四〇	八	七三六、〇一三
	二年	七	七八五、〇〇〇	八	七八九、四〇〇
	三年	六	六六〇、〇〇〇	一一	七五〇、〇〇〇
	四年	五	三一五、〇〇〇	一四	一、九六〇、三一三
	五年	七	一、六一九、〇〇〇	一五	六、一五二、六七八

江蘇	六年	七	一、九九一、〇〇〇	一四	七、五二八、四七九
	七年	八	一、二六七、〇〇〇	一四	三、〇七八、四七九
	八年	六	—	三	二、一八〇、〇〇〇
	九年	一五	一、六九六、六六七	二六	—
	一〇年	一五	一、二三〇、〇〇〇	二九	七〇〇、〇〇〇
安徽	民國元年	一	三〇〇、〇〇〇	—	—
	二年	—	—	—	—
	三年	—	—	一	—
	四年	—	—	一	—
	五年	—	—	二	六〇、〇〇〇
	六年	—	—	二	五、〇〇〇
	七年	—	—	二	二〇、〇〇〇
	八年	—	—	—	—
	九年	—	—	—	—
江	民國元年	四	七九、〇〇〇	一〇	一九〇、〇〇〇
	二年	三	一、七四一、六〇〇	一〇	二六〇、〇〇〇
	三年	二	—	一六	—
	四年	二	—	二	四五、〇〇〇
	五年	一	—	一	—

西	六年	一	—	五	一〇三,〇〇〇
	七年	二	—	一	—
	八年	—	—	—	—
	九年	—	—	—	—
福建	民國元年	一	三三七,九五六	—	—
	二年	一	六一六,一二〇	五	—
	三年	一	七〇二,一三二	四	六,〇〇〇
	四年	一	六五一,〇七〇	四	—
	五年	一	六五一,〇七〇	五	—
	六年	一	六五一,〇七〇	五	—
	七年	一	四一六,八六〇	五	二〇,六〇五
	八年	一	二九〇,三八九	四	二,九九〇,〇〇〇
	九年	—	—	—	—
浙	民國元年	二	七九,〇〇〇	一	一九〇,〇〇〇
	二年	三	一,四七一,五〇〇	五	二〇〇,〇〇〇
	三年	四	一,〇二九,三二八	六	四一〇,〇〇〇
	四年	三	七七,七〇〇	七	五七〇,〇〇〇
	五年	二	—	九	六七〇,〇〇〇
	六年	二	—	一〇	七五〇,〇〇〇

江	七年	五	—	一三	四、二七〇、〇〇〇
	八年	六	—	一四	四、二七〇、〇〇〇
	九年	—	—	—	—
湖北	民國元年	—	—	一	—
	二年	二	四〇三、〇〇〇	一三	五、九一四、二八六
	三年	三	一、〇〇〇、〇〇〇	九	三、五〇〇、〇〇〇
	四年	一	—	六	一六〇、〇〇〇
	五年	一	—	八	—
	六年	三	—	一三	二、六〇〇、〇〇〇
	七年	三	—	一一	二、九〇〇、〇〇〇
	八年	—	—	—	—
	九年	—	—	—	—
湖	民國元年	四	二七、五四七、五八二	七	三三三、八八〇
	二年	五	二、〇三九、二七三	一〇	五九四、三三六
	三年	二	一、二〇〇	一三	九〇、二六〇
	四年	五	二七、七二三、七五四	二五	六〇一、一九一
	五年	—	—	八	—
	六年	—	—	五	—
	七年	—	—	—	—

南	八年	—	—	—	—
	九年	—	—	—	—
陝西	民國元年	二	一、八〇〇、〇〇〇	—	—
	二年	一	一、二〇〇、〇〇〇	一	一六、〇三九
	三年	—	—	—	—
	四年	一	—	二	—
	五年	一	—	五	二〇三、〇〇〇
	六年	—	—	二	二〇三、二〇〇
	七年	—	—	三	一九、三〇〇
	八年	—	—	三	五九六、二三五
	九年	一	四〇〇、〇〇〇	二	一九、〇〇〇
	一〇年	一	四五〇、〇〇〇	一	一九、三〇〇
甘	民國元年	—	—	—	—
	二年	—	—	—	—
	三年	—	—	—	—
	四年	—	—	—	—
	五年	—	—	一	—
	六年	—	—	二	—
	七年	—	—	二	—

省別	年次				
肅	八年	一	一	三	一八、〇八〇
	九年	一	一	一	一
新疆	民國元年	一	一	一	一
	二年	一	一	一	一
	三年	一	一	一	一
	四年	一	一	一	一
	五年	一	一	二	一
	六年	一	一	二	一
	七年	一	一	二	一
	八年	一	一	一	一
	九年	一	一	一	一
四川	民國元年	二	一	一	一
	二年	三	一	四	一
	三年	二	一	二	一
	四年	一	七四八、七九二	一	一
	五年	一	一	一	一
	六年	一	一	一	一
	七年	一	一	一	一
	八年	一	一	一	一
	九年	一	一	一	一

廣東	民國元年	一	六五、〇〇〇	—	—
	二年	七	六二、五〇〇	—	—
	三年	一六	—	一	一、八三九、五一四
	四年	一	六五、〇〇〇	二	五、〇〇〇、〇〇〇
	五年	二	八〇、〇〇〇	四	二、一五二、六四〇
	六年	二	—	二	五〇、〇〇〇
	七年	—	—	—	—
	八年	—	—	—	—
	九年	—	—	—	—
廣西	民國元年	一	四、四〇七、〇五〇	—	—
	二年	一	一、八九六、六五四	—	—
	三年	一	—	—	—
	四年	—	—	—	—
	五年	—	—	—	—
	六年	—	—	—	—
	七年	—	—	—	—
	八年	—	—	—	—
	九年	—	—	—	—

雲南	民國元年	一	九〇〇、〇〇〇	六	二六九、二九八
	二年	一	八六〇、〇〇〇	五	三六九、七二八
	三年	|	|	八	一、一四四、一〇〇
	四年	|	|	|	|
	五年	|	|	|	|
	六年	|	|	|	|
	七年	|	|	|	|
	八年	|	|	|	|
	九年	|	|	|	|
貴州	民國元年	一	一、二五八、五〇一	|	|
	二年	一	一、二五八、五〇一	|	|
	三年	一	一、二五八、五〇一	|	|
	四年	一	三、〇〇〇、〇〇〇	一	二七、三八六
	五年	|	|	一	|
	六年	|	|	|	|
	七年	|	|	|	|
	八年	|	|	|	|
	九年	|	|	|	|

熱河	民國元年	｜	｜	｜	｜
	二年	｜	｜	｜	｜
	三年	一	｜	｜	｜
	四年	｜	｜	一	｜
	五年	｜	｜	一	｜
	六年	一	｜	三	七三、五〇〇
	七年	一	八一、〇〇〇	三	｜
	八年	一	二七、七一九	四	一〇〇、五〇〇
	九年	｜	｜	｜	｜
綏遠	民國元年	｜	｜	｜	｜
	二年	｜	｜	｜	｜
	三年	｜	｜	｜	｜
	四年	｜	｜	｜	｜
	五年	｜	｜	三	｜
	六年	｜	｜	三	｜
	七年	｜	｜	三	｜
	八年	｜	｜	｜	｜
	九年	｜	｜	｜	｜

察哈爾	民國元年	—	—	—	—	—
	二年	三	三、五〇〇	—	—	—
	三年	—	—	一	—	
	四年	—	—	一	六、四五二	
	五年	—	—	一	一、一〇八	
	六年	一	四〇〇、〇〇〇	七	三四、三四九	
	七年	—	—	八	四三、六七〇	
	八年	—	—	七	八一、〇〇〇	
	九年	—	—	六	六〇、〇〇〇	
	一〇年	一	—	三	三七、〇〇〇	
合計	民國元年	五〇	五〇、七二六、一四八	四六	一、九四九、一九一	
	二年	四四	四三、〇一〇、九五四	八六	九、七六一、〇三三	
	三年	五九	一五、八三一、四六六	一〇六	九、七五六、一四九	
	四年	四三	四〇、二八九、三一一	一二四	九、七三七、八八四	
	五年	*四八	*五七、八七九、三〇三	一三五	*一九、四六八、四三一	
	六年	*五八	*八三、三八〇、六六五	*一五五	*二三、六五八、四五五	
	七年	*六〇	*一一、九三一、三〇九	*一四六	*二一、三三一、三三五	
	八年	*五一	*一、二三一、六八三	*一〇〇	*二三、五一六、三四八	

九年	*六六	*五、三四三、五七二	*八〇	*	七五一、〇〇〇

表中*形係認爲報告未全不足以代表全國總數之符號

表中?形係認爲未盡眞確之符號

五、各省區錢業紙幣發行總額累年比較表

地方	年次	錢業戶數					紙幣發行額
		官錢局	銀號	錢莊	其他	計	
京兆	民國元年	—	—	—	—	—	圓 —
	二年	—	二六	六四	五三	一四三	九九、六五〇
	三年	—	一五	一三四	二九	一六八	一〇四、二三七
	四年	一	一四	一一七	四四	一七六	一九六、五〇五
	五年	一	二六	九〇	四三	一六〇	八五〇、八五七
	六年	一	一三	一〇一	三一	一四六	二七、八三四
	七年	一	一九	九四	三九	一五三	三九、六八九
	八年	二	一九	七九	五一	一五一	五七二、五七五
	九年	三	二五	八四	三一	一四三	六二三、一五三
	一〇年						

直隷	民國元年	五	四二	四二六	五二	五二五	八四七、九一一
	二年	三	三〇	三四六	|	三八八	八一二、五一四
	三年	|	二四	三五四	|	三七八	三四七、五五〇
	四年	一	三八	二八七	|	三二六	二七八、〇九〇
	五年	一	三三	三五三	|	三八七	二三三、二四六
	六年	七	五六	三四九	|	四一二	二一六、四七六
	七年	三	六三	三一九	|	三八五	一〇五、七一六
	八年	五	五五	三〇四	|	三六四	一八四、五四七
	九年	三	五七	三〇二	二	三六四	一八五、四四一
	一〇年						
奉天	民國元年	一	一四一	|	二	一五三	一、二七二、五〇〇
	二年	|	一八八	|	一	一八九	一、〇六一、〇八二
	三年	|	三	一四九	二	一五四	八五二、四八〇
	四年	七	二一	一五二	六	一七六	一三、四一三、八七七
	五年	|	二四	一八二	一	二〇七	一、九二九、一四九
	六年	|	三四	一五四	二七	二一五	二、六二〇、七六五
	七年	|	三一	一七八	二五	二三四	一〇、五七〇、八一二
	八年	|	|	|	|	|	|
	九年	|	|	|	|	|	|

吉林	民國元年	二	|	六二	|	六四	一四五、二三五
	二年	三	二	七二	|	五七	一四、八五二、七七二
	三年	|	|	四七	|	四七	三三六、二七三
	四年	|	一	五四	|	五五	二四七、〇〇〇
	五年	|	二	六三	一	六六	二九九、二〇〇
	六年	一	四	五五	三	六三	三、〇〇〇、〇〇〇
	七年	五	五	四六	三	五九	二七三、〇〇〇
	八年	七	一	四八	三	五九	二〇、九三三
	九年	三	八	五一	四	六六	四二五
黑龍江	民國元年	五	六	二三	一	二四	三、〇七七、九四八
	二年	二	|	一六	一	二八	四、五六七、二四九
	三年	|	|	二七	|	二七	二、二三七、二六六
	四年	|	一	二四	|	二五	一三、三六九、五七九
	五年	|	一	二八	|	二九	一三、五三三、五一五
	六年	一	一	一九	|	二二	一八、八一三、五八二
	七年	|	四	一五	二	二二	一九、九一三、二四八
	八年	五	一	二六	一	三三	一四一、五五〇
	九年	|	|	|	|	|	|
	民國元年	|	|	九七七	|	九七七	一、一二九、六八四

山東	民國二年	—	—	九四四	—	九四四	一、〇一九、二二五
	三年	—	—	九〇九	—	三〇九	九四三、三九四
	四年	—	一	八九四	—	八九五	七八五、二五七
	五年	—	五	六七〇	二	六七七	六四〇、四五七
	六年	—	三七	三〇一	四	三四二	六九〇、二四四
	七年	—	二九	三九八	二〇	四四七	四七五、九〇六
	八年	—	四三	八〇七	—	八五〇	一、六七四、三七八
	九年	—	三〇	六三五	九	六七四	七七四、三四二
河南	民國元年	一	二	九四	九	一〇六	一、七三八、九〇六
	二年	一	一	八六	一〇	九八	一、二四四、四〇〇
	三年	—	—	二二八	—	二二八	九六、五五二
	四年	一	—	三三二	—	三三三	二、三〇七、〇三〇
	五年	二	—	一〇九	—	一一一	一、八九〇、七五八
	六年	三	二	一〇二	一	一〇八	一、四五八、〇七六
	七年	二	二	一五一	二	一五七	一、四六八、二六三
	八年	二	一	一五八	二	一六三	一、四二六、四二一
	九年	二	一	一五六	—	一五九	四一五、一〇〇
	一〇年	二	—	一四九	—	一五一	四〇三、三〇〇
	民國元年	四	九	四〇七	七	四二七	一、一四二、三五四

山西	二年	二	一	五一〇	七	五二〇	六二三、一三九
	三年	二	|	五六一	|	五六三	九四〇、〇二五
	四年	|	四	三六〇	|	三六四	一、四三三、三三〇
	五年	一	四	三四三	|	三四八	五五〇、〇一九
	六年	一	一三	三九七	|	四一一	七八五、九七五
	七年	一	六	三七四	二	三八三	一、二九一、五一五
	八年	一	六	三四五	二	三五四	一、〇五四、四二八
	九年	一	一〇	三五四	|	三六五	一、二四〇、二八四
	一〇年	二	一〇	三六四	一	三七七	一、二三二、六五六
江蘇	民國元年	二	|	一九二	|	一九四	一六三、〇八〇
	二年	|	一	二二八	|	二三九	三〇七、三八〇
	三年	|	|	二四七	|	二四七	七九、一九八
	四年	|	|	二九〇	|	二九〇	三三九、三一六
	五年	|	|	二一八	|	二一八	一八五、二〇七
	六年	|	|	二五七	|	二五七	四三九、九一四
	七年	一	六	二三八	二	二五六	三四〇、八六二
	八年	|	六	二九六	|	三〇二	四七七、〇〇〇
	九年	一	一	三二六	九	三三七	五三七、九九九
	一〇年	一	|	三六〇	九	三七〇	七九三、九一〇

安徽	民國元年	—	—	四三	—	四三	七、五六六
	二年	—	一	三五	—	三六	五三四、三六〇
	三年	—	—	五四	—	五四	—
	四年	一	—	七六	—	七七	二二、〇〇〇
	五年	—	—	五四	—	五四	一九、〇〇〇
	六年	—	—	六九	一	七〇	二二、〇〇〇
	七年	—	—	六三	—	六三	一五、〇〇〇
	八年	—	—	五九	—	五九	一九、〇〇〇
	九年	—	—	五四	—	五四	二〇、五〇〇
	一〇年	—	—	五一	—	五一	一七、〇〇〇
江西	民國元年	—	一	一九四	六	二〇一	一、四五六、八八〇
	二年	—	—	二八五	七	二九二	八一、八五〇
	三年	—	—	二八三	—	二八三	二五、〇九六
	四年	—	—	二七八	—	二七八	四〇、六〇〇
	五年	—	—	二六七	—	二六七	四三、二一三
	六年	—	一	二六二	一	二六四	一〇〇、二九〇
	七年	—	—	二五三	一	二五四	一八、四八〇
	八年	—	—	—	—	—	—
	九年	—	—	—	—	—	—

福建

民國						
元年	—	六	二一	六五	九二	一、三六八、七八六
二年	—	—	六四	七	七一	一、七七四、三八四
三年	—	—	七九	—	七九	二、七二五、八八二
四年	—	—	九五	—	九五	二、八四七、七二五
五年	—	—	七八	—	七八	二、七七三、〇一七
六年	—	—	八八	二	九〇	二、七六八、三一七
七年	—	—	七〇	二〇	九〇	二、五七一、一五四
八年	—	—	一五一	—	一五一	三、八〇〇、九七〇
九年	—	—	—	—	—	—

浙江

民國						
元年	—	—	二四五	一	二四六	—
二年	—	—	二三五	一	二三六	—
三年	—	—	二六七	—	二六七	二三四、一〇〇
四年	—	—	二五三	—	二五三	二三七、六〇〇
五年	—	—	二八二	—	二八二	二三三、一〇〇
六年	—	一	二八七	—	二八八	二一八、九〇〇
七年	—	一	二七一	—	二七二	二四五、五〇〇
八年	—	—	二七三	—	二七三	二六一、〇〇〇
九年	—	—	—	—	—	—

湖北

民國元年	｜	｜	二〇七	｜	二〇七	一五一、〇九三
二年	｜	三	二四四	六	二五三	一八六、一四三
三年	｜	｜	二一一	六	三一七	｜
四年	｜	｜	二九五	｜	二九六	｜
五年	｜	一	二五六	｜	二五七	｜
六年	｜	｜	二八五	｜	二八五	四〇、〇〇〇
七年	｜	｜	二六二	｜	二六二	四二、〇〇〇
八年	｜	｜	｜	｜	｜	｜
九年	｜	｜	｜	｜	｜	｜

湖南

民國元年	八	一〇	七四	｜	三九二	五、一〇八、七五七
二年	｜	｜	三一九	七	三二六	二、七八六、四一三
三年	｜	｜	二〇四	｜	二〇四	六八七、五六四
四年	｜	｜	二〇八	七	二一五	三三九、三五四
五年	｜	｜	六七	｜	六七	一三七、四五〇
六年	｜	｜	四六	｜	四六	一七〇、五〇〇
七年	｜	｜	｜	｜	｜	｜
八年	｜	｜	｜	｜	｜	｜
九年	｜	｜	｜	｜	｜	｜

陝西						
民國元年	三	丨	五二五	一〇	五四七	一一七、六〇二
二年	三	二	二八八	七	三〇九	二、三四九、五七四
三年	丨	丨	二三三	一〇	二四三	二〇三、〇七七
四年	丨	丨	一六八	丨	一六八	一五八、四四二
五年	一	丨	一二五	丨	一二六	一三三、三四三
六年	一	丨	一四二	六	一四九	九六、八六〇
七年	二	丨	一八四	丨	一八六	一四九、一四三
八年	五	丨	一五七	一	一六三	六三、一二四
九年	丨	丨	一一四	丨	一一四	一五、二七〇
一〇年	三	丨	一八六	丨	一八九	一三六、六〇七

甘肅						
民國元年	一	丨	二	五	一七	二、四一九
二年	二	丨	一八	一	二二	八八、七七〇
三年	丨	丨	二	丨	二	二、三九〇
四年	丨	一	二六	五	一三	五、五五〇
五年	丨	丨	四	丨	四	二二〇
六年	丨	丨	一九	七	二六	一〇、七〇〇
七年	丨	丨	二五	八	一三	三、三八〇
八年	一	丨	二四	一	二六	一五、三三〇
九年	丨	丨	丨	丨	丨	丨

新疆	民國元年	七	—	五	三	一五	一一、五七七
	二年	九	—	六	二	一七	二、七六五、七二六
	三年	—	—	一八	—	一八	三、〇二七、八〇二
	四年	三	—	七	—	一九	三、〇四三、八九五
	五年	一〇	—	六	—	一六	一三一、三一八
	六年	三	—	五	—	一七	四、二九四、七七二
	七年	八	—	五	—	一三	三八、四九六
	八年	二	一	三	—	一五	四、四六九、三七六
	九年	—	—	—	—	—	—
四川	民國元年	—	三	一九六	三三	二五一	一五、三〇〇
	二年	二	九	二四三	三一	二八五	二三、二七〇
	三年	—	四	一六一	二	一六七	—
	四年	—	一	一三二	二	一三五	二九、六七〇
	五年	—	—	—	—	—	—
	六年	—	—	—	—	—	—
	七年	—	—	—	—	—	—
	八年	—	—	—	—	—	—
	九年	—	—	—	—	—	—

省	民國						
廣東	元年	—	三一	四九	—	八〇	四九五、五〇〇
	二年	—	四六	五一	六四	一六一	一、七九六、四〇〇
	三年	—	—	一二八	—	一二八	一、九二四、四〇〇
	四年	一六	一八	一四五	—	一七九	二、〇七九、四〇〇
	五年	—	—	一二六	—	一二六	二一五、五〇〇
	六年	—	七八	一五二	一	二三一	四、一七六、四〇〇
	七年	—	—	—	—	—	—
	八年	—	—	—	—	—	—
	九年	—	—	—	—	—	—
廣西	元年	二	三	八	—	一三	二三、五〇〇
	二年	—	八	一三	—	二一	一四九、四〇〇
	三年	—	—	八	—	八	—
	四年	—	—	二七	—	二七	—
	五年	—	—	八	—	八	—
	六年	—	—	—	—	—	—
	七年	—	—	—	—	—	—
	八年	—	—	—	—	—	—
	九年	—	—	—	—	—	—

雲南						
民國元年	｜	｜	二	｜	二	｜
二年	｜	｜	三三	｜	三三	｜
三年	｜	｜	二	｜	二	｜
四年	｜	｜	｜	｜	｜	｜
五年	｜	｜	｜	｜	｜	｜
六年	｜	｜	｜	｜	｜	｜
七年	｜	｜	｜	｜	｜	｜
八年	｜	｜	｜	｜	｜	｜
九年	｜	｜	｜	｜	｜	｜

貴州						
民國元年	｜	｜	一九	一	一〇	｜
二年	｜	｜	一八	｜	一八	｜
三年	｜	｜	一五	｜	一五	｜
四年	｜	｜	四	二	六	｜
五年	｜	｜	二	｜	二	｜
六年	｜	｜	｜	｜	｜	｜
七年	｜	｜	｜	｜	｜	｜
八年	｜	｜	｜	｜	｜	｜
九年	｜	｜	｜	｜	｜	｜

熱河	民國元年	｜	｜	｜	｜	｜	｜
	二年	三	二	四一	｜	四六	二五九、九六一
	三年	一	｜	四一	｜	四二	三四九、八九四
	四年	一	｜	三五	｜	三六	三四九、六九一
	五年	二	｜	三三	｜	三四	六〇、〇六一、七三九
	六年	一	｜	三三	｜	三三	四〇、一六五、二三八
	七年	二	｜	二八	｜	三〇	六七、五四一、四〇〇
	八年	二	｜	二七	｜	二七	一七〇、五〇〇
	九年	｜	｜	｜	｜	｜	｜
綏遠	民國元年	｜	｜	五	｜	五	二、九〇九
	二年	｜	二	一六	八	三五	四三、〇〇〇
	三年	｜	｜	｜	｜	｜	｜
	四年	｜	｜	｜	｜	｜	｜
	五年	｜	｜	四三	｜	四三	一三、三〇〇
	六年	｜	｜	四四	｜	四四	四、五三〇
	七年	｜	｜	四三	｜	四三	｜
	八年	｜	｜	｜	｜	｜	｜
	九年	｜	｜	｜	｜	｜	｜

察哈爾	民國元年	—	—	—	—	—	—
	二年	—	—	五	—	五	三、〇五〇
	三年	—	—	一二	—	一二	三一、三八八
	四年	—	—	一五	—	一五	二〇、〇四〇
	五年	—	—	一八	—	一八	二三、一八五
	六年	—	—	二〇	—	二〇	一三、七九〇
	七年	—	—	一八	—	一八	一一、〇〇〇
	八年	—	—	二二	一	二三	一八、一一八
	九年	—	一	二三	—	二四	六、六〇〇
	一〇年	—	—	二七	—	二七	—
合計	民國元年	五〇	二八三	四、〇七四	二〇四	四、六一一	一八、七一八、四九七
	二年	五七	三三一	四、一六〇	二一三	四、七六一	三七、六二九、九八二
	三年	三	四六	四、四九一	四九	四、五八九	三四、一二八、五六八
	四年	四〇	九〇	四、二七四	六六	四、四七〇	四〇、五一三、九五八
	五年	一八	九六	三、四二四	四七	三、五八五	八二、八七三、七七三
	六年	二六	二四〇	三、一八六	八四	*三、五三八	*八〇、一三三、七六三
	七年	二五	一六六	三、〇五三	一三三	*三、三五九	*一〇五、一一三、五六三
	八年	二三	一三一	二、七二六	五九	*二、九三九	*九、七三三、九九三
	九年	一三	一三三	二、〇九九	五五	*二、三〇〇	*三、八一九、一一四

表中*形係認爲報告未全不足以代表全國總數之符號

六、全國各銀行紙幣發行額數累年比較表

地方		銀行別＼年次	民國元年	民國二年	民國三年	民國四年	民國五年	民國六年	民國七年	民國八年	民國九年	民國十年
京兆	大興	保商銀行	三七二、五〇〇元	四六八、一〇六元	四六八、五一〇元	三〇六、七六〇元	一三、八三六元	五一、八六一元	一、六八四元	一、一〇〇元	五〇〇、〇〇〇元	元
	宛平	中華匯業銀行	―	―	―	―	―	―	五〇〇、二三〇	―	―	
	宛平	交通銀行	一、一五九、〇〇〇	六、六八六、七一六	―	―	―	?	?	―	―	
	大興	豫豐銀行	―	―	―	―	―	一四、五六七	―	―	―	
	宛平	中國銀行	―	―	―	―	四六、四三七、二三四	七二、九八四、二〇七	―	―	―	
	宛平	殖邊銀行	―	―	―	三、五〇〇	―	―	―	―	―	
	宛平	邊業銀行	―	―	―	―	―	―	―	―	三〇〇、〇〇〇	
直隸	天津	直隸省銀行	六、〇四九	四、三八八	―	―	三〇〇、三〇五	四〇〇、〇〇〇	八〇〇、〇〇〇	八〇〇、〇〇〇	六五六、六九三	
	天津	殖邊銀行	―	―	―	―	―	三、〇〇〇	―	五三〇	―	
	東鹿	美信號	―	三、〇〇〇	―	―	―	―	―	三、一〇〇	三、〇〇〇	
	天津	北洋保商銀行	―	―	四六八、一六五	四七五、九七〇	三四七、七〇七	三四七、〇四九	四三九、八八〇	―	四五二、〇〇〇	
	灤縣	交通銀行分行	―	―	―	―	三〇、〇〇〇	三〇、〇〇〇	三〇、〇〇〇	―	―	
	赤城	察哈爾興業銀行	―	―	―	―	―	―	一、〇〇〇	―	―	
	赤城	殖邊銀行支行	―	―	―	四、〇〇〇	―	―	―	―	―	
	文安	交通銀行匯兌所	―	―	一三〇、〇〇〇	―	―	―	―	―	―	

奉

瀋陽	東三省官銀號	八、七三二、七二七	九〇〇、〇〇〇	六、〇〇〇、〇〇〇	—	—	—	—	—	—	
瀋陽	大清銀行	一五〇、〇〇〇	一五〇、〇〇〇	—	—	—	—	—	—	—	
瀋陽	黑龍江官銀分號	一、二三〇、〇〇〇	一、二三〇、〇〇〇	一、二三〇、〇〇〇	—	—	—	—	—	—	
瀋陽	農業銀行	一五〇、〇〇〇	一五〇、〇〇〇	—	—	—	—	—	—	—	
黑山	裕新銀行	八〇、〇〇〇	—	—	—	—	—	—	—	—	
黑山	新濟銀行	—	八〇、〇〇〇	—	—	—	—	—	—	—	
北鎮	廣益銀行	—	一一〇、〇〇〇	一〇〇、〇〇〇	一三五、〇〇〇	七〇、〇〇〇	一五、〇〇〇	一九七、二五〇	—	—	
洮南	洮南銀號	—	七〇、〇〇〇	—	—	—	—	—	—	—	
東豐	興業銀行分行	—	五〇、〇〇〇	五〇、〇〇〇	五〇、〇〇〇	—	—	—	—	—	
瀋陽	興業銀行	—	—	一五〇、〇〇〇	五、八〇六、八四一	五、八〇八、八四一	五、八〇六、八四一	五、八〇六、八四一	—	—	
北鎮	廣濟銀行	—	—	一一七、〇〇〇	一一七、〇〇〇	九〇、〇〇〇	二〇、〇〇〇	九一〇、〇五〇	—	—	
瀋陽	商業銀行	—	—	—	四五七、九七〇	四五七、九七〇	四五七、九七〇	四五七、九七〇	—	—	
瀋陽	中國銀行分行	—	—	—	一五〇、〇〇〇	二五〇、〇〇〇	二五〇、〇〇〇	二五〇、〇〇〇	—	—	
瀋陽	交通銀行分行	—	—	—	五二八、〇〇〇	五、二六〇、〇〇〇	五、二六〇、〇〇〇	五、二六〇、〇〇〇	—	—	
瀋陽	殖邊銀行分行	—	—	—	—	三、〇五〇、〇〇〇	三、〇五〇、〇〇〇	三、〇五〇、〇〇〇	—	—	
瀋陽	華富殖業銀行分行	—	—	—	—	一、二五〇、〇〇〇	一、二五〇、〇〇〇	一、二五〇、〇〇〇	—	—	
遼陽	殖邊銀行分行	—	—	—	—	—	五〇、〇〇〇	五〇、〇〇〇	—	—	
遼陽	興業銀行分行	—	—	—	—	—	—	八〇、〇〇〇	—	—	

天	營口	中國銀行分行	—	—	—	—	—	—	六〇、〇〇〇	—	—	
	營口	交通銀行分行	—	—	—	—	—	—	一〇、〇〇〇	—	—	
	新民	中國銀行分行	—	—	—	—	一〇〇、〇〇〇	一〇〇、〇〇〇	一五〇、〇〇〇	—	—	
	盤山	興業銀行分行	—	—	—	—	五〇、〇〇〇	三〇、〇〇〇	一七、八〇〇	—	—	
	通化	興業銀行分行	—	—	—	—	—	—	三二、四〇〇	—	—	
	法庫	商業銀行分行	—	—	—	—	二八〇、〇〇〇	八七、六三五	九八、三六七	—	—	
	法庫	儲蓄銀行	—	—	—	二〇〇、〇〇〇	—	—	—	—	—	
	興城	中國銀行分行	—	—	—	五〇、〇〇〇	—	—	—	—	—	
吉	長春	中國銀行分行	—	—	—	—	—	—	—	六、二七三、二三五	—	
	長春	交通銀行分行	—	三三、一六〇	五七四、〇〇〇	—	—	—	—	一、三三三、〇八七	—	
	榆樹	儲蓄銀行	—	—	—	—	—	—	七〇、〇〇〇	三〇、〇〇〇	—	
	榆樹	農工銀行	—	—	—	—	—	二五、〇〇〇	四五、〇〇〇	二五、〇〇〇	—	
	延吉	中國銀行分行	—	—	—	—	—	—	—	八、五五〇、四八二	—	
	伊通	裕通銀行	—	—	—	—	五三、七一九	五三、七一九	一、三五〇、〇〇〇	—	—	
	雙城	殖邊銀行分行	—	—	—	—	一〇、〇〇〇	一〇、〇〇〇	一〇、〇〇〇	—	—	
	長春	殖邊銀行分行	—	—	—	—	七〇〇、〇〇〇	一、六二九、五三三	—	—	—	

吉林	五常	滙豐長	—	—	—	五三、七〇五	一、〇〇〇	—	—	—	—
	吉林	殖邊銀行分行	—	—	—	一〇〇、〇〇〇	一五五、〇〇〇	—	—	—	—
	吉林	永衡官銀錢號	—	一四、一八七、七三五	—	—	—	—	—	—	—
黑龍江	呼蘭	中國銀行分行	—	—	—	—	二〇〇、〇〇〇	—	—	—	—
	海倫	中國銀行分行	—	—	—	—	五〇、〇〇〇	五〇、〇〇〇	—	—	—
	海倫	殖邊銀行分行	—	—	—	—	五〇、〇〇〇	三〇、〇〇〇	—	—	—
	璦琿	中國銀行分行	—	—	—	—	一五、〇〇〇	—	—	—	—
	慶城	殖邊銀行分行	—	—	—	—	—	二、〇〇〇	—	—	—
山東	歷城	邊業銀行	—	—	—	—	—	—	—	—	二〇〇、〇〇〇
	歷城	實業銀行	—	—	—	—	—	—	—	—	三〇〇、〇〇〇
	長山	中國銀行分行	—	—	九、〇七五	—	—	—	—	—	—
	膠縣	山東銀行分行	—	—	—	二五、〇〇〇	—	—	—	—	—
	惠民	中國銀行分行	—	—	—	一〇七、一四五	一三一、四二五	—	—	—	—
	臨沂	山東銀行分行	—	—	—	—	—	三七、五〇〇	—	—	—

東

[illegible]山	豫豐銀行	—	—	—	—	—	二、九〇〇	三、〇〇〇	三、〇〇〇	—
長山	山東銀行分行	—	—	一〇、〇〇〇	三、〇〇〇	—	三、〇〇〇	三、〇〇〇	三、〇〇〇	三、〇〇〇
泰安	山東銀行分行	—	—	一〇、〇〇〇	一〇、〇〇〇	一〇、〇〇〇	一〇、〇〇〇	—	五、二六三	五、〇〇〇
惠民	商業銀行	—	—	二、五〇〇	三、二〇〇	四、二六〇	四、〇七三	三、七〇四	二、二五〇	一六、七六八
商河	商河試辦農商銀行	—	—	—	—	—	—	—	二、〇〇〇	二、〇〇〇
歷城	山東銀行	八〇〇、〇〇〇	二六八、四〇〇	二九〇、七三〇	三一、〇〇〇	三一、〇〇〇	三一、〇〇〇	五〇〇、〇〇〇	—	一、〇〇〇、〇〇〇
歷城	通惠銀行	—	—	—	—	—	—	一〇〇、〇〇〇	—	四〇〇、〇〇〇
歷城	齊魯銀行	—	—	—	—	—	三〇、〇〇〇	四〇、〇〇〇	—	—
長山	商業銀行	—	—	—	四、五〇〇	—	四、五〇〇	四、五〇〇	—	—
歷城	中國銀行分行	—	一二〇、〇〇〇	—	—	—	—	—	—	—
歷城	交通銀行分行	—	八二、七四	—	—	—	—	—	—	—
黃縣	龍口銀行	—	—	—	三、五〇〇	五、六二〇	五、八一〇	七七、〇〇〇	—	—
歷城	周村商業銀行分行	—	—	三、二〇〇	三、二〇〇	三、二〇〇	三、二〇〇	六〇、〇〇〇	—	—
章邱	山東銀行分行	—	—	—	—	—	—	三、〇〇〇	—	三、〇〇〇
歷城	阜豐銀行	—	—	—	一〇、〇〇〇	一〇、〇〇〇	一〇、〇〇〇	—	—	—
濟寧	交通銀行分行	—	—	—	—	—	九、〇〇〇	—	—	—

河南	開封	中國銀行分行	—	—	—	—	—	—	86,000	86,000	—	—
河南	開封	交通銀行分行	190,000	—	—	—	—	—	70,000	70,000	—	—
河南	新鄉	交通銀行分行	—	—	—	65,000	65,000	65,000	65,000	65,000	—	—
河南	信陽	中國銀行分行	—	—	—	—	2,000	—	—	—	—	—
河南	安陽	中國銀行分行	—	16,000	—	—	—	—	—	—	—	—
山西	陽曲	山西省銀行	—	—	—	—	—	—	—	—	—	1,485,758
山西	陽曲	晉勝銀行	—	43,500	43,500	88,350	53,071	53,071	51,045	51,245	51,045	51,045
山西	太谷	裕華銀行	—	—	—	—	—	—	—	11,000	11,000	11,000
山西	朔縣	裕豐銀行	—	4,200	16,000	16,000	16,000	20,000	20,000	13,014	—	—
山西	離石	永裕商業銀行	—	—	—	—	5,000	5,000	3,000	3,000	—	—
山西	新絳	山西省銀行分行	—	—	—	—	—	—	—	3,866	—	134
山西	新絳	中國銀行分行	—	—	—	—	3,100	—	—	—	—	—
山西	忻縣	道濟銀行	—	—	106,000	—	—	—	—	—	—	—
山西	定襄	儲濟銀行	—	4,710	—	—	—	—	—	—	—	—
山西	新絳	河東興業銀行分局	—	1,350	—	—	—	—	—	—	—	—
山西	離石	農工銀行	—	—	—	—	—	—	—	—	3,400	3,400

西	崞縣	同泰銀行	—	—	—	—	—	—	—	—	四,〇〇〇	四,〇〇〇
	榆次	山西省銀行	—	—	—	—	—	—	—	—	—	五〇,〇〇〇
	汾陽	汾陽農工銀行	—	—	—	—	—	—	—	—	—	三,〇〇〇
江	吳縣	交通銀行分行	—	—	—	—	—	—	—	二〇〇,〇〇〇	—	二〇〇,〇〇〇
	吳縣	中國銀行分行	—	—	—	三〇〇,〇〇〇	三〇〇,〇〇〇	三〇〇,〇〇〇	五〇〇,〇〇〇	二〇〇,〇〇〇	—	二〇〇,〇〇〇
	無錫	交通銀行支行	—	三〇,〇〇〇	—	二〇〇,〇〇〇	一〇〇,〇〇〇	一〇〇,〇〇〇	一〇〇,〇〇〇	一〇〇,〇〇〇	—	一〇〇,〇〇〇
	上海	四明銀行	二八五,〇〇〇	二八五,〇〇〇	二八五,〇〇〇	二八五,〇〇〇	六〇〇,〇〇〇	九六〇,〇〇〇	一,二四三,〇〇〇	一,六八〇,〇〇〇	一,六八〇,〇〇〇	一,二〇〇,〇〇〇
	松江	松江銀行	—	—	二五,〇〇〇	三〇,〇〇〇	一九,〇〇〇	二五,〇〇〇	二五,〇〇〇	—	—	—
	上海	中國銀行分行	七〇九,四〇〇	七〇九,四〇〇	—	七〇九,四〇〇	三,七〇三,六七八	五,〇七八,四七九	三,四七八,四七九	—	—	—
	上海	江蘇銀行	一〇〇	—	—	—	一,〇〇〇,〇〇〇	一,〇〇〇,〇〇〇	—	—	—	—
	南通	交通銀行分行	—	—	—	—	—	—	—	—	—	三〇,〇〇〇
	南通	中國銀行分行	—	—	—	—	—	—	—	—	—	八〇,〇〇〇
	上海	交通銀行分行	—	—	五〇〇,〇〇〇	三〇〇,〇〇〇	三,〇五〇,〇〇〇	三,〇五〇,〇〇〇	—	—	—	—
	江寧	交通銀行分行	—	—	—	一六五,〇〇〇	—	—	—	—	—	—
	上海	浙江銀行分行	二三五,九一三	二三五,〇〇〇	二〇〇,〇〇〇	二三五,九一三	—	—	—	—	—	—
	南通	江蘇銀行分行	—	五〇,〇〇〇	五〇,〇〇〇	五〇,〇〇〇	—	—	—	—	—	—

江蘇	上海	浙江興業銀行	一五〇,〇〇〇	三〇〇,〇〇〇	三五〇,〇〇〇							
	華亭	松江銀行	二五,〇〇〇	二五,〇〇〇								
	江寧	商辦信成分銀行	一四,〇〇〇	一								
	沛縣	裕沛銀行	一	一							一六,八六七	二〇,〇〇〇
安徽	懷寧	安徽華銀行	三〇,〇〇〇									
	六安	中國銀行分行	一	一				五,〇〇〇				
	宣城	交通銀行分行	一	一					二〇,〇〇〇			
	合肥	中國銀行分行	一	一			三〇,〇〇〇					
江西	江西	民國銀行	三,〇〇〇,〇四〇	八,九四五,一四〇								
	醴縣	中國銀行分行	一	一		四〇,〇〇〇		六四,〇〇〇				
	吉安	中國銀行分行	一	一				四〇,〇〇〇				
福建	閩侯	中國銀行分行	一	一					二〇,八〇四	一,八九〇,〇〇〇		
	閩侯	福建銀行	三七,九八六	六一六,一二〇	七〇三,一三三	六八一,〇七〇	六八一,〇七〇	六八一,〇七一	四一六,八六〇	三九〇,三八九		
	思明	中國銀行分行	一	一						一,四〇〇,〇〇〇		
	南平	延平福建分銀行	一	一	六,〇〇〇							

省	地點	銀行										
浙江	杭縣	中國銀行分行	—	—	—	—	—	—	二、〇〇〇、〇〇〇	二、〇〇〇、〇〇〇	—	
	杭縣	交通銀行分行	—	—	—	—	—	—	二、〇〇〇、〇〇〇	二、〇〇〇、〇〇〇	—	
	鄞縣	四明銀行分行	一九〇、〇〇〇	二〇〇、〇〇〇	二三〇、〇〇〇	四九〇、〇〇〇	四九〇、〇〇〇	四九〇、〇〇〇	八〇、〇〇〇	八〇、〇〇〇	—	
	紹興	中國銀行分行	—	—	五〇、〇〇〇	五〇、〇〇〇	五〇、〇〇〇	六〇、〇〇〇	六〇、〇〇〇	六〇、〇〇〇	—	
	永嘉	中國銀行分行	—	—	—	—	—	一〇〇、〇〇〇	一〇〇、〇〇〇	一〇〇、〇〇〇	—	
	永嘉	四明銀行分行	—	三〇、〇〇〇	—	三〇、〇〇〇	三〇、〇〇〇	三〇、〇〇〇	三〇、〇〇〇	三〇、〇〇〇	—	
	杭縣	浙江興業銀行分行	一九〇、〇〇〇	五八六、五〇〇	五〇〇、〇〇〇	七七、七〇〇	七〇、〇〇〇	七〇、〇〇〇	—	—	—	
	臨海	實業銀行分行	—	三〇、〇〇〇	—	—	三〇、〇〇〇	—	—	—	—	
	杭縣	浙江銀行	六〇〇、〇〇〇	八八五、〇〇〇	五二九、二三八	—	—	—	—	—	—	
	臨海	浙江銀行分行	—	—	五〇、〇〇〇	—	—	—	—	—	—	
	鄞縣	中國銀行分行	—	—	九〇、〇〇〇	—	—	—	—	—	—	
湖	夏口	中國銀行分行	—	一、〇〇〇、〇〇〇	—	—	—	二、六〇〇、〇〇〇	二、九〇〇、〇〇〇	—	—	
	夏口	鄂州興業銀行	—	四〇〇、〇〇〇	四〇〇、〇〇〇	—	—	—	—	—	—	
	夏口	黃陂實業銀行	—	三〇〇、〇〇〇	三〇〇、〇〇〇	—	—	—	—	—	—	
	夏口	泰豐銀行	—	三〇〇、〇〇〇	三〇〇、〇〇〇	—	—	—	—	—	—	

湖北

地名	銀行									
夏口	直隷銀行分行	—	六〇〇,〇〇〇	六〇〇,〇〇〇	—	—	—	—	—	—
夏口	浙江興業銀行分行	—	五〇〇,〇〇〇	五〇〇,〇〇〇	一六〇,〇〇〇	—	—	—	—	—
夏口	民國銀行分行	—	八〇〇,〇〇〇	八〇〇,〇〇〇	—	—	—	—	—	—
夏口	湖南銀行分行	—	七〇〇,〇〇〇	七〇〇,〇〇〇	—	—	—	—	—	—
夏口	廣西銀行分行	—	五〇〇,〇〇〇	五〇〇,〇〇〇	—	—	—	—	—	—
夏口	濬川源銀行分行	—	四〇〇,〇〇〇	四〇〇,〇〇〇	—	—	—	—	—	—
黄陂	黄陂實業銀行	—	三,〇〇〇	—	—	—	—	—	—	—
夏口	交通銀行分行	—	八〇〇,〇〇〇	—	—	—	—	—	—	—
廣濟	贛省民國銀行分行	七,七〇〇	一四,二六六	—	—	—	—	—	—	—
長沙	交通銀行分行	—	—	—	四八四,〇〇〇	—	—	—	—	—
寶慶	湖南銀行分行	—	—	八六,四六〇	—	—	—	—	—	—
祁陽	實業銀行分行	—	—	三,八〇〇	五三五	—	—	—	—	—
衡陽	湖南銀行分行	—	一〇一,三六六	—	—	—	—	—	—	—
衡陽	湖南實業銀行分行	—	一八一,五〇〇	—	—	—	—	—	—	—
益陽	贛省民國銀行	四,〇〇〇	—	—	—	—	—	—	—	—

省	地點	銀行										
南	平江	寶興礦業銀行	六、〇〇〇	—	—	—	—	—	—	—	—	
	長沙	湖南銀行	三四、一四〇、五〇一	—	—	三五、四〇〇、九六三	—	—	—	—	—	
	會同	湖南銀行分行	一六六、〇三四	一四〇、九九〇	—	—	—	—	—	—	—	
	長沙	湖南實業銀行	一、三四七、五九九	三、〇一九、〇四〇	—	三、一五九、四二九	—	—	—	—	—	
	長沙	寶興礦業銀行	三、〇三九、四八三	—	—	—	—	—	—	—	—	
	常德	湖南實業銀行分行	一五三、八四六	一五七、六〇〇	—	—	—	—	—	—	—	
	慈利	六六銀行	—	一、〇〇〇	一、二〇〇	四〇、〇〇〇	—	—	—	—	—	
	岳陽	岳州商業銀行	—	一九、三三三	—	三三、三三三	—	—	—	—	—	
	甯鄉	實業銀行分行	—	一六、〇〇〇	—	—	—	—	—	—	—	
	長沙	中國銀行分行	—	—	—	五〇、〇〇〇	—	—	—	—	—	
	長沙	贛省民國銀行分行	—	—	—	三三五、〇〇〇	—	—	—	—	—	
	平江	實業銀行分行	—	—	—	九一、六六六	—	—	—	—	—	
陝西	長安	中國銀行分行	—	—	—	—	二〇三、〇〇〇	二〇三、二〇〇	一九、三〇〇	一九、三〇〇	一九、〇〇〇	一九、三〇〇
	長安	富秦銀行	—	—	—	—	—	—	—	五七六、九三五	四〇〇、〇〇〇	四五〇、〇〇〇
	長安	秦豐銀行	一、八〇〇、〇〇〇	一、二〇〇、〇〇〇	—	—	—	—	—	—	—	—
	大荔	秦豐銀行分行	—	一六、〇三九	—	—	—	—	—	—	—	—

四川	成都	濬川源銀行	—	—	—	七四八、七九一	—	—	—	—	—	—
廣東	番禺	中國銀行分行	—	—	一、八三九、五一四	五、〇〇〇、〇〇〇	二、一五三、六四〇	—	—	—	—	
	南海	大信銀行	六五、〇〇〇	二、五〇〇	—	六五、〇〇〇	—	—	—	—	—	
	澄海	太古莊	—	六〇、〇〇〇	—	—	—	—	—	—	—	
	南海	殖邊銀行分行	—	—	—	—	—	五〇、〇〇〇	—	—	—	
廣西	桂林	廣西銀行分行	四、四〇七、〇五〇	一、八九六、六五四	—	—	—	—	—	—	—	
雲南	雲南	富滇銀行	一、一六九、二九八	一、二三九、七七六	一、一四四、100	—	—	—	—	—	—	
貴州	貴州	貴州銀行	一、二五八、五〇二	一、二五八、五〇二	一、二五八、五〇二	三、〇二七、三六六	—	—	—	—	—	
熱河	承德	熱河興業銀行	—	—	—	—	—	—	八一、〇〇〇	二七、七一九	—	
	赤峯	熱河興業銀行分行	—	—	—	—	—	七三、五〇〇	—	六八、〇〇〇	—	
	開魯	熱河興業銀行分行	—	—	—	—	—	—	—	三二、五〇〇	—	
察	豐鎮	交通銀行分行	—	—	—	—	—	—	—	—	—	10、000
	多倫	億福源	—	六、100	—	—	—	—	—	—	—	—
	多倫	聚順發	—	三、四〇〇	—	—	—	—	—	—	—	—
	多倫	大德正	—	三、〇〇〇	—	—	—	—	—	—	—	—

地方		民國元年	民國二年	民國三年	民國四年	民國五年	民國六年	民國七年	民國八年	民國九年	民國十年
察哈爾	張北興業銀行	—	—	—	—	—	四〇〇、〇〇〇	—	—	—	—
	豐鎮中國銀行分行	—	—	—	—	—	一〇、〇〇〇	一〇、〇〇〇	一〇、〇〇〇	一〇、〇〇〇	—
	興和察哈爾興業銀行	—	—	—	—	—	一一、〇〇〇	六、〇〇〇	一一、〇〇〇	—	—
	多倫中國銀行分行	—	—	—	—	—	—	—	三〇、〇〇〇	五、〇〇〇	—
	多倫交通銀行分行	—	—	—	—	—	—	三〇、〇〇〇	三〇、〇〇〇	三〇、〇〇〇	—
	多倫興業銀行分行	—	—	—	—	—	—	四、〇〇〇	—	一五、〇〇〇	一七、〇〇〇
	涼城興業銀行分行	—	—	—	—	—	三、三[illegible]	三、六五〇	—	—	—
	多倫殖邊銀行分行	—	—	—	六、四五三	一、一〇八	一、一〇八	—	—	—	—
	沽源興業銀行分行	—	—	—	—	—	一〇、〇〇〇	—	—	—	—

七、全國各縣錢業紙幣發行額數累年比較表

地方＼年次		民國元年	民國二年	民國三年	民國四年	民國五年	民國六年	民國七年	民國八年	民國九年	民國十年
京兆	大興	圓 一六八、九六三	圓 八九、三〇〇	圓 二五、八〇六	圓 八二、九六三	圓 一三九、四七一	圓 三六、五一〇	圓 二〇、〇〇〇	圓 六四、五一一	圓 三六、六〇〇	圓
	宛平			一、〇九四	—	—	—	—	五〇〇、〇〇〇	五七四、〇〇〇	
	霸縣	—	—	九、四四一	九四、〇六六	九四、〇五六	九、四三四	七、六六九	八、〇六六	八、四四三	
	懷柔	三、〇〇〇	一〇、三五〇	一〇、三五〇	九、四五〇	一〇、三〇〇	一二、八〇〇	一三、〇〇〇	—	四、一一〇	
	固安	—	—	二、九〇〇	四、一〇〇	四、一〇〇	四、一〇〇	—	—	—	
	寶坻	—	—	二、八八八	五、九二七	二、九三〇	—	—	—	—	
	永清	—	—	一、一一八	—	—	—	—	—	—	

兆									
安次	—	一、一〇〇	六四〇	—	—	—	—	—	—
直									
天津	—	—	—	—	三、二〇〇	五、〇〇〇	五、〇〇〇	—	—
河間	—	九、九四〇	九、五五〇	一、二五五	一四、四〇〇	一一、〇〇〇	一一、〇〇〇	一五、〇〇〇	二〇、〇〇〇
任邱	—	二五、六〇〇	三三、〇六七	一七、七一〇	一三、〇四〇	六、五〇〇	二、九〇〇	七、一〇〇	七、〇〇〇
遷安	—	二、六〇〇	一、三〇〇	九〇〇	二、九七〇	一四、八五〇	一、一〇五	一四、八〇〇	一四、八〇〇
撫甯	七、〇〇〇	二七、三〇〇	四三、五〇〇	四三、五〇〇	六一、〇〇〇	四七、五〇〇	四、〇〇〇	六三、五〇〇	六〇、〇〇〇
昌黎	二五、二〇〇	三三、六五〇	三三、九〇〇	—	一〇、九〇〇	九、〇〇〇	九、五〇〇	一一、五〇〇	一〇、七〇〇
元氏	三、七三七	三、七二二	三、四五〇	—	—	—	—	—	—
臨榆	三、〇〇〇	三、〇〇〇	三、〇〇〇	—	—	—	—	—	—
遵化	三〇、〇〇〇	四、二〇〇	—	四、五〇〇	三、七五〇	七、二〇〇	六、四〇〇	六、四〇〇	六、四〇〇
文安	二一、一三四	—	八、四一五	五、五一九	四、三四八	四二一	二七八	三三五	一七七
安國	二九、二〇〇	三、八〇〇	一〇、九〇〇	三、八三四	八、〇〇〇	八、四〇〇	四、五〇〇	三、五〇〇	一、〇〇〇
無極	五〇、五〇〇	四、七〇〇	八、〇五〇	七、二〇〇	七、六六〇	八、六五〇	八、六五〇	七、八〇〇	四、七五〇
曲陽	—	三、五〇〇	二、〇〇〇	二、〇〇〇	二、〇〇〇	二、〇〇〇	—	二、〇〇〇	二、〇〇〇
深澤	一六、五〇〇	二四、〇〇〇	三、五〇〇	二一、二〇〇	一五、九〇〇	一五、九〇〇	一五、九〇〇	一五、九〇〇	一五、九〇〇
深縣	三、八〇〇	四、五〇〇	四、一〇〇	四、一〇〇	二、五〇〇	二、八〇〇	二、四〇〇	三、〇〇〇	三、〇〇〇
武强	—	九、四〇〇	—	一〇、八三三	一一、六〇〇	一三、二〇〇	一一、四〇〇	二三、六九六	九、八〇八
東明	一五、六〇〇	一八、六〇〇	一六、〇〇〇	一六、〇〇〇	一一、二〇〇	七、〇〇〇	三、〇〇〇	一、五〇〇	一、五〇〇

濮陽	衡水	棗強	趙縣	寧晋	宣化	龍關	大名	故城	東光	大城	景縣	盧龍	淶源	吳橋	涿鹿	獻縣	清河	東安
9,000	500	625	—	—	2,840	—	5,000	—	—	3,250	—	—	5,500	—	—	3,000	1,000	1,100
1,600	—	625	—	—	9,340	—	5,000	—	—	6,100	—	13,000	3,000	1,100	12,000	—	—	—
1,600	1,400	455	735	4,300	6,000	1,350	—	9,465	—	3,803	5,535	—	—	—	—	—	—	—
1,600	1,400	455	270	3,000	4,740	1,350	690	—	—	3,426	—	—	—	—	—	—	—	—
—	1,400	1,106	367	800	—	1,350	750	4,100	416	3,669	—	—	—	—	—	—	—	—
—	1,400	1,106	1,000	800	—	1,350	750	4,100	—	3,669	—	—	—	—	—	—	—	—
1,600	1,400	1,106	3,100	800	9,700	1,350	750	—	—	—	—	—	—	—	—	—	—	—
1,600	1,400	1,106	3,500	800	10,000	1,150	—	—	—	—	—	—	—	—	—	—	—	—
1,500	1,400	1,106	3,100	1,700	13,500	2,000	—	—	—	—	—	—	—	—	—	—	—	—

隸	邢臺	—	七〇〇	—	—	—	—	—	—	—
	鉅鹿	一三〇	二、九〇〇	—	—	—	—	—	—	—
	束鹿	—	—	三、〇〇〇	—	—	—	—	—	二、〇〇〇
	行唐	七、六三〇	七、二〇〇	七、二〇〇	四、五〇〇	三、七〇〇	五〇〇	—	—	—
	藁城	—	—	一七、〇〇〇	一八、〇〇〇	二三、八〇〇	一三、六〇〇	—	—	—
	安平	三、五〇〇	—	一九、三四〇	一九、三四〇	一九、三二〇	九、四〇〇	—	—	—
	肥鄉	—	—	—	一、〇〇〇	九〇〇	—	—	—	—
	威縣	七、五〇〇	六、七五〇	九、四六八	七、九〇〇	一、五〇〇	四〇〇	—	—	—
	滄縣	五、〇〇〇	—	—	—	—	二〇、〇〇〇	—	—	—
	雄縣	一、五〇〇	一、二〇〇	一、〇〇〇	一、〇〇〇	—	—	—	—	—
	安新	九三五	—	三、〇七〇	三、〇七〇	—	—	—	—	—
	萬全	二〇〇、〇八〇	—	三〇、五五〇	六六、一五〇	—	—	—	—	三、一〇〇
	南宮	六六、〇〇〇	三六、八〇〇	三四、〇五〇	三一、六六〇	—	—	—	—	—
	邯鄲	—	—	一、〇〇〇	九〇〇	—	—	—	—	—
	內邱	一〇、五〇〇	七、〇〇〇	九、〇〇〇	六、二〇〇	—	—	—	—	—
	欒城	三、〇〇〇	五、〇〇〇	一八、六二〇	一五、三三三	—	—	—	—	—
奉	瀋陽	—	—	—	二一、四六二、七三五	四六六、〇〇〇	一、三一七、〇〇〇	九、〇五五、〇〇〇	—	—
	鐵嶺	—	—	—	一七五、〇〇〇	二三五、〇〇〇	一九二、五〇〇	一九七、五〇〇	—	—
	開原	—	—	—	—	八、〇五〇	六、八五〇	七、二〇〇	—	—

		1	2	3	4	5	6	7	8	9
天	東豐	—	—	—	一〇九、〇〇〇	一三〇、〇〇〇	一三〇、〇〇〇	一三〇、〇〇〇	—	—
	營口	—	—	—	—	—	五、〇〇〇	五、〇〇〇	—	—
	新民	—	四〇七、七一一	六八一、五九〇	六八、八〇〇	三四九、八八〇	二五三、九三八	六〇四、四〇五	—	—
	北鎮	三五、六〇〇	七〇、〇〇〇	八四、八〇〇	一三三、八〇〇	一一七、三〇〇	六一、九五〇	六四、七〇〇	—	—
	義縣	一七五、〇〇〇	一五〇、〇七一	一五三、三五〇	五三、三三三	四五、八三三	三三、七〇〇	三三、四三〇	—	—
	鳳城	五三、〇〇〇	六〇、〇〇〇	三五、〇〇〇	四〇、〇〇〇	四〇、〇〇〇	二〇、二〇〇	二〇、一〇〇	—	—
	撫順	—	—	—	—	五、〇〇〇	三、〇〇〇	三、〇〇〇	—	—
	海龍	四一、五〇〇	一〇一、五〇〇	九七、七四〇	九〇、六二〇	七一、六五〇	一六九、〇〇〇	一〇七、〇〇〇	—	—
	遼源	一八[illegible]、九〇〇	一八九、一〇〇	—	一一九、七〇〇	三〇七、七三七	二七三、六二七	一四四、五〇八	—	—
	洮南	—	八一、五〇〇	一三五、〇〇〇	五七、〇〇〇	五七、〇〇〇	四〇、〇〇〇	四〇、〇〇〇	—	—
	昌圖	—	—	—	三〇、〇〇〇	三三、七〇〇	三一、〇〇〇	一四、〇〇〇	—	—
	法庫	—	—	—	—	二、〇〇〇	四、〇〇〇	五四、六六九	—	—
	安東	—	—	五七、〇〇〇	五、七〇〇	—	—	—	—	—
	開通	一、〇〇〇	一、二〇〇	—	—	—	—	—	—	—
	錦縣	五九三、五〇〇	—	—	—	—	—	—	—	—
	興城	—	—	—	一六八、二〇〇	—	—	—	—	—
吉	德惠	一、一三五	—	—	—	—	—	—	—	—
	吉林	—	一四、一八七、七三五	—	—	—	—	—	—	—
	長春	—	二四三、九八二	—	—	—	—	—	—	—

林	榆樹	—	—	—	—	一四、一〇〇	三、〇〇〇、〇〇〇	二三、〇〇〇	一四、六六七	—
	依蘭	二一〇、八五七	一〇、〇〇〇	六、五〇〇	—	九四、〇〇〇	—	六〇、〇〇〇	六、一六六	四二五
	磐石	—	—	—	—	六〇、〇〇〇	—	—	—	—
	賓縣	—	三八四、六一〇	三〇一、七七三	二四、〇〇〇	一三八、〇〇〇	—	—	—	—
	額穆	—	三、〇〇〇	三、〇〇〇	三、〇〇〇	三、〇〇〇	—	—	—	—
	五常	三三、一三三	一三、四五五	一五、〇〇〇	—	—	—	—	—	—
黑龍江	龍江	三、〇七、九四八	四、五六七、二四九	三、三三七、二六六	三、三六九、五七九	三、三〇〇、四四三	一、八六八、一五二	一、九九三、二四八	—	—
	通河	—	—	—	—	一三三、〇七三	一三一、〇七一	—	—	—
山	歷城	一六三、七〇〇	一五七、六九一	九三、四〇〇	九〇、一〇〇	九四、三一〇	一六四、四九〇	四〇、七〇〇	八六〇、五一七	八六、九一八
	章邱	二六、三〇〇	一九、三一〇	二一、〇二六	二〇、四八〇	三一、〇〇〇	—	二三、七〇〇	六、〇六〇	一〇、七〇〇
	鄒平	—	—	—	—	—	—	—	三、〇〇〇	三、〇〇〇
	諸城	六、五五〇	五、三一〇	九、九二二	—	—	—	—	—	—
	嘉祥	—	—	—	—	—	—	—	—	二、一〇〇
	東平	七、〇三三	七、七四三	七、七七〇	—	—	—	—	—	—
	桓臺	—	—	—	三六〇	—	—	—	—	—
	莘縣	一、八〇〇	一、一六九	—	一、七〇〇	五〇〇	—	—	—	二〇〇
	陽信	四、三一三	四、四四六	四、三三九	一、六七〇	一、一四五	—	—	—	八七七
	魚台	三二〇	—	三二	—	—	—	—	—	—

淄川	六、〇〇〇	三、九九〇	四、四九〇	五、三〇〇	四、八〇〇	—	五、三〇〇	五、三〇〇	一、七五〇
長山	三四、〇七五	六一、六〇四	六四、一三九	七五、四八五	—	一三、八二二	九三、〇〇〇	一〇九、七〇九	—
濟陽	八、〇〇〇	一四、九五三	二一、一五三	二三、六八三	二三、五四三	一四、二〇〇	八、三四三	二七、五四三	三三、一三〇
長清	一、六八〇	四、〇〇〇	三、〇四〇	二、九〇〇	三、一六〇	九、〇〇〇	九、〇〇〇	一三、〇〇〇	八六、五〇〇
泰安	三、二一〇	二、六〇九	二、五五六	五、二二一	八、〇一三	—	一九、三一七	九、八七三	九、〇四七
新泰	—	—	—	—	—	—	—	五七一	三、七五〇
肥城	六、〇〇〇	二、三〇六	五、二一〇	五、二四〇	一一、八〇〇	—	—	一〇、〇五七	—
惠民	五、三〇〇	六、四六一	六、七〇三	一一、三一八	一三、七五〇	—	—	一九、七九〇	二四、九六六
無棣	—	二、五〇〇	二、八〇〇	二、八〇〇	一、三〇〇	—	一、六〇〇	一、六〇〇	—
利津	九〇、四四一	五一、六五〇	四七、三〇〇	七、九〇〇	一一、四〇〇	二、〇〇〇	三三、〇〇〇	三六、〇〇〇	—
商河	—	五六五	五六五	五六五	—	—	—	四八六	一、八七五
青城	—	—	—	—	—	—	一、四〇〇	二、一〇〇	二、一五〇
博山	一一、〇〇〇	八、〇五〇	七、七五〇	七、七五〇	七、七五〇	—	七、七五〇	八、七五〇	一一、六〇〇
濟甯	二五、四五一	六六、七二三	五〇、三〇四	四〇、七四六	五八、九七六	三九、三三八	五三、〇〇〇	三九、一四三	—
滋陽	一五、二〇〇	五、七三〇	三、九三〇	四、八一九	四、六五五	—	—	四、七三〇	三三、六二五
曲阜	五、〇〇〇	四、二〇〇	四、二〇〇	四、二〇〇	四、二〇〇	—	四、二〇〇	一、五〇〇	一、五〇〇
鄒縣	三、〇七六	三、〇七六	二、五三八	一、〇〇〇	九〇〇	八五〇	—	一、二〇〇	—
滕縣	三七、五〇〇	二〇、七六九	一、一七〇	四七、二〇〇	二〇、三三四	一四、〇〇〇	一、四六四	三三、〇〇〇	—
嶧縣	五、〇〇〇	三、〇〇〇	九、六七九	九、七〇一	九、七五四	二、九五五	五、九三三	二、九五五	二、九五五

金鄉	—	十七,九二二	八,三〇〇	八,三〇〇	六,九〇〇	—	六,八〇〇	六,〇〇〇	六,〇〇〇
臨沂	—	一四,八四六	三〇,九一〇	三〇,九一〇	二四,五〇〇	一八,一〇〇	三二,八〇〇	一六,九〇〇	—
恩縣	四,六〇〇	三,一六九	四,八一五	二,五〇〇	—	—	—	—	—
臨淄	—	三,七七〇	—	—	—	—	—	—	—
海豐	五,四〇〇	—	—	—	—	—	—	—	—
樂陵	八,三五〇	—	—	—	—	—	—	—	—
蘭山	六,五〇〇	—	—	—	—	—	—	—	—
德平	一,〇〇〇	—	—	—	—	—	—	—	—
平度	—	—	—	—	—	—	—	—	五,九〇〇
陽穀	—	—	—	—	—	—	—	—	三,一五〇
朝城	三,九〇〇	二,八四六	—	—	—	—	—	—	—
夏津	—	一,〇三八	—	—	—	—	—	—	—
館陶	—	一,五〇〇	—	—	—	—	—	—	—
蒲台	二,五〇〇	二,五〇〇	—	—	—	—	—	—	—
掖縣	—	—	—	—	—	—	—	—	一三,七〇〇
霑化	—	三,八四六	—	—	—	—	—	—	—
廣饒	—	—	—	—	—	—	—	—	四,七七三
齊河	—	—	三五六	—	—	—	—	—	—
郯城	四二,〇九五	四八,二六八	七六,〇〇〇	三五,〇七〇	三六,七〇〇	五二,一〇〇	一四,五〇〇	四一,四〇〇	四三,〇〇〇

蒙陰	二、九六五	二、五九二	三六	四、九二五	—	—	—	二八五	七五〇
莒縣	—	—	二、〇〇〇	一、七〇〇	一、七〇〇	一、八〇〇	一、四〇〇	一、三〇〇	一、三〇〇
沂水	八、〇〇〇	九、九二四	一四、五〇〇	一四、五〇〇	三四、〇〇〇	四四、六〇〇	—	六三、五〇〇	五六、六〇〇
菏澤	六、〇〇〇	五、五〇〇	六、〇〇〇	六、〇〇〇	五、八四〇	—	—	一一、五〇〇	—
曹縣	—	—	—	—	—	—	—	五七一	—
單縣	五、〇五〇	一、一二五	三七	三、八〇〇	八〇〇	—	七、八〇〇	三三、八〇〇	三四、四〇〇
定陶	—	—	—	三、六〇〇	三、六〇〇	—	二、八〇〇	三、一〇〇	二、八〇〇
鉅野	三〇〇	一、五〇〇	三、三〇〇	一、六〇〇	一、六〇〇	—	二、三〇〇	五〇〇	五〇〇
鄆城	二〇〇	六五	二七五	二六八	三〇七	—	—	四、〇〇〇	三、五〇〇
聊城	三、六五〇	四、四〇六	一、五〇〇	一、二〇〇	—	一、二〇〇	—	二、九二九	五、〇〇〇
高唐	七、九〇〇	四、七〇〇	四、二〇〇	四、二〇〇	三、〇〇〇	一、六〇〇	五、七〇〇	三、四〇〇	三、四〇〇
德縣	二、〇〇〇	一、六一五	四四四	二、四〇〇	二、四〇〇	八〇〇	一、六〇〇	八〇〇	八〇〇
平原	—	—	—	—	—	—	一、五〇〇	一、三五〇	四二五
臨邑	一〇、〇〇〇	一一、六〇〇	八、五四〇	八、五四〇	八、五四〇	三、六〇〇	五、四六〇	一三、七六〇	一三、〇五〇
禹城	六、七〇〇	五、三一四	四、三五六	四、八四七	三、〇四一	—	一、〇〇〇	一、〇〇一	一、〇〇一
東阿	—	—	四、〇〇〇	四、五〇〇	五、〇〇〇	三、〇〇〇	—	一、四二九	一、二五〇
平陰	一三、六二〇	一一、五〇四	三三七	一、七三三	一〇、七七〇	—	一三、四〇八	一三、七二〇	—
壽張	—	—	五、〇〇〇	五、〇〇〇	五、〇〇〇	—	二、九一〇	一、二五〇	一、二五〇
濮縣	二、〇〇〇	—	七九	二、五〇〇	一、四〇〇	—	三、四〇〇	四、一〇〇	三、八〇〇

范縣	一、五〇〇	一六九	八〇〇	—	—	—	—	五七一	—
臨清	五、二〇〇	五、三八一	—	四、一〇〇	—	—	—	—	—
臨朐	八、七二〇	六、一六九	四、八〇〇	—	—	—	—	—	一三、七五〇
淄山	一七、九四〇	六一、五〇〇	五八、五〇〇	五七、〇〇〇	八四、〇〇〇	一六、〇〇〇	一〇、一〇〇	三四、一〇〇	—
棲霞	一、三〇〇	一、一五四	一、八〇〇	—	—	—	一、七〇〇	二、八五七	三、五〇〇
招遠	九、三〇〇	三、九〇〇	九、三〇〇	五、二〇〇	—	—	—	二六六	二、一〇〇
萊陽	一三、〇〇〇	二〇、一六八	一三、〇〇〇	六、〇〇〇	四、〇〇〇	—	一一、〇〇〇	四、一四三	三、二五〇
牟平	三、〇〇〇	六、一五〇	四四	三、七五〇	三、〇〇〇	六、〇〇〇	—	五七、一四三	五〇、〇〇〇
濰縣	八三、七七一	九五、〇八〇	七三、四〇〇	九五、〇〇〇	—	—	—	一五、五〇〇	—
膠縣	二四三、一〇〇	一三一、九〇〇	一三三、六〇〇	二、五〇〇	八、〇〇〇	六、一〇〇	—	二〇、八〇〇	一九、五〇〇
高密	八、三〇〇	—	七、〇〇〇	一七、八〇〇	八、五〇〇	—	三、五〇〇	三、〇〇〇	三、〇〇〇
益都	三八、〇〇〇	三、六四一	三七、一三八	二九、七三八	一五、三〇〇	八、〇〇〇	四八、五〇〇	五九、一〇〇	八一、六〇〇
壽光	六、〇〇〇	五、〇〇〇	三、〇〇〇	三、〇〇〇	六、三〇〇	三、三〇〇	—	八、六〇〇	一三、五〇〇
安邱	一四、三五〇	—	一四、四〇〇	一一、二五〇	—	—	七、八〇〇	七、八〇〇	一一、二〇〇
日照	五、七〇〇	三五、三〇〇	三五、三〇〇	三五、三〇〇	三五、三〇〇	三五、三〇〇	—	四〇、〇〇〇	三三、五〇〇
濱縣	六、七〇〇	二三、六六〇	一、三三〇	一九三	—	—	四〇〇	—	—
博興	—	—	—	—	—	—	—	—	—
汶上	三、五〇〇	三、一〇〇	三、一〇〇	四、一〇〇	三、五〇〇	—	三、四〇〇	—	—
文登	一、〇七〇	三、二〇〇	三、二〇〇	—	三一〇	—	一、四三一	—	四、四〇〇

東	即墨	二一、六六四	二五、三一九	六、〇〇〇	六、〇〇〇	七、八〇〇	七、八〇〇	—	—	—	
河南	開封	一、六三三、四〇一	一、二四四、四〇〇	—	三、三〇七、〇三〇	一、七七五、三三八	一、三四五、五四三	一、三六九、六六三	一、三〇八、七二一	三〇〇、〇〇〇	三〇〇、〇〇〇
	密縣	—	—	—	—	八〇〇	八〇〇	一、一〇〇	一、一〇〇	—	—
	新鄭	—	—	—	—	二、〇〇〇	三六、〇〇〇	三六、〇〇〇	三五、〇〇〇	三〇、〇〇〇	一九、〇〇〇
	淮陽	三〇、五〇〇	—	三〇、五〇〇	—	三〇、〇〇〇	三〇、〇〇〇	三〇、〇〇〇	三〇、〇〇〇	三〇、〇〇〇	三〇、〇〇〇
	舞陽	五、八一八	—	—	—	—	—	—	—	—	—
	信陽	八、一八一	—	—	—	—	—	—	—	—	—
	羅山	四、七二〇	—	—	—	—	—	—	—	—	—
	許昌	二、一〇〇	—	—	—	—	—	—	—	—	—
	固始	—	—	二、五〇〇	—	二、五〇〇	一、四〇〇	一、六〇〇	一、五〇〇	一、五〇〇	一、一〇〇
	息縣	—	—	—	—	六〇〇	六〇〇	七〇〇	九〇〇	二、〇〇〇	二、六〇〇
	商城	—	—	三三、五五三	—	七九、三〇〇	四二、七〇〇	四九、〇〇〇	四九、一〇〇	五一、六〇〇	五〇、六〇〇
	潢川	三、〇〇〇	—	—	—	二〇〇	一〇〇	一〇〇	—	—	—
	輝縣	—	—	—	—	—	九三三	—	—	—	—
	沈邱	—	—	四、〇〇〇	—	—	—	—	—	—	—
	汝南	一八、五〇六	—	八、五〇〇	—	—	—	—	—	—	—
	林縣	—	—	一、五〇〇	—	—	—	—	—	—	—
	禹縣	四三、六八〇	—	—	—	—	—	—	—	—	—

第六編　附録

山

太原	五、四三七	六、四五〇	四、四八六	四、七八六	—	四、四八六	一〇、一〇〇	一七、二六三	二四、〇八五	二一、四〇六
榆次	三、三〇〇	一五、四八五	一九、〇〇〇	四、五〇〇	四〇〇	三、〇〇〇	二九、六〇〇	一三、六〇〇	七、七〇〇	七、七〇〇
太谷	—	九〇、五三五	七九、七七四	九三、四一一	八九、八五八	一四一、五二八	一三四、三一六	一一〇、〇六九	一一〇、二六八	一〇七、二六八
祁縣	—	六七、三五〇	四七、四三五	六四九、三〇〇	二、九六七	二八、四〇〇	三八、二〇三	五三、〇〇〇	七九、七〇〇	七四、四〇〇
交城	一、七九五	二、九六二	一〇、八五二	九、一八〇	五、五六三	四、三七五	一六、三七七	一九、九五八	二九、七一〇	二九、九五
文水	二六、〇三六	二八、一一三	一六、九〇三	二四、一一三	二四、二三三	二四、三三三	二四、三三三	四三、〇〇〇	六五、三〇〇	七五、五〇〇
徐溝	五一、〇〇〇	二〇、七〇〇	一三、七〇〇	一八、一三八	一三、五三八	一三、七〇〇	三五、八一六	三八、六〇〇	四九、〇〇〇	四九、〇〇〇
清源	九、四七〇	三、八三六	—	—	—	一〇、〇〇〇	一四、六八〇	一八、四一〇	二一、一〇〇	一七、一〇〇
新絳	四、七六〇	一、五三三	—	—	—	—	—	—	—	—
靜樂	—	—	—	—	—	—	—	—	—	八、〇〇〇
平順	—	一五〇	—	—	—	—	—	—	—	—
高平	一、三二六	五八〇	—	—	—	—	—	—	—	—
梨城	五、三〇〇	五、〇五〇	二、三六一	—	—	—	—	—	—	—
汾陽	五二、四〇〇	四六、四〇〇	三七、一〇〇	二六、四九二	一三、三七〇	六八、七一三	一〇一、四五九	四六、二一〇	三七、九九七	三六、二一〇
孝義	三六、三〇〇	三、六四〇	二八、八九八	—	一八、〇〇〇	二四、〇〇〇	二〇、八五〇	一四、五九四	一五、四八五	一七、三〇一
平遥	二八八、八〇〇	—	三〇四、七三七	二八四、九八九	三九、九九一	五四、〇〇〇	四八五、〇〇〇	三三七、三三三	三三八、八五八	二二六、一一六
介休	四〇、七〇〇	四三、六〇〇	四八、〇〇〇	二四、四〇〇	二五、九七八	三九、四〇〇	三〇、六〇〇	一一五、五〇〇	七九、一二五	一〇〇、〇〇〇
長子	—	一〇、一〇〇	一〇、三〇〇	一一、七〇〇	九、二〇〇	四、三〇〇	三、三〇〇	二五〇	—	八、一九九
潞城	七、二〇〇	七、二〇〇	三、五〇〇	五、八〇〇	—	—	—	六〇〇	—	七九七

遼縣	—	二、三七三	四三〇	四三〇	四三〇	六八〇	六八〇	六〇〇	二、〇〇〇	二、〇〇〇
昔陽	—	六、二八六	七、八五〇	六、一〇〇	八、七〇〇	一三、八五九	—	五、〇〇〇	五、〇〇〇	六、五三九
盂縣	—	—	—	三、〇五〇	二、六四五	三、六四五	六、一四〇	六、六二五	二、五六三	二、七三三
代縣	二七八	二三	一一四	—	一一四	—	一一、二六六	八、一〇〇	九、五五三	一〇、〇〇三
山陰	—	—	—	—	—	三〇〇	三、九〇〇	二、四五〇	二、五〇〇	四、〇〇〇
右玉	—	八、二〇〇	六、八〇〇	五、五〇〇	三、五〇〇	一、〇〇〇	九五〇	七五〇	七五〇	七五〇
忻縣	一〇九、〇〇〇	七六、三六〇	七八、六五〇	八八、〇五〇	五、〇〇〇	八三、九〇〇	六五、二七〇	六九、四一一	一四七、四八〇	一〇八、二五一
定襄	六、九八二	五、九九〇	九、八五〇	一四、五五六	八、二七六	七、四七〇	三九、五四五	三七、七〇五	三〇、五一五	三一、〇一四
五台	五、八八六	二、〇七七	九、四〇八	三、五〇〇	二、五〇〇	三、五〇〇	三、五〇〇	三、五〇〇	三、五〇〇	三、五〇〇
崞縣	—	一、五四八	四、四〇〇	一、四〇〇	三四五	一、〇一九	八、五五四	七、四〇〇	五、五〇〇	五、五〇〇
繁峙	一、四〇〇	一、五〇〇	四、二七二	五、一三一	七、〇四五	五、三〇〇	五、八〇〇	五、三〇〇	六、五〇〇	六、五〇〇
臨汾	一、〇八〇	—	二、七一四	—	八、五五〇	八、五五〇	八、六八〇	八、八八〇	八、五〇〇	八、五〇〇
洪洞	—	—	—	—	一七、二五四	五〇、五〇〇	六〇、二〇〇	七三、九〇〇	一〇三、五〇〇	一六〇、五〇〇
襄城	二、五〇〇	四、二〇〇	三、四六七	—	九〇〇	三、四八〇	三、四八〇	三、四八〇	三、五〇〇	三、一五〇
河津	—	一、一七七	—	—	—	—	—	—	—	—
平定	—	—	—	—	—	—	—	—	—	一一、〇〇〇
大甯	七、八八七	—	—	—	—	—	—	—	—	—
和順	一、〇二〇	—	—	—	—	—	—	—	—	—
聞喜	一〇〇	—	—	—	—	—	—	—	—	—

西

晉城	五〇〇	—	—	—	—	—	—	—	—	—
樂平	八、一九六	—	—	—	—	—	—	—	—	—
沁縣	一、二五〇	八〇〇	八四六	—	—	—	—	—	—	—
汾城	四、六七五	四、八八三	四、九八三	—	—	三、〇六五	一、二〇〇	一五、五〇〇	三五六	三六〇
襄陵	—	—	六〇〇	—	二、二〇〇	二、二〇〇	二、二〇〇	一、二〇〇	—	—
遼縣	—	—	五、〇〇〇	—	七、四〇〇	七、三〇〇	五五、一一七	二四、八一三	二六、二五四	五一、〇〇〇
靈石	二、七〇〇	一四、〇〇〇	三、四七八	—	一九、〇〇〇	一六、八〇〇	四、五〇〇	四、三五八	三一、六六四	二九、七一九
趙城	—	八、四〇〇	—	—	五、三〇〇	一七、四〇〇	四八、〇〇〇	四八、〇〇〇	七〇、三六六	七、四四〇
朔縣	—	—	—	五、〇〇〇	五、〇〇〇	一〇、〇〇〇	一〇、〇〇〇	—	—	—
曲沃	—	二、〇〇〇	二、〇〇〇	—	二、〇〇〇	—	九、〇〇〇	—	九、三七五	六、六六六
陽曲	一五二、八一七	一〇七、八三三	一二一、七八九	一〇七、九八九	一〇四、八三三	一〇七、六〇九	—	—	—	—
離石	—	—	三三、五〇〇	二二、八〇〇	一四、五〇〇	一四、五〇〇	—	—	—	—
長治	—	六、五〇〇	二、五〇〇	二、五〇〇	二、〇〇〇	—	—	—	—	—
神池	—	—	—	三、〇〇〇	三、〇〇〇	三、〇〇〇	—	—	一三、五〇〇	—
河曲	—	二、八四二	—	—	—	一、二六五	—	—	—	—
沁源	三四、〇〇〇	—	二七、五〇〇	五、〇〇〇	五、〇〇〇	—	—	—	—	—
臨縣	—	二、一四八	二、八七〇	二、七六四	一、四六〇	—	—	—	—	—
嵐縣	六、〇〇〇	九五〇	九六八	七五二	—	—	—	—	—	—
廣靈	—	—	—	—	—	—	—	—	—	四、〇〇〇

省	縣										
江蘇	東台	一、三六〇	七、七〇〇	七、〇〇〇	一一、三〇〇	一、〇〇〇	六、九六〇	四、三三一	四、五〇〇	一〇、八九九	三三〇、三一四
	銅山	—	四三、〇〇〇	?	四四、〇〇〇	?	一五四、七五〇	?	一三五、〇〇〇	四〇、〇〇〇	四五、六〇〇
	蕭縣	—	—	三、七〇三	四、〇〇〇	—	三、八五〇	三、〇〇〇	三、〇〇〇	二、五〇〇	一〇、〇〇〇
	碭山	—	—	二、九六三	四、〇〇〇	四、〇〇〇	二、〇〇〇	六、一六〇	四、〇〇〇	四、〇〇〇	四、〇〇〇
	邳縣	四〇、〇〇〇	五〇、〇〇〇	三七、〇三七	四〇、〇〇〇	三〇、〇〇〇	一〇一、六四〇	一〇八、九五〇	一一四、七三〇	一一六、三八〇	一一九、四六〇
	宿遷	六九、六〇〇	一七一、〇〇〇	九、六七六	九八、四〇〇	九七、〇三〇	三二、四七八	一五三、四五五	一五三、五一〇	一五三、四六〇	一八三、九六〇
	睢甯	一三、〇〇〇	一一、五〇〇	—	一四、四〇〇	?	六、一六〇	一〇、〇〇〇	一八、五〇〇	一五七、〇〇〇	四八、〇〇〇
	灌雲	二五、四〇〇	一七、七六〇	—	三三、〇七六	五三、〇七六	四三、〇七六	四三、〇七六	五三、七六〇	五三、七六〇	五三、〇七六
	豐縣	—	—	—	—	—	—	一三、〇〇〇	—	—	—
	東海	—	—	六、四一八	五、七六〇	一一	—	—	—	—	—
	無錫	—	—	—	三六、〇〇〇	—	—	—	—	—	—
	高郵	—	—	—	一八、四八〇	—	—	—	—	—	—
	江陰	—	—	五、〇〇〇	—	—	—	—	—	—	—
	泗陽	—	—	七、四〇七	—	—	—	—	—	—	—
	淮陰	—	四、九〇〇	—	—	—	—	—	—	—	—
	鹽城	三、八〇〇	一、五三〇	—	—	—	—	—	—	—	—
	清河	一〇、九〇〇	—	—	—	—	—	—	—	—	—
安	宿松	二、五〇〇	一七、〇〇〇	—	一七、〇〇〇	一八、〇〇〇	一三、〇〇〇	三、〇〇〇	一四、〇〇〇	一四、〇〇〇	一四、〇〇〇

徽	蒙城	—	—	—	—	—	五、〇〇〇	二、〇〇〇	二、〇〇〇	三、〇〇〇	—
	渦陽	三、〇〇〇	二、九六〇	—	五、〇〇〇	—	?	三、〇〇〇	三、〇〇〇	二、五〇〇	三、〇〇〇
	六安	—	—	—	—	—	—	五、〇〇〇	—	—	—
	亳縣	二、〇八六	—	—	—	一、〇〇〇	四、〇〇〇	二、〇〇〇	—	—	—
	休甯	—	五〇七、〇〇〇	—	—	—	—	—	—	—	—
	阜陽	—	七、四〇〇	—	—	—	—	—	—	—	—
江	九江	—	—	—	—	一三、三三三	三一、〇〇〇	—	—	—	
	瑞昌	一、二三〇	—	—	—	—	—	—	—	—	
	彭澤	六、九一九	—	—	—	三〇〇	四〇、〇〇〇	—	—	—	
	宜春	—	—	—	—	?	三、〇〇〇	四、三〇〇	—	—	
	萬載	四五、三七五	二六、一五〇	—	二五、二〇〇	九、〇〇〇	五、五〇〇	三、七八〇	—	—	
	宜豐	—	—	一六、九〇〇	一五、四〇〇	一六、四〇〇	一六、四〇〇	一〇、四〇〇	—	—	
	萍鄉	—	—	五〇〇	—	—	—	—	—	—	
	高安	七六九	—	五五六	—	—	—	—	—	—	
	武甯	六、八二〇	六、八二〇	七、一四〇	—	—	—	—	—	—	
	臨川	—	六八〇	—	—	—	—	—	—	—	
	新昌	三、七六九	一六、〇〇〇	—	—	—	—	—	—	—	
	萬年	—	二〇〇	—	—	—	—	—	—	—	

西	德化	六三、五三一	三〇、〇〇〇	—	—	—	—	—	—	
	會昌	—	二、〇〇〇	—	—	—	—	—	—	
	新建	一、二六四、六一三	—	—	—	—	—	—	—	
	義寧	三〇、三五五	—	—	—	—	—	—	—	
	建昌	五、五〇〇	—	—	—	—	—	—	—	
	清江	—	—	—	—	四、一八〇	四、四九〇	—	—	—
福建	閩侯	一、三四五、〇五六	一、七一〇、五四七	二、五五七、二五三	二、七九三、九三五	二、七三〇、六一七	二、六九四、六一七	二、四九九、〇五四	二、六三八、三七〇	—
	長樂	九、六六〇	一〇、七〇六	一八、七三〇	二四、五〇〇	二五、〇〇〇	二五、〇〇〇	三〇、〇〇〇	一九、〇〇〇	—
	連江	—	二四、八三〇	一四四、〇〇〇	一六、二〇〇	九、〇〇〇	二三、七〇〇	一六、七〇〇	二二、五〇〇	—
	福清	八、四〇〇	一七、〇〇〇	—	五、〇〇〇	三、〇〇〇	三、〇〇〇	四、〇〇〇	八、〇〇〇	—
	建甌	—	—	—	—	—	—	—	一〇八、〇〇〇	—
	浦城	五、六七〇	一、三〇〇	五、九〇〇	六、三〇〇	三、四〇〇	二一、〇〇〇	六、四〇〇	六、一〇〇	—
	寧德	—	—	—	—	—	—	三、〇〇〇	—	—
	沙縣	—	—	—	二、〇〇〇	二、〇〇〇	二、〇〇〇	二、〇〇〇	—	—
浙江	杭縣	—	—	—	—	—	—	—	四〇、〇〇〇	—
	紹興	—	—	二三四、一〇〇	二三七、六〇〇	二三一、六〇〇	二一七、四〇〇	二四四、〇〇〇	二三〇、〇〇〇	—
	金華	—	—	—	—	—	一、〇〇〇	一、〇〇〇	一、〇〇〇	—
	鎮海	—	—	—	—	五〇〇	五〇〇	五〇〇	—	—

湖									
蘄春	一四,三三三	—	—	—	—	—	一,〇〇〇	—	—
麻城	四一,五〇〇	一三,五〇〇	—	—	—	二七,〇〇〇	四一,〇〇〇	—	—
通城	八,七五〇	一五,一〇〇	—	—	—	—	—	—	—
黃陂	—	五,〇〇〇	—	—	—	—	—	—	—
大冶	—	一,四六八	—	—	—	—	—	—	—
陽新	三〇,四一七	二,八八〇	—	—	—	—	—	—	—
蘄水	一,一三五	八,五七一	—	—	—	八,〇〇〇	—	—	—
廣濟	三三,一六七	三,四三九	—	—	—	—	—	—	—
鄖縣	九八〇	八〇〇	—	—	—	—	—	—	—
鄖西	—	二,六〇〇	—	—	—	—	—	—	—
房縣	四,〇〇〇	四,〇〇〇	—	—	—	—	—	—	—
江陵	—	三一,六四〇	—	—	—	—	—	—	—
枝江	二,〇〇〇	五,〇〇〇	—	—	—	—	—	—	—
宜昌	九,五〇〇	三三,三六五	—	—	—	五,〇〇〇	—	—	—
咸豐	五,四八〇	六,五一〇	—	—	—	—	—	—	—
來鳳	—	四三,〇九〇	—	—	—	—	—	—	—
咸甯	九一七	—	—	—	—	—	—	—	—
蒲圻	五,〇〇〇	—	—	—	—	—	—	—	—
黃梅	四,〇〇〇	—	—	—	—	—	—	—	—

湖北																	
南漳	宣恩	利川	新化	黔陽	沅江	攸縣	醴陵	湘潭	瀏陽	寧鄉	衡陽	沅陵	湘陰	衡山	慈利	平江	郴陽
二、五〇〇	八三	六、五八三	—	—	—	八一、四三〇	一八、三三九	二七、六八〇	三六、七三〇	二四、八〇〇	二九、八〇〇	七、〇九〇	三三、九六八	一三四	二、五〇〇	一三、五五〇	三八、九〇〇
—	—	—	七、三八五	三、五〇〇	六、〇〇〇	—	一三、三〇〇	—	一四、三一三	一九、五〇〇	二八、八〇〇	四、〇〇〇	三二、七五八	—	二、五〇〇	九、九九九	—
—	—	—	三六、二九一	三、五〇〇	五、〇〇〇	—	九、四〇〇	三七〇	三、六六六	—	—	—	—	一三三	三、一〇〇	—	—
—	—	—	—	四、〇〇〇	四、七〇〇	—	—	—	二七、〇〇〇	—	—	—	二八、四四三	—	—	—	一、九九二
—	—	—	—	—	—	—	—	—	—	—	—	—	二八、四〇〇	—	—	—	—
—	—	—	—	—	—	—	—	—	一〇、〇〇〇	七、〇〇〇	—	—	一八、一〇〇	—	—	—	—
—	—	—	—	—	—	—	—	—	—	—	—	—	—	—	—	—	—
—	—	—	—	—	—	—	—	—	—	—	—	—	—	—	—	—	—
—	—	—	—	—	—	—	—	—	—	—	—	—	—	—	—	—	—

益陽	三五,一〇〇	六九,二三一	三一,〇〇〇	一四,〇〇〇	二九,五〇〇	二三,〇〇〇	—	—	—
會同	一七九,八〇〇	一八,八〇八	一三,八一四	—	—	—	—	—	—
石門	四,〇〇〇	—	二,〇〇〇	五,〇〇〇	—	一三,八〇〇	—	—	—
源江	七,七〇〇	—	—	—	—	—	—	—	—
南州	二,三〇七	—	—	—	—	—	—	—	—
桃源	六,〇〇〇	一七,五〇〇	二三,五〇〇	二〇,〇〇〇	—	—	—	—	—
永定	一,〇〇〇	—	—	—	—	—	—	—	—
湘鄉	一五,〇〇〇	—	—	—	—	—	—	—	—
岳陽	七,六九二	—	—	一一,二〇〇	—	七,〇〇〇	—	—	—
常德	二六〇,〇〇〇	一六五,五〇〇	一七九,〇〇〇	一九〇,〇〇〇	—	—	—	—	—
漵浦	一三,五三〇	九〇,〇〇〇	八,五〇〇	—	—	—	—	—	—
長沙	三,四五五,一六八	二,一五五,三八一	三六,〇〇〇	三六,三八五	—	—	—	—	—
郡陽	三三,五七八	—	二七,六〇〇	—	—	—	—	—	—
零陵	二五,三四〇	—	一,一〇〇	二,〇〇〇	—	—	—	—	—
澧縣	一三,七六一	—	—	一四〇,五〇〇	—	—	—	—	—
郴縣	—	一三,〇〇〇	—	—	—	—	—	—	—
南縣	—	五,〇〇〇	—	—	—	—	—	—	—
永順	—	—	一,七九〇	一,六九〇	—	—	—	—	—
安化	—	—	四,七〇〇	五,一五〇	三,七五〇	六,一〇〇	—	—	—

南	甯遠	—	—	—	五〇〇	—	—	—	—	—	
	華容	—	—	—	八、〇〇〇	—	—	—	—	—	
	臨澧	—	—	—	三三、〇〇〇	七五、八〇〇	七四、五〇〇	—	—	—	
	芷江	—	—	—	一、六四〇	—	—	—	—	—	
	安鄉	—	—	—	—	—	三、〇〇〇	—	—	—	
陝	長安	—	三、二〇〇、〇〇〇	—	—	—	—	四〇、〇〇〇	—	—	五〇、〇〇〇
	盩厔	—	—	—	—	一、五〇〇	一、〇〇五	一、〇〇五	一、〇〇五	一、〇〇五	—
	韓城	一四、二八五	五四〇	九四〇	九四〇	九八〇	九八〇	九〇〇	三〇〇	三〇〇	—
	蒲城	三、〇〇〇	五、一三〇	—	—	—	—	—	四、〇〇〇	四、〇〇〇	四、〇〇〇
	雒南	—	九五〇	六八〇	七三〇	三〇〇	四二〇	二五四	六九〇	二〇〇	七〇〇
	寶雞	五、五四〇	四、七五九	—	—	—	—	二、三四〇	二、〇四五	一、七六五	一、八二五
	乾縣	—	—	—	—	—	二、〇〇〇	二、〇〇〇	三、〇〇〇	三、〇〇〇	三、〇〇〇
	南鄭	—	—	—	一、〇〇〇	—	—	六、一〇〇	三、八五〇	—	三三、八〇〇
	西鄉	—	一〇、〇〇〇	一三、八〇〇	一二、九〇〇	一一、一〇〇	一四、四〇〇	一五、四〇〇	一三、六〇〇	—	一〇、六〇〇
	沔縣	五、三〇〇	九、七九〇	六、八一〇	八、六二〇	一、一〇〇	一、一五〇	二、一五〇	九、八五〇	—	二、二〇〇
	略陽	三、八五〇	一三、五〇〇	四、五九〇	四、一五〇	五、〇三〇	五、八六三	八、三五〇	三、七〇〇	—	三、九〇〇
	安康	—	一三、五三一	八五、〇〇〇	—	五三、三三三	五三、三三三	五三、三三三	一五、〇〇〇	—	—
	白河	—	—	—	一、二六五	八、〇〇〇	八、〇〇〇	八、〇〇〇	三、六三三	—	二、〇〇〇

澄城	七、四〇〇	—	—	—	—	—	—	—	—	一、三〇〇
洵陽	—	—	—	—	—	—	—	—	—	一、八〇〇
白水	—	—	—	六六五	—	—	—	—	—	—
鎮巴	三、四〇〇	—	—	一、六二〇	—	—	—	—	—	—
岐山	一、四六	—	—	—	—	—	—	—	—	—
鳳縣	四、五〇六	四、三五二	二、五五二	二、二九九	一、五〇〇	一、七一〇	四、八一〇	一、四五二	—	一、四八二
榆林	一七、〇〇〇	一九、〇〇〇	三五、〇〇〇	一五、〇〇〇	三二、〇〇〇	—	—	二、〇〇〇	—	二、〇〇〇
扶風	六、〇〇〇	九、〇〇〇	六、五〇〇	—	二、〇〇〇	—	二、〇〇〇	—	三、〇〇〇	三、〇〇〇
綏德	—	—	—	—	—	—	二、五〇〇	—	—	五、〇〇〇
郃陽	一五、〇〇〇	四、九九一	七、七〇〇	三、〇〇〇	四、五〇〇	四、五〇〇	—	—	—	—
商縣	一三、五八〇	九、五〇〇	—	五、〇〇〇	二、〇〇〇	三、一〇〇	—	—	二、〇〇〇	二、〇〇〇
興平	—	一四、〇〇〇	三〇、八七六	—	—	—	—	—	—	—
咸陽	七、〇〇〇	—	九、六三〇	九、八〇〇	—	—	—	—	—	—
臨潼	—	二、〇〇〇	—	—	—	—	—	—	—	—
高陵	一六三	五〇〇	—	—	—	—	—	—	—	—
大荔	—	一八、〇三一	—	—	—	—	—	—	—	—
城固	—	一一、四〇〇	—	—	—	—	—	—	—	七、〇〇〇
膚施	二、三五〇	八〇〇	—	—	—	—	—	—	—	—
清澗	八〇〇	—	—	—	—	—	—	—	—	—

省	縣										
陝西	藍田	二、〇〇〇	—	—	—	—	—	—	—	—	—
	武功	五、〇〇〇	—	—	—	—	—	—	—	—	—
甘肅	西寧	二、〇五九	—	—	一、九六〇	—	—	—	—	—	
	寧夏	三六〇	五、〇〇〇	—	—	—	—	—	—	—	
	臯蘭	—	七六、二三九	—	—	—	—	—	—	—	
	寧朔	—	二、三六一	—	—	—	—	—	—	—	
	伏羌	—	三、一七〇	二、三九〇	二、三九〇	—	—	—	—	—	
	通渭	—	—	—	二〇〇	二〇〇	—	二、三六〇	—	—	
	金積	—	—	—	一、〇〇〇	—	七〇〇	一、〇〇〇	—	—	
	武威	—	—	—	—	—	一〇、〇〇〇	—	—	—	
新疆	拜城	一、五八四	八、〇〇〇	一、二九〇	二、一四五	—	—	—	—	—	
	哈密	四一、三三三	四一、三三三	三、二六〇	二、一〇八	三二、一〇八	一六、九三二	—	—	—	
	塔城	三、一三三	—	—	—	—	—	—	—	—	
	吐魯番	二九、八六一	三一、三三三	三三、三〇〇	二一、三〇〇	二六、四六〇	三一、二六〇	—	—	—	
	綏來	一六、六六六	一九、三三三	—	一三、九八六	一四、九七〇	五六、一六〇	八、六四〇	—	—	
	涉車	—	三、〇六〇	—	—	—	—	—	—	—	
	綏定	—	二、六六二、六六八	二、九〇〇、〇〇〇	二、九〇〇、〇〇〇	—	四、一七六、〇〇〇	—	—	—	
	迪化	—	—	一五、七三一	—	—		一五、四五六	—	—	

疆	鄯善	—	—	三九、九九九	四三、一七六	四三、一七六	—	—	—	—
	庫車	—	—	三〇、六〇〇	六二、一七六	—	—	—	—	—
	英吉沙	—	—	一三、六〇二	—	一三、六〇二	一四、四〇〇	一四、四〇〇	—	—
四	成都	—	—	—	一六、〇〇〇	—	—	—	—	—
	資陽	七、四〇〇	—	—	—	—	—	—	—	—
	綿竹	—	一〇、一三〇	—	—	—	—	—	—	—
	江油	三、〇〇〇	四、〇〇〇	—	—	—	—	—	—	—
	樂山	八、五〇〇	八、八〇〇	—	—	—	—	—	—	—
	滎縣	—	二、三五〇	—	—	—	—	—	—	—
	威遠	一、八四〇	一、二八〇	—	一、二九〇	—	—	—	—	—
	古藺	一、四〇〇	七〇〇	—	—	—	—	—	—	—
	瀘縣	一三、〇〇〇	八、五〇〇	—	二、五〇〇	—	—	—	—	—
	資中	五、〇〇〇	五、〇〇〇	—	—	—	—	—	—	—
	內江	八、六〇〇	八、七六〇	—	五、一三〇	—	—	—	—	—
	劍閣	—	八〇〇	—	—	—	—	—	—	—
	南充	三、〇〇〇	二、五〇〇	—	—	—	—	—	—	—
	巴縣	—	一三、四五〇	—	—	—	—	—	—	—
	合川	一三、六〇〇	一三、六八〇	—	四、六五〇	—	—	—	—	—

川									
萬縣	五,〇〇〇	三,〇〇〇	—	—	—	—	—	—	—
梁山	—	八,二三〇	—	—	—	—	—	—	—
石砫	一六,〇〇〇	三三,〇〇〇	—	—	—	—	—	—	—
彭縣	二,四〇〇	—	—	—	—	—	—	—	—
廣漢	六,〇〇〇	—	—	—	—	—	—	—	—
綿陽	五,二六〇	—	—	—	—	—	—	—	—
德陽	一一,二〇〇	—	—	—	—	—	—	—	—
雅安	三,二〇〇	—	—	—	—	—	—	—	—
江北	三,八〇〇	—	—	—	—	—	—	—	—
宜賓	三八,一〇〇	—	—	—	—	—	—	—	—
廣東									
南海	四七三,二〇〇	—	—	—	—	—	—	—	—
潮陽	一三,〇〇〇	—	—	七一,〇〇〇	五〇,〇〇〇	—	—	—	—
信宜	一一,三〇〇	一三,八〇〇	—	一三,九〇〇	—	一〇,九〇〇	—	—	—
瓊山	—	六〇四,〇〇〇	四,〇〇〇	—	—	—	—	—	—
潮安	—	九〇,〇〇〇	—	一六三,〇〇〇	一六三,〇〇〇	一五三,〇〇〇	—	—	—
澄海	—	一,〇四一,五〇〇	一,九一七,四〇〇	六,九〇四,五〇〇	—	四,〇一三,五〇〇	—	—	—
饒山	—	四八,一〇〇	—	—	—	—	—	—	—
揭陽	—	—	三,〇〇〇	三,五〇〇	三,五〇〇	—	—	—	—
茂名	—	—	—	三一,二〇〇	—	?	—	—	—

廣西	南甯	三三、五〇〇	一四九、四〇〇	—	—	—	—	—	—	—	
熱河	承德	七八、四三四	九一、六〇四	三一、三三九	二七、七三〇	四〇、四四〇	一六、二九五	九、六〇〇	八、四〇〇	—	
	隆化	—	—	—	一〇、〇〇〇	一〇、〇〇〇	三〇、〇〇〇	一〇、五〇〇	一〇、五〇〇	—	
	豐寧	六、五〇〇	一、〇〇〇	四、〇〇〇	—	二〇〇	二、〇〇〇	一五、〇〇〇	一三、〇〇〇	—	
	淩源	六一、一六四	五〇六、五九七	九七三	四〇、九六八	一五、九六八	四〇、〇〇〇	四〇、〇〇〇	三六、〇〇〇	—	
	朝陽	—	八四、四一七	七三、四七一	七一、一五三	五九、八〇〇、〇〇〇	四〇、〇〇〇、〇〇〇	八七、四〇〇、〇〇〇	二四、四〇〇	—	
	赤峯	—	二七、七七七	一七〇、四二一	一六九、八四〇	一四五、一三一	七六、九四三	六六、三〇〇	七九、二〇〇	—	
	平泉	—	五四、八四三	六九、八〇〇	三〇、〇〇〇	二五、〇〇〇	—	—	—	—	
	圍場	六五〇	—	—	—	二五、〇〇〇	—	—	—	—	
	建平	三三〇	三三〇	—	—	—	—	—	—	—	
綏遠	歸綏	—	三五、〇〇〇	—	—	—	—	—	—	—	
	薩拉齊	—	一八、〇〇〇	—	—	一三、三〇〇	四、五三〇	—	—	—	
	托克托	二、九〇九	—	—	—	—	—	—	—	—	
察哈爾	多倫	—	三、〇五〇	二四、六六八	八、八〇〇	三三、六四三	—	—	八、一一八	—	—
	豐鎮	—	—	二、三三〇	六、二四〇	四、五四三	四、八九〇	五、八〇〇	五、二〇〇	—	—
	興和	九、二六〇	—	四、五〇〇	五、〇〇〇	六、〇〇〇	七、九〇〇	五、二〇〇	四、八〇〇	六、六〇〇	—

以上四、五、六、七、四表。係根據農商部之農商統計編列而成。因其中頗多遺漏及不實之處。故未加入前編統計表之內。特附之於本編之後。以資參考。

跋

張君季良彭復蘇之友也復蘇與余交亦契好學問善文章性尤奇特與世偕而不妄結納非其所慕雖名卿鉅公莫得而友余嘗欲因以求當世奇士一日有挾巨册者至累數十萬言敎復蘇爲檢討余異之意謂所謂奇士者其是人歟已而復蘇爲余道姓名並述其學行余之識張君也自是始余又嘗聞張君言當其伏案撰述時人未有不笑其癡議其愚皆曰此何用也今張君書成矣吾人欲識我國幣制之沿革莫不枕秘之余不知向之所謂不癡不愚者又果何用也夫士生乎今之世其汲汲營營不侔於流俗而必欲垂世以行遠非魁奇瓌傑之資者不能也今張君所爲若是豈世俗士所可測其涯涘哉此所以爲復蘇之友也

十四年初冬桐城姚　嶽謹識

敬啟

『民國專題史』叢書，乃民國時期出版的著名學者、專家在某一專題領域的學術成果。所收圖書絶大部分著作權已進入公有領域，但仍有極少圖書著作權還在保護期内，需按相關要求支付著作權人或繼承人報酬。因未能全部聯系到相關著作權人，請見到此説明者及時與河南人民出版社聯系。

聯系人　楊光
聯系電話　0371-65788063
2016年3月28日